Sebastian Geis

Die Auswirkungen der Reform des AÜG im Jahr 2011 auf die konzerninterne Arbeitnehmerüberlassung

WÜRZBURGER
RECHTSWISSENSCHAFTLICHE SCHRIFTEN

Herausgegeben
von
der Juristischen Fakultät der Universität Würzburg

Band 91

ERGON VERLAG

Sebastian Geis

Die Auswirkungen der Reform des AÜG im Jahr 2011 auf die konzerninterne Arbeitnehmerüberlassung

ERGON VERLAG

Bibliografische Information der Deutschen Nationalbibliothek
Die Deutsche Nationalbibliothek verzeichnet diese Publikation in der Deutschen Nationalbibliografie; detaillierte bibliografische Daten sind im Internet über http://dnb.d-nb.de abrufbar.

Gedruckt auf alterungsbeständigem Papier.
Satz: Matthias Wies, Ergon-Verlag GmbH
Umschlaggestaltung: Jan von Hugo

www.ergon-verlag.de

ISSN 1432-0339
ISBN 978-3-95650-061-9

Meinen Eltern

Vorwort

Die vorliegende Arbeit wurde im Wintersemester 2013/2014 von der Juristischen Fakultät der Julius-Maximilians-Universität Würzburg als Dissertation angenommen.

Besonderer Dank gilt meinem Doktorvater, Herrn Professor Dr. Christoph Weber, für die freundliche und stets konstruktive Betreuung meiner Arbeit. Herrn Professor Dr. Christof Kerwer danke ich für die zügige Erstellung des Zweitgutachtens.

Weiterer Dank gilt meinen Kollegen am Lehrstuhl für Bürgerliches Recht und Arbeitsrecht von Professor Dr. Christoph Weber an der Universität Würzburg für die großartige gemeinsame Zeit.

Schließlich danke ich meiner Familie, besonders meinen Eltern, die mein Studium der Rechtswissenschaft und meine Promotion überhaupt erst ermöglicht haben.

Die Arbeit wurde im Oktober 2013 abgeschlossen. Neue Entwicklungen in der Rechtsprechung und im Schrifttum wurden für die Veröffentlichung bis Mai 2014 nachgetragen. Die Literatur befindet sich ebenfalls auf dem Stand Mai 2014.

Aschaffenburg, im Juni 2014 Sebastian Geis

Inhaltsverzeichnis

Abkürzungsverzeichnis

a.A.	anderer Ansicht
a.a.O.	am angegebenen Ort
ABl.	Amtsblatt
ABlEG	Amtsblatt der Europäischen Gemeinschaften
Abs.	Absatz
a.E.	am Ende
AEntG	Arbeitnehmer-Entsendegesetz
a.F.	alte(r) Fassung
AG	Aktiengesellschaft; Amtsgericht
AGG	Allgemeines Gleichbehandlungsgesetz
AiB	Arbeitsrecht im Betrieb (Zeitschrift)
AktG	Aktiengesetz
Alt.	Alternative
a.M.	anderer Meinung
AMP	Arbeitgeberverband Mittelständischer Personaldienstleister
Anh.	Anhang
Anm.	Anmerkung
AP	Arbeitsrechtliche Praxis
ArbG	Arbeitsgericht
ArbGG	Arbeitsgerichtsgesetz
ArbZG	Arbeitszeitgesetz
Art.	Artikel
AuA	Arbeit und Arbeitsrecht (Zeitschrift)
AÜG	Arbeitnehmerüberlassungsgesetz
Aufl.	Auflage
AuR	Arbeit und Recht (Zeitschrift)
ausf.	ausführlich
BA	Bundesagentur für Arbeit
BAG	Bundesarbeitsgericht
BB	Betriebs-Berater (Zeitschrift)
BBiG	Berufsbildungsgesetz
Bd.	Band
BDA	Bundesvereinigung der Deutschen Arbeitgeberverbände
BDI	Bundesverband der Deutschen Industrie
Bearb.	Bearbeitung/Bearbeiter/Bearbeiterin

Begr.	Begründung
Beil.	Beilage
BeschFG	Gesetz über arbeitsrechtliche Vorschriften zur Beschäftigungsförderung
BetrVG	Betriebsverfassungsgesetz
BGB	Bürgerliches Gesetzbuch
BGBl.	Bundesgesetzblatt
BGH	Bundesgerichtshof
Bl.	Blatt
BMA	Bundesministerium für Arbeit und Soziales
BR-Drs.	Bundesratsdrucksache
BReg.	Bundesregierung
BT-Drs.	Bundestagsdrucksache
BUrlG	Bundesurlaubsgesetz
BVD	Tarifgemeinschaft Zeitarbeitsunternehmen im B.V.D
BVerfG	Bundesverfassungsgericht
BVerfGE	Sammlung der Entscheidungen des Bundesverfassungsgerichts
BVerwG	Bundesverwaltungsgericht
BZA	Bundesverband Zeitarbeit
bzw.	beziehungsweise
CEEP	Europäischer Zentralverband der öffentlichen Wirtschaft
CGM	Christliche Gewerkschaft Metall
CGPT	Christliche Gewerkschaft Postservice und Telekommunikation
CGZP	Tarifgemeinschaft Christlicher Gewerkschaften für Zeitarbeit und Personal-Service-Agenturen
DA	Arbeitnehmerüberlassungsgesetz Durchführungsanweisungen
DB	Der Betrieb (Zeitschrift)
ders.	derselbe
DGB	Deutscher Gewerkschaftsbund
d.h.	das heißt
DHV	DHV – Die Berufsgewerkschaft e.V.
dies.	dieselbe(n)
Drs.	Drucksache
EAS	Europäisches Arbeits- und Sozialrecht (Loseblattsammlung)

EFZG	Entgeltfortzahlungsgesetz
EGB	Europäischer Gewerkschaftsbund
EGBGB	Einführungsgesetz zum Bürgerlichen Gesetzbuch
Einf.	Einführung
Einl.	Einleitung
endg.	endgültige (Fassung)
entspr.	entsprechend
EU	Europäische Union
EuGH	Europäischer Gerichtshof
EuZA	Europäische Zeitschrift für Arbeitsrecht
e.V.	eingetragener Verein
EzA	Entscheidungssammlung zum Arbeitsrecht, Loseblatt-Ausgabe
EzAÜG	Entscheidungssammlung zum AÜG, Loseblattsammlung
f.	folgende
ff.	fortfolgende
Fn.	Fußnote
FS	Festschrift
gem.	gemäß
GewO	Gewerbeordnung
GG	Grundgesetz für die Bundesrepublik Deutschland
ggf.	gegebenenfalls
GmbH	Gesellschaft mit beschränkter Haftung
GmbHG	Gesetz betreffend die Gesellschaften mit beschränkter Haftung
GÖD	Gewerkschaft Öffentlicher Dienst und Dienstleistungen
Hervorh.	Hervorhebung
HGB	Handelsgesetzbuch
h.L.	herrschende Lehre
h.M.	herrschende Meinung
Hrsg.	Herausgeber
Hs.	Halbsatz
i.d.F.	in der Fassung (vom)
i.d.R.	in der Regel
i.d.S.	in diesem Sinne
i.e.S.	im engeren Sinne
IGZ	Interessensverband Deutscher Zeitarbeitsunternehmen e.V.

i.S.d.	im Sinne der/des
i.S.v.	im Sinne von
i.Ü.	im Übrigen
i.V.m.	in Verbindung mit
i.w.S.	im weiteren Sinne
Job-AQTIV-Gesetz	Gesetz zur Reform der arbeitsmarktpolitischen Instrumente vom 10. 12. 2001 (BGBl. I 3443)
KOM	Kommissionsdokumente
krit.	kritisch
KSchG	Kündigungsschutzgesetz
LAG	Landesarbeitsgericht
LG	Landgericht
Lit.	Literatur
lit.	litera (Buchstabe)
MTV	Manteltarifvertrag
MuSchG	Mutterschutzgesetz
m.w.N.	mit weiteren Nachweisen
n.F.	neue/r Fassung
NJW	Neue Juristische Wochenschrift (Zeitschrift)
NJW-RR	NJW-Rechtsprechungs-Report Zivilrecht
Nr.	Nummer(n)
n.v.	nicht (amtlich) veröffentlicht
NZA	Neue Zeitschrift für Arbeitsrecht (bis 1992 Neue Zeitschrift für Arbeits- und Sozialrecht)
NZA-RR	Neue Zeitschrift für Arbeitsrecht-Rechtsprechungsreport
OLG	Oberlandesgericht
OWiG	Gesetz über Ordnungswidrigkeiten
PM	Pressemitteilung
RABl.	Reichsarbeitsblatt
RdA	Recht der Arbeit (Zeitschrift)
RIW	Recht der internationalen Wirtschaft (Zeitschrift)
RL	Richtlinie
Rn.	Randnummer
Rs.	Rechtssache
Rspr.	Rechtsprechung
S.	Seite; Satz
SGB	Sozialgesetzbuch
Slg.	Sammlung
sog.	sogenannt(e/er)

str.	streitig
TV	Tarifvertrag
TVG	Tarifvertragsgesetz
TzBfG	Teilzeit- und Befristungsgesetz
u.a.	unter anderem; und andere
UNICE	Union der Industrie- und Arbeitgeberverbände Europas (seit Januar 2007: BUSINESSEUROPE)
unstr.	unstreitig
u.U.	unter Umständen
ver.di	Vereinte Dienstleistungsgewerkschaft
Verf.	Verfasser(s)
vgl.	vergleiche
Vor	Vorbemerkung
WiVerw	Wirtschaft und Verwaltung (Zeitschrift)
z.B.	zum Beispiel
ZfA	Zeitschrift für Arbeitsrecht
z.T.	zum Teil

A. Problemaufriss

Leiharbeit wurde in der Vergangenheit bisweilen zum beschäftigungspolitischen Hoffnungsträger und zum Motor der mittelständisch geprägten Wirtschaftsstruktur in Deutschland erklärt[1]. Zuvor arbeitslosen Arbeitnehmern sollte so die Chancen eingeräumt werden, nach einer bestimmten Zeitdauer als Leiharbeitnehmer beim Entleiher von diesem als Stammarbeitnehmer übernommen zu werden und die Unternehmen sollten Leiharbeit als probates Mittel nutzen, um Arbeitnehmer flexibel je nach Bedarf einzusetzen[2].

In breiten Teilen der deutschen Bevölkerung werden diese ohne Zweifel bestehenden Vorteile der Leiharbeit kaum registriert[3]; Leiharbeit wird überwiegend als negativ und Leiharbeitnehmer als Belegschaft zweiter Klasse empfunden[4]. Die Leiharbeitsbranche ist aber nicht ohne Grund in die Kritik geraten[5], denn das zulässige Ausnutzen der Vorteile der Leiharbeit und ihr missbräuchlicher Einsatz liegen dicht beieinander[6]: So wurde Arbeitnehmerüberlassung nicht nur als Flexibilisierungsinstrument durch die Unternehmen, sondern auch als Mittel zur Senkung von Personalkosten genutzt, da Leiharbeitnehmer meist schlechter bezahlt wurden als die vergleichbaren Arbeitnehmer im Unternehmen des Entleihers, die mit der identischen Tätigkeit betraut waren. Leiharbeit ist allgemein - mehr noch als sonstige Bereiche des Arbeitsrechts - von den völlig konträren Interessen der Beteiligten gekennzeichnet[7] und Berichte in den Medien über die teilweise katastrophalen Arbeitsbedingungen der Leiharbeitnehmer im Vergleich zur Stammbelegschaft des Entleihers vermögen das Vertrauen der Bevölkerung in diese Branche nicht gerade zu vergrößern.

Im Vergleich zu den klassischen Fällen der Leiharbeit läuft das Geschäft der *konzerninternen* Arbeitnehmerüberlassung in den Medien deutlich geräuschloser ab[8]. In dieser Konstellation ist der Verleiher nicht nur ein belie-

---

1 *Böhm*, RdA 2005, 360 (560); *Steinheimer/Haeder*, NZA-Online 4/2012, 1 (1).

2 BT-Drucks. 17/4804 S. 7; *Böhm*, RdA 2005, 360 (556 f.); *Guenoub*, Equal pay und equal treatment im Leiharbeitsverhältnis, S. 2; *Hahn*, Die Überlassung von Leiharbeitnehmern innerhalb Deutschlands sowie in den Wirtschaftssektor der Europäischen Union und in einen europäischen Drittstaat am Beispiel der Schweiz, S. 16; *Hamann*, Fremdpersonal im Unternehmen, S. 20; *Herrmann*, Schaffung von Arbeitsplätzen durch Leiharbeit?, S. 61 ff.; *Platzhoff*, Arbeitnehmerüberlassung und Legitimität, S. 51 ff.; *Thüsing* in: Thüsing, AÜG 3. Aufl., Einf. Rn. 8.

3 *Hirdina*, NZA 2011, 325 (325).

4 Vgl. etwa: http://www.zeit.de/wirtschaft/2011-02/umfrage-leiharbeit (Stand 21.12. 2012).

5 *Waltermann*, NZA 2010, 482 (487).

6 *Brose*, DB 2008, 1378 (1378).

7 *Klumpp*, GPR 2009, 89 (90); *Krause*, NZA 2012, 830 (831).

8 *Böhm*, DB 2012, 918 (918).

biger Dienstleister und der Entleiher dessen Kunde. Vielmehr unterliegen die betreffenden Unternehmen einer Konzernbindung, unterstehen einer einheitlichen Leitung und ziehen in wirtschaftlicher Hinsicht deshalb auch meist an einem Strang. Aus diesem Grunde kommt es im Konzernarbeitsrecht auch immer wieder zu einer »Gratwanderung zwischen geschicktem Ausnutzen von gesellschaftsrechtlichen Konstruktionen und nicht mehr hinnehmbarer Umgehung von arbeitsrechtlichen Schutzvorschriften«[9]. Diese ohnehin im Konzernarbeitsrecht bestehende Gratwanderung wird aufgrund des allgemein als »prekär« empfundenen Charakters der Leiharbeit weiter zugespitzt. Gerade deshalb verdient die konzerninterne Arbeitnehmerüberlassung besondere Aufmerksamkeit.

Im Jahr 2008 erließ der europäische Gesetzgeber die Leiharbeitsrichtlinie[10]. Der deutsche Gesetzgeber sah sich ab dem Jahr 2010 sowohl durch die bis Ende 2011 ins nationale Recht umzusetzende Leiharbeitsrichtlinie als auch durch vermehrt in der Öffentlichkeit bekannt werdende Berichte über den missbräuchlichen Einsatz von Leiharbeit und die damit verbundene Gefahr der Ausbeutung der Leiharbeitnehmer veranlasst, das AÜG zu reformieren.

Dabei schuf bzw. änderte der Gesetzgeber mehrere Vorschriften des deutschen Überlassungsrechts, die nun einer weiteren reibungslosen Durchführung von konzerninterner Arbeitnehmerüberlassung entgegenstehen könnten. Schon frühzeitig entwickelte sich deshalb in der Literatur eine zum Teil sehr heftig geführte Diskussion über die Frage, inwieweit Leiharbeit im Allgemeinen und *konzerninterne* Leiharbeit im Speziellen zulässig ist bzw. unzulässig sein sollte. Die vorliegende Arbeit greift diese Diskussion hinsichtlich der konzerninternen Leiharbeit auf.

Ziel dieser Arbeit ist es daher, die Auswirkungen der Leiharbeitsrichtlinie aus dem Jahr 2008 und der Reform des deutschen Arbeitnehmerüberlassungsrechts im Jahr 2011 auf die rechtliche Zulässigkeit von konzerninterner Arbeitnehmerüberlassung in ihren verschiedenen Erscheinungsformen zu untersuchen. Dies soll im Rahmen eines Abgleichs der Zulässigkeit der konzerninternen Arbeitnehmerüberlassung jeweils vor und nach den gesetzlichen Änderungen erfolgen.

I. Gang der Untersuchung

Bevor auf die konkreten Auswirkungen der Reform des AÜG und der Richtlinie eingegangen werden kann, werden in Teil B dieser Arbeit zunächst die

---

9 *Brose*, DB 2008, 1378 (1382).

10 Richtlinie 2008/104/EG des Europäischen Parlaments und des Rates vom 19.11.2008 über Leiharbeit, Amtsblatt der Europäischen Union L 327/9 – L 327/14.

für die weitere Diskussion erforderlichen Grundlagen des Arbeitnehmerüberlassungsrechts dargestellt. Dabei soll insbesondere darauf eingegangen werden, unter welchen Voraussetzungen eine Konzernbindung zwischen zwei rechtlich selbstständigen Unternehmen anzunehmen ist. Gegenstand dieses Abschnittes ist auch die Fragestellung, wer im Rahmen von Konzernstrukturen als Arbeitgeber zu behandeln ist und welche juristischen Personen außerhalb des Arbeitsverhältnisses stehen. Anschließend wird das »Dreiecksverhältnis« der Arbeitnehmerüberlassung, also die rechtlichen Beziehungen zwischen dem Leiharbeitnehmer und dem Ver- bzw. Entleiher beschrieben, wobei an dieser Stelle das Arbeitsverhältnis zwischen Verleiher und Leiharbeitnehmer einen Schwerpunkt bilden soll. Abschließend soll in diesem Teil auf die Motivation und die Risiken eingegangen werden, welche sich den Beteiligten im Rahmen einer (konzerninternen) Arbeitnehmerüberlassung – im Vergleich zum »Normalarbeitsverhältnis« – stellen.

Gegenstand von Teil C dieser Arbeit ist die Mobilität von Arbeitnehmern im Konzern. Leiharbeit stellt nicht die einzige Möglichkeit für Unternehmen dar, Arbeitnehmer innerhalb von Konzernstrukturen in anderen Unternehmen einzusetzen. Es ist an dieser Stelle auch herauszuarbeiten, inwieweit sich diese sonstigen Einsatzformen konkret von der konzerninternen Arbeitnehmerüberlassung unterscheiden. Zunächst werden die verschiedenen Vorgehensweisen thematisiert, welche unter den Oberbegriff der »Konzerninternen Arbeitnehmerüberlassung« zu fassen sind. Anschließend werden die weiteren Formen von Arbeitnehmermobilität beschrieben, die – ohne Leiharbeit zu sein – ein Weisungsrecht des begünstigten Dritten begründen. Davon abgegrenzt werden im Anschluss jene Formen des drittbezogenen Personaleinsatzes, die zu einer Begünstigung eines Unternehmens durch eine Person, die nicht mit diesem in einem Arbeitsverhältnis steht, führt, aber *kein* Weisungsrecht des Unternehmens begründet.

Nachdem im vorangegangenen Teilen die rechtliche Struktur von Arbeitnehmerüberlassung beschrieben sowie die verschiedenen Fälle der konzerninternen Leiharbeit in Abgrenzung zu sonstigen Formen des drittbezogenen Personaleinsatzes im Konzern dargestellt wurden, findet in Teil D und E schließlich die konkrete Überprüfung der rechtlichen Auswirkungen der Reform des AÜG auf die konzerninterne Leiharbeit statt.

Um diese Auswirkungen umfassend darstellen zu können, ist jeweils die Zulässigkeit der konzerninternen Arbeitnehmerüberlassung *vor* und *nach* der Reform des AÜG zu erörtern. Dabei differenziert der Autor zwischen der konzerninternen Arbeitnehmerüberlassung, die von den Beschränkungen des AÜG aufgrund des Bestehens bestimmter Ausnahmetatbestände befreit ist (»konzerninterne Arbeitnehmerüberlassung *außerhalb* des AÜG«, Teil D) und solcher Leiharbeit, die von den Restriktionen des AÜG erfasst wird (»konzerninterne Arbeitnehmerüberlassung *innerhalb* des AÜG«, Teil E).

Am Ende dieser Arbeit soll im Teil F eine Zusammenfassung der wichtigsten Ergebnisse dieser Arbeit über die Auswirkungen der Leiharbeitsrichtlinie und der Reform des AÜG erfolgen – verbunden mit einer Prognose, ob und inwieweit sich in Zukunft konzerninterne Arbeitnehmerüberlassung in der Praxis als Instrument der flexiblen Personalplanung weiter bewähren wird.

II. Terminologie

Sowohl der juristische als auch der laienhafte Sprachgebrauch bezeichnet die Beteiligten bei der Arbeitnehmerüberlassung oft als »Verleiher«, »Entleiher« und »Leiharbeiter«. Selbst die europäische Richtlinie 2008/104/EG vom 19.11.2008 handelt über »Leiharbeit« und benennt die Beteiligten in Art. 3 Abs. 1 lit. b) – c) als »Leiharbeitsunternehmen«, »Leiharbeitnehmer« und »entleihendes Unternehmen«[11]. Das deutsche Arbeitnehmerüberlassungsgesetz bezeichnet den Vorgang selbst zwar als »Arbeitnehmerüberlassung«[12], die Beteiligten werden aber ähnlich wie in der Richtlinie »Verleiher«, »Entleiher« und »Leiharbeitnehmer« genannt (vgl. § 1 Abs. 1 S. 1 AÜG).

Neben diesen Begriffen ist auch von der Zeitarbeit[13] (»Zeitarbeitsunternehmen«, »Zeitarbeitnehmer« oder »Zeitarbeiter«, »Kundenunternehmen« oder »Beschäftigungsunternehmen«) die Rede, wobei hier teilweise die Bezeichnung als unglückliche Übersetzung ausländischer Begriffe[14] ins Deutsche angesehen und abgelehnt wird[15]. Auch wird von dem »Überlassenden«, dem »Überlassenen« und dem »Dritten«[16] gesprochen.

Die Verwendung des Terminus »Leiharbeit« ist *formaljuristisch* gesehen schlicht falsch[17]: Die »Leihe« i.S.d. § 598 BGB ist die unentgeltliche Überlassung von Sachen für einen bestimmten Zeitraum. Der Arbeitnehmer ist aber als Mensch niemals eine Sache und kann insofern nicht Gegenstand eines Leihvertrags sein[18]. Ferner überlässt das klassische Zeitarbeitsunternehmen in der Praxis regemäßig die Arbeitnehmer, um einen gewissen Profit zu erzielen. Von einer »unentgeltlichen« Überlassung kann daher nicht die Rede sein. Eine Parallele zur Leihe i.S.d. BGB verbietet sich also.

---

11 *Sansone*, Gleichstellung von Leiharbeitnehmern nach deutschem und Unionsrecht, S. 55 f.

12 *Schaub*, Arbeitnehmerüberlassung, S. 2.

13 Vgl. nur *Böhm/Hennig/Popp*, Zeitarbeit.

14 Etwa englisch „temporary work" oder französisch „travail temporaire".

15 *Düwell/Dahl*, NZA 2007, 889 (889); weniger überzeugend ist hier die Auffassung von *Sandmann/Marschall*, AÜG Einl. Rn. 7 und *Sansone*, Gleichstellung von Leiharbeitnehmern nach deutschem und Unionsrecht, S. 56, die den Begriff „Zeitarbeit" wegen der Verwechslungsgefahr zum Begriff „Teilzeitarbeit" ablehnen.

16 So etwa *Sandmann/Marschall*, AÜG Einl. Rn. 6.

17 *Schaub*, Arbeitnehmerüberlassung, S. 1.

18 *Weidenkaff* in: Palandt/Bassenge, BGB § 598 Rn. 3.

Gleichwohl wird im Folgenden an dieser Terminologie (»Verleiher«, »Entleiher«, »Leiharbeitnehmer«, »Arbeitnehmerüberlassungsvertrag«) festgehalten: Wenn der europäische, der deutsche Gesetzgeber und ferner der Großteil der juristischen Fachliteratur die Beteiligten als Verleiher, Entleiher oder Leiharbeitnehmer bezeichnen, wäre es – aus Gründen der Verständlichkeit – nicht hilfreich, wenn im Folgenden ausschließlich andere Termini verwendet würden.

Dem Gesetzgeber war bereits bei Einführung des AÜG im Jahr 1972 bekannt, dass die Begriffe »Verleiher« und »Entleiher« i.S.d. AÜG nicht mit den gleichlautenden Begriffen des BGB übereinstimmen, gleichwohl hat er bewusst diese Terminologie gewählt, da sich diese Bezeichnung im allgemeinen Sprachgebrauch durchgesetzt hatte[19]. Diese Benennung ist außerdem insofern nicht schädlich, als Rechtsbegriffe nur relativ wirken[20].

Im Zusammenhang mit der Reform des AÜG durch das »Erste Gesetz zur Änderung des Arbeitnehmerüberlassungsgesetz – Verhinderung von Missbrauch der Arbeitnehmerüberlassung« im Jahr 2011 wurde insbesondere von den arbeitgebernahen Verbänden BDA, iGZ, AMP und BZA gefordert, den Begriff »Leiharbeit« endlich durch den richtigeren Begriff »Zeitarbeit« zu ersetzen, da man allgemein die verwendeten Bezeichnungen als »sachlich falsch und diskreditierend«[21] empfinde. Der Gesetzgeber jedoch hat in Kenntnis dieser Bedenken die bisherigen Begrifflichkeiten beibehalten.

Wenn der Gesetzgeber einem bestimmten Sachverhalt einen Begriff in einem Gesetz zuordnet, so kann dieser Begriff vom Rechtsanwender nicht als unzutreffend verworfen werden. Bei der in § 1 Abs. 1 S. 1 AÜG erfolgten Benennung der Beteiligten handelt es sich um einen erläuternden Rechtssatz: Es erfolgt eine *verbindliche Anweisung* des Gesetzgebers an denjenigen, der das Gesetz anzuwenden hat, den beschriebenen Sachverhalt in dem angegebenen Sinnzusammenhang zu verstehen[22]. Dies muss letztlich auch für die Begrifflichkeiten gelten.

Jedes Gesetz kann für seinen Bereich die Begriffe selbst definieren, solange der Terminus im entsprechenden Zusammenhang konsistent verwendet wird; es stellt in diesem Kontext eine reine Zweckmäßigkeitsfrage dar, wie weit man sich auf eine einheitliche Terminologie i.S.d. Einheit der Rechtsordnung verständigt[23].

An diesen Grundsatz hält sich diese Arbeit. Wenn hier von einem »Verleiher«, »Entleiher« oder »Leiharbeitnehmer« die Rede ist, bezieht sich die-

---

19 BT-Drs. VI/2303 S. 10.

20 Sog. „Relativität der Rechtsbegriffe", vgl. *Röhl*, Allgemeine Rechtslehre, S. 455.

21 BT-Drs. 17/5238 S. 10.

22 *Larenz/Canaris*, Methodenlehre der Rechtswissenschaft, S. 78.

23 *Röhl*, Allgemeine Rechtslehre, S. 455; allerdings merkt *Röhl* auch zutreffend an, dass in der *Rechtswissenschaft* insoweit andere Maßstäbe gelten *sollten*.

ser Terminus immer auf den in § 1 Abs. 1 S. 1 AÜG geregelten Sachverhalt. Es handelt sich hier lediglich um *technische Begrifflichkeiten*.

III. Rechtliche Rahmenbedingungen

Für die Diskussion der rechtlichen Problematik um die konzerninterne Arbeitnehmerüberlassung sind im Wesentlichen zwei Regelungssysteme relevant: Das Arbeitnehmerüberlassungsgesetz[24] (AÜG) der Bundesrepublik Deutschland auf nationaler Ebene und die Richtlinie 2008/104/EG[25] des Europäischen Parlaments und des Rates vom 19.11.2008 über Leiharbeit auf der Ebene der Europäischen Union. An dieser Stelle soll ein Überblick zur Entwicklung bzw. Entstehungsgeschichte geschaffen und die Ziele und die Systematik der jeweiligen Normen dargestellt werden.

1. Das Arbeitnehmerüberlassungsgesetz

Da eine Richtlinie als europäischer Sekundärrechtsakt regelmäßig auf Harmonisierung der Rechtsvorschriften auf europäischer Ebene abzielt und folglich meist generelle und abstrakte Ausführungen enthält, wirft der deutsche Rechtsanwender bei rechtlichen Fragen i.d.R. zuerst einen Blick in die konkretisierten nationalen Normen. Im Fall der Arbeitnehmerüberlassung ist dies nicht anders: Das AÜG weist einen näheren Praxisbezug auf und ist wesentlich genauer ausdifferenziert als die Leiharbeitsrichtlinie.

a) Entwicklung des Rechts der Arbeitnehmerüberlassung in Deutschland

aa) Arbeitnehmerüberlassung vor Erlass des AÜG

Zu Anfang des 20. Jahrhunderts unterschied man nicht zwischen der Arbeitsvermittlung und der Arbeitnehmerüberlassung; letztere wurde juristisch als Unterfall der Arbeitsvermittlung[26] gesehen. Wegen des damals häufigen Missbrauchs der privaten Stellenvermittlung, insbesondere deren Nähe zur Kriminalität, wurde durch das Stellenvermittlergesetz 1910[27] die Ausübung dieser Vermittlertätigkeit insoweit verboten, als ein Bedürfnis

---

24 BGBl. I. 2011 S. 642.

25 AblEU 2008/L 327/9.

26 *Pieroth*, Arbeitnehmerüberlassung unter dem Grundgesetz, S. 27; *Platzhoff*, Arbeitnehmerüberlassung und Legitimität, S. 27; *Schüren* in: Schüren/Hamann, AÜG 4. Aufl., Einl. Rn. 22 ff.; *Witten*, Vertragsgestaltung und Gesetzesbindung im Recht der Zeitarbeit, S. 36.

27 RGBl. I. S. 860.

nach Stellenvermittlung nicht vorlag[28]. Im Übrigen beschränkte sich der Staat auf die Verschärfung von Kontrollmaßnahmen[29]. Während des Ersten Weltkriegs führte die Kriegswirtschaft zu einem Erliegen der privaten Arbeitsvermittlung.[30]

Mit § 48 Abs. 5 des Arbeitsnachweisgesetzes von 1922[31] wurde in der Weimarer Republik[32] die vorübergehende Überlassung von Arbeitnehmern im Ergebnis der gewerbsmäßigen Stellenvermittlung zugeordnet. Diese war damit untersagt und es galt ein staatliches Arbeitsvermittlungsmonopol[33]. Allerdings trat § 48 Abs. 5 erst im Jahr 1931 vollends in Kraft, da der Gesetzgeber ein allmähliches Auslaufen der bis dahin nicht unüblichen gewerbsmäßigen Stellenvermittlung bezweckte[34]. Aufgrund dieses langen Übergangszeitraums und dem z.T. unglücklichen Gesetzeswortlaut versuchten indes Verleiher, die Regelungen des Arbeitsnachweisgesetzes zu umgehen, weshalb schon damals in der Eisen- und Metallindustrie sowie dem Bau- und Bergbaugewerbe mehrjährige Überlassungen üblich waren[35]. Dieser rechtlich unsichere Zustand wurde aber 1931 mit dem Inkrafttreten des § 48 Abs. 5 Arbeitsnachweisgesetz und auch durch die Notverordnung des Reichspräsidenten vom 6.10.1931[36] weitgehend beseitigt[37].

---

[28] *Jacob*, Die Gewerbliche Leiharbeit im Zeitalter der Globalisierung, S. 23; *Sandmann/Marschall*, AÜG Einl. Rn. 10; *Schüren* in: Schüren/Hamann, AÜG 4. Aufl., Einl. Rn. 24; *Thüsing* in: Thüsing, AÜG 3. Aufl., Einf. Rn. 26; *Ulber* in: Ulber, AÜG 4. Aufl., Einl. B. Rn. 1.

[29] *Pieroth*, Arbeitnehmerüberlassung unter dem Grundgesetz, S. 27.

[30] *Schüren* in: Schüren/Hamann, AÜG 4. Aufl., Einl. Rn. 30.

[31] RGBl. I S. 657.

[32] In der Weimarer Zeit wurde 1923 auch ein Entwurf eines Allgemeinen Arbeitsvertragsgesetzes vorgelegt, welches eine umfassende Kodifikation darstellen, sollte aber nie umgesetzt wurde. Auch dieser Entwurf traf aber keine Aussage über die gewerbsmäßige Arbeitnehmerüberlassung, vgl. *Schüren* in: Schüren/Hamann, AÜG 4. Aufl., Einl. Rn. 34.

[33] *Becker/Wulfgramm*, Kommentar zum Arbeitnehmerüberlassungsgesetz, Einl. Rn. 36; *Pieroth*, Arbeitnehmerüberlassung unter dem Grundgesetz, S. 28; *Schaub*, Arbeitnehmerüberlassung, S. 88; *Thüsing* in: Thüsing, AÜG 3. Aufl., Einf. Rn. 26; *Ulber* in: Ulber, AÜG 4. Aufl., Einl. B. Rn. 2; *Schüren* zieht in: Schüren/Hamann, AÜG 4. Aufl., Einl. Rn. 33 daraus den Umkehrschluss, dass die dauerhafte Überlassung von Arbeitnehmern im Arbeitsnachweisgesetz in der Fassung von 1931 nicht beschränkt war.

[34] *Pieroth*, Arbeitnehmerüberlassung unter dem Grundgesetz, S. 28; *Platzhoff*, Arbeitnehmerüberlassung und Legitimität, S. 27.

[35] *Becker/Wulfgramm*, Kommentar zum Arbeitnehmerüberlassungsgesetz, Einl. Rn. 63; *Jacob*, Die Gewerbliche Leiharbeit im Zeitalter der Globalisierung, S. 24.

[36] RGBl. I S. 187.

[37] *Hempel*, Das Spannungsverhältnis zwischen dem sozialen Schutz der Arbeitnehmer und den wirtschaftlichen Interessen der Verleiher und der Entleiher bei der Arbeitnehmerüberlassung, S. 130; *Platzhoff*, Arbeitnehmerüberlassung und Legitimität, S. 28 m.w.N.

Im sog. Dritten Reich blieb das Ausleihen von Arbeitskräften weiterhin streng reguliert. Das Gesetz über Arbeitsvermittlung, Berufsberatung und Lehrstellenvermittlung vom 5.11.1935[38] brachte keine Änderung der materiellen Rechtslage mit sich[39]. Die Bewertung der Arbeitnehmerüberlassung durch das Nazi-Regime zeigt etwa der Erlass des Reichsarbeitsministers vom 20.12.1941[40], mit dem die Arbeitsämter angehalten wurden, jeglichen Verleih zu verhindern: die Arbeitnehmerüberlassung widerspreche der »Ideologie« des Nationalsozialismus – nur ausnahmsweise sei diese Personaleinsatzform zur Behebung von Notlagen oder Auftragsspitzen zulässig[41].

Auch nach dem Zweiten Weltkrieg hielt man in der Bundesrepublik an der vorherigen Rechtslage fest[42]. Gewerbsmäßige Leiharbeit blieb generell verboten: Gemäß § 37 Abs. 3 i.V.m. § 35 AVAG[43], wonach Arbeitnehmerüberlassung als Arbeitsvermittlung fingiert wurde, erhielt die Bundesanstalt für Arbeitsvermittlung und Arbeitslosenversicherung weiterhin eine Monopolstellung für die Arbeitsvermittlung[44].

§ 37 Abs. 3 AVAG wurde indessen vom BVerfG[45] am 4.4.1967 für nichtig erklärt; diese Entscheidung stellt rückblickend eine Zäsur im Arbeitnehmerüberlassungsrecht dar[46]. Der Entscheidung lag die Klage der schweizerische Firma *Adia-Interim* zugrunde, welche Arbeitskräfte als »freie Mitarbeiter« einstellte und an Kunden überließ[47]. Das BVerfG differenzierte zwischen der Arbeitsvermittlung, bei welcher die Arbeitskraft zumindest kurzzeitig Arbeitnehmer des Kundenunternehmens wird und der Arbeitnehmerüberlassung, bei der vertragliche Beziehungen nur zum Verleiher bestehen, zu dem der Arbeitnehmer nach der Überlassung zurückkehrt[48]. Diese beiden Vertragsformen stellten danach nur bedingt miteinander vergleichbare Instrumente dar, welche jede für sich am Grundgesetz zu messen sei[49].

---

38 RGBl. I S. 1281.

39 *Pieroth*, Arbeitnehmerüberlassung unter dem Grundgesetz, S. 29.

40 RABl. I S. 6.

41 *Schüren* in: Schüren/Hamann, AÜG 4. Aufl., Einl. Rn. 40 f. m.w.N; *Thüsing* in: Thüsing, AÜG 3. Aufl., Einf. Rn. 26; *Ulber* in: Ulber, AÜG 4. Aufl., Einl. B. Rn. 3.

42 *Witten*, Vertragsgestaltung und Gesetzesbindung im Recht der Zeitarbeit, S. 37.

43 Gesetz vom 23.12.1956, BGBl. I S. 1018; *Sandmann/Marschall*, AÜG Einl. Rn. 10.

44 *Pieroth*, Arbeitnehmerüberlassung unter dem Grundgesetz, S. 9; *Platzhoff*, Arbeitnehmerüberlassung und Legitimität, S. 29; *Schüren* in: Schüren/Hamann, AÜG 4. Aufl., Einl. Rn. 43 ff.; *Thüsing* in: Thüsing, AÜG 3. Aufl., Einf. Rn. 27.

45 BVerfG 4.4.1967 – 1 BvR 84/65, NJW 1967, 974.

46 *Thüsing* in: Thüsing, AÜG 3. Aufl., Einf. Rn. 28; *Witten*, Vertragsgestaltung und Gesetzesbindung im Recht der Zeitarbeit, S. 38.

47 *Schüren* in: Schüren/Hamann, AÜG 4. Aufl., Einl. Rn. 48.

48 BVerfG 4.4.1967 – 1 BvR 84/65, NJW 1967, 974 (III); *Schüren* in: Schüren/Hamann, AÜG 4. Aufl., Einl. Rn. 50.

49 *Platzhoff*, Arbeitnehmerüberlassung und Legitimität, S. 31; *Sandmann/Marschall*, AÜG Einl. Rn. 11.

Während das Arbeits*vermittlungs*monopol der Bundesanstalt für Arbeitsvermittlung und Arbeitslosenversicherung nach § 31 Abs. 1 AVAG durch eine anderweitige Entscheidung[50] des BVerfG vom selben Tage für verfassungsgemäß erachtet wurde, wurde Abs. 3 der Vorschrift, die Arbeitnehmer*überlassung* als Arbeitsvermittlung fingierte, für nicht mit dem Grundrecht der Berufsfreiheit nach Art. 12 GG vereinbar erklärt[51].

Mit der Nichtigkeit des § 37 Abs. 3 AVAG war die Arbeitnehmerüberlassung nicht mehr gesetzlich geregelt, in der Folge entstanden zahlreiche Verleihunternehmen[52] und vielfältige Formen des Missbrauchs[53] oder der Ausbeutung von Arbeitnehmern wurden bekannt. Aus dem Bedürfnis heraus, die Arbeitnehmerüberlassung sozialverträglich zu gestalten, entschied sich der Gesetzgeber im Jahr 1971 für die Schaffung einer gesetzlichen Regelung[54], welche schließlich in die Verkündigung des AÜG am 7.8.1972[55] mündete.

bb) Arbeitnehmerüberlassung unter Geltung des AÜG

Das AÜG stellte von Anfang an die Ausübung von gewerblicher Arbeitnehmerüberlassung unter einen Erlaubnisvorbehalt. Zudem wurde bereits 1972 eine Höchstüberlassungsfrist von drei Monaten festgesetzt. Diese Maßnahmen hielt der Gesetzgeber für erforderlich, um den nachteiligen arbeitsmarkt- und sozialpolitischen Auswirkungen der langfristigen Arbeitnehmerüberlassung zu begegnen[56]. Ferner wurde ein Befristungs- und Synchronisationsverbot eingeführt, d.h. der Verleiher als Arbeitgeber war nicht berechtigt, den Bestand des Arbeitsverhältnisses vom Bestand konkreter

---

50 BVerfG 4.4.1967 – 1 BvR 126/65, NJW 1967, 971.

51 BVerfG 4.4.1967 – 1 BvR 84/65, NJW 1967, 974 (III 2); *Sansone*, Gleichstellung von Leiharbeitnehmern nach deutschem und Unionsrecht, S. 59. Allerdings wurde das Verfahren an das Instanzgericht zurückverwiesen und *Adia-Interim* unterlag letztlich vor dem BSG (29.7.1970 – 7 RAr 44/68, NJW 1971, 166) weil lediglich wegen der fehlenden arbeitsrechtlichen Bindung an den Verleiher doch keine Arbeitnehmerüberlassung, sondern das Vorliegen von (damals) verbotener Arbeitsvermittlung angenommen wurde, vgl. *Schüren* in: Schüren/Hamann, AÜG 4. Aufl., Einl. Rn. 51.

52 *Hempel*, Das Spannungsverhältnis zwischen dem sozialen Schutz der Arbeitnehmer und den wirtschaftlichen Interessen der Verleiher und der Entleiher bei der Arbeitnehmerüberlassung, S. 131; *Sandmann/Marschall*, AÜG Einl. Rn. 15.

53 BT-Drs. VI/2303 S. 9; *Hempel*, Das Spannungsverhältnis zwischen dem sozialen Schutz der Arbeitnehmer und den wirtschaftlichen Interessen der Verleiher und der Entleiher bei der Arbeitnehmerüberlassung, S. 131; *Sandmann/Marschall*, AÜG Einl. Rn. 16; *Schüren* in: Schüren/Hamann, AÜG 4. Aufl., Einl. Rn. 52 m.w.N.; *Ulber* in: Ulber, AÜG 4. Aufl., Einl. B. Rn. 12.

54 Zum Verlauf des Gesetzgebungsverfahrens vgl. *Becker/Wulfgramm*, Kommentar zum Arbeitnehmerüberlassungsgesetz, Einl. Rn. 111 ff.; *Jacob*, Die Gewerbliche Leiharbeit im Zeitalter der Globalisierung, S. 33 ff.; *Sandmann/Marschall*, AÜG Einl. Rn. 19.

55 BGBl. I. S. 1393.

56 BT-Drs. VI/2303 S. 12.

Überlassungsverträge abhängig zu machen[57]. Im Falle eines Verstoßes gegen Vorgaben aus dem AÜG waren Sanktionen in Form von Straf- sowie Ordnungswidrigkeitstatbeständen vorgesehen[58].

Bis zum Beschäftigungsförderungsgesetz[59] (BeschFG) im Jahre 1985 wurden diese Sanktionsvorschriften zur Bekämpfung von illegaler Beschäftigung teils erheblich verschärft[60]. Hinzu kam ein völliges Verbot der Arbeitnehmerüberlassung in Betrieben des Baugewerbes[61]. Im Zuge des BeschFG setzte indes eine Liberalisierung der Arbeitnehmerüberlassung ein. So wurde etwa die Höchstüberlassungsdauer von drei auf sechs Monate erhöht. Ferner wurden diverse Sachverhalte, für welche das AÜG nicht gelten sollte, kodifiziert – etwa der Ausnahmefall der Überlassung zur Vermeidung von Kurzarbeit bzw. Entlassungen oder die Überlassung von Arbeitnehmern innerhalb eines Konzerns[62].

In den folgenden Jahren wurde das AÜG weiter liberalisiert[63]. Insbesondere wurde die Höchstüberlassungsfrist für Verleiher immer großzügiger festgesetzt (1994: neun Monate, 1997: zwölf Monate). Das Befristungs- und Synchronisationsverbot wurde abgeschwächt, die betriebsverfassungsrechtliche Stellung der Zeitarbeiter im Entleiherbetrieb geregelt und die Straf- und Bußgeldtatbestände dagegen weiter verschärft[64]. Im Rahmen des Job-AQTIV-Gesetz[65] wurde die Höchstüberlassung zum 1.1.2002 auf 24 Monate verlängert, allerdings erstmalig mit der Verpflichtung für den Verleiher, ab dem 13. Überlassungsmonat dem Leiharbeitnehmer die gleichen Arbeitsbedingungen zu gewähren, die ein Stammarbeitnehmer beim jeweiligen Entleiher genießt.

Eine gravierende Reform des AÜG stellt das Erste Gesetz für moderne Dienstleistungen am Arbeitsmarkt[66] als Höhepunkt der Deregulierung der Arbeitnehmerüberlassung dar, das am 1.1.2003 in Kraft trat. Im Zuge dieser

---

57 BT-Drs. VI/2303 S. 12.

58 *Schüren* in: Schüren/Hamann, AÜG 4. Aufl., Einl. Rn. 55.

59 BGBl. I 1985, S. 710.

60 *Jacob*, Die Gewerbliche Leiharbeit im Zeitalter der Globalisierung, S. 41; *Schüren* in: Schüren/Hamann, AÜG 4. Aufl., Einl. Rn. 58.

61 *Schüren* in: Schüren/Hamann, AÜG 4. Aufl., Einl. Rn. 60; *Ulber* in: Ulber, AÜG 4. Aufl., Einl. B. Rn. 18.

62 *Jacob*, Die Gewerbliche Leiharbeit im Zeitalter der Globalisierung, S. 43; *Schüren* in: Schüren/Hamann, AÜG 4. Aufl., Einl. Rn. 61 f.; *Ulber* in: Ulber, AÜG 4. Aufl. Einl. B. Rn. 20 f.

63 *Sellin*, Arbeitnehmermobilität und Entsenderecht, S. 52 f.; *Ulber* in: Ulber, AÜG 4. Aufl., Einl. B. Rn. 20.

64 Vgl. ausf. *Schüren* in: Schüren/Hamann, AÜG 4. Aufl., Einl. Rn. 65 ff.; *Ulber* in: Ulber, AÜG 4. Aufl., Einl. B. Rn. 24 ff.

65 BGBl. I. 2001 S. 3443; *Jacob*, Die Gewerbliche Leiharbeit im Zeitalter der Globalisierung, S. 49 f.

66 BGBl. I 2002 S. 4607. Allgemein zum Ersten Gesetz für moderne Dienstleistungen am Arbeitsmarkt *Lembke*, BB 2003, 98.

sog. *Hartz*-Reform[67] wurde das Arbeitnehmerüberlassungsrecht weitgehend »normalisiert«[68]. Dies hatte zur Folge, dass für das Arbeitsverhältnis zwischen Verleiher und Leiharbeitnehmer wie bei Normalarbeitsverhältnissen das KSchG und das TzBfG galten und das Befristungs- und Synchronisationsverbot entfiel[69]. Vor allem aber wurde die Höchstüberlassungsfrist von zuletzt 24 Monaten nun vollends gestrichen, sodass nun auch eine unbegrenzte Überlassung möglich wurde. Diese teilweise tiefgreifenden Änderungen zu Lasten der Leiharbeitnehmer wurden aber durch ein allgemeines Gebot der Gleichstellung (*equal pay* oder *equal treatment*) der Leiharbeitnehmer mit Stammarbeitnehmern des jeweiligen Entleiherbetriebs »kompensiert«, jedoch mit der Einschränkung, dass vom Gleichstellungsgebot mittels tarifvertraglicher Regelung abgewichen werden durfte. Eine Abweichung war ferner in den ersten sechs Wochen der Überlassung möglich, wenn der Leiharbeitnehmer vorher arbeitslos war.

Erhebliche Änderungen des AÜG gab es in der Folgezeit nicht mehr[70]. Das Erste Gesetz zur Änderung des Arbeitnehmerüberlassungsgesetzes – Verhinderung von Missbrauch der Arbeitnehmerüberlassung vom 28.4.2011 brachte nun wieder relevante Änderungen mit sich, deren Inhalt und Reichweite maßgeblicher Gegenstand dieser Arbeit sind.

b) Ziele und Systematik des AÜG in der gegenwärtigen Fassung

Die vom Gesetzgeber mit der Schaffung des AÜG verfolgten Ziele – oder präziser – deren Gewichtung hat sich in den letzten 30 Jahren geändert. So wurde die dauerhafte Arbeitnehmerüberlassung, welche mittels der bis zum Gesetz für moderne Dienstleistungen am Arbeitsmarkt geltenden Höchstüberlassungsfristen ausgeschlossen werden sollte, ursprünglich nicht (nur) aus Gründen des Arbeitnehmerschutzes eingeführt: Bei der Einführung des AÜG 1972 fürchtete der Gesetzgeber noch, dass bei einem dauerhaften Verleih dieser »Zwischenhandel« die ohnehin *knappe* (!) Arbeitskraft verteuere[71].

---

67 Ausf. zur Zusammensetzung und Arbeit der *Hartz*-Kommission vgl. *Jacob*, Die Gewerbliche Leiharbeit im Zeitalter der Globalisierung, S. 51 ff.

68 So *Schüren* in: Schüren/Hamann, AÜG 4. Aufl., Einl. Rn. 87.

69 *Ulber* in: Ulber, AÜG 4. Aufl., Einl. B. Rn. 55.

70 *Henssler* und *Preis* veröffentlichten 2006/2007 einen Vorschlag zur Schaffung eines Arbeitsvertragsgesetzes (NZA-Beil. zu Heft 21/2007), welcher aber niemals umgesetzt wurde. In diesem Entwurf, der Diskussionsgrundlage für die Schaffung eines einheitlich kodifizierten Arbeitsvertragsgesetzes werden sollte – wie es an sich auch in Art. 30 Abs. 2 Nr. 1 des deutschen Einigungsvertrags vereinbart ist – wurde im Vergleich zum Ersten Gesetz für moderne Dienstleistungen nichts Maßgebliches verändert. Zur Kritik an dem Entwurf vgl. auch *Schüren*, AuR 2008, 293.

71 BT-Drs. VI/2303 S. 9; bei Einführung des AÜG im Jahr 1972 lag die Arbeitslosenquote im damaligen Bundesgebiet bei 1,1 % (Statistisches Bundesamt).

Dass diese Überlegung bei späteren Reformen noch eine Rolle spielte, darf bezweifelt werden. Angesichts der nach 1972 deutlich gestiegenen Arbeitslosigkeit[72] wurde und wird Leiharbeit bis heute als ein wirkungsvolles Instrument zum Abbau der Arbeitslosigkeit angesehen, durch das Arbeitslose durch den erhofften »Klebeeffekt« in den ersten Arbeitsmarkt integriert werden sollen[73]. Zudem war es 1972 noch ein Ziel des Gesetzgebers, das staatliche Arbeitsvermittlungsmonopol sicherzustellen[74], welches aber mit der Aufhebung des Monopols durch das Beschäftigungsförderungsgesetz von 1994[75] entfallen ist.

Natürlich verfolgte der Gesetzgeber mit dem AÜG von Anfang an das zentrale Ziel, die Ausbeutung der Arbeitnehmer zu verhindern und Störungen des Arbeitsmarktes entgegenzuwirken, ohne gleichzeitig die Branche in Bereichen, in denen sie berechtigte Bedürfnisse der am Wirtschaftskreislauf Beteiligten erfüllt, unangemessen zu beschränken[76]. Dass diese Tendenz des Gesetzgebers bis heute besteht, zeigt schon der Titelzusatz zur letzten AÜG-Reform »Verhinderung von Missbrauch der Arbeitnehmerüberlassung«.

Das AÜG ist grob in drei Teile aufzuteilen: §§ 1 bis 8 regeln im Wesentlichen den Anwendungsbereich des Gesetzes und stellen faktisch Verwaltungsvorschriften für die Bundesagentur für Arbeit (§ 17) hinsichtlich der Erforderlichkeit, Erteilung und Entziehung der Erlaubnis zur Arbeitnehmerüberlassung dar. §§ 9 bis 14 indessen regeln die gegenseitigen Rechte und Pflichten von Verleiher, Entleiher und Leiharbeitnehmer, während die restlichen Paragraphen Straf- und Ordnungswidrigkeitsvorschriften sowie die üblichen Schlussbestimmungen enthalten.

2. Die Richtlinie 2008/104/EG über Leiharbeit

Die letzte Reform des AÜG durch das Erste Gesetz zur Änderung des Arbeitnehmerüberlassungsgesetzes war vor allem deswegen erforderlich, weil die Umsetzungsfrist der Leiharbeitsrichtlinie 2008/104/EG am 5.12.2011 ablief (Art. 12 der RL). Europäische Richtlinien wirken zwar nach allgemei-

---

72 Arbeitslosenquote etwa bei Verabschiedung des BeschFG (1985): 9,3 %, oder des Job-AQTIV-Gesetzes (2001): 8,0 % (Statistisches Bundesamt).

73 BT-Drs. 17/487 S. 1.

74 *Sansone*, Gleichstellung von Leiharbeitnehmern nach deutschem und Unionsrecht, S. 60.

75 BGBl. I 1994 S. 1786.

76 So BT-Drs. IV/2303 S. 9 (1972) und BT-Drs. 17/4804 S. 7 (2011); *Hempel*, Das Spannungsverhältnis zwischen dem sozialen Schutz der Arbeitnehmer und den wirtschaftlichen Interessen der Verleiher und der Entleiher bei der Arbeitnehmerüberlassung, S. 132; *Jacob*, Die Gewerbliche Leiharbeit im Zeitalter der Globalisierung, S. 37; *Sandmann/Marschall*, AÜG Einl. Rn. 21; *Ulber* in: Ulber, AÜG 4. Aufl., Einl. B. Rn. 13.

ner Auffassung grundsätzlich nicht unmittelbar[77], sondern sind nur für die Mitgliedstaaten und nicht für die am Rechtsverkehr Beteiligten verbindlich (vgl. Art. 288 Abs. 3 AEUV), allerdings hat die Richtlinie 2008/104/EG zumindest wegen des Gebots der richtlinienkonformen Auslegung künftig auch im nationalen Arbeitnehmerüberlassungsrecht erhebliche Bedeutung.

a) Entstehungsgeschichte der RL 2008/104/EG

Es bestand ein erheblicher Verhandlungsbedarf in und zwischen den europäischen Institutionen und bedurfte noch mehr Zeit, bis die Leiharbeitsrichtlinie in der heutigen Form in Kraft treten konnte[78].

Bereits im Jahr 1982 schlug die Europäische Kommission vor, eine »Richtlinie des Rates über Zeitarbeit«[79] zu erlassen. Allerdings wurde der Entwurf von dem Rat der Europäischen Union – auch nach einer Überarbeitung im Jahr 1984[80] – nicht akzeptiert[81].

1990 entschloss sich die Kommission, drei Richtlinien vorzuschlagen, welche Regelungen zu Formen der atypischen Beschäftigung (insbesondere Befristung, Teilzeitarbeit und Arbeitnehmerüberlassung) treffen sollten[82]. Davon mündete nur ein Vorschlag in die RL 91/383/EWG[83] des Rates vom 25.6.1991 zur Ergänzung der Maßnahmen zur Verbesserung der Sicherheit und des Gesundheitsschutzes von Arbeitnehmern mit befristetem Arbeitsverhältnis oder Leiharbeitsverhältnis[84]. Indessen blieb die rechtliche Stel-

---

77 Im Gegensatz zur (im Arbeitsrecht aber eher selten anzutreffenden) Verordnung der Europäischen Union (Art. 288 Abs. 2 AEUV), welche zwar wie die Richtlinie lediglich Sekundärrecht darstellt, aber unmittelbar und zwingend wirkt, vgl. dazu auch *Kerwer*, Das europäische Gemeinschaftsrecht und die Rechtsprechung der deutschen Arbeitsgerichte, S. 92 f.

78 KOM(2002) 149 endg. – AblEG 2002/C 203 E/1, S. 8 f.; ferner *Hamann*, EuZA 2009, 287 (288); *Fuchs*, NZA 2009, 57 (57); *Klumpp*, GPR 2009, 89 (89); *Riederer von Paar* in: Schüren/Hamann, AÜG 4. Aufl., Einl. Rn. 603 f.; *Sansone*, Gleichstellung von Leiharbeitnehmern nach deutschem und Unionsrecht, S. 65; *Schüren/Wank*, RdA 2011, 1 (2); *Steuer*, Die Arbeitnehmerüberlassung als Mittel zur Förderung des Arbeitsmarktes in Deutschland, S. 132 ff.; *Ulber* in: Ulber, AÜG 4. Aufl., Einl. Rn. 56; *Waas*, ZESAR 2009, 207 (207).

79 AblEG 1982/C 128, S. 2.

80 AblEG 1984/C 133, S. 1.

81 KOM(2002) 149 endg. – AblEG 2002/C 203 E/1, S. 9; *Robin-Olivier*, ELLJ 2010, 398 (399); *Sansone*, Gleichstellung von Leiharbeitnehmern nach deutschem und Unionsrecht, S. 65; *Thüsing* in: Thüsing, AÜG 3. Aufl., Einf. Rn. 29.

82 KOM(1990) 228 endg. AblEG 1990/C 224, S. 8; *Fuchs*, NZA 2009, 57 (57 f.); *Hamann*, EuZA 2009, 287 (288); *Sansone*, Gleichstellung von Leiharbeitnehmern nach deutschem und Unionsrecht, S. 65; *Schüren/Wank*, RdA 2011, 1 (1).

83 AblEG 1991/L 206, S. 19.

84 *Fuchs*, NZA 2009, 57 (57); *Hamann*, EuZA 2009, 287 (289); *Sansone*, Gleichstellung von Leiharbeitnehmern nach deutschem und Unionsrecht, S. 65; *Thüsing* in: Thüsing, AÜG 3. Aufl., Einf. Rn. 29.

lung atypisch Beschäftigter insbesondere im Vergleich zu den Stammbeschäftigten auf europäischer Ebene nicht geregelt[85].

Die daraufhin eingeleiteten Verfahren der Europäischen Kommission zur Beteiligung der europäischen Sozialpartner nach Art. 139 EGV a.F. (jetzt Art. 155 AEUV) führten zwar zu Einigungen hinsichtlich der Teilzeitarbeit (1997)[86] und der befristeten Arbeitsverträge (1999)[87], jedoch mussten die Sozialpartner hinsichtlich der Leiharbeit am 20.5.2001 nach einjähriger Verhandlungsdauer feststellen, dass diesbezüglich keine Einigung zu erzielen war – zu unterschiedlich waren die Vorstellungen zwischen UNICE, CEEP und EGB[88].

Nach dem Scheitern der Verhandlungen zwischen den europäischen Sozialpartnern legte die Kommission erneut einen Vorschlag für eine Richtlinie[89] zur Leiharbeit vor. Da das Europäische Parlament diverse Änderungswünsche vorbrachte[90], wurde der Richtlinienvorschlag[91] modifiziert und an den Rat der Europäischen Union weitergeleitet. Wie bereits ca. 20 Jahre zuvor wurde dort vorerst keine Einigung erzielt, man stritt im Rat vor allem über den Gleichstellungsgrundsatz sowie über die Deregulierungspflichten der Mitgliedstaaten[92]. Vor allem Großbritannien und Deutschland, aber auch skandinavische Staaten leisteten gegen den Richtlinienentwurf Widerstand, sodass man damals auf absehbare Zeit nicht mehr mit einer Einigung rechnete[93].

Nachdem über fünfeinhalb Jahre hinweg verschiedene Anläufe unternommen worden waren, um ein Einvernehmen unter den Ratsmitgliedern zu erreichen, gelang dies schließlich auf der Tagung des Rates am 9. und 10.6.2008 in Luxemburg[94]. Der daraus resultierende gemeinsame Stand-

---

85 KOM(2002) 149 endg. – AblEG 2002/C 203 E/1, S. 9.

86 RL 1997/81/EG – AblEG 1998/L 14, S. 9.

87 RL 1999/70/EG – AblEG 1999/L 175, S. 43.

88 KOM(2002) 149 endg. – AblEG 2002/C 203 E/1, S. 10; RL 2008/104/EG Erwägungsgrund (7); *Hamann*, EuZA 2009, 287 (289); *Sandmann/Marschall*, AÜG Einl. Rn. 59; *Sansone*, Gleichstellung von Leiharbeitnehmern nach deutschem und Unionsrecht, S. 66; *Schüren* in: Schüren/Hamann, AÜG 4. Aufl., Einl. Rn, 604; *Thüsing* in: Thüsing, AÜG 3. Aufl., Einf. Rn. 29).

89 KOM(2002) 149 endg. – AblEG 2002/C 203 E/1.

90 *Fuchs*, NZA 2009, 57 (58 f.)

91 KOM(2002)701 endg.

92 *Sansone*, Gleichstellung von Leiharbeitnehmern nach deutschem und Unionsrecht, S. 67; *Steuer*, Die Arbeitnehmerüberlassung als Mittel zur Förderung des Arbeitsmarktes in Deutschland, S. 135 f.

93 *Sandmann/Marschall*, AÜG Einl. Rn. 59; *Sansone*, Gleichstellung von Leiharbeitnehmern nach deutschem und Unionsrecht, S. 66; *Thüsing* in: Thüsing, AÜG 3. Aufl., Einf. Rn. 29; *Waas* redet in diesem Zusammenhang von einer „Blockade durch einige Mitgliedstaaten", vgl. *Waas*, ZESAR 2009, 207 (207).

94 Pressemitteilung des Rates v. 9.-10.6.2008 – C/08/166; *Hamann*, EuZA 2009, 287 (291); *Schüren/Wank*, RdA 2011, 1 (2).

punkt des Rates vom 15.9.2008[95] wurde vom Europäischen Parlament verabschiedet und trat als Richtlinie am 5.12.2008 in Kraft[96].

b) Ziele und Systematik der RL 2008/104/EG

Wie schon aus den Erwägungsgründen der Richtlinie hervorgeht, verfolgt diese im Wesentlichen zwei Ziele: Einerseits soll sie vor allem Leiharbeitnehmer und deren Bedürfnis, Beruf und Privatleben zu vereinbaren, schützen und andererseits zu einem angemessenen, europaweit harmonisierten Rahmen zur Schaffung von Arbeitsplätzen und der Entwicklung flexibler Arbeitsformen beitragen[97]. Leiharbeit soll dabei als gleichberechtigtes Beschäftigungsinstrument neben Vollzeit-, Teilzeit-, befristeter und Saisonbeschäftigung etabliert werden[98]. Es soll sich bei Leiharbeit weder um eine »ethisch noch moralisch auf niedrigerer Stufe« stehende Form der Beschäftigung handeln[99] – auch wenn in weiten Teilen der Bevölkerung wohl eine andere Meinung vorherrscht. Sowohl die sozialen als auch die unternehmerischen Ziele der Richtlinie werden dabei unter dem Begriff *flexicurity*[100] zusammengefasst. Die Ziele der Richtlinie stimmen insoweit mit den Zielen des AÜG grundsätzlich überein.

Wie in europäischen Richtlinien üblich, definiert die Leiharbeitsrichtlinie mit Art. 1 den Anwendungsbereich: Sie gilt für alle Vorgänge, bei denen Arbeitnehmer von ihrem Arbeitgeber an fremde Unternehmen zur Verfügung gestellt werden, um dort vorübergehend unter deren Aufsicht und Leitung zu arbeiten. An den Normen der Richtlinie sind die einzelnen Interessen, die damit geschützt werden, ablesbar:

Um die Interessen der Unternehmen, nämlich die Sicherung von Arbeitnehmerüberlassung als Instrument der flexiblen Personalplanung, zu wahren, wird den Mitgliedstaaten in Art. 4 der RL aufgegeben, Verbote und Einschränkungen zu beseitigen, es sei denn, diese sind aus Gründen des Allgemeininteresses ausnahmsweise gerechtfertigt.

Zur Erfüllung der Bedürfnisse der Leiharbeitnehmer hält der Europäische Gesetzgeber vor allem einen diskriminierungsfreien Rahmen zum Schutz

---

95 AblEG 2008/ C 254 E, S. 36.

96 Ausf. zur Regelungskompetenz für die RL 2008/104/EG vgl. *Hamann*, EuZA 2009, 287 (291 ff.).

97 Erwägungsgrund 11, 12 und Art. 2 der RL; *Hamann*, EuZA 2009, 287 (295); *Robin-Olivier*, ELLJ 2010, 398 (400 f.); *Sansone*, Gleichstellung von Leiharbeitnehmern nach deutschem und Unionsrecht, S. 448; *Steuer*, Die Arbeitnehmerüberlassung als Mittel zur Förderung des Arbeitsmarktes in Deutschland, S. 137 ff.

98 *Rieble/Latzel*, Wirtschaftsförderung nach sozialen Kriterien, Rn. 145 f.

99 *Rieble/Latzel*, Wirtschaftsförderung nach sozialen Kriterien, Rn. 164.

100 „Flexicurity" ist ein Kofferwort aus *flexibility* und *security*.

der Leiharbeitnehmer für erforderlich. Kapitel II der Richtlinie besteht daher ausschließlich aus Regelungen, welche eine grundsätzliche Gleichstellung der Leiharbeitnehmer mit Stammbeschäftigten des Entleiherbetriebs (Art. 5) und ein Zugangsrecht zu Gemeinschaftseinrichtungen, Weiterbildungsangeboten oder Ausschreibungspflichten von offenen Stellen des Entleiherbetriebs (Art. 6) enthalten. Art. 7 der RL gewährleistet – je nach Regelung durch den jeweiligen Mitgliedstaat – Vertretungsrechte der Leiharbeitnehmer sowohl im verleihenden als auch im entleihenden Unternehmen. Art. 8 der RL schließt das Kapitel über Arbeits- und Beschäftigungsbedingungen ab und verpflichtet das entleihende Unternehmen, unbeschadet sonstiger Informationsrechte der Arbeitnehmervertretung, dieser Informationen über den Einsatz von Leiharbeitnehmern im Entleiherunternehmen vorzulegen.

In den Schlussbestimmungen (Kap. III) der RL wird klargestellt, dass die Mitgliedstaaten zugunsten der Arbeitnehmer von dieser Richtlinie abweichen können und die RL keinen Grund für Mitgliedstaaten darstellen soll, ein bereits bestehendes besseres Schutzniveau für Leiharbeitnehmer für diese zu verschlechtern (Art. 9). Man kann daher insgesamt konstatieren, dass der Schutz der Leiharbeitnehmer einen leichten Vorrang gegenüber dem Ziel der Schaffung von Arbeitsplätzen und der Entwicklung flexibler Arbeitsformen genießt[101]. Art. 10 der RL verpflichtet schließlich die Mitgliedstaaten, durch angemessene Sanktionsvorschriften für Verleiher und Entleiher, die Einhaltung der nationalen Normen, welche die RL umsetzen, sicherzustellen[102].

---

[101] So zutreffend auch *Klumpp*, GPR 2009, 89 (90); *Sansone*, Gleichstellung von Leiharbeitnehmern nach deutschem und Unionsrecht, S. 450; *Schüren* in: Schüren/Hamann, AÜG 4. Aufl., Einl. Rn. 605.

[102] In diesem Zusammenhang trifft die Richtlinie folglich auch keine Aussagen darüber, ob die Überlassung von Arbeitnehmern erlaubnispflichtig sein soll und welche konkreten Maßnahmen die Mitgliedstaaten als Sanktion vorsehen sollen; vgl. auch *Hamann*, EuZA 2009, 287 (295).

B. Grundlagen

Vor der Auseinandersetzung mit den Kernproblemen der konzerninternen Arbeitnehmerüberlassung, müssen einige Grundfragen erörtert werden. Insbesondere sollen an dieser Stelle die Voraussetzungen sowie die arbeitsrechtlichen Besonderheiten eines Konzerns dargestellt und anschließend auf die rechtlichen Beziehungen zwischen den an der Arbeitnehmerüberlassung Beteiligten eingegangen werden.

I. Der Konzern im Arbeitsrecht

Aus der Sicht von Außenstehenden sind in einem Konzern mehrere juristische Personen meist in unübersichtlichen Strukturen zu einem mehr oder weniger festen Ganzen verflochten. Dies hat für die Konzernspitze u.a. den Vorteil, dass man sich – je nach Opportunität – im konkreten Fall entweder auf die strikte rechtliche Trennung der Konzerngesellschaften beruft oder die wirtschaftliche Einheit des ganzen Komplexes geltend macht[1]. Diese Entscheidung stellt sich vor allem, wenn Arbeitnehmer über Unternehmensgrenzen innerhalb des Konzerns hinweg »versetzt, delegiert, entsendet, übertragen, verliehen, abgeordnet«[2] oder auch »seconded«[3] werden – der Sprachgebrauch variiert hier erheblich. Hier steht schnell die berechtigte Frage im Raum, zur welcher juristischen Person im Konzern der Arbeitnehmer nun seine arbeitsvertragliche Beziehungen unterhält oder ob vertragliche Beziehungen gar zu allen Konzerngesellschaften oder dem Konzern selbst bestehen.

1. Definition des Konzerns

Wenn in Arbeitsgesetzen das Tatbestandsmerkmal »Konzern« enthalten ist, wird diesbezüglich meist auf § 18 Abs. 1 AktG (vgl. §§ 8 Abs. 1 S. 2, 54 Abs. 1 BetrVG, § 5 MitbestG oder § 2 Abs. 1 DrittelbG), den sog. *Unterordnungskonzern*, verwiesen[4]; das Arbeitsrecht kennt in diesem Zusammenhang

---

1 In diese Richtung auch *Coen*, RdA 1983, 348 (348).

2 *Maschmann*, RdA 1996, 24 (26); *Mastmann/Stark*, BB 2005, 1849 (1849); *Turkenburg*, Möglichkeiten und Grenzen konzerneigener Verleihunternehmen und Personalführungsgesellschaften, S. 26; *Windbichler*, Arbeitsrechtliche Vertragsgestaltung im Konzern, S 9.

3 *Maywald*, Der Einsatz von Arbeitnehmern in Matrixstrukturen multinationaler Konzerne, S. 34.

4 Vgl. *Richardi* in: Richardi/Wlotzke, MüHdbArbR, § 23 Rn. 4.

keinen eigenständigen Konzernbegriff[5]. Eine untergeordnete Rolle spielt im Arbeitsrecht § 18 Abs. 2 AktG (sog. *Gleichordnungskonzern*), auf den deutlich weniger Arbeitsgesetze verweisen (etwa § 12a Abs. 2 TVG und § 1 Abs. 3 Nr. 2 AÜG)[6]. Da aber im Aktienrecht meist für bestimmte Rechtsfolgen die Abhängigkeit des § 17 AktG oder – noch allgemeiner – das Vorliegen verbundener Unternehmen i.S.d. § 15 AktG vorausgesetzt werden, ist die Bedeutung des Konzernbegriffs i.S.d. § 18 AktG im Aktienrecht selbst als eher gering einzustufen[7]. Dies gilt aber nicht für den Bereich der konzerninternen Arbeitnehmerüberlassung: Zum einen verweist das sog. Konzernprivileg (§ 1 Abs. 3 Nr. 2 AÜG) explizit auf den Konzernbegriff des Aktiengesetzes und zum anderen ist im Rahmen dieser Arbeit erforderlich, den Konzernbegriff näher zu definieren, um konzerninterne Arbeitnehmerüberlassung von der üblichen Form der Arbeitnehmerüberlassung abgrenzen zu können.

Zwar steht der Konzernbegriff des § 18 im Aktiengesetz und trifft daher an sich keine Aussage über den Konzernbegriff bei beteiligten Unternehmen anderer Rechtsformen wie der GmbH, allerdings ist anerkannt, dass die §§ 15-19 AktG[8] rechtsformneutrale Definitionsnormen sind[9]. Folglich können die folgenden Ausführungen weitgehend auch auf Unternehmen in der Rechtsform der GmbH und – mit Einschränkungen – auch auf Personengesellschaften[10] übertragen werden.

a) Unterordnungskonzern i.S.d. § 18 Abs. 1 AktG

Ob ein Unterordnungskonzern vorliegt, kann entweder durch die Bejahung des Tatbestandes des § 18 Abs. 1 S. 1 AktG oder hilfsweise mittels der Vermutungen des § 18 Abs. 1 S. 1 und S. 2 AktG bestimmt werden. Je nachdem, mittels welcher Vermutung des Abs. 1 man einen Unterordnungskonzern bejaht, spricht man von einem Eingliederungs- oder Vertragskonzern (§ 18 Abs. 1 S. 2) oder von einem faktischen Konzern (§ 18 Abs. 1 S. 3)[11].

---

5 *Tucci*, Arbeitnehmermobilität im Konzern, S. 28.

6 Der Gleichordnungskonzern ist in mitbestimmungsrechtlicher Hinsicht daher im Gegensatz zum Unterordnungskonzern nicht anerkannt, *Emmerich* in: Emmerich/Habersack, Konzernrecht, § 18 Rn. 25; vgl. zu § 1 Abs. 3 Nr. 2 AÜG auch S. 173.

7 *Schmidt* in: Schneider (Hrsg.), Festschrift für Marcus Lutter zum 70. Geburtstag, 1167 (1170).

8 Zu sonstigen Unternehmensverbindung außerhalb des § 15 AktG vgl. *Windbichler*, Arbeitsrecht im Konzern, S. 19 ff.

9 *Habersack* in: Emmerich/Habersack, Konzernrecht, Einl. Rn. 2, 14; *Liebscher* in: Fleischer/Goette, MüKo-GmbHG Anh. zu § 13 Rn. 51; *Lutter* in: Lutter/Jesse, Holding-Handbuch, § 1 Rn. 34.

10 Zum Konzernrecht der Personengesellschaften vgl. ausf. *Mülbert* in: Grunewald/Mülbert/Schmidt, MüKo-HGB Konzernrecht der Personengesellschaften Rn. 32 ff.

11 *Kerssenbrock* in: Kessler, Konzernsteuerrecht, § 2 Rn. 75.

aa) Zusammenfassung unter einheitlicher Leitung i.S.d. § 18 Abs. 1 S. 1 AktG

Nach § 18 Abs. 1 S. 1 AktG liegt ein Konzern vor, wenn ein herrschendes und ein oder mehrere abhängige Unternehmen unter der einheitlichen Leitung des herrschenden Unternehmens zusammengefasst sind. Das Kriterium der »einheitlichen Leitung« als zentrales[12] Tatbestandsmerkmal, welches bereits auf die Vorgängernorm des § 18 Abs. 1 S. 1 AktG (§ 15 Abs. 1 des AktG von 1937) zurückgeht[13], hat der Gesetzgeber indessen nicht näher bestimmt[14], sodass dessen exakte Bedeutung kontrovers diskutiert wird. Der Streit hat praktisch wegen der in §§ 18 Abs. 1 S. 2 und S. 3 AktG niedergelegten Vermutungen jedoch kaum Relevanz[15].

Folgt man dem *engen Konzernbegriff*[16], ist ein Konzern i.S.d. § 18 Abs. 1 S. 1 AktG nur zu bejahen, wenn die Konzernspitze Einfluss auf nahezu alle zentralen unternehmerischen Fragen nimmt und diesen gegenüber den Konzerngliedern durchsetzt. Die Befürworter des *weiten Konzernbegriffs*[17] hingegen lassen es für die Annahme der einheitlichen Leitung ausreichen, wenn auch nur eine einheitliche Planung in einem der zentralen Bereiche, wie dem Ein- und Verkauf oder dem Personalwesen vorliegt. Einigkeit besteht insoweit, dass stets eine konzernweite Finanzkoordination zur Bejahung der »einheitlichen Leitung« i.S.d. § 18 Abs. 1 S. 1 AktG ausreicht[18].

Die Rechtsprechung[19] hat sich mit den beiden Konzernbegriffen bisher hauptsächlich im Kontext zu Fragen der Konzernmitbestimmung beschäftigt; dort wurde – um der Mitbestimmung der Arbeitnehmer einen möglichst breiten Anwendungsbereich zu geben – der *weite* Konzernbegriff befürwortet[20].

---

12 Das Tatbestandsmerkmal „Zusammenfassung“ hat nach h.M. heute keine Bedeutung mehr, da es noch aus § 15 AktG (1937) als Vorgängernorm zum heutigen § 18 AktG stammt und im heutigen Kontext nichtssagend sei – eine einheitliche Leitung ohne „Zusammenfassung“ ist danach nicht denkbar (*Bayer* in: Goette/Bayer/Kalss, MüKo-AktG § 18 Rn. 27; *Hüffer*, Aktiengesetz, § 18 Rn. 7; a.A. *Emmerich* in: Emmerich/Habersack, Konzernrecht, § 18 Rn. 15).

13 *Emmerich* in: Emmerich/Habersack, Konzernrecht, § 18 Rn. 9).

14 *Hüffer*, Aktiengesetz, § 18 Rn. 8; *Liebscher* in: Fleischer/Goette, MüKo-GmbHG Anh. zu § 13 Rn. 125; *Lutter* in: Lutter/Jesse, Holding-Handbuch, § 1 Rn. 37.

15 *Bayer* in: Goette/Bayer/Kalss, MüKo-AktG § 18 Rn. 32.

16 Etwa *Hüffer*, Aktiengesetz, § 18 Rn. 10.

17 *Bayer* in: Goette/Bayer/Kalss, MüKo-AktG § 18 Rn. 33; *Emmerich* in: Emmerich/Habersack, Konzernrecht, § 18 Rn. 13 ff.; *Liebscher* in: Fleischer/Goette, MüKo-GmbHG Anh. zu § 13 Rn. 126.

18 *Bayer* in: Goette/Bayer/Kalss, MüKo-AktG § 18 Rn. 31; *Emmerich* in: Emmerich/Habersack, Konzernrecht, § 18 Rn. 12; *Lutter* in: Lutter/Jesse, Holding-Handbuch, § 1 Rn. 44; *Oetker* in: Müller-Glöge/Preis/Schmidt, ErfK 14. Aufl., § 18 AktG Rn. 2.

19 BayObLG 24.3.1998 - 3Z BR 236/96, NZA 1998, 956; weitere Rspr. bei *Emmerich* in: Emmerich/Habersack, Konzernrecht, § 18 Fn. 17; *Oetker* in: Müller-Glöge/Preis/Schmidt, ErfK 14. Aufl., § 5 MitbestG Rn. 6.

20 *Bayer* in: Goette/Bayer/Kalss, MüKo-AktG § 18 Rn. 32; *Emmerich* in: Emmerich/Habersack, Konzernrecht, § 18 Rn. 12.

bb) Vermutungen des § 18 Abs. 1 S. 2 und S. 3 AktG

Sowohl durch die unwiderlegliche Vermutung des § 18 Abs. 1 S. 2 als auch durch die widerlegliche Vermutung des S. 3 wird die Bestimmung einer Unternehmensverbindung als Konzern erheblich erleichtert. So liegt nach S. 2 ein Konzern vor, wenn zwischen zwei Unternehmen ein Beherrschungsvertrag i.S.d. § 291 AktG besteht (1) oder das eine Unternehmen in das andere nach § 319 AktG eingegliedert (2) wurde. Nach S. 3 wird widerleglich ein Konzern vermutet, wenn ein selbstständiges Unternehmen von einem anderen Unternehmen abhängig (3) ist.

(1) Beherrschungsvertrag i.S.d. § 291 Abs. 1 S. 1 Alt. 1 AktG

Durch einen Beherrschungsvertrag unterwirft sich die Untergesellschaft der Leitungsmacht der Obergesellschaft und hat sich an deren Weisungen i.S.d. § 308 Abs. 1 AktG zu halten (§ 308 Abs. 2 AktG). Das herrschende Unternehmen erlangt so die Möglichkeit, eine auf das Gesamtinteresse ausgerichtete Zielkonzeption zu entwickeln und gegenüber dem Vorstand der beherrschten Gesellschaft – u.U. auch gegen dessen Willen – durchzusetzen[21].

Diese Weisungen können – sofern nichts anderes vereinbart ist – für das beherrschte Unternehmen auch nachteilig sein (§ 308 Abs. 1 S. 2 AktG), wobei existenzgefährdende bzw. existenzvernichtende Weisungen verboten sind[22]. Häufig werden Beherrschungsverträge mit Gewinnabführungsverträgen (§ 291 Abs. 1 S. 1 Alt. 2 AktG) verbunden. Diese allein reichen aber nicht für die Annahme eines Beherrschungsvertrags und somit zur Anwendung der Konzernvermutung des § 18 Abs. 1 S. 2 Alt. 1 AktG aus[23].

(2) Eingliederung i.S.d. § 319 AktG

Die Eingliederung eines Unternehmens stellt die engste denkbare Verbindung dar, die zwei rechtlich selbstständige Unternehmen haben können, die nächst intensivere Stufe wäre bereits die Verschmelzung[24].

Durch die Eingliederung verliert die eingegliederte Gesellschaft zwar nicht ihre Rechtspersönlichkeit, allerdings erlangt die Obergesellschaft mit dem Weisungsrecht nach § 323 AktG, welches dem Umfang nach das Wei-

---

21 *Hüffer*, Aktiengesetz, § 291 Rn. 10.

22 H.M., vgl. *Altmeppen* in: Goette/Bayer/Kalss, MüKo-AktG § 302 Rn. 35.

23 *Bayer* in: Goette/Bayer/Kalss, MüKo-AktG § 18 Rn. 45; *Kerssenbrock* in: Kessler, Konzernsteuerrecht, § 2 Rn. 18.

24 *Kerssenbrock* in: Kessler, Konzernsteuerrecht, § 2 Rn. 78; *Windbichler*, Arbeitsrecht im Konzern, S. 16.

sungsrecht des § 308 Abs. 1 AktG deutlich übersteigt, Einflussmöglichkeiten, welche faktisch die eingegliederte Gesellschaft zu einer »rechtlich selbstständigen Betriebsabteilung« degradieren[25].

(3) Abhängigkeit i.S.d. § 17 AktG

Die Abhängigkeit ist für die Bestimmung des Konzerns in der Praxis der »zentrale Tatbestand«[26] oder »Schlüsselbegriff«[27], da bei Bejahung der Abhängigkeit die im Einzelfall komplizierte Prüfung des Merkmals der »einheitlichen Leitung« i.S.d. § 18 Abs. 1 S. 1 AktG entbehrlich ist.

Ein Unternehmen ist von einem anderen Unternehmen nach § 17 Abs. 1 AktG abhängig, wenn das herrschende Unternehmen einen »beherrschenden Einfluss« ausüben kann. Ein solcher Einfluss kann in vielen Varianten vorliegen, jedoch meint § 17 AktG nur den gesellschaftsrechtlich begründeten Einfluss; ausschließlich wirtschaftliche Einflussmöglichkeiten, wie sie ein Kreditgeber oder ein zentraler Geschäftspartner haben kann, fallen daher aus dem Anwendungsbereich des § 17 Abs. 1 AktG heraus[28]. Allerdings ist es denkbar, dass bestehende gesellschaftsrechtliche Einflussmöglichkeiten durch weitere – auch wirtschaftliche – Umstände in dem Maße verstärkt werden, dass eine Abhängigkeit i.S.d. § 17 Abs. 1 AktG bejaht werden kann[29].

§ 17 Abs. 2 AktG erleichtert den Nachweis der Abhängigkeit. Danach wird die Abhängigkeit widerleglich vermutet, wenn ein Unternehmen im Mehrheitsbesitz (§ 16 Abs. 1 AktG) eines anderen steht[30]. Zusammen mit § 18 Abs. 1 S. 3 AktG kommt der Rechtsanwender daher im Falle eines Mehrheitsbesitzes mittels zweier widerlegbarer Vermutungen zur Annahme eines Konzerns; *Windbichler* spricht in diesem Zusammenhang von einer »Vermutungskette Mehrheitsbeteiligung – Abhängigkeit – Konzern«[31].

---

25 *Emmerich* in: Emmerich/Habersack, Konzernrecht, § 319 Rn. 3; ähnlich *Hüffer*, Aktiengesetz, § 323 Rn. 1.

26 *Hüffer*, Aktiengesetz, § 17 Rn. 1.

27 *Liebscher* in: Fleischer/Goette, MüKo-GmbHG Anh. zu § 13 Rn. 104.

28 H.M.; *Emmerich* in: Emmerich/Habersack, Konzernrecht, § 17 Rn. 16; *Hüffer*, Aktiengesetz, § 17 Rn. 8.; *Liebscher* in: Fleischer/Goette, MüKo-GmbHG Anh. zu § 13 Rn. 105; *Lutter* in: Lutter/Jesse, Holding-Handbuch, § 1 Rn. 43.

29 So *Emmerich* in: Emmerich/Habersack, Konzernrecht, § 17 Rn. 16a; vertiefend zum beherrschenden Einfluss ohne Stimmenmehrheit *Bayer* in: Goette/Bayer/Kalss, MüKo-AktG § 17 Rn. 28 ff.

30 *Hüffer*, Aktiengesetz, § 17 Rn. 17.

31 *Windbichler*, Arbeitsrecht im Konzern, S. 15.

b) Gleichordnungskonzern i.S.d. § 18 Abs. 2 AktG

Beim Gleichordnungskonzern i.S.d. § 18 Abs. 2 AktG stellen sich zwei Unternehmen, welche von einander nicht abhängig sind (§ 17 AktG), kooperativ unter eine einheitliche Leitung. Diese Leitungsebene kann mittels Vertrag (vertraglicher Gleichordnungskonzern) oder rein tatsächlich (faktischer Gleichordnungskonzern) installiert werden; die Grenzen zwischen dem konkludenten Vertragsschluss und der faktischen Ausübung einer einheitlichen Leitung sind fließend[32].

Wird ein Gleichordnungskonzern durch Vertrag begründet, handelt es sich bei dem Vertrag regelmäßig um den Gründungs- bzw. Gesellschaftsvertrag einer Gesellschaft bürgerlichen Rechts[33], während sich die unabhängigen Unternehmen beim faktischen Gleichordnungskonzern lediglich tatsächlich - etwa durch die personelle Verflechtung der Leitungsorgane - auf gewisse Dauer einer gemeinsamen Führung unterstellen[34].

2. Arbeitgebereigenschaft des Konzerns

Windbichler hat in ihrer vielbeachteten Habilitation im Jahr 1989 angemerkt, dass viele Arbeitnehmer sich nicht als Arbeitnehmer eines konzerngebundenen Unternehmens, sondern als Arbeitnehmer des Konzerns selbst verstehen[35]. Das mag nachvollziehbar sein, wenn bei der Einstellung von Arbeitnehmern diesen eine »soziale Absicherung durch die Konzerneinbindung« oder »Aufstiegschancen innerhalb der Unternehmensgruppe« versprochen wird[36].

Gleichwohl gilt es heute als unstreitig, dass dem Konzern selbst als schlichter Unternehmensverbindung der Charakter eines Rechtssubjekts fehlt, d.h. er kann nicht Träger von Rechten und Pflichten sein[37]. Ein Ar-

---

32 *Emmerich* in: Emmerich/Habersack, Konzernrecht, § 18 Rn. 16a; *Hüffer*, Aktiengesetz, § 18 Rn. 21; ausf. zum Gleichordnungskonzern vgl. *Junker* in: Manseen (Hrsg.), Rechtswissenschaft im Aufbruch, 169 (177 ff.).

33 *Bayer* in: Goette/Bayer/Kalss, MüKo-AktG § 18 Rn. 52; *Emmerich* in: Emmerich/Habersack, Konzernrecht, § 18 Rn. 29; *Hüffer*, Aktiengesetz, § 18 Rn. 20.

34 *Emmerich* in: Emmerich/Habersack, Konzernrecht, § 18 Rn. 30; *Hüffer*, Aktiengesetz, § 18 Rn. 21; *Windbichler*, Arbeitsrecht im Konzern, S. 16.

35 *Windbichler*, Arbeitsrecht im Konzern, S. 67; so auch *Birk*, ZGR 1984, 23 (59).

36 *Windbichler*, Arbeitsrecht im Konzern, S. 67; *Worpenberg*, Die konzerninterne Arbeitnehmerüberlassung, S. 68.

37 BAG 09.4.1987 - 2 AZR 280/86, NZA 1988, 541 (A III 2 a aa); *Henssler*, Der Arbeitsvertrag im Konzern, S. 38; *Konzen*, RdA 1984, 65 (68); *Martens* in: Gamillscheg/Hueck/Wiedemann (Hrsg.), 25 Jahre Bundesarbeitsgericht, 367 (367 f.); *Maschmann*, RdA 1996, 24 (26); *Maywald*, Der Einsatz von Arbeitnehmern in Matrixstrukturen multinationaler Konzerne, S. 35; *Richardi* in: Richardi/Wlotzke, MüHdbArbR, § 23 Rn. 1; *Richardi/Fischinger* in: v. Staudinger, BGB, Vor § 611

beitsverhältnis kann folglich nur zu einzelnen Konzerngesellschaften bestehen. Die Konzernleitungsmacht der Konzernspitze bringt für sich auch nicht arbeitsrechtliche Weisungsrechte gegenüber den Arbeitnehmern mit sich; das herrschende Unternehmen ist allenfalls in der Lage, das jeweilige arbeitsvertraglich gebundene Tochterunternehmen anzuweisen, die Arbeitnehmer entsprechend einzusetzen[38]. Das Recht, »auf die Handlungen eines anderen Rechtssubjekts Einfluss auszuüben, ersetzt [aber] nicht die rechtsgeschäftlichen Erklärungen, die notwendig sind, um selbst Vertragspartner zu werden«[39]. Wenn unklar ist, welches/welche Konzernunternehmen Vertragspartner ist/sind - weil z.B. im Arbeitsvertrag der »Konzern« als Arbeitgeber benannt wird - so ist die Arbeitgeberstellung anhand § 157 BGB zu ermitteln; ggf. kommt auch die Erfüllungshaftung des § 179 Abs. 1 BGB weiterer Konzernunternehmen in Betracht[40].

Es ist daher zu konstatieren, dass in aller Regel die »Personalhoheit«[41] in Konzernen auf der Ebene der einzelnen Konzerngesellschaften liegt; die Einbindung eines Arbeitgebers in einen Konzern hat folglich - ohne weitergehende arbeitsvertragliche Abreden - keine unmittelbaren Auswirkungen auf die einzelnen Arbeitsverhältnisse[42].

II. Das Dreiecksverhältnis in der Arbeitnehmerüberlassung

Wie bereits knapp dargelegt wurde, sind drei natürliche bzw. juristische Personen an der Arbeitnehmerüberlassung beteiligt: der Verleiher, der Leiharbeitnehmer und der Entleiher. An dieser Stelle soll zuerst darauf eingegangen werden, welche Motive und Risiken bei den Beteiligten einer Arbeitnehmer-

---

Rn. 541; *Rid*, NZA 2011, 1121 (1121); *Sauerzapf*, Ruhendes Arbeitsverhältnis und grenzüberschreitende Arbeitnehmerentsendung im Konzern, S. 37; *Tucci*, Arbeitnehmermobilität im Konzern, S. 31; *Turkenburg*, Möglichkeiten und Grenzen konzerneigener Verleihunternehmen und Personalführungsgesellschaften, S. 27; *C. Weber*, Das aufgespaltene Arbeitsverhältnis, S. 157; *Windbichler*, RdA 1988, 95 (99); *dies.*, Arbeitsrecht im Konzern, S. 68; *dies.*, Arbeitsrechtliche Vertragsgestaltung im Konzern, S 2; *dies.*, RdA 1999, 146 (149); *Worpenberg*, Die konzerninterne Arbeitnehmerüberlassung, S. 59. Ausf. zur Arbeitgeberstellung im Konzern *Tucci*, Arbeitnehmermobilität im Konzern, S. 30.

38 *Richardi* in: Richardi/Wlotzke, MüHdbArbR, § 23 Rn. 24.

39 *Martens* in: Gamillscheg/Hueck/Wiedemann (Hrsg.), 25 Jahre Bundesarbeitsgericht, 367 (372); *Turkenburg*, Möglichkeiten und Grenzen konzerneigener Verleihunternehmen und Personalführungsgesellschaften, S. 27; ähnlich *Tucci*, Arbeitnehmermobilität im Konzern, S. 33; *Wackerbarth* in: Lutter/Jesse, Holding-Handbuch, § 9 Rn. 4; *Windbichler*, Arbeitsrecht im Konzern, S. 69.

40 Ausf. *Windbichler*, Arbeitsrecht im Konzern, S. 100 ff., 105 ff.

41 So *Säcker* in: Westermann/Rosener (Hrsg.), Festschrift für Karlheinz Quack zum 65. Geburtstag, 421 (421).

42 So auch *Tucci*, Arbeitnehmermobilität im Konzern, S. 33.

überlassung bestehen. Anschließend soll herausgearbeitet werden, in welchen konkreten rechtlichen Verbindungen die Beteiligten zueinander stehen.

1. Motivation und Risiken bei den Beteiligten

Die Rechtsbeziehungen der an einem Arbeitnehmerüberlassungsvorgang beteiligten Personen unterscheiden sich deutlich von denen im typischen Arbeitsverhältnis, in dem der Arbeitnehmer Dienste unmittelbar gegenüber seinem vertraglichen Arbeitgeber erbringt[43]. Daraus ergibt sich die Frage, warum die Beteiligten eine solche atypische Beschäftigungsform wie die Arbeitnehmerüberlassung wählen. Welche Motive liegen dieser Wahl zugrunde und welche Risiken gehen damit einher?

a) Motivation des Verleihers

Die Interessen des Verleihers sind offensichtlich: Die Arbeitnehmerüberlassung ist gerade Gegenstand seines Unternehmens.

b) Motivation und Risiken des Entleihers

Zentrales Anliegen des Entleihers ist regelmäßig die Flexibilisierung seiner Personalpolitik[44]. Der Bedarf an Personal ist für Unternehmen niemals konstant. Es ist nicht unüblich, dass dieser Bedarf aufgrund konjunktureller Schwankungen zwischen 20 und 30 Prozent variiert[45]. Unternehmen haben daher ein grds. berechtigtes Interesse, einen ähnlich hohen Anteil an Mitarbeitern flexibel zusätzlich beschäftigen oder freisetzen zu können, da sich etwa mit der üblichen Aufstockung (etwa mittels Überstundenvereinbarungen) oder dem Abbau von eigenem Personal (etwa durch Altersfluktuation) nur eine Schwankung von wenigen Prozent abdecken lässt[46].

---

43 Vgl. hierzu S. 50 ff.

44 BT-Drs. 17/4804 S. 7; *Böhm*, NZA 2005, 554 (556 f.); *Guenoub*, Equal pay und equal treatment im Leiharbeitsverhältnis, S. 2; *Hahn*, Die Überlassung von Leiharbeitnehmern innerhalb Deutschlands sowie in den Wirtschaftssektor der Europäischen Union und in einen europäischen Drittstaat am Beispiel der Schweiz, S. 16; *Hamann*, Fremdpersonal im Unternehmen, S. 20; *Herrmann*, Schaffung von Arbeitsplätzen durch Leiharbeit?, S. 61 ff.; *Platzhoff*, Arbeitnehmerüberlassung und Legitimität, S. 51 ff.; *Thüsing* in: Thüsing, AÜG 3. Aufl., Einf. Rn. 8. Vgl. allgemein zu den Anreizen des drittbezogenen Personaleinsatzes *Rieble* in: Rieble/Junker/R. Giesen (Hrsg.), Freie Industriedienstleistung als Alternative zur regulierten Zeitarbeit, 15 (16 ff.).

45 *Flämig*, AuA 2002, 304 (305).

46 *Flämig* etwa spricht hier von etwa vier Prozent, vgl. *dies.*, AuA 2002, 304 (305); *Herrmann*, Schaffung von Arbeitsplätzen durch Leiharbeit?, S. 62.

Durch die Arbeitnehmerüberlassung kann eine solche flexible Personalreserve auch kurzfristig – etwa schon am nächsten Tag – abgerufen werden, während es etwa bei der klassischen Personalbeschaffung vom Schalten der Anzeige bis zum tatsächlichen Arbeitsbeginn mehrere Wochen bis Monate dauern kann[47]. Auch ein kurzfristiger Wegfall von Stammarbeitskräften, etwa wegen Krankheit oder Mutterschutz, kann auf diese Weise ausgeglichen werden[48]. Ebenso blendet der Entleiher auf diese Weise die Kosten und den Aufwand der Stellenausschreibung bzw. -besetzung und Schadensersatzrisiken – etwa aufgrund einer diskriminierenden Bewerberauswahl (vgl. § 15 Abs. 1 bzw. Abs. 2 AGG) – aus[49].

Der Entleiher kann zudem in einer Art zusätzlicher Probezeit feststellen, ob der Leiharbeitnehmer sich gut in den Betrieb integriert und ihn dann ggf. übernehmen[50]. Durch eine flexible Personaldecke spart sich der Entleiher im Falle eines sinkenden Arbeitsbedarfs auch die Aufstellung von u.U. teuren Sozialplänen. In der Vergangenheit war auch für den Entleiher vorteilhaft, dass er im Einzelfall eine Vielzahl von Arbeitern in seinem Betrieb einstellen kann, ohne dass die Schwellenwerte des § 23 Abs. 1 S. 3 KSchG bzw. des § 1 Abs. 1 S. 1, § 9 BetrVG erreicht werden konnten; Leiharbeitnehmer »zählten« bei diesen Schwellenwerten nach bis zuletzt h.M.[51] bis zuletzt nicht mit. Das BAG hat zu Beginn des Jahres 2013 indessen Leiharbeitnehmer unter bestimmten Voraussetzungen »mitgezählt« und insoweit seine Rechtsprechung geändert: Bei der Bestimmung der Betriebsgröße i.S.d. § 23 Abs. 1 S. 3 KSchG kommt es darauf an, ob der Einsatz des Leiharbeitnehmers auf einem »in der Regel« bestehenden Personalbedarf beruht[52], bei der Bestimmung der Größe des Betriebsrats ist maßgeblich, ob der Leiharbeitnehmer, der mitgezählt werden soll, regelmäßig bei dem Entleiher beschäftigt wird[53]. Sofern diese Voraussetzungen dagegen nicht erfüllt sind, »zählen« Leiharbeitnehmer weiterhin nicht mit.

---

47 *Eriksdotter*, IT-ZEITARBEIT: Kompetente Job-Hopper, http://www.cio.de/karriere/806168/ (Stand: 24.11.2011).; *Worpenberg*, Die konzerninterne Arbeitnehmerüberlassung, S. 24.

48 *Turkenburg*, Möglichkeiten und Grenzen konzerneigener Verleihunternehmen und Personalführungsgesellschaften, S. 13.

49 *Platzhoff*, Arbeitnehmerüberlassung und Legitimität, S. 58.

50 *Eriksdotter*, IT-ZEITARBEIT: Kompetente Job-Hopper, http://www.cio.de/karriere/806168/ (Stand: 24.11.2011).; *Hamann*, Fremdpersonal im Unternehmen, S. 20 f.; *Herrmann*, Schaffung von Arbeitsplätzen durch Leiharbeit?, S. 84.

51 Zu § 1 Abs. 1 S. 1, § 9 BetrVG: BAG 16.4.2003 – 7 ABR 53/02, NZA 2003, 1345 (II 2 a aa); *Fitting/Auffarth/Engels*, Betriebsverfassungsgesetz, § 5 Rn. 262 ff.; *Franzen* in: Wiese/Kreutz/Oetker u.a., GK-BetrVG Bd. 1, § 1 Rn. 105; a.A.: *Hamann* in: Schüren/Hamann, AÜG 4. Aufl., § 14 Rn. 108 m.w.N. Zu § 23 Abs. 1 S. 3 KSchG vgl. *Kiel* in: Müller-Glöge/Preis/Schmidt, ErfK 14. Aufl., § 23 KSchG Rn. 19 m.w.N.

52 BAG 24.1.2013 – 2 AZR 140/12, NZA 2013, 726 (I 3).

53 BAG 13.3.2013 – 7 ABR 69/11, NZA 2013, 789 (B II 2a cc [2]).

Außerdem besteht für den Entleiher die Chance, direkte Kosten wie etwa Lohn- oder Lohnnebenkosten und sonstige Zuschläge in erheblichen Umfang zu sparen[54] – sofern diese Kosten bei einem Stammarbeitnehmer höher sind als die Überlassungsvergütung, die der Entleiher an den Verleiher entrichtet[55]. Auf diese Weise kann sich der Entleiher zudem von einem relativ hohen Tarifniveau befreien: Wie bereits ausgeführt, werden Leiharbeitnehmer meist auf der Basis von Tarifverträgen entlohnt, welche nahezu ausschließlich ein niedrigeres Vergütungsniveau aufweisen.

Darüber hinaus ist die Arbeitnehmerüberlassung in vielen Fällen anderen Flexibilisierungsmitteln – insbesondere dem outsourcen mittels der Vergabe von Werkverträgen – überlegen: Bei letzterem besteht nämlich immer die latente Gefahr eines Verlustes von Know-how, da der Entleiher dann die einzelnen Arbeitsschritte nicht mehr vollumfänglich überwachen kann. Außerdem kann die Fremdvergabe zur Abhängigkeit und zu einer starken Position des Auftragnehmers bei weiteren Preisverhandlungen führen[56]. Kurz: Leiharbeit stellt ein »Outsourcing sämtlicher Arbeitgeberpflichten und -risiken bei Wahrung voller unternehmerischer Herrschaft« dar[57].

Mit der Wahl der Arbeitnehmerüberlassung als Beschäftigungsform gehen aber für den Entleiher auch bestimmte Risiken einher. So kann gerade bei anspruchsvolleren Tätigkeiten die Einarbeitungszeit der Leiharbeitnehmer erheblich[58] sein, sodass sich mit Abschluss der Einarbeitung schon wieder das Ende der Überlassungsdauer abzeichnet. Nicht zu unterschätzen ist auch das Konfliktpotenzial zwischen Stammarbeitnehmern und Leiharbeitnehmern, wenn Erstere befürchten, langfristig durch Leiharbeitnehmer entweder im Zuge von Kündigungen oder durch normale Altersfluktuation ersetzt zu werden. Auch ein möglicher Imageverlust des entleihenden Unternehmens durch die Nutzung der von weiten Teilen der Bevölkerung oft als unsozial empfundenen Leiharbeit[59] stellt ein Problem für den Entleiher dar.

---

54 *Hamann*, Fremdpersonal im Unternehmen, S. 19 f.; *Herrmann*, Schaffung von Arbeitsplätzen durch Leiharbeit?, S. 76.

55 Eine so niedrige Überlassungsvergütung ist für den Verleiher nur dann rentabel und denkbar, wenn mittels Tarifvertrag eine so hohe Abweichung vom Gleichstellungsgebot erfolgt, dass diese die Summe der Gewinnmarge sowie der Verwaltungskosten des Verleihers übersteigt.

56 *Böhm*, NZA 2005, 554 (556) wobei, wie *Hamann*, Fremdpersonal im Unternehmen, S. 22 zutreffend erkennt, jedem Fremdpersonaleinsatz ein gewisses Abhängigkeitsrisiko eigen ist.

57 *Straub*, AuA 2007, 641 (641); ähnlich *Platzhoff*, Arbeitnehmerüberlassung und Legitimität, S. 55.

58 *Platzhoff*, Arbeitnehmerüberlassung und Legitimität, S. 58.

59 *Platzhoff*, Arbeitnehmerüberlassung und Legitimität, S. 61 f.

c) Motivation und Risiken des Leiharbeitnehmers

Zwar dürfte die Leiharbeit für den Leiharbeitnehmer im Vergleich zu Formen der typischen Beschäftigung insgesamt mehr Nach- als Vorteile mit sich bringen, gleichwohl sind einige Vorteile nicht von der Hand zu weisen:

Nach dem Elften Bericht der Bundesregierung über Erfahrungen bei der Anwendung des Arbeitnehmerüberlassungsgesetzes (im Folgenden: 11. Erfahrungsbericht der Bundesregierung) waren 2008 etwa 60 % aller Zeitarbeiter vor dem Beschäftigungsverhältnis beschäftigungslos[60]. Daher kann man die Zeitarbeit durchaus als eine Möglichkeit zur Wiedereingliederung in den Arbeitsmarkt sehen[61]. Auch hat der Leiharbeitnehmer die Chance, mittelfristig in den Betrieb des Entleihers als Stammarbeitskraft übernommen zu werden (sog. Klebeeffekt)[62]. Allerdings ist die Wirkung des Klebeeffekts in der Praxis als gering zu werten. Zwar wird die Wahrscheinlichkeit einer Übernahme des Leiharbeitnehmers in den Betrieb des Entleihers als Stammarbeitskraft in der Zeitarbeitsbranche bei etwa 30 %[63] eingeschätzt, teilweise auf 14 %[64], im 11. Erfahrungsbericht der Bundesregierung aus dem Jahr 2010 aber wird der Prozentsatz auf etwa 7 % korrigiert[65].

Ein weiterer Nachteil ist, dass Leiharbeitnehmer – abhängig von der Einsatzdauer – sich selten so in einen Betrieb integrieren[66] können wie Stammarbeitnehmer; zudem steht zu befürchten, dass letztere die Zeitarbeiter als mögliche Konkurrenz oder gar als »Arbeitnehmer 2. Klasse« (ab-)werten[67].

Vor allem aber ist die Lohnstruktur in der Zeitarbeitsbranche für Arbeitnehmer deutlich ungünstiger als bei typischen Arbeitsverhältnissen. Im Durchschnitt verdienen Leiharbeitnehmer etwa 30 % weniger als die mit der

---

60 BT-Drs. 17/464, S. 52.

61 So auch *Platzhoff*, Arbeitnehmerüberlassung und Legitimität, S. 64.

62 BGH 07.12.2006 – III ZR 82/06, NJW 2007, 764 (II 2 c); *Herrmann*, Schaffung von Arbeitsplätzen durch Leiharbeit?, S. 105; *Mengel* in: Thüsing, AÜG 3. Aufl., § 9 Rn. 55; *Neumann*, NZS 2003, 113 (114); *Urban-Crell/Schulz*, Arbeitnehmerüberlassung und Arbeitsvermittlung, Rn. 121.

63 Etwa *Düwell/Dahl*, DB 2007, 1699 (1700); *Platzhoff*, Arbeitnehmerüberlassung und Legitimität, S. 64; *Straub*, AuA 2007, 641 (641); *Thüsing* in: Thüsing, AÜG 3. Aufl., Einf. Rn. 4.

64 Studie der IW Consult GmbH in Zusammenarbeit mit dem Institut der deutschen Wirtschaft Köln (09.05.2011) – abrufbar unter http://einstieg-aufstieg-wachstum.de/wp-content/uploads/2011/05/IW-Studie-Zeitarbeit.pdf, Stand 28.8.2013).

65 BT-Drs. 17/464, S. 54.

66 So schon *Hempel*, Das Spannungsverhältnis zwischen dem sozialen Schutz der Arbeitnehmer und den wirtschaftlichen Interessen der Verleiher und der Entleiher bei der Arbeitnehmerüberlassung, S. 87 ff.

67 *Balkenhol*, AiB 2009, 198 (198 ff.); *Guenoub*, Equal pay und equal treatment im Leiharbeitsverhältnis, S. 32; *Hamann*, Fremdpersonal im Unternehmen, S. 23; *Platzhoff*, Arbeitnehmerüberlassung und Legitimität, S. 66.

gleichen Aufgabe betrauten Stammarbeitnehmer[68]. Das in § 9 Nr. 2 Halbs. 1 AÜG festgesetzte tarifdispositive Gleichstellungsgebot hat in der Praxis nur dazu geführt, dass eine für den Leiharbeitnehmer ungünstige Tarifabweichung die Regel statt die Ausnahme ist[69]. *Schüren* beschreibt daher zu Recht § 9 Nr. 2 Halbs. 1 AÜG als »Auffangregelung für unwirksame Tarifverträge und unwirksame Bezugnahmeklauseln«[70].

2. Rechtliche Beziehungen der Beteiligten

a) Rechtliche Beziehungen zwischen Verleiher und Leiharbeitnehmer

Die vertragliche Verbindung zwischen Verleiher und Entleiher ist der Arbeitsvertrag. Insoweit kann weitgehend von einem typischen Arbeitsverhältnis[71] gesprochen werden. Allerdings muss in dem Arbeitsvertrag eine Abweichung von § 613 S. 2 BGB vereinbart sein, da sonst der Arbeitgeber nicht in der Lage wäre, den Arbeitnehmer bei Dritten einzusetzen[72].

Als Arbeitgeber des Leiharbeitnehmers schuldet der Verleiher als Hauptpflicht die Zahlung der vereinbarten Vergütung. Auch treffen ihn die gesetzlichen Schutzpflichten, etwa aus dem EFZG, MuSchG oder BUrlG[73]. Ferner trägt der Verleiher das Arbeitgeberrisiko, d.h. er muss auch in verleihfreien Zeiten die Vergütung zahlen[74].

---

68 BT-Drs. 17/464, S. 22 ff.; *Balkenhol*, AiB 2009, 198 (198); *Däubler*, DB 2008, 1914 (1914); *Platzhoff*, Arbeitnehmerüberlassung und Legitimität, S. 70; *Urban-Crell/Schulz*, Arbeitnehmerüberlassung und Arbeitsvermittlung, Rn. 121; zu den von BZA, AMP und iGZ ausgehandelten Entgeltsätzen bis 2013 vgl. *Hurst*, AuA 2010, 602 (602 ff.).

69 Vgl. dazu S. 55 f..

70 *Schüren* in: Schüren/Hamann, AÜG 4. Aufl., § 9 Rn. 104; ähnlich auch *Sansone*, Gleichstellung von Leiharbeitnehmern nach deutschem und Unionsrecht, S. 577.

71 Allgemeine Auffassung: etwa BAG 14.5.1974 – 1 ABR 40/73, NJW 1974, 1966 (II 2); *Boemke*, Schuldvertrag und Arbeitsverhältnis, S. 555; *Boemke/Lembke*, Arbeitnehmerüberlassungsgesetz, § 1 Rn. 20; *Jüttner*, Kollektivrechtliche Auswirkungen der gewerbsmäßigen Arbeitnehmerüberlassung im Betriebsverfassungsrecht, S 31; *Kim*, Die konzerninterne Arbeitnehmerüberlassung durch die Personalführungsgesellschaft und das Betriebsverfassungsrecht, S. 43; *Schüren* in: Schüren/Hamann, AÜG 4. Aufl., Einl. Rn. 175; *Thüsing* in: Thüsing, AÜG 3. Aufl., Einf. Rn. 32; *Tucci*, Arbeitnehmermobilität im Konzern, S. 152;*Ulber* in: Ulber, AÜG 4. Aufl., § 1 Rn. 20; *Urban-Crell/Schulz*, Arbeitnehmerüberlassung und Arbeitsvermittlung, Rn. 265; *Wank* in: Müller-Glöge/Preis/Schmidt, ErfK 14. Aufl., Einl. AÜG Rn. 23; *C. Weber*, Das aufgespaltene Arbeitsverhältnis, S. 307; *Worpenberg*, Die konzerninterne Arbeitnehmerüberlassung, S. 111.

72 *Boemke*, Schuldvertrag und Arbeitsverhältnis, S. 555; *Germakowski* in: Urban-Crell/Germakowski, AÜG, § 1 Rn. 253 f.; *Schüren* in: Schüren/Hamann, AÜG 4. Aufl., Einl. Rn. 178; *Witten*, Vertragsgestaltung und Gesetzesbindung im Recht der Zeitarbeit, S. 121; *Zöllner/Loritz/Hergenröder*, Arbeitsrecht, S. 310.

73 *Germakowski in:* Urban-Crell/Germakowski, AÜG, § 1 Rn. 28 ff.

74 Allgemeine Auffassung, vgl. nur *Kittner*, Arbeitsrecht, § 131 Rn. 54; *Preis/Lindemann/Rolfs u.a.*, Der Arbeitsvertrag, S. 273; *Schüren* in: Schüren/Hamann, AÜG 4. Aufl., § 9 Rn. 118, 146; *Ulber* in: Ulber, AÜG 4. Aufl., § 1 Rn. 55.

Im Falle einer Überlassung hat der Verleiher als Arbeitgeber zwar die »primäre«[75], nicht aber die volle Arbeitgeber*funktion* inne. So ist der Entleiher in bestimmtem Umfang über Ort, Zeit und Art der Tätigkeit weisungsberechtigt; man spricht hier von einer »sektoralen Aufspaltung der Arbeitgeberfunktion«[76]. Allerdings kann der Verleiher auf arbeitsvertraglicher Ebene regelmäßig den Leiharbeitnehmer aus dem Betrieb des Entleihers zurückrufen und zwar auch dann, wenn er dadurch Pflichten aus dem Arbeitnehmerüberlassungsvertrag mit dem Entleiher verletzt[77]. Der Leiharbeitnehmer hingegen ist – sofern die bereits erwähnte Abbedingung des § 613 S. 2 BGB erfolgte – gegenüber dem Arbeitgeber zur Leistung von Diensten an den jeweiligen Entleiher verpflichtet. Schließlich bestehen die üblichen vertraglichen Nebenpflichten wie bei einem »klassischen« Arbeitsverhältnis[78].

Zu den Kernstreitpunkten der Arbeitnehmerüberlassung zählen die Vergütungshöhe sowie die Reichweite des Kündigungsschutzes von Leiharbeitnehmern. Diese sollen im Folgenden dargestellt und diskutiert werden, da die an späterer Stelle geführte Diskussion von diesen Kernstreitpunkten nicht getrennt geführt werden kann.

aa) Höhe der Vergütung des Leiharbeitnehmers

Grundsätzlich schuldet der Verleiher dem Leiharbeitnehmer die Vergütung, welche die Parteien bei Abschluss des Arbeitsvertrages vereinbart haben oder die aufgrund eines unmittelbar wirkenden bzw. in Bezug genommenen Tarifvertrags festgeschrieben wurde[79]. Insoweit herrschen hier keine besonderen Bedingungen im Vergleich zu einem typischen Arbeitsverhältnis. Wie bereits ausgeführt ist der das Betriebsrisiko tragende Verleiher verpflichtet, die Vergütung auch in verleihfreien Zeiten weiter zu zahlen; im Zweifel gilt dann § 615 S. 1 BGB[80].

Sowohl in rechtlicher als auch in wirtschaftlicher Hinsicht gewinnt die Frage nach der Höhe des Entgelts aufgrund des in §§ 9 Nr. 2, 10 Abs. 4 S. 1

---

75 *Boemke*, Schuldvertrag und Arbeitsverhältnis, S. 564.

76 *Boemke*, Schuldvertrag und Arbeitsverhältnis, S. 559; *Thüsing* in: Thüsing, AÜG 3. Aufl., Einf. Rn. 33; *C. Weber*, Das aufgespaltene Arbeitsverhältnis, S. 50.

77 *Kim*, Die konzerninterne Arbeitnehmerüberlassung durch die Personalführungsgesellschaft und das Betriebsverfassungsrecht, S. 45; *Worpenberg*, Die konzerninterne Arbeitnehmerüberlassung, S. 175, 213.

78 Vgl. etwa *Kim*, Die konzerninterne Arbeitnehmerüberlassung durch die Personalführungsgesellschaft und das Betriebsverfassungsrecht, S. 46 ff.; *Urban-Crell/Schulz*, Arbeitnehmerüberlassung und Arbeitsvermittlung, Rn. 373 f.

79 *Urban-Crell/Schulz*, Arbeitnehmerüberlassung und Arbeitsvermittlung, Rn. 321.

80 Das Recht des Leiharbeitnehmers auf Vergütung bei Annahmeverzug des Verleihers nach § 615 S. 1 BGB ist nach § 11 Abs. 4 S. 2 AÜG nicht dispositiv – entgegenstehende Vereinbarungen sind nach § 134 BGB nichtig; vgl. auch *Schüren* in: Schüren/Hamann, AÜG 4. Aufl., Einl. Rn. 253; *Ulber* in: Ulber, AÜG 4. Aufl., § 11 Rn. 99.

AÜG angelegten Gleichstellungsgebots an Brisanz, wenn der Leiharbeitnehmer an einen Entleiher überlassen wird. In diesem Bereich sind vier Konstellationen denkbar: Der Leiharbeitnehmer verdient mehr als die Stammbelegschaft des Entleihers (Fall 1), der Leiharbeitnehmer verdient vertraglich weniger als die Stammbelegschaft des Entleihers (Fall 2), der Leiharbeitnehmer verdient aufgrund eines Tarifvertrags weniger als die Stammbelegschaft des Entleihers (Fall 3) oder der Leiharbeitnehmer verdient aufgrund eines Tarifvertrags weniger als die Stammbelegschaft des Entleihers und auch weniger als die durch eine Rechtsverordnung nach § 3a AÜG festgesetzten Mindestsätze (Fall 4).

(1) Fälle unterschiedlicher Vergütungshöhe zwischen Stamm- und Leiharbeitnehmer

Im Fall 1, der in der Praxis eher unüblich[81] sein dürfte, gelten die allgemeinen Regeln: Der Leiharbeitnehmer erhält den vertraglich vereinbarten Lohn[82]. Unerheblich ist, dass der Lohn höher liegt als der Lohn der Stammbelegschaft; das Gleichstellungsgebot geht nicht zu Lasten des Leiharbeitnehmers.

Verdient der Leiharbeitnehmer aufgrund des Arbeitsvertrages weniger als die Stammbelegschaft des Entleihers (Fall 2), so ist diese Vergütungsvereinbarung nach § 9 Nr. 2 AÜG unwirksam[83] und es greift die Gleichstellungsanordnung des §§ 9 Nr. 2, 10 Abs. 4 S. 1 AÜG[84]: Der Verleiher ist verpflich-

---

81 So *Urban-Crell/Schulz*, Arbeitnehmerüberlassung und Arbeitsvermittlung, Rn. 370. Völlig anders stellte sich laut *Hempel*, Das Spannungsverhältnis zwischen dem sozialen Schutz der Arbeitnehmer und den wirtschaftlichen Interessen der Verleiher und der Entleiher bei der Arbeitnehmerüberlassung, S. 74 f., die Situation Anfang der 1970er Jahre dar. Damals (*Hempel* untersuchte das Lohnniveau im Herbst 1973, vgl. ebenda S. 22 Fn. 2) lag das Lohnniveau der Leiharbeitnehmer z.T. weit *über* dem Niveau der Stammarbeitnehmer. Dies mag daran liegen, dass damals Arbeitskräfte sehr nachgefragt wurden (Arbeitslosenquote 1973: 1,2 %, vgl. Statistisches Bundesamt) und Leiharbeitnehmer daher in einer deutlich besseren Verhandlungssituation gegenüber dem Verleiher standen. In den Niederlanden, in denen damals ein ähnliches Lohngefälle wie in Deutschland existierte, wurden etwa Streiks der Stammarbeitnehmer einer Werft durchgeführt, welche die Angleichung ihrer Löhne an die besseren Löhne der Leiharbeitnehmer forderten (ebenda S. 76).

82 *Boemke/Lembke*, Arbeitnehmerüberlassungsgesetz, § 9 Rn. 48; *Mengel* in: Thüsing, AÜG 3. Aufl., § 9 Rn. 29; *Schüren* in: Schüren/Hamann, AÜG 4. Aufl., § 9 Rn. 148; *Wank* in: Müller-Glöge/Preis/Schmidt, ErfK 14. Aufl., § 3 AÜG Rn. 17; Grenze ist hier nach den allgemeinen Regeln die Sittenwidrigkeit (§ 138 BGB) und – vor allem – die Lohnuntergrenze (vgl. § 10 Abs. 5 AÜG).

83 Zu weiteren Rechtsfolgen eines Verstoßes gegen den Gleichstellungsgrundsatz vgl. *Sansone*, Gleichstellung von Leiharbeitnehmern nach deutschem und Unionsrecht, S. 412 ff.

84 Vgl. auch Art. 5 Abs. 1 der RL 2008/104/EG; zu den Voraussetzungen und den Rechtsfolgen des Gleichstellungsgrundsatzes im Einzelnen vgl. *Wank* in: Müller-Glöge/Preis/Schmidt, ErfK 14. Aufl., § 3 AÜG Rn. 11 ff. bzw. sehr ausf. bei *Sansone*, Gleichstellung von Leiharbeitnehmern nach deutschem und Unionsrecht, S. 155-301.

tet, dem Leiharbeitnehmer *für die Zeit der Überlassung* die im Betrieb des Entleihers für einen vergleichbaren Arbeitnehmer geltenden wesentlichen Arbeitsbedingungen einschließlich des Arbeitsentgelts zu gewähren[85]. Der Gleichstellungsgrundsatz wurde erstmals durch das JOB-AQTIV-Gesetz[86] im Jahr 2001 ab dem 13. Monat der Überlassung geschaffen (§ 10 Abs. 5 AÜG a.F.) und im Rahmen des von der sog. »Hartz-Kommission« initiierten Ersten Gesetzes für modernde Dienstleistungen[87] von 2002 bereits ab dem ersten Tag der Überlassung angeordnet[88]. Bei verleihfreien Zeiten hingegen gilt der im Arbeitsvertrag vereinbarte Lohn.

Von dem eben dargestellten Gleichstellungsgebot des §§ 9 Nr. 2, 10 Abs. 4 S. 1 AÜG kann allerdings durch Tarifvertrag[89] abgewichen werden (Fall 3), wenn dieser unmittelbar und zwingend nach § 4 Abs. 1 S. 1 TVG für Arbeitgeber (Verleiher) und Arbeitnehmer (Leiharbeitnehmer) wirkt, bzw. wenn dessen Geltung mittels einzelvertraglicher Inbezugnahme vereinbart wurde[90]. In diesem Fall schuldet der Verleiher weiterhin auch in der Zeit der Überlassung nur den im Tarifvertrag vereinbarten niedrigeren Lohn.

Die eben benannte Negativabweichung vom Gleichstellungsgrundsatz kann durch Tarifvertrag nach § 9 Nr. 2 AÜG jedoch nur erfolgen, wenn er die in § 3a Abs. 2 AÜG festgesetzten Mindeststundenentgelte nicht unterschreitet, so aber in Fall 4. Folglich ist in diesem Fall der Verleiher nach § 10 Abs. 4 S. 2 AÜG verpflichtet, dem Leiharbeitnehmer das gleiche Entgelt zu gewähren, das ein Stammarbeitnehmer des Entleiherbetriebs vom Entleiher erhält. Im Übrigen muss der Leiharbeitnehmer nicht gleich behandelt werden.

(2) Kritik am Gleichstellungsgebot und dessen Tarifdispositivität

Sowohl die Einführung des Gleichstellungsgebots als auch dessen Tarifdispositivität ist spätestens seit dem Ersten Gesetz für moderne Dienstlei-

---

85 Zur Ausnahme von diesem Gleichstellungsgrundsatz vgl. (3).

86 BGBl.I 2001 S. 3443.

87 BGBl.I 2002 S. 4607.

88 *Blanke*, DB 2010, 1528 (1528); *Düwell/Dahl*, DB 2009, 1070 (1070); *Fuchs*, NZA 2009, 57 (59); *Pelzner/Kock* in: Thüsing, AÜG 3. Aufl., § 3 Rn. 61 f.; *Sansone*, Gleichstellung von Leiharbeitnehmern nach deutschem und Unionsrecht, S. 301; *Urban-Crell/Schulz*, Arbeitnehmerüberlassung und Arbeitsvermittlung, Rn. 325.

89 Vgl. auch Art. 5 Abs. 3 RL 2008/104/EG wonach die Mitgliedstaaten den Sozialpartnern die Möglichkeit einräumen können, „unter Achtung des Gesamtschutzes“ vom Gleichstellungsgrundsatz abzuweichen.

90 Dabei stellt die Bezugnahme der Normalfall dar, da Leiharbeitnehmer üblicherweise nicht in Gewerkschaften organisiert sind. Vgl. auch die ausf. Ausführungen zur Abweichung mittels Tarifvertrag bei *Sansone*, Gleichstellung von Leiharbeitnehmern nach deutschem und Unionsrecht, S. 319-411.

stungen am Arbeitsmarkt kritisiert worden[91]. Verleihunternehmen und auch deren Verbände zogen gegen diese Regelung bis vor das BVerfG. Die Beschwerdeführer machten geltend, sie seien in ihrer aus Art. 9 Abs. 3 GG resultierenden negativen Koalitionsfreiheit verletzt: aus unternehmerischer Sicht sei es für Verleihunternehmen zwingend, vom Gleichstellungsgebot abzuweichen, weshalb man letztlich an Tarifverträgen partizipieren müsse. Auch wurden Verletzungen von Art. 12 Abs. 1 GG und Art. 3 Abs. 1 GG geltend gemacht[92]. Das BVerfG indessen hat die Verfassungsbeschwerden am 29.12.2004 mangels Aussicht auf Erfolg nicht zur Entscheidung angenommen: Sofern ein Eingriff in Grundrechte vorliege, sei dieser durch das Interesse der Arbeitnehmer an zumutbaren Arbeitsbedingungen gerechtfertigt[93]. Den Verbänden drohte angesichts des nun als verfassungsgemäß feststehenden Gleichstellungsgebots nach eigenen Angaben eine erhebliche Verteuerung der Zeitarbeit. Statt das erhebliche Beschäftigungspotential der Zeitarbeit zu nutzen, vernichte man mit der Anwendung des Gleichstellungsgebots massiv Arbeitsplätze in der Zeitarbeit[94].

Auffällig schnell verstummte[95] die Kritik der Verleihverbände, als genau das Gegenteil davon eintrat: Der Umfang der Leiharbeit nahm seit dem Job-AQTIV-Gesetz deutlich zu[96], während gleichzeitig Tarifverträge Geltung entfalteten, welche das Gleichstellungsgebot z.T. bei weitem unterboten.

Wank[97] spricht in diesem Zusammenhang zutreffend von einem im Arbeitsrecht »ausgesprochen ungewöhnlichen« Phänomen: Stellt der Gesetzgeber eine arbeitsrechtliche Regelung tarifdispositiv, so gibt er im Regelfall einen Mindeststandard oder ein mittleres Niveau vor. Die Tarifparteien haben dann die Möglichkeit, dieses Niveau durch Tarifvertrag (aus Arbeitnehmersicht) nochmals zu verbessern oder als Gegenleistung für ein anderes Zugeständnis der Arbeitgeber zu verschlechtern. Der Gleichstellungs-

---

91 Vgl. etwa *Fuchs*, NZA 2009, 57 (60); *Mengel* in: Thüsing, AÜG 3. Aufl., § 9 Rn. 22; *Sansone*, Gleichstellung von Leiharbeitnehmern nach deutschem und Unionsrecht, S. 40 f.; *Turkenburg*, Möglichkeiten und Grenzen konzerneigener Verleihunternehmen und Personalführungsgesellschaften, S. 87.

92 Vor allem *Rieble/Klebeck*, NZA 2003, 23 (27).

93 BVerfG 29.12.2004 – 1 BvR 2283/03, NZA 2005, 153 (C II 5); kritisch *Bayreuther*, NZA 2005, 341 (343); *Boemke/Lembke*, Arbeitnehmerüberlassungsgesetz, § 9 Rn. 102 dagegen sehen in der Regelung einen verfassungswidrigen Eingriff in die positive Koalitionsfreiheit der Zeitarbeiter.

94 BT-Drs. 15/91, S. 12; *Dahl*, DB 2003, 1626 (1626); *Fuchs*, NZA 2009, 57 (60); *Lembke*, BB 2003, 98 (99).

95 So *Schüren* in: Schüren/Hamann, AÜG 4. Aufl., § 9 Rn. 103.

96 Statistik der Bundesagentur für Arbeit: Der Arbeitsmarkt in Deutschland – Arbeitsmarktberichterstattung – Juli 2011, S. 6; so auch *Sansone*, Gleichstellung von Leiharbeitnehmern nach deutschem und Unionsrecht, S. 41.

97 *Wank in:* Müller-Glöge/Preis/Schmidt, ErfK 14. Aufl., § 3 AÜG Rn. 24.

grundsatz des AÜG stellt jedoch bereits das Optimum[98] dar – eine für den Leiharbeitnehmer günstigere Regelung als die völlige Gleichstellung mit den Stammarbeitskräften des Entleihers ist kaum denkbar. Dies führt zu dem eigentlich paradoxen Ergebnis, dass ein Tarifvertrag mit Blick auf die wesentlichen Arbeitsbedingungen und das Entgelt stets die wirtschaftliche Position des Leiharbeitnehmers verschlechtert, während ein Leiharbeitnehmer, der von einem Kollektivvertrag völlig befreit ist, das in wirtschaftlicher Hinsicht für sich beste Ergebnis erzielt.

Man kann also zusammenfassen, dass das AÜG den Gewerkschaften an sich eine hervorragende Verhandlungsposition bietet: Verweigern sie den Abschluss von Tarifverträgen, bleibt das besagte Optimum für die Leiharbeitnehmer bestehen und es gilt equal pay / equal treatment. Die Arbeitgeber(-verbände) dagegen haben ein starkes Interesse am Abschluss von Tarifverträgen und dementsprechend eine an sich bescheidene Verhandlungsposition. Diese starke Verhandlungsposition[99] haben die Gewerkschaften jedoch bis heute nicht genutzt – vielmehr haben diese sich zu Lasten ihrer Mitglieder einen Konkurrenzkampf geliefert, welcher einem tariflichen Unterbietungswettbewerb gleichkommt[100].

(3) Die Rolle der CGZP hinsichtlich des Vergütungsniveaus der Zeitarbeitsbranche

Eine durchaus zweifelhafte[101] Rolle spielte in diesem Zusammenhang die CGZP, eine Spitzenorganisation von »christlichen« Einzelgewerkschaften[102], welche im Anschluss an die Einführung des tarifdispositiven Gleichstellungsgebots zügig Haus- und Flächentarifverträge abschloss, die erheb-

---

98 Vgl. *Wank in:* Müller-Glöge/Preis/Schmidt, ErfK 14. Aufl., § 3 AÜG Rn. 24; ähnlich auch *Mengel* in: Thüsing, AÜG 3. Aufl., Rn. 22.

99 *Boemke/Lembke*, Arbeitnehmerüberlassungsgesetz, § 9 Rn. 94 umschreibt diese Verhandlungsposition der Gewerkschaften als deren „Schlüssel zum Tarifdiktat" ähnlich auch *Sansone*, Gleichstellung von Leiharbeitnehmern nach deutschem und Unionsrecht, S. 44.

100 So *Sansone*, Gleichstellung von Leiharbeitnehmern nach deutschem und Unionsrecht, S. 44.

101 *Schüren* spricht etwa in diesem Zusammenhang in: Schüren/Hamann, AÜG 4. Aufl., § 9 Rn. 96 von der CGZP (untechnisch, da Spitzenorganisation) als „dubioser" Gewerkschaft (oder auch „Pseudogewerkschaft" *ders.*, RdA 2006, 303 [307]), welche die Arbeitgeberseite mit „Billigtarifen" (Rn. 103) auf deren Wunsch versorgt (Rn. 113); auch für rückte die CGZP damit immer mehr „ins Zwielicht" *Düwell/Dahl*, DB 2009, 1070 (1072); *Düwell*, dbr 2011, 10 (10).

102 Einzelgewerkschaften sind CGM, DHV, GÖD und CGPT, vgl. *http://www.cgb.info/organisation/zeitarbeit.php* (Stand 2.12.2011). Natürliche Personen sind als Mitglieder der CGZP nach deren Satzung (§ 3 Abs. 1 v. 5.12.2005 – abrufbar unter *http://www.jura.uni-muenster.de/index.cfm?objectid=0D0F01CE-FC2F-29F3-832E8598CCDE2C50* [Stand 1.12.2011]) nicht zugelassen.

lich zum Nachteil der Leiharbeitnehmer von der Gleichstellung abwichen. Mit diesen Abschlüssen überholte die CGZP zeitlich die in diesem Zeitraum ebenfalls stattfindenden Verhandlungen zwischen den Arbeitgeberverbänden iGZ und BZA mit den Mitgliedsgewerkschaften des DGB, die sich – nicht zuletzt wegen der zunächst guten Verhandlungsposition der Gewerkschaften – schwierig gestalteten[103].

Nachträglich bleibt zu konstatieren, dass die CGZP mit ihren zügigen Tarifabschlüssen die Verhandlungsposition der DGB-Mitgliedsgewerkschaften nachhaltig erschütterte und einen Unterbietungswettbewerb eröffnete[104]. *Schüren* vermutete Ende des Jahrzehnts, dass für 20-50 % aller Leiharbeitsverhältnisse in diesem Zeitpunkt per Bezugnahme CGZP-Tarifverträge galten[105]. Dies war vor allem deshalb alarmierend, weil die Mitgliedsgewerkschaften der CGZP am 31.12.2008 nach eigenen Angaben nur 1.383 Leiharbeitnehmer als Mitglieder hatten (Leiharbeitnehmer 2008 insgesamt: ca. 760.000) und man deshalb die Repräsentativität der CGZP durchaus in Frage stellen konnte[106].

Ob diese »Versorgung [der Arbeitgeber] mit Wunschtarifverträgen«[107] die CGZP als Tarifpartnerin auszeichnet, welche nach klassischem Verständnis ausschließlich die Interessen der Arbeitnehmerschaft vertreten soll, ist zweifelhaft[108]. Nachdem vermehrt Bedenken an der Tariffähigkeit der CGZP geäußert wurden und auch ein Verfahren auf Feststellung der Tariffähigkeit der CGZP nach § 2a Abs. 1 Nr. 4 ArbGG eingeleitet wurde, verbesserten sich wohl als Reaktion darauf die Mindestentgelte in deren Tarifverträgen: Am

---

103 *Düwell/Dahl*, DB 2009, 1070 (1071); *Sansone*, Gleichstellung von Leiharbeitnehmern nach deutschem und Unionsrecht, S. 44; *Schüren* in: Schüren/Hamann, AÜG 4. Aufl., § 9 Rn. 109.

104 *Düwell/Dahl*, DB 2009, 1070 (1072); *Krause*, AuR 2012, 55 (55); *Sansone*, Gleichstellung von Leiharbeitnehmern nach deutschem und Unionsrecht, S. 44; *Schüren*, AuR 2008, 239 (240); wobei *Düwell/Dahl* m.E. wohl zu weit gehen, wenn sie die Verhandlungsblockade des DGB kritisieren und der CGZP in diesem Zusammenhang (zunächst) eine positive Rolle einräumen.

105 *Schüren* in: Schüren/Hamann, AÜG 4. Aufl., § 9 Rn. 111; ähnlich *Nebeling/Gründel*, BB 2009, 2366 (2368).

106 *Huke*, BB 2011, 827 (828).

107 *Schüren*, AuR 2008, 239 (244); *ders.* in: Schüren/Hamann, AÜG 4. Aufl., § 9 Rn. 111, 113; *Ulber* spricht von „Gefälligkeitstarifverträgen", vgl. *ders.* in: Ulber, AÜG 4. Aufl., § 9 Rn. 191.

108 Das zweifelhafte Bild der CGZP veranschaulicht *Schüren* in: NZA 2008, 453 (454), indem er sich auf eine Fernsehausstrahlung des Magazins REPORT-Mainz am 10.12.2007 bezieht: *„In der Sendung wurde ein CGZP-Haustarif für Leiharbeitnehmer bei einem Unternehmen in Wuppertal mit einem Stundenlohn von 4,81 Euro brutto im Helferbereich vorgestellt. Im Gegenzug hatte der Arbeitgeber anscheinend die Mitgliedereinwerbung für den CGZP übernommen. Der türkischen Arbeitnehmerin […] hatte der Arbeitgeber – so berichtete REPORT – neben dem Arbeitsvertrag gleich eine Beitrittserklärung zur „christlichen" Gewerkschaft mit Abführung des Beitrags durch den Arbeitgeber [!] vorgelegt."*

11.2.2010 schloss die CGZP mit AMP einen Tarifvertrag, der sogar einen höheren Mindeststundensatz als der Tarifvertrag der Gewerkschaften des DGB vorsah[109]. Mit Blick auf den 2011 als Lohnuntergrenze eingefügten § 3a AÜG dürfte aber die Zeit des (unbegrenzten) Unterbietungswettbewerbs nun endgültig vorbei sein. Außerdem hat das BAG am 14.12.2010 der CGZP die Tariffähigkeit abgesprochen und dies in Folgeentscheidungen bestätigt[110].

(4) Exkurs: Die Entscheidungen des BAG zur Tariffähigkeit der CGZP

Die Tariffähigkeit der CGZP wurde bereits vor dem Beschluss des BAG vom 14.12.2010 in der Literatur heftig diskutiert[111], wobei der CGZP die Tariffähigkeit meist wegen einer angenommenen fehlenden sozialen Mächtigkeit[112] abgesprochen wurde. Die Frage der Tariffähigkeit war vor allem deswegen hoch umstritten, da die Bestätigung der Tariffähigkeit der CGZP durch das BAG den »Dumping«-Lohncharakter von Leiharbeit als einen Kernkritikpunkt der Arbeitnehmerüberlassung perpetuiert hätte. Nicht zuletzt wegen der hier zu beschreibenden Problematik um die CGZP wurden die Arbeitgeberverbände, Gewerkschaften sowie der Gesetzgeber letztlich für die Leiharbeitsbranche besonders sensibilisiert.

Das BAG stellte in der konkreten Entscheidung die Tariffähigkeit nicht wegen einer fehlenden sozialen Mächtigkeit sondern aus anderen Gründen infrage: »Eine Spitzenorganisation [wie die CGZP, Anm. d. Verf.] verfügt weder nach § 2 Abs. 2 TVG noch nach § 2 Abs. 3 TVG über eine originäre Tariffähigkeit [...]. Ihre Tariffähigkeit leitet eine Spitzenorganisation ausschließlich von ihren Mitgliedern ab. Die Spitzenorganisation kann zwar selbst Partei eines Tarifvertrags sein, sie wird dabei aber ausschließlich für ihre Mitgliedsverbände tätig. Diese können der Spitzenorganisation de-

---

109 *Böhm*, DB 2010, 672 (673); *Sansone*, Gleichstellung von Leiharbeitnehmern nach deutschem und Unionsrecht, S. 74.

110 BAG 14.12.2010 – 1 ABR 19/10, NZA 2011, 289; BAG 22.5.2012 – 1 ABN 27/12, BB 2012, 1471; BAG 23.5.2012 – 1 AZB 58/11, NZA 2012, 623; BAG 23.5.2012 – 1 AZB 67/11, NZA 2012, 625.

111 *Guenoub*, Equal pay und equal treatment im Leiharbeitsverhältnis, S. 202; *Lembke*, NZA 2007, 1333 (1337); *Mengel* in: Thüsing, AÜG 2. Aufl., § 9 Rn. 46; *Sansone*, Gleichstellung von Leiharbeitnehmern nach deutschem und Unionsrecht, S. 46; *Schüren*, NZA 2008, 453 (453 ff.); *ders.*, AuR 2008, 239 (239 ff.); *ders.*, RdA 2006, 303 (307); *ders.* in: Schüren/Hamann, AÜG 4. Aufl., § 9 Rn. 107 ff.; *Schüren/Wilde*, NZS 2009, 303 (303); *Ulber* in: Ulber, AÜG 4. Aufl., § 9 Rn. 190 ff.

112 Zum Begriff der sozialen Mächtigkeit vgl. BAG 25.11.1986 – 1 ABR 22/85, AP Nr. 36 zu § 2 TVG (B II 3 a); BAG 16.1.1990 – 1 ABR 10/89, AP Nr. 39 zu § 2 TVG (B II 2); BAG 6.6.2000 – 1 ABR 10/99, NZA 2001, 160 (B II 1); BAG 14.12.2004 – 1 ABR 51/03, NZA 2005, 697 (B III 2 e); BAG 28.3.2006 – 1 ABR 58/04, NZA 2006, 1112 (B III 1 c aa [1]).

ren Tariffähigkeit daher nur im Rahmen ihrer eigenen Tariffähigkeit vermitteln […]«[113].

Wie *Wank*[114] dazu anmerkt, hing die Tariffähigkeit im konkreten Verfahren von zwei Punkten ab: Zum einen davon, ob die CGZP als Spitzenorganisation nach § 2 Abs. 3 TVG im eigenen Namen Tarifverträge abschließen konnte und zum anderen, ob die CGZP die erforderliche soziale Mächtigkeit besaß.

Das BAG ließ es dahinstehen, ob die CGZP überhaupt von sozial mächtigen Arbeitnehmervereinigungen i.S.d. § 2 Abs. 1 TVG gebildet wurde[115]: »Die zu einer Spitzenorganisation i.S.d. § 2 Abs. 2 und 3 TVG zusammengeschlossenen Gewerkschaften müssen dieser ihre Tariffähigkeit vollständig vermitteln. Dies setzt voraus, dass sich die einer Spitzenorganisation angeschlossenen Gewerkschaften in ihrem Organisationsbereich nicht nur teilweise, sondern vollständig miteinander verbinden. […]« Dies war aber nicht der Fall: Während sich die CGZP für die gesamte Leiharbeitsbranche zuständig erklärte (§ 1 der Satzung[116]), waren deren Mitglieder laut eigener Satzung nur für bestimmte Bereiche dieser Branche zuständig, etwa die CGM nur für die Metallbranche[117], die DHV insbesondere für Arbeitnehmer mit kaufmännischen und verwaltenden Tätigkeiten[118].

In späteren Entscheidungen stellte das BAG zudem fest, dass die CGZP fest, dass die CGZP seit ihrer Gründung und jedenfalls bis zum 14.10.2010 nicht tariffähig war[119]. Auswirkungen hatten diese Entscheidungen des BAG vor allem insoweit, als den Leiharbeitnehmer nun nachträglich das gleiche Gehalt wie einem vergleichbaren Stammarbeitnehmer zu gewähren ist, da eine Abweichung vom Gleichstellungsgebot nur mittels wirksamer Tarifverträge möglich ist.[120] Außerdem müssen für die Vergangenheit auch die ent-

---

113 BAG 14.12.2010 - 1 ABR 19/10, NZA 2011, 289 (B IV 3 c).

114 *Wank* in: Müller-Glöge/Preis/Schmidt, ErfK 11. Aufl., § 9 AÜG Rn. 3.

115 BAG 14.12.2010 - 1 ABR 19/10, NZA 2011, 289 (Rn. 76, 94); missverständlich *Franzen* in: Müller-Glöge/Preis/Schmidt, ErfK 14. Aufl., § 2 TVG Rn. 14.

116 Satzung der CGZP v. 5.12.2005 (abrufbar unter http://www.jura.uni-muenster.de/index.cfm?objectid=0D0F01CE-FC2F-29F3-832E8598CCDE2C50, Stand 5.12.2011).

117 BAG 14.12.2010 - 1 ABR 19/10, NZA 2011, 289 (B IV 6 b bb).

118 BAG 14.12.2010 - 1 ABR 19/10, NZA 2011, 289 (B IV 6 b cc).

119 BAG 22.5.2012 - 1 ABN 27/12, BB 2012, 1471; BAG 23.5.2012 - 1 AZB 58/11, NZA 2012, 623; BAG 23.5.2012 - 1 AZB 67/11, NZA 2012, 625.

120 Zu den weiteren Auswirkungen der Entscheidung des BAG vgl. *Ferme*, NZA 2011, 619 (619 ff.); abzulehnen ist in diesem Zusammenhang die Folgerung von *Neef*, NZA 2011, 615 (616), das BAG hätte nur eine tariffähige Spitzenorganisation i.S.d. § 2 Abs. 3 AÜG verneint und nicht über das Vorliegen einer Spitzenorganisation i.S.d. § 2 Abs. 2 AÜG entschieden. Nach dem Beschluss des BAG (Rn. 77, 84 f.) ist die CGZP nicht einmal als ein Zusammenschluss von Gewerkschaften (=Spitzenorganisation i.S.d. § 2 Abs. 2 AÜG) zu qualifizieren.

sprechenden Sozialversicherungsbeiträge von den Verleihunternehmen an die Sozialversicherungsträger entrichtet werden[121].

Da die CGZP in dem dargestellten Beschlussverfahren bereits vor dem ArbG Berlin[122] und dem LAG Berlin-Brandenburg[123] unterlag, schloss sie im Rahmen einer neuen Tarifrunde bereits am 15.3.2010 mehrgliedrige Tarifverträge[124], welche von den Arbeitgebern, von den Mitgliedsgewerkschaften der CGZP und von der CGZP selbst unterzeichnet wurden. Auf diese Weise wird das vom BAG aufgeworfene Problem, die CGZP sei keine Spitzenorganisation, umgangen, da nun – zumindest formal – durch die entsprechenden Bezugnahmeklauseln in den Arbeitsverträgen die Mitgliedsgewerkschaften Tarifvertragsparteien sind[125]. In neueren Arbeitsverträgen wurde sodann nicht mehr auf CGZP-Tarifverträge, sondern auf mehrgliedrige Tarifvertrag mit den Einzelgewerkschaften verwiesen; hierbei stellt sich aber das Problem der Intransparenz solcher Verweisungsklauseln nach § 307 Abs. 1 S. 2 BGB, wenn der Arbeitnehmer nicht ohne weiteres erkennen kann, welches der tariflichen Regelwerke im Falle von widersprechenden Regelungen den Vorrang haben soll[126]. Das BAG hat die Intransparenz aus diesem Grund bejaht[127].

Auch wenn es im Ergebnis nicht mehr darauf ankam, blieb bis zuletzt die Frage offen, ob damit auch die Mitgliedsgewerkschaften der CGZP tariffähig – insbesondere sozial mächtig – sind; allerdings hat das BAG in der Vergangenheit bei zwei Mitgliedsgewerkschaften der CGZP – der CGM[128] und der DHV[129] – für den damals streitigen Zeitraum die Tariffähigkeit bejaht.

bb) Kündigung des Arbeitsverhältnisses

An sich gelten hier im Vergleich zum typischen Arbeitsverhältnis keine Besonderheiten. Sowohl der Leiharbeitnehmer als auch der Verleiher können

---

121 Vgl. dazu ausf. *Freckmann/Müller/Wahl*, ZIP 2012, 1327 und *Steinheimer/Haeder*, NZA-Online 4/2012, 1 (7 ff.).

122 ArbG Berlin 1.4.2009 – BV 17008/08, NZA 2009, 740.

123 LAG Berlin-Brandenburg 7.12.2009 – 23 TaBV 1016/09, LAGE § 2 TVG Nr. 8.

124 *Lembke* in: Maschmann (Hrsg.), Rigidität und Flexibilität im Arbeitsrecht, 119 (134 ff.).

125 Vgl. *Ferme*, NZA 2011, 619 (619); *Neef*, NZA 2011, 615 (618); *Wank* in: Müller-Glöge/Preis/Schmidt, ErfK 11. Aufl., § 9 AÜG Rn. 5.

126 Das ArbG Lübeck (15.3.2011 – 3 Ca 3147/10, BB 2011, 2484) und das LAG Berlin-Brandenburg (20.9.2011 – 7 Sa 1318/11, BB 2012, 1544) nehmen an, dass diese Verweisungsklauseln gegen AGB-Recht (Transparenzgebot) verstoßen; ähnlich *Heimann*, AuR 2012, 50 (53). A.A. *Stoffels/Bieder*, RdA 2011, 27 (32 ff.).

127 BAG 13.3.2013 – 5 AZR 954/11, BB 2013, 755 (I 2).

128 BAG 28. 3. 2006 – 1 ABR 58/04, NZA 2006, 1112.

129 BAG 10. 2. 2009 – 1 ABR 36/08, NZA 2009, 908.

das Arbeitsverhältnis nach den allgemeinen Grundsätzen ordentlich oder außerordentlich kündigen[130]. Wird das Arbeitsverhältnis ordentlich gekündigt, sind nach den allgemeinen Vorschriften die Kündigungsfristen des § 622 BGB einzuhalten – wobei jedoch als Besonderheit des Arbeitnehmerüberlassungsrechts wegen § 11 Abs. 4 S. 1 AÜG die Kündigungsfrist einzelvertraglich nicht mittels § 622 Abs. 5 S. 1 Nr. 1 AÜG verkürzt werden kann.

In der Praxis dauert das Arbeitsverhältnis eines Leiharbeitnehmers aber häufig weniger als sechs Monate[131], mit der Folge, dass der Leiharbeitnehmer weder von verlängerten Kündigungsfristen nach § 622 Abs. 2 BGB noch von der Anwendbarkeit des KSchG (§ 1 Abs. 1 KSchG) profitieren kann. Um die Reichweite des Kündigungsschutzes zu bestimmen, ist daher danach zu differenzieren, ob das KSchG anwendbar ist oder nicht.

(1) Eröffnung des Anwendungsbereichs des KSchG

Ist das KSchG anwendbar, so bedarf die Kündigung einer sozialen Rechtfertigung. Keine rechtlichen Besonderheiten bei der Zeitarbeit gelten hier hinsichtlich der personen- und verhaltensbedingten Kündigung[132]. Anders kann dies bei der *betriebsbedingten Kündigung* aussehen. In der Arbeitnehmerüberlassung ist es typisch, dass Leiharbeitnehmer nach Beendigung des Einsatzes bei einem Entleiher nicht sofort bei einem anderen Entleiher eingesetzt werden; eine zumindest kurze Nichteinsatzzeit ist üblich[133]. Diese kurzfristigen Auftragslücken, in denen der Verleiher weiterhin die Vergütung schuldet, rechtfertigen regelmäßig keine betriebsbedingte Kündigung, da kein dauerhafter Wegfall der Beschäftigungsmöglichkeit bejaht werden kann[134].

---

130 *Schüren* in: Schüren/Hamann, AÜG 4. Aufl., Einl. Rn. 267 ff.; *Tucci*, Arbeitnehmermobilität im Konzern, S. 161.

131 Vgl. Bundesagentur für Arbeit, Jahresbericht Arbeitsmarkt in Deutschland 2010, S. 83; danach dauerte im ersten Halbjahr von 2010 das Arbeitsverhältnis zwischen Arbeitgeber und Leiharbeitnehmer in nur knapp 44 % aller Fälle länger als drei Monate – der Anteil der Arbeitsverhältnisse von einer Dauer über sechs Monate dürfte noch deutlich geringer sein; ähnlich *Urban-Crell/Schulz*, Arbeitnehmerüberlassung und Arbeitsvermittlung, Rn. 439 f.; *Schüren* in: Schüren/Hamann, AÜG 4. Aufl., Einl. Rn. 278.

132 *Dahl*, DB 2003, 1626 (1626).

133 *Hiekel* in: Bauer (Hrsg.), Arbeitsgemeinschaft Arbeitsrecht im Deutschen Anwaltverein, 333 (341).

134 BAG 18.5.2006 – 2 AZR 412/05, AP Nr. 7 zu § 9 AÜG (B II 1); *Hiekel* in: Bauer (Hrsg.), Arbeitsgemeinschaft Arbeitsrecht im Deutschen Anwaltverein, 333 (340); *Pelzner* in: Thüsing, AÜG 2. Aufl., § 3 Rn. 115; *Schüren* in: Schüren/Hamann, AÜG 4. Aufl., Einl. Rn. 279; *Tucci*, Arbeitnehmermobilität im Konzern, S. 162; *Urban-Crell/Schulz*, Arbeitnehmerüberlassung und Arbeitsvermittlung, Rn. 454; *Wank* in: Müller-Glöge/Preis/Schmidt, ErfK 14. Aufl., Einl. AÜG Rn. 26. *Ulber* folgert aus der Tatsache, dass das Arbeitsverhältnis nach Ende eines Einsatzes nicht automatisch beendet werden darf, dass ein allgemeines *Synchronisationsverbot* bestünde, vgl. *ders.*

Offen bleibt aber, welche Anforderungen der Arbeitgeber erfüllen muss, um das Arbeitsgericht von einem dauerhaften Wegfall der Beschäftigungsmöglichkeit überzeugen zu können (Negativprognose); regelmäßig wird die Arbeitnehmerseite darauf verweisen, dass im konkreten Fall nur eine kurzfristige Auftragslücke vorliege und die Kündigung deshalb sozial ungerechtfertigt und folglich unwirksam sei[135].

Teilweise wurde aus § 9 Nr. 3 AÜG a.F., welcher durch das Erste Gesetz für moderne Dienstleistungen am Arbeitsmarkt vom 23.12.2002 gestrichen wurde[136], gefolgert, dass ein Leiharbeitnehmer mindestens drei Monate nach Ende des letzten Arbeitseinsatzes von dem Verleiher weiterbeschäftigt (und vergütet) werden müsse, bevor eine betriebsbedingte Kündigung in Betracht komme[137]. Nach § 9 Nr. 3 AÜG a.F. war die Kündigung des Arbeitsverhältnisses durch den Verleiher unwirksam, wenn innerhalb von drei Monaten nach Beendigung des Arbeitsverhältnisses der Leiharbeitnehmer erneut eingestellt wird. Daraus wurde abgeleitet, dass der Gesetzgeber hier eine Wertentscheidung dahingehend getroffen hätte, dass dem Verleiher als Arbeitgeber bezahlte Nichteinsatzzeiten von bis zu drei Monaten zuzumuten seien; innerhalb dieses Zeitraums könne man nur von Auftragslücken und nicht von einem Auftragsrückgang sprechen[138]. Auch nach der Aufhebung des § 9 Nr. 3 AÜG a.F. wird partiell an dieser Auslegung festgehalten[139].

Dieser Ansicht sind das BAG mit Urteil vom 18.5.2006[140] sowie der Großteil des Schrifttums[141] entgegengetreten. Selbst wenn man eine drei-

---

in: Ulber, AÜG 4. Aufl., § 3 Rn. 75. Dieses wurde aber vom Gesetzgeber bewusst im Zuge der sog. Hartz-Reform abgeschafft, vgl. S. 9.

135 *Tucci*, Arbeitnehmermobilität im Konzern, S. 162.

136 BGBl. I 4607 (4618).

137 LAG Hessen 17.11.1983 – 9 Sa 599/83, EzAÜG KSchG Nr. 2; offen gelassen von LAG Köln 10.12.1998 – 6 Sa 493/98, EzAÜG KSchG Nr. 10 (I 2 a); LAG Köln 3.6.2005 – 11 Sa 1014/04, EzAÜG KSchG Nr. 14 (I 1); *Becker/Wulfgramm*, Kommentar zum Arbeitnehmerüberlassungsgesetz, Art. 1 § 9 Rn. 28a.

138 *Becker/Wulfgramm*, Kommentar zum Arbeitnehmerüberlassungsgesetz, Art. 1 § 9 Rn. 65d; *Dahl*, DB 2003, 1626 (1627); *Ulber* in: Ulber, AÜG 4. Aufl., § 1 Rn. 116; *Urban-Crell/Schulz*, Arbeitnehmerüberlassung und Arbeitsvermittlung, Rn. 454.

139 LAG Köln 3.6.2005 – 11 Sa 1014/04, EzAÜG KSchG Nr. 14 (I 1); *Schüren* in: Feuerborn/Hamann/Schüren, AÜG, 2. Aufl., Einl. Rn. 230; *Ulber* in: Ulber, AÜG 4. Aufl., § 1 Rn. 116.

140 BAG 18.5.2006 – 2 AZR 412/05, NZA 2006, 1007.

141 *Bayreuther*, RdA 2007, 176 (179); *Boemke/Lembke*, Arbeitnehmerüberlassungsgesetz, § 11 Rn. 127; *Brose*, DB 2008, 1378 (1379); *Dahl*, DB 2006, 2519 (2519); *Hamann*, jurisPR-ArbR 2006, Anm. 4; *Hiekel* in: Bauer (Hrsg.), Arbeitsgemeinschaft Arbeitsrecht im Deutschen Anwaltverein, 333 (341); *Sandmann/Marschall*, AÜG Art. 1 § 11 Rn. 23; *Schüren* in: Schüren/Hamann, AÜG 4. Aufl., Einl. Rn. 279; *Tucci*, Arbeitnehmermobilität im Konzern, S. 163; wohl auch *Wank* in: Müller-Glöge/Preis/Schmidt, ErfK 14. Aufl., Einl. AÜG Rn. 27. Zu weit geht *Dahl*, DB 2003, 1626 (1627), soweit er die Auslegung des LAG Hessen aufgrund der Praxisferne ablehnt: eine (geltende) Norm und eine daraus resultierende Wertentscheidung des Gesetz-

monatige Wartezeit aus § 9 Nr. 3 AÜG a.F. ableitete, was bereits zur damaligen Rechtslage streitig war, sei diese Auslegung spätestens mit dessen Aufhebung hinfällig[142]. Die Entscheidung des BAG verdient Zustimmung. Wenn man vor der Reform des AÜG aus § 9 Nr. 3 AÜG a.F. eine Wertentscheidung des Gesetzgebers mit der Folge einer Wartefrist bejahte, so muss konsequenterweise mit der Streichung der Norm eine gegenläufige Wertentscheidung[143] des Gesetzgebers angenommen werden.

Der Gesetzgeber wollte mit dem Ersten Gesetz für moderne Dienstleistungen am Arbeitsmarkt – insbesondere mit der Aufhebung des Synchronisationsverbots – die Zeitarbeit den typischen Beschäftigungsformen angleichen[144]. Die Zeitarbeit wurde als Gegenleistung für das Gleichstellungsgebot »von all denjenigen Regelungen befreit, die bisher als Schutzmaßnahmen [zugunsten des Leiharbeitnehmers, Anm. d. Verf.] notwendig waren«[145], wozu auch § 9 Nr. 3 AÜG a.F. als Kündigungserschwerung mit allen daraus abgeleiteten Konsequenzen gehörte.

Der Arbeitgeber muss daher nach den allgemeinen Regeln darlegen und ggf. beweisen, dass durch das Ende des Überlassungsvertrags und eines fehlenden Anschlussauftrag das Beschäftigungsbedürfnis dauerhaft und nicht nur kurzfristig entfallen ist. Zwar dürfte es für Verleiher häufig schwierig sein, die Entwicklung in der Branche der in Frage kommenden Entleiher abzuschätzen[146], allerdings kann der Verleiher mittels eines Vergleichs mit vergangenen Referenzperioden meist relativ sichere Indizien für einen dauerhaften Auftragsrückgang darlegen[147].

(2) Keine Eröffnung des Anwendungsbereichs des KSchG

Auch ohne Anwendung des KSchG genießen Arbeitnehmer ein Mindestmaß an Kündigungsschutz. Anerkannt ist, dass auch außerhalb des KSchG wegen § 242 BGB das Kündigungsrecht des Arbeitgebers begrenzt ist[148].

---

gebers zugunsten des Arbeitnehmerschutz kann nicht deswegen ignoriert werden, weil sie u.U. betriebswirtschaftlich für den Verleiher nachteilig sein könnte.

142 *Tucci*, Arbeitnehmermobilität im Konzern, S. 163.

143 Ähnlich auch *Bayreuther*, RdA 2007, 176 (177); *Brose*, DB 2008, 1378 (1379).

144 BT-Drs. 15/25 S. 24; so auch *Bayreuther*, RdA 2007, 176 (180).

145 BT-Drs. 15/25 S. 24.

146 So zutreffend *Bayreuther*, RdA 2007, 176 (178).

147 BAG 18.5.2006 – 2 AZR 412/05, NZA 2006, 1007 (B II 1); *Brose*, DB 2008, 1378 (1379); *Dahl*, DB 2003, 1626 (1628); *Hiekel* in: Bauer (Hrsg.), Arbeitsgemeinschaft Arbeitsrecht im Deutschen Anwaltverein, 333 (341).

148 BAG 8.12.2011 – 6 AZN 1371/11, NJW 2012, 1613; *Däubler* in: Kittner/Däubler/Zwanziger, KSchR 9. Aufl., § 242 BGB Rn. 4; *Friedrich* in: Becker/Etzel/Bader, KR § 242 BGB Rn. 1; *Preis* in: Vossen/Stahlhacke/Preis, Kündigung und Kündigungsschutz, § 13 Rn. 233; *Trittin* in: Backmeister/Mayer/Trittin, KSchG § 611 BGB Rn. 215.

Danach verstößt eine Kündigung gegen Treu und Glauben, wenn sich der Arbeitgeber durch die Kündigung widersprüchlich verhält[149], der Anlass der Kündigung verwirkt ist[150] oder die Kündigung ungehörig erfolgt, etwa weil sie beleidigenden Charakter hat oder zur Unzeit erfolgt[151]. Über § 242 BGB gelten auch die Diskriminierungsverbote des AGG in richtlinienkonformer Auslegung des § 2 Abs. 4 AGG[152].

Nach der Rechtsprechung des BAG[153], der sich der Großteil der Literatur anschloss[154], wurde zunächst § 1 KSchG als abschließende Spezialnorm interpretiert und daraus ein gewisses Abstandsgebot gefolgert: Danach konnte außerhalb des Anwendungsbereichs des KSchG nicht über § 242 BGB derselbe Kündigungsschutz »durch die Hintertür« gewährt werden. Nur solche Umstände konnten danach gegen § 242 BGB verstoßen, die mit dem Kündigungsschutz des § 1 KSchG nichts zu tun hatten.

Eine gewisse Relativierung dieser Ansicht brachten die Entscheidungen des BVerfG vom 17.1.1998[155] zur Kleinbetriebsklausel und vom 21.6.2006[156] zur Wartezeit des § 1 Abs. 1 KSchG mit sich: Zwar gewähre Art 12 Abs. 1 GG keinen unmittelbaren Schutz gegen den Verlust des Arbeitsplatzes aufgrund privater Disposition, jedoch folge daraus für den Gesetzgeber eine Schutzpflicht, die er mittels Kündigungsschutzvorschriften erfülle. Außerhalb des KSchG schützten danach die §§ 138, 242 BGB den Arbeitnehmer vor einer sitten- oder treuwidrigen Kündigung. Im Rahmen dieser Generalklauseln sei daher der objektive Gehalt der Grundrechte zu beachten[157].

---

149 *Däubler* in: Kittner/Däubler/Zwanziger, KSchR 9. Aufl., § 242 BGB Rn. 6 ff.; *Friedrich* in: Becker/Etzel/Bader, KR § 242 BGB Rn. 21; *Preis* in: Ascheid/Preis/Schmidt, Kündigungsrecht § 242 BGB Rn. 46; *Trittin* in: Backmeister/Mayer/Trittin, KSchG § 611 BGB Rn. 226 f.

150 *Däubler* in: Kittner/Däubler/Zwanziger, KSchR 9. Aufl., § 242 BGB Rn. 10 ff.; *Friedrich* in: Becker/Etzel/Bader, KR § 242 BGB Rn. 24.

151 BAG 05.4.2001 – 2 AZR 185/00, NZA 2001, 890; *Däubler* in: Kittner/Däubler/Zwanziger, KSchR 9. Aufl., § 242 BGB Rn. 16 ff.; *Friedrich* in: Becker/Etzel/Bader, KR § 232 BGB Rn. 33; *Preis* in: Vossen/Stahlhacke/Preis, Kündigung und Kündigungsschutz, § 13 Rn. 242; *Trittin* in: Backmeister/Mayer/Trittin, KSchG § 611 BGB Rn. 222 f.

152 *Schlachter* in: Müller-Glöge/Preis/Schmidt, ErfK 14. Aufl., § 2 AGG Rn. 18.

153 BAG 2.4.1987 – 2 AZR 227/86, AP Nr. 1 zu § 612a BGB (II 1 a); BAG 16.2.1989 – 2 AZR 347/88, AP Nr. 46 zu § 138 BGB (III 1); BAG 12.7.1990 – 2 AZR 39/90, AP Nr. 87 zu § 613a BGB (IV 1); 23.6.1994 – 2 AZR 617/93, NZA 1994, 1080 (II 2 a).

154 *Däubler* in: Kittner/Däubler/Zwanziger, KSchR 9. Aufl., § 242 BGB Rn. 4; *Friedrich* in: Becker/Etzel/Bader, KR § 242 BGB Rn. 8; *Preis* in: Ascheid/Preis/Schmidt, Kündigungsrecht § 242 BGB Rn. 46; *Trittin* in: Backmeister/Mayer/Trittin, KSchG § 611 BGB Rn. 215.

155 BVerfG 27.1.1998 – 1 BvL 15/87, NZA 1998, 470.

156 BVerfG 21.6.2006 – 1 BvR 1659/04, NZA 2006, 913.

157 BVerfG 27.1.1998 – 1 BvL 15/87, NZA 1998, 470 (B I 3 b cc); BVerfG 21.6.2006 – 1 BvR 1659/04, NZA 2006, 913 (III 1 a aa); vgl. auch BAG 8.12.2011 – 6 AZN 1371/11, NJW 2012, 1613.

Auch außerhalb des KSchG darf die Kündigung daher nicht willkürlich sein oder auf sachfremden Motiven beruhen[158]. Wenn unter mehreren Arbeitnehmern eine Auswahl zu treffen ist, folgt aus Art. 12 Abs. 1 GG und dem Sozialstaatsprinzip ein gewisses Maß an sozialer Rücksichtnahme; dabei ist insbesondere das durch langjährige Mitarbeit erworbene Vertrauen des Arbeitnehmers in den Fortbestand seines Arbeitsverhältnisses zu berücksichtigen[159].

Somit besteht auch außerhalb des KSchG ein Verbot der grundlosen Kündigung[160] sowie das Gebot einer Auswahlentscheidung[161] des Arbeitgebers, die soziale Belange berücksichtigt. Folglich gilt im Bereich des »kleinen Kündigungsschutzes« außerhalb des KSchG in gewissem Umfang das Erfordernis eines Kündigungsgrundes und einer Sozialauswahl – wobei hier allerdings die Anforderungen bei weitem nicht so hoch sind wie z.B. bei den Kündigungsgründen i.S.d. § 1 Abs. 2 S. 1 KSchG bzw. der Sozialauswahl i.S.d. § 1 Abs. 3 KSchG. Von einem absoluten »Exklusivitätsanspruch des § 1 KSchG« kann daher keine Rede mehr sein[162].

Auch außerhalb des KSchG steht der Leiharbeitnehmer einer Arbeitgeberkündigung daher nicht völlig rechtlos gegenüber.

b) Rechtliche Beziehungen zwischen Entleiher und Leiharbeitnehmer

Allgemein anerkannt ist, dass der Entleiher – obwohl keine arbeitsvertraglichen Bindungen zwischen ihm und dem Leiharbeitnehmer bestehen – dem Leiharbeitnehmer gegenüber in bestimmtem Umfang weisungsberechtigt[163] ist und ihn ähnlich einem Arbeitgeber Schutz- und Rücksichtnahmepflichten treffen[164]. Dem Leiharbeitnehmer obliegen gegenüber dem Entleiher

158 BVerfG 27.1.1998 – 1 BvL 15/87, NZA 1998, 470 (B I 3 b cc); BVerfG 21.6.2006 – 1 BvR 1659/04, NZA 2006, 913 (III 1 a bb [1]).

159 BVerfG 27.1.1998 – 1 BvL 15/87, NZA 1998, 470 (B I 3 b cc).

160 Allerdings reicht eine Kündigung ohne Angaben von Gründen zur Bejahung der Unwirksamkeit nach § 242 BGB nicht aus. Vielmehr müssen Anhaltspunkte hinzukommen, welche die Existenz von Willkür oder von sachfremden Motiven nahelegen; so auch *Däubler* in: Kittner/Däubler/Zwanziger, KSchR 9. Aufl., § 242 BGB Rn. 27 ff. m.w.N.; *Friedrich* in: Becker/Etzel/Bader, KR § 242 BGB Rn. 13.

161 *Däubler* in: Kittner/Däubler/Zwanziger, KSchR 9. Aufl., § 242 BGB Rn. 31 ff. m.w.N.; *Friedrich* in: Becker/Etzel/Bader, KR § 242 BGB Rn. 12; ähnlich *Preis* in: Ascheid/Preis/Schmidt, Kündigungsrecht § 242 BGB Rn. 61.

162 So *Däubler* in: Kittner/Däubler/Zwanziger, KSchR 9. Aufl., § 242 BGB Rn. 25.

163 Der Entleiher ist gegenüber dem Leiharbeitnehmer weisungsberechtigt in örtlicher und zeitlicher Hinsicht sowie hinsichtlich des Arbeitsinhaltes, vgl. *Boemke*, Schuldvertrag und Arbeitsverhältnis, S. 564; *Germakowski* in: Urban-Crell/Germakowski, AÜG, § 1 Rn. 75; *Tucci*, Arbeitnehmermobilität im Konzern, S. 167.

164 *Zöllner/Loritz/Hergenröder*, Arbeitsrecht, S. 310.

ähnliche Nebenpflichten wie die in einem »klassischen« Arbeitsverhältnis zwischen den Arbeitsvertragsparteien[165].

Streitig ist hingegen, *woraus* der Entleiher sein Weisungsrecht und seine Sekundäransprüche bei Pflichtverletzungen des Leiharbeitnehmers herleiten will. Einigkeit besteht mittlerweile nur dahingehend, dass der Entleiher – trotz Übernahme einiger Arbeitgeberfunktionen – im Falle einer legalen Arbeitnehmerüberlassung niemals Arbeitgeber ist[166]. Das AÜG ordnet deutlich die Arbeitgebereigenschaft nur dem Verleiher zu, weshalb der von *Mayer-Maly*[167] vertretenen »Theorie vom Doppelarbeitsverhältnis« der Boden entzogen ist[168]. Ebenfalls abzulehnen ist die Annahme von *Heinze* und *Henssler*[169], wonach zumindest bei einem längerfristigen Einsatz des Leiharbeitnehmers bei einem (konzernangehörigen) Entleiher dieser objektiv zum Ausdruck bringe, »dass er diesen fremden Arbeitnehmer wie einen eigenen behandeln«[170] wolle und folglich ein Vertragsbeitritt anzunehmen sei. Zwar dürfte der Leiharbeitnehmer durchaus ein Interesse an einem (weiteren) Arbeitsverhältnis mit dem Entleiher[171] haben, allerdings widerspricht eine Bei-

---

165 *Schneider* in: *Sandmann/Marschall*, AÜG Kap. 11 Rn. 513; *Thüsing* in: Thüsing, AÜG 3. Aufl., Einf. Rn. 39; *Urban-Crell/Schulz*, Arbeitnehmerüberlassung und Arbeitsvermittlung, Rn. 481 ff.; *Wank* in: Müller-Glöge/Preis/Schmidt, ErfK 14. Aufl., Einl. AÜG Rn. 32.

166 Vgl. nur *Boemke*, Schuldvertrag und Arbeitsverhältnis, S. 563 m.w.N.; *Schüren* in: Schüren/Hamann, AÜG 4. Aufl., Einl. Rn. 111; *Urban-Crell/Schulz*, Arbeitnehmerüberlassung und Arbeitsvermittlung, Rn. 472; sehr ausf. *Reinsch*, Das Rechtsverhältnis zwischen Entleiher und Leiharbeitnehmer, S. 94 ff. Daran ändert m.E. auch die Entscheidung des EuGH (21.10.2010 – C 242/09 [Albron Catering]) nichts. Dort wurde in einem Fall, in dem Verleiher und Entleiher konzernverbunden waren und Leiharbeitnehmer dauerhaft überlassen wurden, der Entleiher zum „nichtvertraglichen Arbeitgeber" erklärt. Allerdings wurde in diesem Zusammenhang der Entleiher nur als „Arbeitgeber" i.S.d. Betriebsübergangsrichtlinie 2001/23/EG eingeordnet; von der Arbeitgebereigenschaft i.S.d. § 611 BGB kann keine Rede sein (missverständlich bei *Wank* in: Müller-Glöge/Preis/Schmidt, ErfK 14. Aufl., Einl. AÜG Rn. 33a).

167 *Mayer-Maly*, ZfA 1972, 1 (23 f.). Auch *Ramm* befürwortete ähnlich wie *Mayer-Maly* – aus heutiger Sicht systemfremd –, dass der Dienstverschaffende (= Verleiher) „Arbeitsvermittler und Arbeitgeber zugleich" sei, *Ramm*, ZfA 1973, 263 (288).

168 *Dumke*, Rationalisierung durch konzernangehörige Personalführungsgesellschaften, S. 177; *Guenoub*, Equal pay und equal treatment im Leiharbeitsverhältnis, S. 13; *Reinsch*, Das Rechtsverhältnis zwischen Entleiher und Leiharbeitnehmer, S. 85 ff; *Thüsing* in: Thüsing, AÜG 3. Aufl., Einf. Rn. 37; *Urban-Crell/Schulz*, Arbeitnehmerüberlassung und Arbeitsvermittlung, Rn. 472; *Wank* in: Müller-Glöge/Preis/Schmidt, ErfK 14. Aufl., Einl. AÜG Rn. 32.

169 *Heinze*, ZfA 1976, 183 (201); *Henssler*, Der Arbeitsvertrag im Konzern, S. 60 f. wobei *Henssler* v.a. konzernspezifische Fallgestaltungen zum Gegenstand seiner Untersuchung macht.

170 *Henssler*, Der Arbeitsvertrag im Konzern, S. 57.

171 Immerhin wäre der Arbeitnehmer in diesem Fall nicht mehr in atypischer Beschäftigung oder Beteiligter eines „prekären" Arbeitsverhältnisses und hätte zwei Entgeltschuldner zur Verfügung.

trittslösung regelmäßig dem Willen von Ver- und Entleiher: Durch die Wahl der Arbeitnehmerüberlassung als Vertragsgestaltung hat der Entleiher gerade zum Ausdruck gebracht, dass die Erfüllung bestimmter betrieblicher Aufgaben eben *nicht* durch eigene Arbeitnehmer[172], sondern durch Dritte erfolgen soll. Jedenfalls aber widerspricht diese Auffassung der gesetzgeberischen Konzeption der Arbeitnehmerüberlassung.

Folglich muss die Herleitung des Weisungsrechts des Entleihers gegenüber dem Leiharbeitnehmer in irgendeiner Weise aus dem Arbeitsvertrag zwischen Verleiher und Leiharbeitnehmer resultieren[173].

Dementsprechend wird von der ganz h.M.[174] der Arbeitsvertrag als Vertrag zugunsten Dritter i.S.d. § 328 BGB eingestuft, wobei man sich nur darüber uneinig ist, ob der Arbeitsvertrag zwischen Verleiher und Leiharbeitnehmer als *echter*[175] oder als *unechter*[176] Vertrag zugunsten Dritter zu qualifizieren ist. Dies hängt davon ab, ob dem Gläubiger (Entleiher) ein eigenständiges Forderungsrecht eingeräumt werden soll (echter Vertrag zugunsten Dritter) oder ob der Schuldner (Leiharbeitnehmer) nur berechtigt

---

172 Vgl. etwa *Dumke*, Rationalisierung durch konzernangehörige Personalführungsgesellschaften, S. 180, 182; *Konzen*, RdA 1984, 65 (73); *Rüthers/Bakker*, ZfA 1990, 245 (278); *Schaub*, Arbeitnehmerüberlassung, S. 285 ff.; *Windbichler*, Arbeitsrecht im Konzern, S. 79; *Worpenberg*, Die konzerninterne Arbeitnehmerüberlassung, S. 196 f.

173 So auch *Jüttner*, Kollektivrechtliche Auswirkungen der gewerbsmäßigen Arbeitnehmerüberlassung im Betriebsverfassungsrecht, S. 37; *Sansone*, Gleichstellung von Leiharbeitnehmern nach deutschem und Unionsrecht, S. 96.

174 *Becker/Wulfgramm*, Kommentar zum Arbeitnehmerüberlassungsgesetz, Art. 1 § 11 Rn. 23; *Boemke*, Schuldvertrag und Arbeitsverhältnis, S. 559; *Feuerborn*, WiB 1996, 229 (267); *Jüttner*, Kollektivrechtliche Auswirkungen der gewerbsmäßigen Arbeitnehmerüberlassung im Betriebsverfassungsrecht, S. 38; *Preis/Lindemann/Rolfs u.a.*, Der Arbeitsvertrag, S. 273; *Reinsch*, Das Rechtsverhältnis zwischen Entleiher und Leiharbeitnehmer, S. 244; *Sansone*, Gleichstellung von Leiharbeitnehmern nach deutschem und Unionsrecht, S. 96; *Schüren* in: Schüren/Hamann, AÜG 4. Aufl., Einl. 168 f.; *Thüsing* in: Thüsing, AÜG 3. Aufl., Einf. Rn. 35; *Ulber* in: Ulber, AÜG 4. Aufl., § 1 Rn. 18; *Urban-Crell/Schulz*, Arbeitnehmerüberlassung und Arbeitsvermittlung, Rn. 475; *Wank* in: Müller-Glöge/Preis/Schmidt, ErfK 14. Aufl., Einl. AÜG Rn. 33; *Worpenberg*, Die konzerninterne Arbeitnehmerüberlassung, S. 172.

175 *Feuerborn*, WiB 1996, 229 (267); *Guenoub*, Equal pay und equal treatment im Leiharbeitsverhältnis, S. 15 f.; *Jüttner*, Kollektivrechtliche Auswirkungen der gewerbsmäßigen Arbeitnehmerüberlassung im Betriebsverfassungsrecht, S. 38; *Preis/Lindemann/Rolfs u.a.*, Der Arbeitsvertrag, S. 273; *Sansone*, Gleichstellung von Leiharbeitnehmern nach deutschem und Unionsrecht, S. 96; *Schüren* in: Schüren/Hamann, AÜG 4. Aufl., Einl. 168 f.; *Tucci*, Arbeitnehmermobilität im Konzern, S. 152; *Wank* in: Müller-Glöge/Preis/Schmidt, ErfK 14. Aufl., Einl. AÜG Rn. 33.

176 *Becker/Wulfgramm*, Kommentar zum Arbeitnehmerüberlassungsgesetz, Art. 1 § 11 Rn. 23; *Boemke*, Schuldvertrag und Arbeitsverhältnis, S. 559; *Thüsing* in: Thüsing, AÜG 3. Aufl., Einf. Rn. 35; *Turkenburg*, Möglichkeiten und Grenzen konzerneigener Verleihunternehmen und Personalführungsgesellschaften, S. 37; *Ulber* in: Ulber, AÜG 4. Aufl., § 1 Rn. 18; *Urban-Crell/Schulz*, Arbeitnehmerüberlassung und Arbeitsvermittlung, Rn. 497; *Worpenberg*, Die konzerninterne Arbeitnehmerüberlassung, S. 172.

sein soll, befreiend an den Gläubiger zu leisten (unechter Vertrag zugunsten Dritter)[177]. Im Rahmen der *konzerninternen* Arbeitnehmerüberlassung ist dieser Streit aber von untergeordneter Bedeutung, weshalb an dieser Stelle auf eine Diskussion der Problematik verzichtet werden soll.

c) Rechtliche Beziehungen zwischen Verleiher und Entleiher

Zwischen dem Verleiher und dem Entleiher muss nach § 12 Abs. 1 S. 1 AÜG zwingend ein Arbeitnehmerüberlassungsvertrag bestehen. Dieser Vertrag ist in rechtlicher Hinsicht jedoch kein Arbeitsvertrag, sondern als Vertrag sui generis zu qualifizieren[178]. Dabei wird der Vertrag häufig befristet abgeschlossen oder es werden zumindest kurze Kündigungsfristen vereinbart, um dem Flexibilitätsinteresse des Entleihers gerecht zu werden[179].

Durch den Arbeitnehmerüberlassungsvertrag wird der Verleiher nicht dazu verpflichtet, den beim Entleiher anfallenden Arbeitsbedarf in eigener Person zu bedienen. Geschuldet wird für die Dauer der Überlassung lediglich die Auswahl und Zurverfügungstellung eines arbeitsfähigen und hinreichend qualifizierten Leiharbeitnehmers. Dies hat zur Folge, dass der Verleiher auch nur für Auswahlfehler hinsichtlich der zur Verfügung gestellten Arbeitnehmer haftet, worunter auch die Nichtleistung des Verleihers fällt[180]. Erbringt also der ordentlich vom Verleiher ausgewählte Leiharbeitnehmer beim Entleiher eine Schlechtleistung, so haftet der Verleiher nicht. Der Entleiher hingegen schuldet im Wesentlichen die Zahlung der vereinbarten Vergütung[181].

177 *Grüneberg* in: Palandt/Bassenge, BGB § 328 Rn. 3. Vertiefend zu dieser Problematik vgl. *Reinsch*, Das Rechtsverhältnis zwischen Entleiher und Leiharbeitnehmer, S. 126 ff.

178 *Boemke*, Schuldvertrag und Arbeitsverhältnis, S. 562; *Guenoub*, Equal pay und equal treatment im Leiharbeitsverhältnis, S. 14; *Hamann* in: Schüren/Hamann, AÜG 4. Aufl., § 1 Rn. 75; *Jüttner*, Kollektivrechtliche Auswirkungen der gewerbsmäßigen Arbeitnehmerüberlassung im Betriebsverfassungsrecht, S. 26; *Ulber* in: Ulber, AÜG 4. Aufl., § 1 Rn. 132; *Waas* in: Thüsing, AÜG 3. Aufl., § 1 Rn. 39; *Wank* in: Müller-Glöge/Preis/Schmidt, ErfK 14. Aufl., Einl. AÜG Rn. 14 (als Unterfall des Dienstverschaffungsvertrages).

179 *Jüttner*, Kollektivrechtliche Auswirkungen der gewerbsmäßigen Arbeitnehmerüberlassung im Betriebsverfassungsrecht, S. 30; ausf. *Schüren* in: Schüren/Hamann, AÜG 4. Aufl., Einl. Rn. 336 ff.

180 *Boemke*, Schuldvertrag und Arbeitsverhältnis, S. 561; *Brors* in: Schüren/Hamann, AÜG 4. Aufl., Einl. Rn. 405; *Schneider* in: *Sandmann/Marschall*, AÜG Kap. 8 Rn. 434 f.

181 *Germakowski* in: Urban-Crell/Germakowski, AÜG, § 1 Rn. 65; *Hamann* in: Schüren/Hamann, AÜG 4. Aufl., § 1 Rn. 75; *Schneider* in: *Sandmann/Marschall*, AÜG Kap. 8 Rn. 428.

III. Die Erlaubnispflicht

Beim ersten Blick in das AÜG erscheint die Zeitarbeitsbranche nicht als ein frei für alle Teilnehmer des Wirtschaftskreislaufs zugängliches Feld. So verlangt § 1 Abs. 1 S. 1 AÜG eine Erlaubnis für Zeitarbeitsunternehmen. Es handelt sich bei § 1 AÜG um ein präventives Verbot mit Erlaubnisvorbehalt[182]: grundsätzlich ist die Überlassung von Arbeitnehmern im Rahmen jedweder wirtschaftlichen Tätigkeit[183] verboten, es sei denn, die zuständige Behörde – dies ist nach § 17 S. 1 AÜG die Bundesagentur für Arbeit – erlaubt dies.

Allerdings handelt es sich bei der Zulassung um eine gebundene Entscheidung[184]: Liegen keine Versagungsgründe i.S.d. § 3 AÜG vor, ist die Erlaubnis zu erteilen[185] – die Behörde hat somit keinen Ermessensspielraum[186]. Damit findet der Gesetzgeber einen Ausgleich zwischen der Berufsfreiheit des Zeitarbeitsunternehmens aus Art. 12 GG und dem Sozialstaatsprinzip nach Art. 20 Abs. 1 GG, aus dem allgemein eine Pflicht des Staates zum Sozialschutz abhängiger Beschäftigter abgeleitet wird[187]. Nur in den in § 1 Abs. 3 AÜG geregelten und abschließenden Ausnahmefällen geht der Gesetzgeber davon aus, dass ein Missbrauch bzw. eine Gefährdung des Schutzniveaus von Zeitarbeitern nicht gefährdet ist und verneint daher das Erfordernis der Erlaubnis[188]. Eine rechtmäßig erteilte Erlaubnis kann nur nach Maßgabe des § 5 Abs. 1 AÜG widerrufen bzw. eine rechtswidrig erteilte Erlaubnis kann unter Beachtung des § 4 Abs. 1 AÜG zurückgenommen werden.

In arbeitsrechtlicher Hinsicht hat diese an sich rein gewerberechtliche Erlaubnis – genauer: deren Fehlen – erhebliche Konsequenzen: Eine Arbeitnehmerüberlassung ohne erforderliche Erlaubnis ist illegal[189], der Arbeit-

---

182 *Germakowski* in: Urban-Crell/Germakowski, AÜG, § 1 Rn. 109; *Hamann* in: Schüren/Hamann, AÜG 4. Aufl., § 1 Rn. 4; *Hempel*, Das Spannungsverhältnis zwischen dem sozialen Schutz der Arbeitnehmer und den wirtschaftlichen Interessen der Verleiher und der Entleiher bei der Arbeitnehmerüberlassung, S. 133; *Urban-Crell/Schulz*, Arbeitnehmerüberlassung und Arbeitsvermittlung, Rn. 504; *Waas* in: Thüsing, AÜG 3. Aufl., § 1 Rn. 2.

183 Zum Kriterium der „wirtschaftlichen Tätigkeit" vgl. S. 116 ff.

184 *Hamann* in: Schüren/Hamann, AÜG 4. Aufl., § 1 Rn. 5; *Waas* in: Thüsing, AÜG 3. Aufl., § 1 Rn. 3.

185 Vertiefend zur Erlaubnis bzw. zum Erlaubnisverfahren *Hennig* in: Böhm/Hennig/Popp, Zeitarbeit, Rn. 368 ff.

186 Der Antragssteller hat insoweit ein subjektiv-öffentliches Recht auf die Erlaubnis, vgl. *Sandmann/Marschall*, AÜG Art. 1 § 1 Rn. 50.

187 H.M., vgl. nur *Waas* in: Thüsing, AÜG 3. Aufl., § 1 Rn. 3; a.A. *Hirdina*, NZA 2011, 325 (330).

188 Zum Konzernprivileg des § 1 Abs. 3 Nr. 2 AÜG vgl. S. 170.

189 *Schneider* in: Sandmann/Marschall, AÜG 17. Kap. Rn. 661.

nehmerüberlassungsvertrag unwirksam (§ 9 Nr. 1 AÜG) und nach § 10 Abs. 1 S. 1 AÜG wird ein Arbeitsverhältnis zwischen dem Arbeitnehmer und dem Beschäftigungsunternehmen fingiert. Das Gleiche gilt, wenn die Erlaubnis zwar zunächst erteilt war, jedoch aufgrund einer Befristung, Rücknahme oder wegen eines Widerrufs entfallen ist. In diesem Fall beginnt mit dem Ende der Erlaubnis das fiktive Arbeitsverhältnis[190]. Für die Beteiligten – mit Ausnahme des Arbeitnehmers – ist diese Situation regelmäßig unbefriedigend[191]: Das oben beschriebene Dreiecksverhältnis bricht zusammen und die von Ver- und Entleiher verfolgten Interessen sind nicht mehr realisierbar. Der Entleiher wird letztlich vertraglich an einen Arbeitnehmer gebunden, obwohl er dies regelmäßig nicht möchte. Neben den arbeitsrechtlichen Folgen droht in diesem Falle ferner sowohl dem Zeitarbeitsunternehmen (§ 16 Abs. 1 Nr. 1 AÜG) als auch dem Beschäftigungsunternehmen (§ 16 Abs. 1 Nr. 2 AÜG) aufgrund einer ordnungswidrigen Handlung eine Geldbuße von bis zu 25.000 Euro (§ 16 Abs. 2 AÜG)[192].

190 *Schneider* in: Sandmann/Marschall, AÜG 17. Kap. Rn. 663.

191 Vgl. allgemein zu den Rechtsfolgen der illegalen Arbeitnehmerüberlassung *Schneider* in: Sandmann/Marschall, AÜG 17. Kap. Rn. 660-682.

192 Vgl. allgemein zu den Sanktionen *Tucci*, Arbeitnehmermobilität im Konzern, S. 170 ff.

C. Die Mobilität von Arbeitnehmern im Konzern

Seit das unternehmerische Konzept des Konzerns existiert, haben die jeweiligen Unternehmensleitungen das grundsätzliche Interesse, durch die Konzernierung Synergieeffekte zu erzielen – etwa durch die Optimierung von Kommunikations- und Produktionswegen[1]. Auch zwingen das moderne Wirtschaftsleben und der sich verstärkende Wettbewerb die Unternehmen zunehmend, ihre Mitarbeiter möglichst flexibel einzusetzen[2]. In diesem Zusammenhang bietet auf arbeitsrechtlicher Ebene der drittbezogene Personaleinsatz viele Chancen. Mit dem Begriff »drittbezogener Personaleinsatz« wird der Fall umschrieben, dass Arbeitnehmer in Betrieben tätig werden, mit deren Inhaber sie keinen Arbeitsvertrag abgeschlossen haben. Daher ist kein Arbeitsverhältnis zum Beschäftigungsarbeitgeber vorhanden[3].

Arbeitnehmerüberlassung ist dabei die wichtigste Form des drittbezogenen Personaleinsatzes zur Erreichung der Mobilität von Arbeitnehmern im Konzern[4]: Konzernangehörige Entleiherunternehmen erzielen die gewünschte Flexibilität der Personalstruktur und sind aufgrund der Konzernierung dennoch nicht der Gefahr ausgesetzt, mangelhaft qualifiziertes Personal überlassen zu bekommen oder in zu große Abhängigkeit des Entleihers zu geraten. Schließlich verbleibt auch ein etwaiger Gewinn des Verleihers aus der Arbeitnehmerüberlassung »im Konzern« und fließt nicht an konzernfremde Verleiher ab.

Die Arbeitnehmerüberlassung stellt dennoch nicht die einzige Möglich keit des drittbezogenen Personaleinsatzes dar[5]. Im Folgenden sollen daher zuerst die praktizierten Modelle der konzerninternen Arbeitnehmerüberlassung dargestellt und anschließend von anderen Möglichkeiten der Mobilität von Arbeitnehmern im Konzern abgegrenzt werden.

I. Modelle der konzerninternen Arbeitnehmerüberlassung

In der Vergangenheit haben sich sowohl in der wissenschaftlichen Diskussion als auch in der Praxis im Wesentlichen zwei Modelle der konzerninternen Arbeitnehmerüberlassung herausgebildet: Reine Zeitarbeitsunter-

---

1 Etwa *Fuhlrott/Hoppe Christian*, BB 2012, 253 (257).
2 *Tucci*, Arbeitnehmermobilität im Konzern, S. 65.
3 *Schneider*, AiB 2005, 710 (710).
4 *Witten*, Vertragsgestaltung und Gesetzesbindung im Recht der Zeitarbeit, S. 80.
5 *Worpenberg*, Die konzerninterne Arbeitnehmerüberlassung, S. 41.

nehmen und sog. Mischbetriebe. An dieser Stelle sollen noch nicht möglicherweise offene Fragen zu deren Zulässigkeit bzw. deren sonstigen rechtlichen Beschränkungen erörtert werden. Vielmehr erfolgt in diesem Abschnitt die Darstellung der verschiedenen unternehmerischen Konzepte, die in der Praxis zum Einsatz kommen.

Reine Zeitarbeitsunternehmen verfolgen den Zweck, ausschließlich Arbeitnehmer zu überlassen und sonstige betriebliche Zwecke nicht oder zumindest mit erheblich untergeordneter Bedeutung zu verfolgen. Innerhalb dieser Gruppe kann nochmals zwischen der Personalführungsgesellschaft und den sonstigen konzernangehörigen Verleihunternehmen differenziert werden.

1. Personalführungsgesellschaft

Die mit Abstand »schillerndste« Figur zum Thema konzerninterne Arbeitnehmerüberlassung ist ohne Zweifel die Personalführungsgesellschaft; über kaum eine andere Vorgehensweise von Unternehmen wird – wie sich an späterer Stelle noch zeigen wird – so heftig gestritten wie über die Rechtsprobleme, die mit dieser einhergehen[6].

a) Konzeption und Ziele der Personalführungsgesellschaft

Mit der Gründung einer Personalführungsgesellschaft verfolgt die Konzernspitze das Ziel, im Konzern eine rechtlich selbstständige Konzerngesellschaft zu errichten, welche dann sämtliche Arbeitnehmer (oder auch nur solche mit bestimmten Qualifikationen[7]) als zentrale Einheit einstellt und diese – als vertraglicher Arbeitgeber – an die übrigen Konzerngesellschaften überlässt[8].

---

6 Vgl. dazu S. 170 ff.

7 Grundsätzlich kann man sagen, dass je niedriger der Qualifikationsgrad der Belegschaft ist, umso eher sich das Modell der Personalführungsgesellschaft anbietet. Bei hochqualifizierten Tätigkeiten kommt in der Praxis Arbeitnehmerüberlassung eher selten vor; vgl. aber *Eriksdotter*, IT-ZEITARBEIT: Kompetente Job-Hopper, http://www.cio.de/karriere/806168/ (Stand: 24.11.2011)..

8 *Becker/Wulfgramm*, Kommentar zum Arbeitnehmerüberlassungsgesetz, Einl. Rn. 27; *Becker*, DB 1988, 2561 (2563); *Birk*, ZGR 1984, 23 (58 f.); *Dumke*, Rationalisierung durch konzernangehörige Personalführungsgesellschaften, S. 14; *Hahn*, Die Überlassung von Leiharbeitnehmern innerhalb Deutschlands sowie in den Wirtschaftssektor der Europäischen Union und in einen europäischen Drittstaat am Beispiel der Schweiz, S. 10; *Hamann* in: Schüren/Hamann, AÜG 4. Aufl., § 1 Rn. 515; *Kim*, Die konzerninterne Arbeitnehmerüberlassung durch die Personalführungsgesellschaft und das Betriebsverfassungsrecht, S. 5 ff.; *Martens*, DB 1985, 2144 (2149); *Säcker* in: Westermann/Rosener (Hrsg.), Festschrift für Karlheinz Quack zum 65. Geburtstag, 421 (421); *Schnorr*, Die gewerbsmäßige Arbeitnehmerüberlassung, S. 30; *Turkenburg*, Möglichkeiten und Grenzen konzerneigener Verleihunternehmen und Personalführungs-

Sie hat daher die rein »dienende« Funktion als zentrales »konzerneigenes Arbeitsamt«, welches in Zeiten guter Konjunktur Arbeitnehmer verleiht und in Krisenzeiten qualifizierte Arbeitnehmer übergangsweise »parkt«[9].

Im Gegensatz zur Arbeitnehmerüberlassung außerhalb von Konzernstrukturen ist die Personalführungsgesellschaft in wirtschaftlicher Hinsicht kein Dritter, sondern durch die beidseitige Konzernierung »befreundet«. Diese strikte Aufgabenverteilung, wie sie bei der Personalführungsgesellschaft vorkommt, dürfte daher außerhalb von Konzernstrukturen kaum denkbar sein: zu stark wäre die Abhängigkeit des Entleiherbetriebs gegenüber dem Verleiher und zu schwach seine Verhandlungsposition bei der Bestimmung von Überlassungsvergütungen nach einer hinreichend langen Geschäftsbeziehung.

Im Extremfall kann dieses Konzept so konsequent umgesetzt werden, dass innerhalb eines Konzerns ausschließlich Leiharbeitnehmer beschäftigt werden und nur noch eine der Konzerngesellschaften arbeitsvertraglichen Bindungen unterliegt[10]. Gerade bei der Personalführungsgesellschaft ist die Tätigkeit auf eine gewisse Dauerhaftigkeit angelegt; die Arbeitnehmer sollen daher grundsätzlich nicht nur für kürzere Perioden überlassen, sondern möglichst dauerhaft in dem Entleiherbetrieb eingesetzt werden. Die Personalführungsgesellschaft wird als »Königsweg« zur Kostensenkung im Konzern angesehen[11], da sie die bereits beschriebenen Vorteile der Arbeitnehmerüberlassung maximiert und Nachteile weitgehend minimiert.

b) Verbreitung der Personalführungsgesellschaft

Zu Beginn der 1990er Jahre waren Personalführungsgesellschaften in der Bundesrepublik noch nicht verbreitet[12] – soweit dies zum damaligen Zeitpunkt überhaupt feststellbar war[13]. Bereits 1992 erwartete *Worpenberg* allerdings, dass sich »aufgrund der betriebswirtschaftlichen Vorteile einer zentralen Personalbeschaffung« die Anzahl der Personalführungsgesellschaften deutlich steigern würde[14]. Er sollte damit recht behalten: Spätestens seit der

---

gesellschaften, S. 19; *Waas* in: Thüsing, AÜG 3. Aufl., § 1 Rn. 199; *C. Weber*, Das aufgespaltene Arbeitsverhältnis, S. 130; *Windbichler*, Arbeitsrecht im Konzern, S. 196.

9 *Dohse*, Handelsblatt 2004 (24.9.2004), k06; *Ulber* in: Ulber, AÜG 4. Aufl., Einl. C Rn. 123; *Worpenberg*, Die konzerninterne Arbeitnehmerüberlassung, S. 37.

10 *Worpenberg*, Die konzerninterne Arbeitnehmerüberlassung, S. 37.

11 *Schüren*, RdA 2007, 231 (233); *Steuer*, Die Arbeitnehmerüberlassung als Mittel zur Förderung des Arbeitsmarktes in Deutschland, S. 236.

12 *C. Weber*, Das aufgespaltene Arbeitsverhältnis, S. 130; *Windbichler*, Arbeitsrecht im Konzern, S. 196; *dies.*, Arbeitsrechtliche Vertragsgestaltung im Konzern, S. 9.

13 *Birk*, ZGR 1984, 23 (26 Fn. 11).

14 *Worpenberg*, Die konzerninterne Arbeitnehmerüberlassung, S. 37.

Beseitigung des staatlichen Arbeitsvermittlungsmonopols durch das BeschFG 1994[15] und durch die sog. »Hartz«-Reform im Jahr 2003 stieg die Zahl der konzerninternen Personalführungsgesellschaften spürbar an. Im Jahr 2004 verfügten bedeutende deutsche Konzerne wie etwa BASF, Daimler, Degussa, Deutsche Bank, Merck oder Siemens über zumindest eine konzernangehörige Personalführungsgesellschaft[16]. Auch der 11. Erfahrungsbericht der Bundesregierung verzeichnete 2010, »dass vermehrt Unternehmen ausschließlich als Personaldienstleister innerhalb von Unternehmensgruppen tätig werden« und »diese Gesellschaften ausschließlich Überlassungen vornehmen«[17].

c) Personalführungsgesellschaften ohne Arbeitnehmerüberlassung

Der Begriff »Personalführungsgesellschaft« wird häufig uneinheitlich verwendet[18], weshalb in Debatten oft unklar bleibt, welches Modell die Diskussionsteilnehmer gerade meinen. Es handelt sich bei dem Terminus insoweit um keinen feststehenden Rechtsbegriff[19]. So verwendet man diese Terminologie bisweilen auch bei solchen Einrichtungen, die – z.T. ohne eigene Rechtsfähigkeit zu haben – ähnlich einem Personalrekrutierungsbüro Arbeitnehmer anwerben und dann – in rechtsgeschäftlicher Vertretungsmacht – unmittelbar für die übrigen Konzerngesellschaften einstellen[20]. Auch kann es vorkommen, dass eine Personalführungsgesellschaft bestimmte Serviceleistungen wie etwa Gehaltsabrechnungen oder Personalschulung/-qualifizierung erbringt[21]. In diesen Fällen ist nicht die Personalfüh-

---

15 BGBl. I 1994 S. 1786.

16 *Dohse*, Handelsblatt 2004 (24.9.2004), k06; *Kühn*, NJW 2011, 1408 (1408 f.); *Lembke*, BB 2010, 1533 (1537); *Lembke*, BB 2012, 2487 (2498).

17 BT-Drs. 17/464, S. 18.

18 *Becker/Wulfgramm*, Kommentar zum Arbeitnehmerüberlassungsgesetz, Einl. Rn. 27; *Dumke*, Rationalisierung durch konzernangehörige Personalführungsgesellschaften, S. 14; *Hamann* in: Schüren/Hamann, AÜG 4. Aufl., § 1 Rn. 513 f.; *Turkenburg*, Möglichkeiten und Grenzen konzerneigener Verleihunternehmen und Personalführungsgesellschaften, S. 18; *C. Weber*, Das aufgespaltene Arbeitsverhältnis, S. 129; *Witten*, Vertragsgestaltung und Gesetzesbindung im Recht der Zeitarbeit, S. 82; *Worpenberg*, Die konzerninterne Arbeitnehmerüberlassung, S. 36; *Ulber* in: Ulber, AÜG 4. Aufl., Einl. C Rn. 119.

19 *Hamann* in: Schüren/Hamann, AÜG 4. Aufl., § 1 Rn. 514; *Tucci*, Arbeitnehmermobilität im Konzern, S. 186.

20 *Hamann* in: Schüren/Hamann, AÜG 4. Aufl., § 1 Rn. 515; *Niebler/Biebl/Roß*, Arbeitnehmerüberlassungsgesetz, S, 45; *Schnorr*, Die gewerbsmäßige Arbeitnehmerüberlassung, S. 29; *Tucci*, Arbeitnehmermobilität im Konzern, S. 186; *C. Weber*, Das aufgespaltene Arbeitsverhältnis, S. 129; *Worpenberg*, Die konzerninterne Arbeitnehmerüberlassung, S. 36.

21 *Becker*, DB 1988, 2561 (2563); *Kim*, Die konzerninterne Arbeitnehmerüberlassung durch die Personalführungsgesellschaft und das Betriebsverfassungsrecht, S. 6; *Tucci*, Arbeitnehmermobilität im Konzern, S. 186; *Turkenburg*, Möglichkeiten und Grenzen

rungsgesellschaft, sondern die übrigen Konzerngesellschaften Arbeitgeber, weshalb hier mangels Arbeitgeberstellung eine Verleihtätigkeit der Personalführungsgesellschaft nicht denkbar ist[22]. Da sich diese Vertragsgestaltung jenseits der Arbeitnehmerüberlassung abspielt, wird unter einer Personalführungsgesellschaft im weiteren Kontext die juristische Person verstanden, die als Arbeitgeber zentral Leiharbeitnehmer an andere Konzerngesellschaften überlässt.

2. *Sonstige konzernangehörige Verleiher*

Die Personalführungsgesellschaft grenzt sich insoweit von den übrigen reinen konzernangehörigen Verleihunternehmen ab, als Letztere nicht nur konzernangehörige, sondern auch konzernfremde Unternehmen mit Leiharbeitnehmern versorgen.

Es fehlt daher in der Regel der enge Konzernbezug wie etwa bei der Personalführungsgesellschaft: der Verleiher bedient zwar auch einen zeitweise erhöhten Personalbedarf im Konzern, allerdings verfügt das Unternehmen vor allem über einen u.U. weitreichenden Kundenstamm außerhalb des Konzerns; es tritt daher »werbend am Markt« auf[23]. Grob gesagt agiert das Zeitarbeitsunternehmen in dieser Konstellation exakt wie ein konzernunabhängiges Verleihunternehmen, es hat aber die übrigen Konzerngesellschaften des Konzerns als Hauptkunden im Fokus.

3. *Mischbetriebe/Mischunternehmen*

Im Gegensatz zu den oben erläuterten reinen Verleihunternehmen liegt bei sog. Mischunternehmen (oder auch Mischbetrieben[24]) der Hauptzweck des Unternehmens bei anderen Tätigkeiten (wie etwa der Produktion von Gütern) und nicht in der Überlassung von Arbeitnehmern an konzerneigene oder -fremde Unternehmen[25]. Daher wird Arbeitnehmerüberlassung hier

---

konzerneigener Verleihunternehmen und Personalführungsgesellschaften, S. 18; *Forst* bezeichnet diese Unternehmen als „Personalberatungsgesellschaften", vgl. *Forst*, ZESAR 2011, 316 (319).

22 *Becker*, DB 1988, 2561 (2563); *Forst*, ZESAR 2011, 316 (319); *Schaub*, Arbeitnehmerüberlassung, S: 116; *Ulber* in: Ulber, AÜG 4. Aufl., Einl. C Rn. 120.

23 *Turkenburg*, Möglichkeiten und Grenzen konzerneigener Verleihunternehmen und Personalführungsgesellschaften, S. 17.

24 *Hamann*, EuZA 2009, 287 (297); *Forst* bezeichnet diese Unternehmen etwas irreführend „Personalverwaltungsgesellschaften", vgl. *ders.*, ZESAR 2011, 316 (319).

25 BAG 8.11.1978 – 5 AZR 261/77, AP Nr. 2 zu § 1 AÜG (II 3); *Boemke/Lembke*, Arbeitnehmerüberlassungsgesetz, § 1 Rn. 44; *Hamann* in: Schüren/Hamann, AÜG 4. Aufl., § 1 Rn. 241; *Lembke/Distler*, NZA 2006, 952 (953); *Nebeling/Gründel*, BB 2009, 2366 (2370); *Sansone*, Gleichstellung von Leiharbeitnehmern nach deutschem

nur »nebenbei« praktiziert, etwa weil im Mischunternehmen gerade mehr oder weniger zufällig ein Personalüberhang und bei einer konzernangehörigen Schwestergesellschaft ein Personaldefizit vorliegt.

Ebenfalls als Mischunternehmen zu qualifizieren ist die in der Praxis verbreitete[26]»Beschäftigungs- und Qualifizierungsgesellschaft« oder auch »Transfergesellschaft«[27]. Solche Gesellschaften haben die Funktion, jene Arbeitnehmer, deren Arbeitsplatz unabwendbar verloren geht, in eine betriebsorganisatorisch eigenständige Einheit zu übernehmen, um den Verlust des Arbeitsplatzes »abzufedern«, die Arbeitnehmer dort fortzubilden und deren Weg zurück in die Arbeitswelt – innerhalb oder außerhalb des eigenen Konzerns – zu erleichtern[28]. Das Verfolgen arbeitstechnischer Zwecke ist indessen nur von zweitrangiger Bedeutung[29]. Zur Abwendung von Arbeitslosigkeit fördert zudem die Bundesrepublik solche Transfermaßnahmen nach § 110 f. SGB III. Die Beschäftigungs- und Qualifizierungsgesellschaft agiert zu diesem Zweck als Ausbilder und Vermittler der Arbeitnehmer, teilweise auch als Verleiher[30]. So wird nach § 111 Abs. 7 S. 3 Nr. 2 SGB III insbesondere eine zeitlich begrenzte, längstens sechs Monate dauernde Beschäftigung *zum Zwecke der Qualifizierung* bei einem anderen Arbeitgeber als geeignete Fördermaßnahme zur Eingliederung in den »Ersten Arbeitsmarkt« angesehen. Hier kann grundsätzlich auch eine (staatlich geförderte) konzerninterne Arbeitnehmerüberlassung von bis zu einem halben Jahr in Frage kommen[31]. Der Anspruch auf Transferkurzarbeitergeld ist allerdings nach § 111 Abs. 8 SGB III ausgeschlossen, wenn der Arbeitnehmer nur vorübergehend in der Transfergesellschaft beschäftigt wird, um anschließend einen Arbeitsplatz in einem Betrieb eines anderen Konzernun-

---

und Unionsrecht, S. 94; *Turkenburg*, Möglichkeiten und Grenzen konzerneigener Verleihunternehmen und Personalführungsgesellschaften, S. 15; *Waas* in: Thüsing, AÜG 3. Aufl., § 1 Rn. 200; *Wank* in: Müller-Glöge/Preis/Schmidt, ErfK 14. Aufl., § 1 AÜG Rn. 26; *Witten*, Vertragsgestaltung und Gesetzesbindung im Recht der Zeitarbeit, S. 81.

26 *Herrmann*, Schaffung von Arbeitsplätzen durch Leiharbeit?, S. 82; *Mengel/Ullrich*, BB 2005, 1109 (1109); *Rolf/Riechwald*, BB 2011, 2805 (2805).

27 Die Terminologie hinsichtlich der „Beschäftigungs- und Qualifizierungsgesellschaft" ist uneinheitlich; verwendet werden auch Begriffe wie „Arbeitsförderungsgesellschaft", „Auffanggesellschaft" oder Personalentwicklungsgesellschaft", vgl. *Wagner/Wahba*, Personalpolitik in schwierigen Zeiten, S. 40.

28 *Thierhoff*, Unternehmenssanierung, S. 495; *Turkenburg*, Möglichkeiten und Grenzen konzerneigener Verleihunternehmen und Personalführungsgesellschaften, S. 15; *Wagner/Wahba*, Personalpolitik in schwierigen Zeiten, S. 35; *Wimmer*, Unternehmenssanierung mittels Transfergesellschaften, S. 11.

29 *Böhm*, DB 2012, 918 (918); *Gaul/Otto*, NZA 2004, 1301 (1302).

30 Vgl. *Wimmer*, Unternehmenssanierung mittels Transfergesellschaften, S. 13 f.

31 Allerdings stellt § 111 Abs. 7 S. 3 Nr. 2 SGB III insoweit keine Rechtsgrundlage für eine Arbeitnehmerüberlassung jenseits des Anwendungsbereichs des AÜG dar, vgl. *Tucci*, Arbeitnehmermobilität im Konzern, S. 187.

ternehmens des Konzerns zu besetzen. Dies ist vor allem dann der Fall, wenn von Anfang an feststeht, dass der Beschäftigungsbedarf des Arbeitnehmers nicht wegfällt[32].

II. Sonstige Arbeitnehmermobilität mit eigenem Weisungsrecht des Dritten

Soll ein Arbeitnehmer von einem arbeitsvertraglich gebundenen Unternehmen für einen bestimmten Zeitraum – ohne dass das bisherige Arbeitsverhältnis beendet werden soll – an ein anderes Unternehmen entsendet werden und das Einsatzunternehmen ein umfassendes Weisungsrecht erhalten, so besteht dazu – wenn man vertragliche Gestaltungen, welche Arbeitnehmerüberlassung zum Gegenstand haben, ausschließt – nur noch die Möglichkeit, dem Einsatzunternehmen zusätzlich eine Arbeitgeberstellung einzuräumen. In einem solchen Fall handelt es sich dann aber nicht mehr um eine Form des *dritt*bezogenen Personaleinsatzes, weil das Unternehmen, in dem der Arbeitnehmer zwischenzeitlich eingesetzt werden soll selbst Arbeitgeber wird[33]. Da eine solche Begründung einer zumindest zeitweiligen Arbeitgeberstellung des Einsatzunternehmens als Grundlage für einen unternehmensübergreifenden Personaleinsatz innerhalb von Konzernstrukturen aber nicht ungewöhnlich ist, soll an dieser Stelle auf diese Form der Arbeitnehmermobilität im Konzern eingegangen werden[34].

Es bestünde zwar auch die Möglichkeit, durch einen Arbeitgeberwechsel ein Weisungsrecht der Konzernschwester zu begründen; als Instrument eines solchen Wechsels käme eine einvernehmliche Lösung, ein Betriebsübergang oder einseitige Maßnahmen wie das Direktionsrecht bzw. Konzernversetzungsklauseln oder eine Änderungskündigung in Betracht[35]. In einem solchen Fall würde aber der ursprüngliche Arbeitgeber sein Stellung und damit auch sein Weisungsrecht endgültig einbüßen und es läge überhaupt kein mit einer Arbeitnehmerüberlassung vergleichbarer Vorgang mehr vor.

---

32 *Rolfs* in: Müller-Glöge/Preis/Schmidt, ErfK 14. Aufl., § 111 SGB III Rn. 29.

33 Ähnlich *Windbichler*, Arbeitsrecht im Konzern, S. 78 f.; vgl. dazu ausf. zur Einbeziehung weiterer Arbeitgeber in den Arbeitsvertrag *Tucci*, Arbeitnehmermobilität im Konzern, S. 44 ff.

34 *Witten*, Vertragsgestaltung und Gesetzesbindung im Recht der Zeitarbeit, S. 80; vgl. auch *Reichel/Spieler*, BB 2011, 2741 (3742); *Windbichler*, Arbeitsrechtliche Vertragsgestaltung im Konzern, S. 14.

35 Ausf. dazu *Maywald*, Der Einsatz von Arbeitnehmern in Matrixstrukturen multinationaler Konzerne, S. 55 ff.; *Mengel* in: Rieble/Junker/R. Giesen (Hrsg.), Arbeitsrecht im Konzern, 45 (62 ff.); *Tucci*, Arbeitnehmermobilität im Konzern, S. 82 ff.

1. »*Einheitliches Arbeitsverhältnis*«

Wohl als Ausnahmefall zu betrachten ist die (nachträgliche) Begründung eines »einheitlichen Arbeitsverhältnisses«[36]. Bei diesem sind auf Arbeitgeberseite mehrere juristische Personen beteiligt, was für die Parteien insofern von Bedeutung ist, als dass der Arbeitsvertrag damit »stehen und fallen« soll[37]. Die Konstruktion ist aber in ihrer Durchführung für die Praxis ungeeignet und – zumindest auf Arbeitgeberseite – kaum beabsichtigt; zwischen den Arbeitgebern kann ein »einheitliches Arbeitsverhältnis« nämlich zu Unstimmigkeiten hinsichtlich der Ausübung des Direktionsrechts und zu erheblichen Kündigungserschwerungen führen. Insofern dürfte die Prognose von *Lange*, dass in Konzernen Mehrarbeitsverhältnisse in Form des »einheitlichen Arbeitsverhältnisses« häufig vorkämen[38], kaum zutreffen; regelmäßig widerspricht es aufgrund der dargestellten Nachteile dem ausdrücklichen Willen der Arbeitgeber, ein solches zu konstruieren. Auch die Entscheidung des BAG aus dem Jahr 1981, in der eine solche Konstruktion angenommen wurde, ist auf heftige Kritik in der Literatur gestoßen und selbst das BAG hat inzwischen offen gelassen, ob es an dieser Rechtsprechung festhalten möchte[39].

2. *Doppeltes Arbeitsverhältnis*

Häufiger schließt das aufnehmende Konzernunternehmen – vor allem bei Abstellungen von Arbeitnehmern über Landesgrenzen hinweg – einen weiteren (befristeten) Arbeitsvertrags mit dem Arbeitnehmer.

Eine Möglichkeit besteht darin, für die Dauer des Arbeitseinsatzes das Arbeitsverhältnis mit dem entsendenden Unternehmen (»Rumpfarbeitsverhältnis«[40]) dafür ruhend zu stellen[41]. Ein Arbeitsverhältnis ruht, wenn die

---

36 BAG 27.3.1981 – 7 AZR 523/78, AP Nr. 1 zu § 611 BGB Arbeitgebergruppe (I 1 a).

37 *Lange*, NZA 2012, 1121 (1121, 1125); *Maywald*, Der Einsatz von Arbeitnehmern in Matrixstrukturen multinationaler Konzerne, S. 47; *Tucci*, Arbeitnehmermobilität im Konzern, 71 f.; *Turkenburg*, Möglichkeiten und Grenzen konzerneigener Verleihunternehmen und Personalführungsgesellschaften, S. 29 f.; *Windbichler*, Arbeitsrecht im Konzern, S. 71; *dies.*, Arbeitsrechtliche Vertragsgestaltung im Konzern, S. 11; *Wisskirchen/Bissels*, DB 2007, 340 (341).

38 *Lange*, NZA 2012, 1121 (1126).

39 BAG 21.1.1999 – 2 AZR 648/97, NZA 1999, 539 (II 3).

40 *Growe*, Nachvertragliche Wettbewerbsbeschränkungen von Arbeitnehmern in multinationalen Konzernen, S. 26; *Mankowski*, RIW 2004, 133 (133); *Sauerzapf*, Ruhendes Arbeitsverhältnis und grenzüberschreitende Arbeitnehmerentsendung im Konzern, S. 11 m.w.N.

41 BAG 14.7.2005 – 8 AZR 392/04, NZA 2005, 1411 (II 2 b); *Dumke*, Rationalisierung durch konzernangehörige Personalführungsgesellschaften, S. 13; *Freckmann*, BB 2011, Die erste Seite, Nr. 34; *Germakowski* in: Urban-Crell/Germakowski, AÜG, § 1

Hauptpflichten aus dem Arbeitsvertrag suspendiert werden, d.h. der jeweilige Gläubiger von seinem Schuldner die Leistungserbringung nicht mehr verlangen und durchsetzen kann[42]. Nebenpflichten wie etwa Fürsorge-, Treue- und Verschwiegenheitspflichten sowie etwaige Wettbewerbsverbote bleiben dagegen aufrechterhalten[43]. Im Zeitraum des Einsatzes ist folglich das ursprüngliche Unternehmen weitgehend von Weisungsbefugnissen ausgeschlossen[44]. Läuft der Arbeitseinsatz aus und wird der spätere Arbeitsvertrag beendet[45], kehrt der Arbeitnehmer zu dem entsendenden Unternehmen zurück und das ursprüngliche Arbeitsverhältnis lebt wieder auf.

Die andere Möglichkeit wäre, dass der Arbeitnehmer einen *weiteren* Arbeitsvertrag mit einem Konzernunternehmen vereinbart, ohne dass das frühere Arbeitsverhältnis ruhend gestellt wird. Soweit die verschiedenen vertraglichen Leistungspflichten des Arbeitnehmers nicht kollidieren, ergeben sich dadurch keine grundsätzlichen rechtlichen oder praktischen Hindernisse für ein solches Vorgehen; *Tucci* bezeichnet diese »Arbeitgeberduplizierung« als »typisches Instrument für die Gestaltung von Arbeitnehmermobilität im Konzern«[46]. Auch nach *Freckmann*[47] ist ein doppeltes Arbeitsverhältnis zu mehreren (eng vernetzten) Konzerngesellschaften vor allem bei fehlenden oder unwirksamen Konzernversetzungsklauseln in der Praxis häufiger anzutreffen, als dies allgemein vermutet und ohne dass dies von den Beteiligten beabsichtigt bzw. vertraglich geregelt werde. *Freckmann* begründet dies mittels der Bejahung eines konkludenten Vertragsschlusses zwischen dem Arbeitnehmer und dem weiteren Konzernunternehmen: der ursprüngliche Arbeitsvertrag stehe in diesen Fällen meist nur »auf dem Papier« während der zweite Vertrag »gelebt« werde. Folge sei dann, dass zwei parallele Arbeitsverhältnisse existierten, ohne dass eines davon ruhe. Dies

---

Rn. 220; *Lange*, NZA 2012, 1121 (1121); *Mankowski*, RIW 2004, 133 (133 f.); *Mastmann/Stark*, BB 2005, 1849 (1850); *Maywald*, Der Einsatz von Arbeitnehmern in Matrixstrukturen multinationaler Konzerne, S. 36 ff.; *Thüsing*, NZA 2003, 1303 (1303); *Tucci*, Arbeitnehmermobilität im Konzern, S. 74 ff.; *Turkenburg*, Möglichkeiten und Grenzen konzerneigener Verleihunternehmen und Personalführungsgesellschaften, S. 28; *C. Weber*, Das aufgespaltene Arbeitsverhältnis, S. 128 f.; *Windbichler*, RdA 1988, 95 (97); *dies.*, Arbeitsrecht im Konzern, S. 73; *dies.*, Arbeitsrechtliche Vertragsgestaltung im Konzern, S. 12; *Wisskirchen/Bissels*, DB 2007, 340 (341); *Worpenberg*, Die konzerninterne Arbeitnehmerüberlassung, S. 42.

42 BAG 09.8.1995 - 10 AZR 539/94, NZA 1996, 154 (II 2 b).

43 *Röller* in: Küttner/Röller/Eisemann, Personalbuch, Ruhen des Arbeitsverhältnisses Rn. 14; ausf. zu den Rechtsfolgen bei eines Ruhens des Arbeitsverhältnisses *Hager*, Das ruhende Arbeitsverhältnis, S. 207 ff.

44 *Growe*, Nachvertragliche Wettbewerbsbeschränkungen von Arbeitnehmern in multinationalen Konzernen, S. 27.

45 Zur Beendigung des Zweitarbeitsverhältnisses und der Reaktivierung des ruhenden Arbeitsverhältnisses vgl. *Tucci*, Arbeitnehmermobilität im Konzern, S. 74 ff.

46 *Tucci*, Arbeitnehmermobilität im Konzern, S. 35.

47 *Freckmann*, BB 2011, Die erste Seite, Nr. 34.

mag zwar im Einzelfall gelegentlich zutreffen, allerdings wird *Freckmann* damit kaum dem Willen der Parteien gerecht[48]. Zudem dürfte in den von *Freckmann* geschilderten Sachverhalten die Annahme einer konkludenten Abbedingung i.S.d. § 613 S. 2 BGB[49] zwischen Arbeitnehmer und dem ursprünglichen Arbeitgeber deutlich näher liegen als die Konstruktion eines weiteren Arbeitsverhältnisses[50].

III. Arbeitnehmermobilität ohne eigenes Weisungsrecht des Dritten

Die Abgrenzung zwischen der Arbeitnehmerüberlassung und sonstigen Formen des Personaleinsatzes, die sich ebenfalls im »Dreiecksverhältnis« abspielen, bereitet immer wieder Schwierigkeiten. Eine präzise Abgrenzung ist auch deswegen von Bedeutung, weil im Zuge der sog. »Neuen Selbstständigkeit«[51] gegenwärtig Versuche unternommen werden, den drittbezogenen Personaleinsatz eben nicht als Arbeitnehmerüberlassung, sondern als anderes Vertragswerk zu deklarieren, um den Beschränkungen des AÜG zu ent- bzw. sozialversicherungsrechtliche Pflichten zu umgehen[52].

Stellt sich nachträglich heraus, dass tatsächlich ein Fall der Arbeitnehmerüberlassung vorliegt, die Beteiligten aber z.B. von einem Werkvertrag ausgingen[53] und der Verleiher deshalb auch keine Erlaubnis i.S.d. § 1

---

48 So auch *Maywald*, Der Einsatz von Arbeitnehmern in Matrixstrukturen multinationaler Konzerne, S. 130 f.; *Neufeld/Michels*, KSzW 2012, 49 (54).

49 *Windbichler*, Arbeitsrechtliche Vertragsgestaltung im Konzern, S. 17.

50 Selbst wenn man *Freckmann* folgte, müsste man m.E. zumindest diskutieren, ob mit dem konkludenten Vertragsschluss zum zweiten Arbeitgeber gleichzeitig eine konkludente Ruhensvereinbarung zwischen dem ursprünglichen Arbeitgeber und dem Arbeitnehmer annehmen wäre; zur konkludenten Suspendierungsvereinbarung vgl. *Sauerzapf*, Ruhendes Arbeitsverhältnis und grenzüberschreitende Arbeitnehmerentsendung im Konzern, S. 21 f. Im Ergebnis ebenfalls ablehnend *Tucci*, Arbeitnehmermobilität im Konzern, S. 42 ff.

51 Bei der sog. „neuen Selbstständigkeit“ übernehmen Arbeitnehmer als selbstständige Unternehmen Aufgaben, die sie bereits vorher als Arbeitnehmer für ihren jetzigen und oft einzigen Auftraggeber ausgeführt haben; vgl. *Hamann* in: Schüren/Hamann, AÜG 4. Aufl., § 1 Rn. 228.

52 *Turkenburg*, Möglichkeiten und Grenzen konzerneigener Verleihunternehmen und Personalführungsgesellschaften, S. 42 f.; *Schüren*, WiVerw 2001, 173 S. 174 f.; *Urban-Crell/Schulz*, Arbeitnehmerüberlassung und Arbeitsvermittlung, Rn. 760; zu den sonstigen Vorteilen von Scheinwerkverträgen gegenüber der Arbeitnehmerüberlassung vgl. *Behrend*, Scheinwerkverträge bei bestehender Arbeitnehmerüberlassungserlaubnis, S. 46 ff.

53 Haben die Parteien eine tatsächliche Arbeitnehmerüberlassung etwa als Werkvertrag bezeichnet gilt hier der Grundsatz *falsa demonstratio non nocet.* Nicht zutreffend ist die Auffassung, dass hier ein Scheingeschäft i.S.d. § 117 BGB vorliegt (so aber *Urban-Crell/Schulz*, Arbeitnehmerüberlassung und Arbeitsvermittlung, Rn. 60). Ein Scheingeschäft liegt nur dann vor, wenn die Parteien einvernehmlich nur den äußeren Schein, nicht aber die damit verbundenen Rechtsfolgen eintreten lassen wollen,

Abs. 1 S. 1 AÜG beantragt und erhalten hat, sind die Konsequenzen allerdings für die Beteiligten erheblich[54].

1. Abgrenzung zum Werkvertrag

Aus rein rechtlicher Sicht gestaltet sich die Abgrenzung zwischen Leiharbeit und Werkvertragsrecht einfach[55]. Durch einen Werkvertrag wird der Werkunternehmer zur Erreichung eines bestimmten Erfolges (meist zur Herstellung oder Veränderung einer Sache) verpflichtet, während der Verleiher lediglich die Zurverfügungstellung eines geeigneten Arbeitnehmers schuldet[56].

Werkverträge weisen aber in der Praxis – vor allem wenn sich der Werkunternehmer eines oder mehrerer Erfüllungsgehilfen bedient und diese beim Arbeitgeber einsetzt – z.T. erhebliche atypische Bestandteile auf. So kann etwa die Vergütung nicht erfolgsabhängig, sondern nach Zeitabschnitten geschuldet, die Gewährleistung ausgeschlossen oder der Erfüllungsgehilfe des Werkunternehmers in die Organisation des Beschäftigungsunternehmens soweit integriert sein, dass sich eine hohe Ähnlichkeit mit einem Leiharbeitsverhältnis aufdrängt[57]. In diesen Fällen kann sich die Abgrenzung als kompliziert herausstellen[58]. Es bleibt zwar den Parteien unbe-

---

vgl. *Ellenberger* in: Palandt/Bassenge, BGB, § 117 Rn. 3. Allerdings wollen die Parteien beim „Scheinwerk- oder Scheindienstvertrag" gerade die für sie günstigeren Rechtsfolgen des simulierten Geschäfts herbeiführen; so auch *Boemke*, DStR 2000, 1694 (1694).

54 Zu den Folgen einer ohne erforderliche Erlaubnis durchgeführten Arbeitnehmerüberlassung (illegale Arbeitnehmerüberlassung) vgl. bereits S. 68. Zu der Problematik des „Scheinwerkvertrags" vgl. *Schüren* in: Schüren/Hamann, AÜG 4. Aufl., § 10 Rn. 67; *Urban-Crell/Schulz*, Arbeitnehmerüberlassung und Arbeitsvermittlung, Rn. 58 f.; allgemein zur Scheinselbstständigkeit im Arbeitsrecht *Boemke*, DStR 2000, 1694.

55 *Boemke/Lembke*, Arbeitnehmerüberlassungsgesetz, § 1 Rn. 78; *Sandmann/Marschall*, AÜG Art. 1 § 1 Rn. 13; *Sansone*, Gleichstellung von Leiharbeitnehmern nach deutschem und Unionsrecht, S. 102; *Schüren*, WiVerw 2001, 173 (185); *Tucci*, Arbeitnehmermobilität im Konzern, S. 143.

56 BAG 8.11.1978 – 5 AZR 261/77, AP Nr. 2 zu § 1 AÜG (II 1 c); *Hamann*, Fremdpersonal im Unternehmen, S. 24; *Sandmann/Marschall*, AÜG Art. 1 § 1 Rn. 13; *Richardi/Fischinger* in: v. Staudinger, BGB, Vor § 611 Rn. 26; *Urban-Crell/Schulz*, Arbeitnehmerüberlassung und Arbeitsvermittlung, Rn. 44.

57 BAG 18.1.2012 – 7 AZR 723/10, NZA-RR 2012, 455 (A II 2 a aa); *Guenoub*, Equal pay und equal treatment im Leiharbeitsverhältnis, S. 25; *Hamann* in: Schüren/Hamann, AÜG 4. Aufl., § 1 Rn. 122; *Tucci*, Arbeitnehmermobilität im Konzern, S. 144; *Urban-Crell/Schulz*, Arbeitnehmerüberlassung und Arbeitsvermittlung, Rn. 41.; *Wank* in: Müller-Glöge/Preis/Schmidt, ErfK 14. Aufl., § 1 AÜG Rn. 12.

58 *Sandmann/Marschall*, AÜG Art. 1 § 1 Rn. 12; *Sansone*, Gleichstellung von Leiharbeitnehmern nach deutschem und Unionsrecht, S. 103. Wegen dieser Unklarheit wurde im Deutschen Bundestag von Mitgliedern der Fraktion BÜNDNIS 90/DIE GRÜNEN am 26.10.2011 den erfolglosen Antrag gestellt, im AÜG eine „eine eindeutige und praxistaugliche Abgrenzung" zwischen dem Werkvertrag und der Ar-

nommen, eine bestimmte Vertragsgestaltung »Werkvertrag« zu nennen, gleichwohl kommt es – um eine Umgehung der Schutzvorschriften des AÜG zu vermeiden – auf die tatsächliche Durchführung an[59].

Hinsichtlich der Abgrenzungskriterien hat sich in der Rechtsprechung des BAG und auch des BGH in den letzten Jahren eine mehr oder weniger klare Linie herausgebildet. Im Wesentlichen, so das BAG bereits im Jahr 1977[60], komme es darauf an, ob zum einen der Arbeitnehmer in den Betrieb des möglichen Entleihers/Bestellers *eingegliedert* und zum anderen ein über das in § 645 Abs. 1 S. 1 BGB hinausgehendes *Weisungsrecht* erkennbar ist oder nicht[61]. In der Vergangenheit wurde seitens der Rechtsprechung zur Bestimmung beider zentraler Kriterien ein umfassender Indizienkatalog entwickelt[62], der die Abgrenzung zusehends unübersichtlich machte; diese Entwicklung ist indessen wieder rückläufig[63].

Die Literatur stimmt dieser höchstrichterlichen Rechtsprechung zu großen Teilen zu[64]. Soweit eigene Lösungsansätze verfolgt werden, wird der Begriff »Weisungsrecht« schlicht durch den Begriff »Personalhoheit«[65] ersetzt, zum Teil werden ausgefeilte Konzepte zur Bestimmung des Vertrags-

---

beitnehmerüberlassung im AÜG zu regeln, mittels derer verhindert werden soll, dass die „heute schon existierende Zweiklassengesellschaft in den Unternehmen" bestehend aus Stammbelegschaft und Leiharbeitskräfte, durch eine „dritte Klasse – die Werkvertragsbeschäftigten – ergänzt" wird, vgl. BT-Drs. 17/7482, S. 2.

59 BAG 15.6.1983 – 5 AZR 111/81, AP Nr. 5 zu § 10 AÜG (I 1 b); BAG 22.6.1994 – 7 AZR 506/93, EzAÜG § 13 AÜG Nr. 4 (II 2); BGH 25.6.2002 – X ZR 83/00, NZA 2002, 1086 (I 2 b aa); BGH 21.1.2003 – X ZR 261/01, NZA 2003, 616 (I 2 a); BAG 18.1.2012 – 7 AZR 723/10, NZA-RR 2012, 455 (A II 2 a bb); *Germakowski* in: Urban-Crell/Germakowski, AÜG, § 1 Rn. 132; *Sandmann/Marschall*, AÜG Art. 1 § 1 Rn. 12.; *Wank* in: Müller-Glöge/Preis/Schmidt, ErfK 14. Aufl., § 1 AÜG Rn. 13.

60 BAG 10.2.1977 – 2 ABR 80/76, AP Nr. 9 zu § 103 BetrVG 1972.

61 BAG 15.6.1983 – 5 AZR 111/81, AP Nr 5 zu § 10 AÜG (I 1 a); BGH 25.6.2002 – X ZR 83/00, NZA 2002, 1086 (I 2 b cc); BGH 21.1.2003 – X ZR 261/01, NZA 2003, 616 (I 2 a); BAG 13.8.2008 – 7 AZR 269/07, AP Nr 19 zu § 10 AÜG (B I 1 a).

62 Etwa die Art der Vergütungsabrechung, Gewährleistungsregelung; vgl. dazu *Hamann* in: Schüren/Hamann, AÜG 4. Aufl., § 1 Rn. 126-131; *ders.*, jurisPR-ArbR 2011, Anm. 1; *Niebler/Biebl/Roß*, Arbeitnehmerüberlassungsgesetz, S. 33; *Urban-Crell/Schulz*, Arbeitnehmerüberlassung und Arbeitsvermittlung, Rn. 49; *C. Weber*, Das aufgespaltene Arbeitsverhältnis, S. 63 f. m.w.N.; *Witten*, Vertragsgestaltung und Gesetzesbindung im Recht der Zeitarbeit, S. 73; Kritik an der Anreicherung der Kriterien mittels Indizien: *Schaub*, Arbeitnehmerüberlassung, S. 16 f.

63 BAG 13.8.2008 – 7 AZR 269/07, AP Nr. 19 zu § 10 AÜG (B I 1 a); so auch DA-AÜG (2004), S. 18 ff.; *Hamann* in: Schüren/Hamann, AÜG 4. Aufl., § 1 Rn. 132.

64 *Becker*, DB 1988, 2561 (2562); *Behrend*, Scheinwerkverträge bei bestehender Arbeitnehmerüberlassungserlaubnis, S. 34 ff.; *Boemke/Lembke*, Arbeitnehmerüberlassungsgesetz, § 1 Rn, 88; *Feuerborn*, WiB 1996, 229 (184); *Sansone*, Gleichstellung von Leiharbeitnehmern nach deutschem und Unionsrecht, S. 105; *Schüren*, WiVerw 2001, 173 S. 183 f.; *Wank* in: Müller-Glöge/Preis/Schmidt, ErfK 14. Aufl., § 1 AÜG Rn. 21.

65 Etwa *Dauner-Lieb*, SAE 1992, 217 (221); vgl. *Wank* in: Müller-Glöge/Preis/Schmidt, ErfK 14. Aufl., § 1 AÜG Rn. 18 m.w.N.

typs vorgestellt[66], die sich aber nicht signifikant von der Rechtsprechung unterscheiden.

Nach hier vertretener Auffassung ist der Rechtsprechung, welche im Falle der (organisatorischen) Eingliederung des Arbeitnehmers in den Beschäftigungsbetrieb und dessen umfassenden Weisungsrechts einen Arbeitnehmerüberlassungsvertrag und keinen Werkvertrag annimmt, zuzustimmen. Kennzeichnend für einen Werkvertrag i.S.d. § 631 BGB ist, dass der beauftragte Werkunternehmer die zur »Erreichung des wirtschaftlichen Erfolges notwendigen Handlungen nach eigenen betrieblichen Vorstellungen« selbst organisiert[67]. *Projektbezogene* Weisungen/Anordnungen seitens des Bestellers (etwa in Produktionsbetrieben Vorgaben hinsichtlich Stückzahl und Qualität) sind höchstens im Rahmen des § 645 Abs. 1 S. 1 BGB relevant[68]. Der Werkunternehmer kann zwar eigene Arbeitnehmer im Betrieb des Auftraggebers einsetzen, um den Erfolg herbeizuführen, allerdings handeln diese dann als Erfüllungsgehilfen i.S.d. § 278 BGB des Werkunternehmers und sind in organisatorischer Hinsicht nur dessen Weisungen unterworfen[69].

Hier zeigt sich der wesentliche Unterschied zwischen einem Werkvertrag und einem Arbeitnehmerüberlassungsvertrag: Während der Erfüllungsgehilfe des Werkunternehmers faktisch als Betriebsfremder nur den vertraglich geschuldeten Erfolg (etwa die Herstellung einer Maschine) herbeiführt, ist ein Leiharbeitnehmer vollständig in den Betrieb des Entleihers integriert, dessen Weisungen unterworfen und kann letztlich innerhalb des Betriebs mit jeder Aufgabe betraut werden[70]. Im Zuge der hier untersuchten verschärften Regulierung der Leiharbeit durch die Reform des AÜG rücken Werkverträge teilweise aber wieder verstärkt als Alternative in den Fokus[71], da für die Erfüllungsgehilfen des Werkunternehmers weder eine Lohnuntergrenze wie in § 3a AÜG oder ein Gleichstellungsgrundsatz gilt. Parallel dazu geraten nun die Werkverträge allgemein und es wird die Gleichbehandlung der auf Werkvertragsbasis eingesetzten Beschäftigten beim Kundenunter-

---

66 *Hamann* in: Schüren/Hamann, AÜG 4. Aufl., § 1 Rn. 144-193.

67 *Urban-Crell/Schulz*, Arbeitnehmerüberlassung und Arbeitsvermittlung, Rn. 42; sehr knapp bei *Wendeling-Schröder*, AuR 2011, 424 (425),

68 Vgl. dazu *Germakowski* in: Urban-Crell/Germakowski, AÜG, § 1 Rn. 137; *Niebler/Biebl/Roß*, Arbeitnehmerüberlassungsgesetz, S. 34; *Peters/Jacoby* in: v. Staudinger, BGB, § 645 Rn. 18, § 633 Rn. 46; *Reichel/Spieler*, BB 2011, 2741 (2744).

69 Vgl. BAG 30.1.1991 - 7 AZR 497/89, AP Nr. 8 zu § 10 AÜG; *Becker*, DB 1988, 2561 (2565); *Dauner-Lieb*, SAE 1992, 217 (220 f.); *Mastmann/Stark*, BB 2005, 1849 (1489).

70 BAG 22.6.1994 - 7 AZR 286/93, NZA 1995, 462 (IV 2 b); *Becker*, DB 1988, 2561 (2566); *Platzhoff*, Arbeitnehmerüberlassung und Legitimität, S. 18; *Urban-Crell/Schulz*, Arbeitnehmerüberlassung und Arbeitsvermittlung, Rn. 44.

71 *Tuengerthal/Rothenhöfer*, BB 2013, 53 (53); insgesamt zu den Alternativen zur Zeitarbeit nach der Reform des AÜG: Rieble/Junker/R. Giesen (Hrsg.), Freie Industriedienstleistung als Alternative zur regulierten Zeitarbeit.

nehmen mit dessen Stammbeschäftigten gefordert[72]. Wie sich die Diskussion insoweit weiterentwickelt, lässt sich freilich derzeit kaum abschätzen.

2. *Abgrenzung zum Dienstvertrag*

Im Gegensatz zum Werkvertrag wird beim Dienstvertrag eine Tätigkeit (Dienstleistung) anstatt eines vereinbarten Erfolges geschuldet[73]. Der Dienstvertrag mittels Erfüllungsgehilfen steht insoweit der Arbeitnehmerüberlassung noch näher als der Werkvertrag mittels Erfüllungsgehilfen.

Allerdings ist der entscheidende Unterschied hier, ähnlich wie bei der Abgrenzung zwischen dem Werkvertrag und der Arbeitnehmerüberlassung, die Selbstständigkeit der Leistungserbringung. Ist der Dienstverpflichtete bzw. dessen Erfüllungsgehilfe in den Betrieb des Auftraggebers eingegliedert und unterliegt er dessen Weisungen, so liegt mangels Selbstständigkeit des Dienstverpflichteten kein Dienstvertrag, sondern ein Arbeitsvertrag bzw. im Falle des Einsatzes von Erfüllungsgehilfen ein Arbeitnehmerüberlassungsverhältnis vor. Insoweit gelten hier die gleichen Abgrenzungskriterien wie beim Werkvertrag[74].

In jüngster Zeit gewinnt in der Diskussion angesichts der befürchteten zunehmenden Regulierung der Leiharbeit vor allem der »Industriedienstleistungsvertrag« an Bedeutung[75]. Bei dieser Vertragsgestaltung schuldet der Dienstleister nicht - wie bei der Arbeitnehmerüberlassung - die Bereitstellung von Arbeitnehmern, die der Auftraggeber dann nach eigenem Weisungsrecht einsetzt. Vielmehr organisiert der Industriedienstleister nach eigener Verantwortung in eigener Organisation die geschuldete Handlung[76]. Die Tätigkeit des Industriedienstleisters ähnelt in diesem Zusammenhang dem sog. »Betriebsführungsvertrag«, nur mit dem Unterschied, dass im Gegensatz zu diesem bei der Industriedienstleistung nicht der komplette Be-

---

72 Vgl. dazu etwa *Reifelsberger/Bilger-Jung*, AuA 2012, 410 (410 f.); *Tuengerthal/Rothenhöfer*, BB 2013, 53 (53); http://www.igmetall.de/werkvertraege-ig-metall-geht-gegen-dumpingmethoden-vor-10410.htm (Stand 31.8.2013).

73 *Hamann* in: Schüren/Hamann, AÜG 4. Aufl., § 1 Rn. 197; *Sandmann/Marschall*, AÜG Art. 1 § 1 Rn. 21.

74 *Hamann* in: Schüren/Hamann, AÜG 4. Aufl., § 1 Rn. 199; *Sandmann/Marschall*, AÜG Art. 1 § 1 Rn. 21.; *Sansone*, Gleichstellung von Leiharbeitnehmern nach deutschem und Unionsrecht, S. 108; *Urban-Crell/Schulz*, Arbeitnehmerüberlassung und Arbeitsvermittlung, Rn. 56; *Waas* in: Thüsing, AÜG 3. Aufl., § 1 Rn. 85; *Wank* in: Müller-Glöge/Preis/Schmidt, ErfK 14. Aufl., § 1 AÜG Rn. 23.

75 *Oberthür* in: Rieble/Junker/R. Giesen (Hrsg.), Freie Industriedienstleistung als Alternative zur regulierten Zeitarbeit, 43 (44); *Timmermann*, BB 2012, 1729 (1729).

76 *Oberthür* in: Rieble/Junker/R. Giesen (Hrsg.), Freie Industriedienstleistung als Alternative zur regulierten Zeitarbeit, 43 (45 f); *Reifelsberger/Bilger-Jung*, AuA 2012, 410 (411 f.); *Wank* in: Müller-Glöge/Preis/Schmidt, ErfK 14. Aufl., § 1 AÜG Rn. 21a.

trieb fremdgeführt wird[77]. Es handelt sich beim Industriedienstleistungsvertrag letztlich um eine dem »Outsourcing« sehr ähnliche Situation[78]. Der signifikante Unterschied zur Arbeitnehmerüberlassung ist auch hier die organisatorische Selbstständigkeit des Industriedienstleisters[79], während der Verleiher als Dienstleister kein Weisungsrecht im Fall der Überlassung hat.

Zur Vermeidung der Restriktionen des AÜG (insbesondere des Gleichstellungsgrundsatzes) ist dieses Modell – bis zur Grenze des Missbrauchs – auch geeignet: Anstatt wie bisher Leiharbeitnehmer direkt in die unter der Kontrolle des Entleihers stehenden Fertigungslinien zu integrieren, wird nun der gesamte Betrieb der Fertigungslinien von einem Industriedienstleister zur Führung in eigenem Namen fremdvergeben. Der Industriedienstleister besetzt die Fertigungslinien dann mit eigenen Mitarbeitern oder bezieht Leiharbeitnehmer von einem Dritten, wobei bezüglich der Leiharbeitnehmer der Maßstab für den Gleichstellungsgrundsatz nun die übrigen Mitarbeiter des Industriedienstleisters und nicht mehr die Stammarbeitnehmer des ursprünglichen Entleiherunternehmens sind[80]. Allerdings hat diese Konstruktion wieder den Nachteil für den ursprünglichen Entleiher und Kunden des Industriedienstleisters, dass bei ihm allenfalls ein Weisungsrecht ähnlich § 645 BGB verbleibt, keinesfalls aber eines nach § 106 GewO[81] und er auf diese Weise die Kontrolle über den Produktionsablauf verliert.

3. Abgrenzung zu Mischverträgen

Auch in Mischverträgen, d.h. in Vertragsgestaltungen, welche Elemente von mehreren verschiedenen Vertragstypen vorweisen, gestaltet sich die Abgrenzung nicht immer eindeutig. Ein viel diskutiertes Beispiel ist hier die Überlassung von Maschinen mit Bedienungspersonal[82].

---

77 *Rieble*, NZA 2010, 1145 (1146).

78 Zur Umstellung von der Eigenbeschäftigung auf die Industriedienstleistung vgl. *Oberthür* in: Rieble/Junker/R. Giesen (Hrsg.), Freie Industriedienstleistung als Alternative zur regulierten Zeitarbeit, 43 (53 ff.).

79 *Oberthür* in: Rieble/Junker/R. Giesen (Hrsg.), Freie Industriedienstleistung als Alternative zur regulierten Zeitarbeit, 43 (47); *Rieble*, NZA 2010, 1145 (1147).

80 Vgl. dazu auch Rieble/Junker/R. Giesen (Hrsg.), Freie Industriedienstleistung als Alternative zur regulierten Zeitarbeit, S. 38 ff.

81 *Oberthür* in: Rieble/Junker/R. Giesen (Hrsg.), Freie Industriedienstleistung als Alternative zur regulierten Zeitarbeit, 43 (47).

82 *Boemke/Lembke*, Arbeitnehmerüberlassungsgesetz, § 1 Rn. 35; *Hamann* in: Schüren/Hamann, AÜG 4. Aufl., § 1 Rn. 218 ff.; *Sandmann/Marschall*, AÜG Art. 1 § 1 Rn. 23; *Ulber* in: Ulber, AÜG 4. Aufl., § 1 Rn. 108 ff.; *Urban-Crell/Schulz*, Arbeitnehmerüberlassung und Arbeitsvermittlung, Rn. 69; *Waas* in: Thüsing, AÜG 3. Aufl., § 1 Rn. 89; *Wank* in: Müller-Glöge/Preis/Schmidt, ErfK 14. Aufl., § 1 AÜG Rn. 27.

Nach der h.L.[83] sowie Rechtsprechung des BAG[84] ist darauf abzustellen, ob die Überlassung des Geräts oder die Überlassung des Personals für den Inhalt des Arbeitsverhältnisses prägend bzw. welche Vertragsart der Schwerpunkt des Mischvertrags ist. Entscheidend sei, ob »nach Sinn und Zweck des gemischten Vertrages die Gebrauchsüberlassung des Gerätes im Vordergrund steht und die Zurverfügungstellung des Personals nur dienende Funktion hat, indem sie den Einsatz des Gerätes erst ermöglichen soll, oder ob der Vertrag schwerpunktmäßig auf die Verschaffung der Arbeitsleistung des Personals gerichtet ist und die Überlassung des Gerätes demgegenüber nur untergeordnete Bedeutung hat«[85].

Teilweise will man das »Gepräge« eines Mischvertrags maßgeblich anhand des Wertes der überlassenen Maschinen ermitteln, da mit steigendem Materialwert die zusätzliche Personalgestellung zunehmend Nebenleistungscharakter aufweise[86]. Konträr dazu wird vorgebracht, die Verschaffung menschlicher Arbeitskraft sei niemals nur ein bloßer Annex zur Verschaffung einer Sache[87].

Eine eher zunehmende Ansicht hingegen kritisiert die h.M. als »system- und sachwidrig«[88]. Gewarnt wird vor allem vor der Missbrauchsgefahr: Werden Arbeitnehmer – und sei es auch nur als »Nebenleistung« – an einen Dritten zur unselbstständigen Leistung von Diensten überlassen, so sei das AÜG anzuwenden.

Diese die h.M. ablehnende Auffassung verdient Zustimmung: Die rechtliche Einordnung von gemischten Verträgen ist bereits im allgemeinen Schuldrecht streitig. So wird teils das »Absorptionsprinzip«, teils das »Kombinationsprinzip« verfolgt[89]. Während die h.M. im vorliegenden Fall eher

---

[83] *Becker/Wulfgramm*, Kommentar zum Arbeitnehmerüberlassungsgesetz, (2563); *Kania*, NZA 1994, 871 (872); *Richardi/Fischinger* in: v. Staudinger, BGB, Vor § 611 Rn. 447; *Urban-Crell/Schulz*, Arbeitnehmerüberlassung und Arbeitsvermittlung, Rn. 70; *Sandmann/Marschall*, AÜG Art. 1 § 1 Rn. 23; *Waas* in: Thüsing, AÜG 3. Aufl., § 1 Rn. 89; *Wank* in: Müller-Glöge/Preis/Schmidt, ErfK 14. Aufl., § 1 AÜG Rn. 27.

[84] Keine Arbeitnehmerüberlassung angenommen: BAG 16.6.1982 – 4 AZR 862/79, AP Nr. 41 zu § 1 TVG (Baumaschinen einschließlich Maschinenführer); BAG 17.2.1993 – 7 AZR 167/92, NZA 1993, 1125 (Flugzeug einschließlich Flugpersonal); OLG Düsseldorf 30.4.2002 – 24 U 109/01, BB 2002, 2339 (medizinisches Assistenzpersonal für eine Arztpraxis im Rahmen eines sog. „Slot-Time"-Vertrag).

[85] BAG 17.2.1993 – 7 AZR 167/92, NZA 1993, 1125 (II 2 b); so auch DA-AÜG (2004), S. 22.

[86] *Becker*, DB 1988, 2561 (2563); *Beseler*, Leiharbeit, S. 33; in diese Richtung wohl auch *Sandmann/Marschall*, AÜG Art. 1 § 1 Rn. 23.

[87] *Franßen/Haesen*, AÜG, § 1 Rn. 68.

[88] *Boemke/Lembke*, Arbeitnehmerüberlassungsgesetz, § 1 Rn. 35; *Hahn*, Die Überlassung von Leiharbeitnehmern innerhalb Deutschlands sowie in den Wirtschaftssektor der Europäischen Union und in einen europäischen Drittstaat am Beispiel der Schweiz, S. 7; *Hamann* in: Schüren/Hamann, AÜG 4. Aufl., § 1 Rn. 22; *Ulber* in: Ulber, AÜG 4. Aufl., Einl. C Rn. 108.

[89] *Feldmann/Löwisch* in: v. Staudinger, BGB, § 311 BGB Rn. 36.

ersterem Prinzip folgt, tendiert die hier vertretene Ansicht zum Kombinationsprinzip. Letztlich kommt es an dieser Stelle aber nicht auf einen Theorienstreit an, denn im Gegensatz zum klassischen Lehrbuchbeispiel[90], in dem zwischen den grundsätzlich *dispositiven* Kauf,- Miet-, Dienst und Werkverträgen als anwendbares Recht entschieden werden muss, kommt im Arbeitnehmerüberlassungsrecht der Arbeitnehmerschutz als *zwingendes* Element hinzu. Man kann daher eine im allgemeinen Schuldrecht entwickelte Theorie nicht auf den vorliegenden Fall übertragen, in dem die Privatautonomie nur mit Einschränkungen gilt. Folge wäre ansonsten, wie *Hamann*[91] richtig anmerkt, ein planmäßiger Rechtsmissbrauch, da es möglich wäre, dass (wertvolle) Arbeitsgeräte künftig nur in Kombination mit der Bereitstellung von Bedienungspersonal geleast würden, um auf diese Weise fremde Arbeitskräfte außerhalb des Anwendungsbereichs des AÜG entleihen zu können (»Zulieferer ans Band«)[92].

Um dem zwingenden Arbeitnehmerschutzrecht gerecht zu werden, ist daher eine erlaubnispflichtige Arbeitnehmerüberlassung immer dann anzunehmen, wenn neben den Maschinen auch das Personal nach Vorstellungen des Auftraggebers zur Verfolgung dessen Betriebszwecks eingesetzt werden soll[93]. Insoweit müssen hier die gleichen Maßstäbe wie oben beim Werkvertrag (Eingliederung in den Betrieb und Weisungsrecht des Auftraggebers) gelten.

4. Abgrenzung zum mittelbaren Arbeitsverhältnis

Ein mittelbares Arbeitsverhältnis[94] liegt vor, wenn ein Arbeitnehmer von einem Mittelsmann (sog. Zwischenmeister) beschäftigt wird, der seinerseits selbst Arbeitnehmer eines Dritten ist und die Arbeit des Arbeitnehmers mit Wissen des Dritten unmittelbar für diesen geleistet wird[95]. Die praktische

---

90 Etwa das Essen im Restaurant mit miet-, dienst- und werkvertraglichen Elementen, vgl. *Musielak*, Examenskurs BGB, Rn. 104.

91 *Hamann* in: Schüren/Hamann, AÜG 4. Aufl., § 1 Rn. 224.

92 *Ulber* in: Ulber, AÜG 4. Aufl., Einl. C Rn. 108.

93 So auch *Hamann* in: Schüren/Hamann, AÜG 4. Aufl., § 1 Rn. 222; ähnlich *Wank* in: Müller-Glöge/Preis/Schmidt, ErfK 14. Aufl., § 1 Rn. 28.

94 Für naheliegend wurde ein solches Vertragsverhältnis bei einem Orchesterleiter gehalten, der in einem Arbeitsverhältnis zu einem Rundfunksender steht und der unmittelbarer Arbeitgeber der einzelnen Musiker ist (BAG 22.7.1982 – 2 AZR 57/81, EzAÜG § 611 BGB Leiharbeitsverhältnis Nr. 5) oder bei einem Hochschullehrer, der für ein von ihm betriebenes drittmittelfinanziertes Forschungsprojekt im eigenen Namen einen Arbeitsvertrag mit einem wissenschaftlichen Mitarbeiter abschließt (BAG 29.6.1988 – 7 AZR 552/86, AP Nr. 1 zu § 25 HRG)

95 *Däubler* in: Bauer (Hrsg.), Festschrift für Herbert Buchner zum 70. Geburtstag, 163 (167); *Helle*, Konzernbedingte Kündigungsschranken bei Abhängigkeit und Beherrschung durch Kapitalgesellschaften, S. 104; *Roller in:* Küttner/Röller/Eisemann, Per-

Bedeutung dieses schon vor längerer Zeit diskutierten und zwischenzeitlich in den Hintergrund der Diskussionen getretenen Rechtsinstituts hat im Zusammenhang mit dem bereits beschriebenen Problemkreis der »Neuen Selbstständigkeit« wieder zugenommen[96].

Die Konstruktion des mittelbaren Arbeitsverhältnisses als grundsätzlich zulässiges Instrument der Betriebsorganisation zeigt in der Praxis allerdings eine deutliche Tendenz zum Missbrauch[97]. Wird von den Beteiligten ein mittelbares Arbeitsverhältnis vereinbart, ist zu prüfen, ob damit bezweckt wird, die typischen Arbeitgeberpflichten auf den Zwischenmeister zu übertragen und so den mittelbaren Arbeitgeber zu entlasten. Das kann etwa dann nahe liegen, wenn dem Zwischenmann kein wirtschaftlicher Spielraum mehr verbleibt und zudem kein sachlicher Grund für die Einschaltung der Mittelsperson und die damit einhergehende Schwächung des Schutzniveaus des Arbeitnehmers vorliegt[98]. Sofern man eine hinreichend starke Missbrauchssituation bejahte, müsste die Konstruktion als eine Umgehung arbeits- und sozialversicherungsrechtlicher Schutzbestimmungen qualifiziert werden und es wäre ein Durchgriff auf den mittelbaren Arbeitgeber erwägenswert[99]. Das BAG hat bislang einen derartigen Durchgriff lediglich erwogen, aber nicht bejaht[100].

Maßgeblicher Unterschied zwischen der Arbeitnehmerüberlassung und dem mittelbaren Arbeitsverhältnis ist, dass der Verleiher ein selbständiger Unternehmer ist, während der zwischengeschaltete Mittelsmann selbst ein Arbeitnehmer des mittelbaren Arbeitgebers ist[101]. Da ein Konzern ausschließlich aus Unternehmen besteht und diese als juristische Personen nicht Arbeitnehmer sein können[102], ist die Abgrenzung, zumindest im Rahmen dieser Arbeit, nicht weiter von Bedeutung.

---

sonalbuch, Mittelbares Arbeitsverhältnis Rn. 1; ausf. *Waas*, RdA 1993, 153 (154 ff.) und *C. Weber*, Das aufgespaltene Arbeitsverhältnis, S. 84 ff. m.w.N.

96 *Däubler* in: Bauer (Hrsg.), Festschrift für Herbert Buchner zum 70. Geburtstag, 163 (170); *Hamann* in: Schüren/Hamann, AÜG 4. Aufl., § 1 Rn. 228; *Helle*, Konzernbedingte Kündigungsschranken bei Abhängigkeit und Beherrschung durch Kapitalgesellschaften, S. 103 f.; *Waas* in: Thüsing, AÜG 3. Aufl., § 1 Rn. 91.

97 Kritisch dazu *Waas*, RdA 1993, 153 (159 ff.).

98 BAG 20.7.1982 – 3 AZR 446/80, AP Nr. 5 zu § 611 BGB Mittelbares Arbeitsverhältnis; *Däubler* in: Bauer (Hrsg.), Festschrift für Herbert Buchner zum 70. Geburtstag, 163 (167); *C. Weber*, Das aufgespaltene Arbeitsverhältnis, S. 93 ff.

99 BAG 20.7.1982 – 3 AZR 446/80, AP Nr. 5 zu § 611 BGB Mittelbares Arbeitsverhältnis; *Däubler* in: Bauer (Hrsg.), Festschrift für Herbert Buchner zum 70. Geburtstag, 163 (167); *Hamann* in: Schüren/Hamann, AÜG 4. Aufl., § 1 Rn. 231 f.; *Waas* in: Thüsing, AÜG 3. Aufl., § 1 Rn. 92; *Roller* kommt in: Küttner/Röller/Eisemann, Personalbuch, Mittelbares Arbeitsverhältnis Rn. 4 anhand der analogen Anwendung des § 10 Abs. 1 S. 1 AÜG zu diesem Ergebnis.

100 *Turkenburg*, Möglichkeiten und Grenzen konzerneigener Verleihunternehmen und Personalführungsgesellschaften, S. 160 m.w.N.

101 *Waas* in: Thüsing, AÜG 3. Aufl., § 1 Rn. 92.

102 *Preis* in: Müller-Glöge/Preis/Schmidt, ErfK 14. Aufl., § 611 BGB Rn. 34 ff.

5. *Abgrenzung zur Arbeitsvermittlung*

Die Abgrenzung zwischen der Arbeitnehmerüberlassung und der Arbeitsvermittlung bereitet an sich keine Probleme[103]: »Während bei der Arbeitnehmerüberlassung die Arbeitskraft in den Drittbetrieb nicht als deren Arbeitnehmer eingeordnet wird, sondern vielmehr in arbeitsrechtlichen Beziehungen zu dem Zuweisenden verbleibt, ist die in § 35 Abs. 1 S. 2 SGB III legaldefinierte Arbeitsvermittlung darauf gerichtet, [...] Arbeitssuchende mit Arbeitgebern zur Begründung eines Beschäftigungsverhältnisses zusammenzuführen«[104].

Nach § 1 Abs. 2 AÜG wird das Vorliegen von Arbeitsvermittlung vermutet, wenn der Verleiher bei der Arbeitnehmerüberlassung nicht die üblichen Arbeitgeberpflichten oder das Arbeitgeberrisiko übernimmt, er also eher wie ein Vermittler agiert. Allerdings ist die Reichweite dieser Norm – vor allem in *arbeitsrechtlicher* Hinsicht – heftig umstritten[105]; dies soll daher an späterer Stelle diskutiert werden[106]. Zudem werden häufig bei Nichtwiderlegung der Vermutung des § 1 Abs. 2 AÜG gleichzeitig Gründe vorliegen, welche eine Rücknahme bzw. einen Widerruf der Überlassungserlaubnis rechtfertigen[107].

6. *Abgrenzung zum Gemeinschaftsbetrieb mehrerer Unternehmen*

Vor allem wenn Leiharbeitnehmer für eine längeren Zeitraum an andere Konzernunternehmen überlassen werden, stellt sich die Frage, ob die Voraussetzungen für die Annahme eines gemeinsamen Betriebs mehrerer Unternehmen i.S.d. Betriebsverfassungsgesetzes bzw. des Kündigungsschutzgesetzes vorliegen und ob dessen Bejahung neben der Arbeitnehmerüberlassung denkbar ist[108]. Denn auch beim gemeinsamen Betrieb kommt es vor, dass Arbeitnehmer innerhalb dieser Einheit eingesetzt werden und Arbeits-

---

103 *Urban-Crell/Schulz*, Arbeitnehmerüberlassung und Arbeitsvermittlung, Rn. 1303.

104 *Guenoub*, Equal pay und equal treatment im Leiharbeitsverhältnis, S. 28; *Hempel*, Das Spannungsverhältnis zwischen dem sozialen Schutz der Arbeitnehmer und den wirtschaftlichen Interessen der Verleiher und der Entleiher bei der Arbeitnehmerüberlassung, S. 134 ff.; *Urban-Crell/Schulz*, Arbeitnehmerüberlassung und Arbeitsvermittlung, Rn. 104.

105 Vgl. *Thüsing* in: Thüsing, AÜG 3. Aufl., § 1 Rn. 154a m.w.N.

106 Vgl. dazu S. 170 ff.

107 *Boemke/Lembke*, Arbeitnehmerüberlassungsgesetz, § 1 AÜG Rn. 170; *Urban-Crell* in: Urban-Crell/Germakowski, AÜG, § 1 Rn. 196; vgl. auch S. 68.

108 Zu dem Gemeinschaftsbetrieb als Mittel zur Fremdpersonalsteuerung vgl. auch *Rieble* in: Rieble/Junker/R. Giesen (Hrsg.), Freie Industriedienstleistung als Alternative zur regulierten Zeitarbeit, 15 (19 f.).

leistungen erbringen, die nicht unmittelbar dem vertraglich gebundenen Arbeitgeber zugute kommen.

a) Voraussetzungen und Rechtsfolge eines gemeinsamen Betriebs

Das BAG vertritt die Ansicht, dass Voraussetzung für die Annahme eines gemeinsamen Betriebs mehrerer Unternehmen i.S.d. § 1 Abs. 2 BetrVG eine von Anfang an bestehende rechtliche Verbindung der beteiligten Unternehmen in Bezug auf die gemeinsame Führung des Betriebs ist (sog. Führungsvereinbarung)[109]. Diese muss die Schaffung eines einheitlichen Leitungsapparats zum Gegenstand haben, der die Arbeitgeberfunktionen in den wesentlichen der Mitbestimmung des Betriebsrats unterliegenden Bereichen ausübt, insbesondere in personellen und sozialen Angelegenheiten (§ 87 Abs. 1 BetrVG). Diese rechtliche Verbindung der beteiligten Unternehmen erfolgt im Falle fehlender Anhaltspunkte regelmäßig (stillschweigend) in Form einer Gesellschaft bürgerlichen Rechts (§ 705 BGB)[110]. Die Funktionen des Arbeitgebers in den sozialen und personellen Angelegenheiten des BetrVG müssen institutionell einheitlich für die beteiligten Unternehmen wahrgenommen werden[111]. Im Bereich des Kündigungsschutzgesetzes sind die Voraussetzungen zur Bejahung eines gemeinsamen Betriebs weitgehend identisch[112].

Sowohl aus betriebsverfassungsrechtlicher als auch aus kündigungsschutzrechtlicher Sicht führt ein gemeinsamer Betrieb mehrerer Unternehmen dazu, dass die entsprechenden Arbeitnehmerzahlen addiert und so die Schwellenwerte des § 1 Abs. 1 S. 1 BetrVG bzw. des § 23 Abs. 1 S. 2 KSchG

---

109 BAG 25.11.1980 – 6 ABR 108/78, AP Nr. 2 zu § 1 BetrVG 1972 (III 2 b); BAG 24.1.1996 – 7 ABR 10/95, NZA 1996, 1110 (B 3 a); BAG 11.2.2004 – 7 ABR 27/03, NZA 2004, 618 (B I 1); BAG 11.12.2007 – 1 AZR 824/06, AP Nr. 39 zu § 77 BetrVG 1972 Betriebsvereinbarung (I 1 b bb [a]); *Fitting/Auffarth/Engels*, Betriebsverfassungsgesetz, § 1 Rn. 81; *Hamann* in: Schüren/Hamann, AÜG 4. Aufl., § 1 Rn. 64; *Franzen* in: Wiese/Kreutz/Oetker u.a., GK-BetrVG Bd. 1, § 1 Rn. 46; *Rieble/Gistel*, NZA 2005, 242 (243); *Turkenburg*, Möglichkeiten und Grenzen konzerneigener Verleihunternehmen und Personalführungsgesellschaften, S. 46; *Urban-Crell/Schulz*, Arbeitnehmerüberlassung und Arbeitsvermittlung, Rn. 565.

110 *Koch* in: Müller-Glöge/Preis/Schmidt, ErfK 14. Aufl., § 1 BetrVG Rn. 14; *Worpenberg*, Die konzerninterne Arbeitnehmerüberlassung, S. 55.

111 BAG 31.5.2000 – 7 ABR 78/98, NZA 2000, 1350 (B III 1).

112 Etwa *Backmeister* in: Backmeister/Mayer/Trittin, KSchG § 23 KSchG Rn. 8; *Deinert* in: Kittner/Däubler/Zwanziger, KSchR 9. Aufl., Einl. Rn. 81; *Kiel* in: Müller-Glöge/Preis/Schmidt, ErfK 14. Aufl., § 23 KSchG Rn. 5; *Moll* in: Ascheid/Preis/Schmidt, Kündigungsrecht § 23 KSchG Rn. 15.

schneller erreicht werden[113]. Dies hat zur Folge, dass ein einheitlich gebildeter Betriebsrat für alle im Gemeinschaftsbetrieb arbeitenden Arbeitnehmer der beteiligten Unternehmen die betriebsverfassungsrechtlichen Rechte und Pflichten wahrnimmt. Mit Blick auf das KSchG ist hervorzuheben, dass durch einen Gemeinschaftsbetrieb vor allem die Möglichkeit von betriebsbedingten Kündigungen erheblich erschwert wird: Bei der Frage des Wegfalls des Beschäftigungsbedarfs, der Versetzbarkeit und der Sozialauswahl ist eine unternehmensübergreifende Sicht maßgeblich[114].

b) Vereinbarkeit von Arbeitnehmerüberlassung und Gemeinschaftsbetrieb

Die Annahme eines gemeinsamen Betriebs mehrerer Unternehmen (nämlich zwischen dem Unternehmen des Verleihers und dem des Entleihers) erscheint zumindest auf den ersten Blick im Falle einer Arbeitnehmerüberlassung einer Personalführungsgesellschaft an eine Konzernschwester nicht völlig abwegig. Immerhin entsendet die Personalführungsgesellschaft als Verleiher und Arbeitgeber einen Leiharbeitnehmer in den Betrieb eines konzernangehörigen Entleiher-Unternehmens, wobei letzteres auch bestimmte Arbeitgeberfunktionen übernimmt. Man könnte wegen dieser Aufspaltung der Arbeitgeberfunktion durchaus von einem einheitlichen Leitungsapparat zwischen dem Verleiher und dem Entleiher sprechen. So meint etwa das *LAG Niedersachsen*[115], dass im Fall einer engen Verflechtung zwischen dem Verleiher und dem Entleiher – etwa bei Identität der Geschäftsführung – gleichzeitig eine Arbeitnehmerüberlassung sowie ein gemeinsamer Betrieb angenommen werden könne.

Diese Ansicht ist aber nach hier vertretener Auffassung als systemfremd einzustufen und abzulehnen. Dabei richtet sich die Kritik an dieser Stelle nicht gegen die Bejahung eines gemeinsamen Betriebs mehrerer Unternehmen[116] im konkreten Fall, sondern gegen die *gleichzeitige* Bejahung eines Arbeitnehmerüberlassungsverhältnisses. Das LAG interpretiert zwar isoliert

113 Allgemeine Ansicht, vgl. nur *Kiel* in: Müller-Glöge/Preis/Schmidt, ErfK 14. Aufl., § 23 KSchG Rn. 5; *Koch* in: Müller-Glöge/Preis/Schmidt, ErfK 14. Aufl., § 1 BetrVG Rn. 13.

114 *Deinert* in: Kittner/Däubler/Zwanziger, KSchR 9. Aufl., Einl. Rn. 80.

115 LAG Niedersachsen 20.1.2009 – 13 TaBV 3/08, EzAÜG § 1 AÜG Konzerninterne Arbeitnehmerüberlassung Nr. 22 (II 5). Offen gelassen von *Hamann* in: Schüren/Hamann, AÜG 4. Aufl., § 1 Rn. 66, 379.

116 Die Personenidentität in: der Unternehmensleitung ist nämlich grundsätzlich ein Indiz für einen einheitlichen Leitungsapparat, vgl. *Koch* in: Müller-Glöge/Preis/Schmidt, ErfK 14. Aufl., § 1 BetrVG Rn. 14.

die Voraussetzungen des gemeinsamen Betriebs bzw. die der Arbeitnehmerüberlassung zutreffend; die Kombination beider Rechtsinstitute als »Ausnahmefall« ist aber verfehlt. Gegen den Beschluss des LAG Niedersachsen wurde zwar Revision eingelegt[117], augenscheinlich wurde aber das Verfahren vor der Entscheidung des BAG andernweitig beendet, sodass eine Korrektur dieser Auffassung nicht mehr möglich war.

Zum einen ist es grundsätzlich nicht möglich, eine gemeinsame Führungsvereinbarung zwischen Ver- und Entleiher zu erkennen. Wie oben bereits dargelegt, kann die Führungsvereinbarung in rechtlicher Hinsicht stillschweigend als BGB-Gesellschaft qualifiziert werden, wenn sonstige Anhaltspunkte fehlen. Allerdings sind im Fall einer Arbeitnehmerüberlassung Anhaltspunkte für einen anderen Rechtsgrund der Zusammenarbeit klar ersichtlich: Die Leiharbeitnehmer werden bei dem Entleiher eingesetzt, weil dies der Verleiher aufgrund des Arbeitnehmerüberlassungsvertrag schuldet und nicht weil Verleiher und Entleiher mit ihren Beiträgen einen gemeinsamen Zweck i.S.d. § 705 BGB fördern wollen. Allein der Arbeitnehmerüberlassungsvertrag bildet die Grundlage der Zusammenarbeit i.w.S. und nicht etwa eine Gesellschaft bürgerlichen Rechts.

Ferner macht § 1 Abs. 1 S. 1 AÜG deutlich, dass es wesentlicher Bestandteil der Arbeitnehmerüberlassung ist, dass der Verleiher die Leiharbeitnehmer einem *Dritten* zur Arbeitsleistung überlässt[118]. Es ist in diesem Zusammenhang nicht ersichtlich, wer der Dritte sein soll, wenn der Verleiher einen Leiharbeitnehmer in einen von ihm und dem Verleiher gemeinsam gebildeten und geführten Betrieb entsendet.

Schließlich ist die hier kritisierte Rechtsprechung auch nur schwer mit § 14 AÜG zu vereinbaren. In § 14 Abs. 1 AÜG wird festgestellt, dass die Leiharbeitnehmer dem Betrieb des Verleihers zuzuordnen sind, nicht aber dem des Entleihers. Auch ist der Leiharbeitnehmer nach § 14 Abs. 2 S. 1 AÜG im Entleiherbetrieb nicht wählbar[119]. Wenn aber gleichzeitig neben der Arbeitnehmerüberlassung ein Gemeinschaftsbetrieb zugelassen wird, führt dies zu einem Widerspruch, da für den Betriebsrat des Gemeinschaftsbetriebs alle Arbeitnehmer wählbar sind, welche von den beteiligten Unternehmen in den Betrieb entsendet wurden.

Es ist daher mit der wohl h.M. davon auszugehen, dass sich Arbeitnehmerüberlassung und die Annahme eines gemeinsamen Betriebs mehrerer

---

117 Revision eingelegt unter 7 ABR 21/09.

118 Man spricht bei der Arbeitnehmerüberlassung immerhin von einem *dritt*bezogenen Personaleinsatz; so auch *Worpenberg*, Die konzerninterne Arbeitnehmerüberlassung, S. 56; *Turkenburg*, Möglichkeiten und Grenzen konzerneigener Verleihunternehmen und Personalführungsgesellschaften, S. 78.

119 *Thüsing* in: Thüsing, AÜG 3. Aufl., § 14 Rn. 48, 50.

Unternehmen gegenseitig ausschließen[120]: Zur Annahme eines Gemeinschaftsbetriebs reicht die bloße Einheitlichkeit der Leitung im Sinne einer parallelen faktischen Gleichschaltung der beteiligten Unternehmen nicht aus[121]. Zentrale Merkmale eines Gemeinschaftsbetriebs sind vielmehr der *gemeinsame* Einsatz von Mitarbeitern und Betriebsmitteln und die *gemeinsame* Wahrnehmung der wesentlichen Arbeitgeberfunktionen[122]. Im Falle der Arbeitnehmerüberlassung hat der Verleiher kein organisatorisches Weisungsrecht gegenüber den überlassenen Leiharbeitnehmern; von einem *gemeinsamen* Einsatz der Mitarbeiter im gemeinsamen Interesse kann dann keine Rede sein. Die Personalführungsgesellschaft agiert regelmäßig im Eigeninteresse und nicht im kollektiven Interesse mit dem Entleiher[123].

Folglich kann in keiner denkbaren Konstellation ein Arbeitnehmerüberlassungsverhältnis und gleichzeitig ein gemeinsamer Betrieb zwischen Ver- und Entleiher angenommen werden.

c) Abgrenzung zwischen der Arbeitnehmerüberlassung und dem Gemeinschaftsbetrieb

Da nun festgestellt wurde, dass sich die Annahme eines Gemeinschaftsbetriebs i.S.d. § 1 Abs. 2 BetrVG und Arbeitnehmerüberlassung gegenseitig ausschließen, muss geklärt werden, in welchen Fällen ein Gemeinschaftsbetrieb und in welchen Fällen ein Fall der Arbeitnehmerüberlassung anzunehmen ist. Dem Rechtsanwender bieten sich an dieser Stelle zwei Alternativen: Entweder er bejaht bei einer Personalgestellung durch eine (konzerninterne) Personalführungsgesellschaft einen gemeinsamen Betrieb mit der Konsequenz, dass keine Arbeitnehmerüberlassung vorliegt oder er lehnt einen Gemeinschaftsbetrieb ab und wendet das AÜG an.

Richtigerweise ist hier stets zu differenzieren, sodass hier kein pauschales Urteil gebildet werden kann. Da sich aus § 1 Abs. 2 BetrVG allein die Forderung ergibt, dass Betriebsmittel oder Arbeitnehmer gemeinsam »eingesetzt« werden müssen, ist es nicht zwingend notwendig, dass beide Unter-

---

120 BAG 03.12.1997 – 7 AZR 764/96, NZA 1998, 876 (I 3 b); *Boemke/Lembke*, Arbeitnehmerüberlassungsgesetz, § 1 Rn. 39; *Gaul*, BB 1996, 1224 (1224); *Germakowski* in: Urban-Crell/Germakowski, AÜG, § 1 Rn. 122; *Schönhöft/Lermen*, BB 2008, 2515 (2517); *Turkenburg*, Möglichkeiten und Grenzen konzerneigener Verleihunternehmen und Personalführungsgesellschaften, S 55; *Waas* in: Thüsing, AÜG 3. Aufl., § 1 Rn. 45.

121 Vgl. *Rieble/Gistel*, NZA 2005, 242 (246); *Turkenburg*, Möglichkeiten und Grenzen konzerneigener Verleihunternehmen und Personalführungsgesellschaften, S. 49.

122 *Fitting/Auffarth/Engels*, Betriebsverfassungsgesetz, § 1 Rn. 82; *Schönhöft/Lermen*, BB 2008, 2515 (2517); im Grundsatz zutreffend auch *Hamann* in: Schüren/Hamann, AÜG 4. Aufl., § 1 Rn. 64 f.

123 *Schönhöft/Lermen*, BB 2008, 2515 (1518).

nehmen einen gleich hohen Anteil der Betriebsmittel einbringen[124]. Der einzige zwingende Unterschied zwischen beiden Instituten ist, dass – wie oben bereits dargelegt – beim Gemeinschaftsbetrieb ein einheitlicher Leitungsapparat besteht, während ein Verleiher hinsichtlich der konkreten Arbeitsleistung des Leiharbeitnehmers keine Mitspracherechte hat[125]. Je nach Einzelfall ist daher zu prüfen, inwieweit der Verleiher mit dem Entleiher zusammen den Betrieb gemeinsam führt.

Handelt es sich aber um den »Prototyp«[126] einer Personalführungsgesellschaft, die sich auf die reine Personalgestellung beschränkt ohne auf die Betriebsorganisation des Entleihers Einfluss zu nehmen, ist nach den eben beschriebenen Grundsätzen regelmäßig ein gemeinsamer Betrieb mehrerer Unternehmen abzulehnen[127].

---

124 *Germakowski* in: Urban-Crell/Germakowski, AÜG, § 1 Rn. 125; *Schönhöft/Lermen*, BB 2008, 2515 (2518).

125 BAG 03.12.1997 – 7 AZR 764/96, NZA 1998, 876 (I 3 b); *Boemke/Lembke*, Arbeitnehmerüberlassungsgesetz, § 1 Rn. 39; *Franzen* in: Rieble/Junker/R. Giesen (Hrsg.), Freie Industriedienstleistung als Alternative zur regulierten Zeitarbeit, 85 (90); *Schönhöft/Lermen*, BB 2008, 2515 (2517); *Turkenburg*, Möglichkeiten und Grenzen konzerneigener Verleihunternehmen und Personalführungsgesellschaften, S 45; *Waas* in: Thüsing, AÜG 3. Aufl., § 1 Rn. 45.

126 *Schönhöft/Lermen*, BB 2008, 2515 (2518).

127 Nahezu allgemeine Auffassung: BAG 16.4.2008 – 7 ABR 4/07, AP Nr. 32 zu § 1 BetrVG 1972 Gemeinsamer Betrieb (B II 3 b); BAG 13.8.2008 – 7 ABR 21/07, NZA-RR 2009, 255 (B II 1 d); BAG 17.2.2010 – 7 ABR 51/08, NZA 2010, 832 (B II 2 c aa); BAG 23.9.2010 – 8 AZR 567/09, NZA 2011, 197 (B I 3 b aa); *Fitting/Auffarth/Engels*, Betriebsverfassungsgesetz, § 1 Rn. 82; *Hamann* in: Schüren/Hamann, AÜG 4. Aufl., § 1 Rn. 66; *Wank* in: Müller-Glöge/Preis/Schmidt, ErfK 11. Aufl., § 1 AUG Rn. 14; *Schönhöft/Lermen*, BB 2008, 2515 (2518).

D. Konzerninterne Arbeitnehmerüberlassung außerhalb des AÜG

Leiharbeit ist nicht zwingend erlaubnispflichtig und nicht zwingend staatlich reglementiert. Schon vor dem Ersten Gesetz zur Änderung des AÜG im Jahr 2011 sah das AÜG Ausnahmen vor, etwa wenn Leiharbeitnehmer vom Verleiher nicht gewerbsmäßig überlassen wurden (§ 1 Abs. 1 S. 1 AÜG a.F.) oder ein Tatbestand von § 1 Abs. 3 Nr. 1-3 AÜG a.F. erfüllt war. Hier verdient neben dem Kriterium der Gewerbsmäßigkeit auch § 1 Abs. 3 Nr. 2 AÜG a.F. eine nähere Betrachtung, wonach das AÜG keine Anwendung fand, wenn die Überlassung zwischen Konzernunternehmen i.S.d. § 18 AktG vorübergehend erfolgte. § 1 Abs. 3 Nr. 2 AÜG a.F. wurde deshalb als Konzernklausel bzw. Konzernprivileg bezeichnet.

Es waren somit bereits vor der Reform des AÜG im Jahr 2011 Fälle der konzerninternen Arbeitnehmerüberlassung denkbar, die sich *außerhalb* des Anwendungsbereichs des AÜG und solche die sich *innerhalb* des Anwendungsbereichs des AÜG bewegten[1]. Durch besagte Reform des AÜG von 2011 wurden nun das Kriterium der »Gewerbsmäßigkeit« und das Konzernprivileg neu gefasst: Anstatt des Erfordernisses der *gewerbsmäßigen* Überlassung ist es nun für die Anwendbarkeit des AÜG ausreichend, wenn die Überlassung im Rahmen der wirtschaftlichen Tätigkeit des Verleihers stattfindet (§ 1 Abs. 1 S. 1 AÜG). Die neue Fassung der Konzernklausel (§ 1 Abs. 3 Nr. 2 AÜG) lässt die Anwendbarkeit des AÜG entfallen, wenn der Arbeitnehmer im verleihenden Konzernunternehmen nicht zum Zweck der Überlassung eingestellt und beschäftigt wird.

Um die Auswirkungen dieser Änderungen auf die konzerninterne Arbeitnehmerüberlassung *außerhalb* des AÜG feststellen zu können, ist jeweils zunächst zu erörtern, inwieweit konzerninterne Leiharbeit nach dem alten Recht möglich war. Anschließend sind die an Stelle der weggefallenen Gesetzespassagen getretenen Tatbestandsmerkmale zu definieren, um im Ergebnis einen Vergleich zwischen den beiden Fassungen des AÜG anstellen und die tatsächlichen Auswirkungen der Reform auf die konzerninterne Arbeitnehmerüberlassung außerhalb des AÜG feststellen zu können.

---

1 Vgl. dazu S. 169.

I. Auswirkung der Reform hinsichtlich des Kriteriums der Gewerbsmäßigkeit

Nach der bisherigen Rechtslage bedurfte die Arbeitnehmerüberlassung keiner Erlaubnis, wenn sie nicht gewerbsmäßig erfolgte[2]. Das hatte für die beteiligten Unternehmen den Vorteil, dass im Falle fehlender Gewerbsmäßigkeit eine konzerninterne Arbeitnehmerüberlassung von einem Großteil der Beschränkungen des AÜG befreit war, ohne dass es auf die Geltung des Konzernprivilegs überhaupt ankam. Wie bereits ausgeführt wurde dieses Kriterium nun durch das Erfordernis der Überlassung im Rahmen der wirtschaftlichen Tätigkeit des Verleihers ersetzt.

Es ist daher zu untersuchen, inwieweit vor und nach der Reform des AÜG konzerninterne Arbeitnehmerüberlassung ohne die Geltung der Restriktionen des AÜG in rechtlich zulässigem Rahmen denkbar war.

1. Bedeutung der Gewerbsmäßigkeit nach § 1 Abs. 1 S. 1 AÜG a.F.

a) Geltung des Gleichstellungsgrundsatzes bei fehlender Gewerbsmäßigkeit

Wie bereits ausgeführt, stellt für Unternehmen die erheblichste Beschränkung des AÜG das Gleichstellungsgebot dar. Gilt dieses, so ist der Einsatz von Leiharbeitnehmern vor allem zur Senkung von Personalkosten nahezu ausgeschlossen.

In diesem Zusammenhang war zur ehemaligen Fassung des AÜG bis zuletzt streitig, ob das Gleichstellungsgebot auch bei nichtgewerbsmäßiger Arbeitnehmerüberlassung gelten sollte. Wäre dies der Fall gewesen, hätte das Merkmal der Gewerbsmäßigkeit hinsichtlich des Gleichstellungsgrundsatzes keine Bedeutung gehabt. Folge wäre gewesen, dass zwar aufgrund des Fehlens der Gewerbsmäßigkeit von einer Arbeitnehmerüberlassung *außerhalb* des AÜG gesprochen werden musste, die erheblichste Beschränkung für die Unternehmen – und spiegelbildlich dazu die wichtigste Schutzvorschrift für Leiharbeitnehmer – jedoch galt.

Bevor das Merkmal der Gewerbsmäßigkeit daher definiert wird, ist zunächst zu eruieren, ob dieses Kriterium in der Fassung des AÜG bis 2011 bezüglich des Gleichstellungsgrundsatzes überhaupt eine Rolle spielte: Wäre eine nichtgewerbsmäßige Personalüberlassung vom Gleichstellungsgebot

---

2 *Boemke/Lembke*, Arbeitnehmerüberlassungsgesetz, § 1 Rn. 43; *Hamann* in: Schüren/Hamann, AÜG 4. Aufl., § 1 Rn. 233; *Sandmann/Marschall*, AÜG § 1 AÜG Rn. 25; *Ulber* in: Ulber, AÜG 4. Aufl., § 1 Rn. 172; *Urban-Crell/Schulz*, Arbeitnehmerüberlassung und Arbeitsvermittlung, Rn. 75; *Waas* in: Thüsing, AÜG 2. Aufl., § 1 Rn. 94; *Wank* in: Müller-Glöge/Preis/Schmidt, ErfK 11. Aufl., § 1 AÜG Rn. 31.

nicht befreit, so wäre diese für Konzernunternehmen auch nicht geeignet gewesen, die Personalkostenstruktur beim Entleiherunternehmen nachhaltig zu verbessern.

Das BAG äußerte sich zu dieser Problematik nicht; in seiner Entscheidung vom 25.1.2005[3] etwa erkannte es diese praxisrelevante Problematik zwar, ließ diese aber ausdrücklich offen.

Während einige Vertreter in der Literatur[4] den Gleichstellungsgrundsatz auch auf die nichtgewerbsmäßige Arbeitnehmerüberlassung ausdehnen wollten, lehnten andere[5] dessen Anwendung kategorisch ab. Teilweise wurde die Erstreckung des Gleichstellungsgrundsatzes mit dem Wortlaut des § 9 Nr. 2 AÜG a.F. (»für die Zeit der Überlassung an den Entleiher«) begründet[6]. Als zentrales Argument der befürwortenden Seite wurde mit § 1 Abs. 2 AÜG argumentiert, welcher nach überwiegender Ansicht[7] zur alten Rechtslage auch für die nichtgewerbsmäßige Arbeitnehmerüberlassung galt. Die Norm – so die Befürworter – habe nämlich auch auf § 3 Abs. 1 Nr. 3 AÜG a.F. verwiesen, wonach die Erlaubnis im Falle der Missachtung des Gleichstellungsgebots zu versagen war. Daraus folgerte man, dass dieses Gebot auch für die nichtgewerbsmäßige Arbeitnehmerüberlassung gelten müsse[8]: Eine andere Ansicht sei widersprüchlich und ließe die Vermittlungsvermutung des § 1 Abs. 2 AÜG bei nichtgewerbsmäßiger Arbeitnehmerüberlassung weitgehend leerlaufen[9]. § 3 Abs. 1 Nr. 3 AÜG stellte aber mittels § 1 Abs. 2 AÜG die wichtigste Norm zum Schutz der Leiharbeitnehmern dar[10].

---

3 BAG 25.1.2005 – 1 ABR 61/03, NZA 2005, 1199.

4 *Sansone*, Gleichstellung von Leiharbeitnehmern nach deutschem und Unionsrecht, S. 126; *Kokemoor*, NZA 2003, 238 (243); *Pelzner* in: Thüsing, AÜG 2. Aufl., § 3 Rn. 59; *Salamon*, NZA-RR 2012, 61 (62); *Ulber*, AÜG 3. Aufl., § 9 Rn. 73; *Ulber*, AuR 2003, 7 (10); *Zwanziger* in: Kittner/Däubler/Zwanziger, KSchR 8. Aufl., § 9 AÜG Rn. 2.

5 *Boemke/Lembke*, Arbeitnehmerüberlassungsgesetz, § 9 Rn. 42; *Hanau*, ZIP 2003, 1573 (1576); *Hamann*, EuZA 2009, 287 (300); *Hieckel* in: Tschöpe (Hrsg.), Anwalts-Handbuch Arbeitsrecht, Teil 6 D Rn. 33; *Kalb* in: Henssler/Willemsen/Kalb, ArbR-Komm.,4. Aufl. § 3 AÜG Rn. 28; *Richardi*, ZfA 2003, 655 (678); *Steuer*, Die Arbeitnehmerüberlassung als Mittel zur Förderung des Arbeitsmarktes in Deutschland, S. 244; *Turkenburg*, Möglichkeiten und Grenzen konzerneigener Verleihunternehmen und Personalführungsgesellschaften, S. 69.

6 So *Ulber*, AuR 2003, 7 (10).

7 Ausf. zur Anwendbarkeit des § 1 Abs. 2 AÜG auf die nichtgewerbsmäßige Arbeitnehmerüberlassung vgl. *Sansone*, Gleichstellung von Leiharbeitnehmern nach deutschem und Unionsrecht, S. 124 m.w.N.

8 *Kokemoor*, NZA 2003, 238 (243); *Pelzner* in: Thüsing, AÜG 2. Aufl., § 3 Rn. 59; *Ulber*, AÜG 3. Aufl., § 9 Rn. 73.

9 *Sansone*, Gleichstellung von Leiharbeitnehmern nach deutschem und Unionsrecht, S. 126 f.

10 *Sansone*, Gleichstellung von Leiharbeitnehmern nach deutschem und Unionsrecht, S. 127; *Ulber*, BasisK AÜG, § 1 Rn. 6.

Die Gegner einer Erstreckung des Gleichstellungsgebots auf die nichtgewerbsmäßige Arbeitnehmerüberlassung dagegen machten geltend, dass das Gesetz schon seiner Überschrift nach nicht für die nichtgewerbsmäßige Arbeitnehmerüberlassung gelte und es daher nur bedingt Sinn mache, das Gleichstellungsgebot als Kernstück des AÜG auch auf nichtgewerbsmäßige Überlassungsvorgänge zu erweitern[11]. Auch erfasse – trotz des Wortlauts des § 1 Abs. 2 AÜG – nur die gewerbsmäßige Arbeitnehmerüberlassung den § 3 Abs. 1 Nr. 3 AÜG a.F., da § 3 AÜG eben die Versagung der Erlaubnis regelte, die nur bei gewerbsmäßiger Überlassung überhaupt erforderlich war (§ 1 Abs. 1 S. 1 AÜG)[12].

Richtigerweise ist zur damaligen Rechtslage der letzteren Ansicht zuzustimmen, welche die Geltung des Gleichstellungsgebots im Falle einer nichtgewerbsmäßigen Arbeitnehmerüberlassung ablehnte. Mittels § 1 Abs. 2 AÜG galt § 3 Abs. 1 Nr. 3 AÜG a.F. zwar auch für die nichtgewerbsmäßige Verleihtätigkeit, die Norm enthielt jedoch bis zuletzt lediglich einen gewerberechtlichen Versagungstatbestand[13], während das Gleichstellungsgebot auf individualarbeitsrechtlicher Ebene in §§ 9 Nr. 2, 10 Abs. 4 AÜG geregelt war. Eine Erstreckung des Gleichstellungsgebot aus § 1 Abs. 2 AÜG herzuleiten war allein deshalb schon fragwürdig, weil die Bedeutung und Reichweite der Norm bis heute als gering einzuschätzen ist[14]: Auch das BAG[15] lehnte es ab, selbst bei einer bestehenden Vermutung i.S.d. § 1 Abs. 2 AÜG dieser Norm eine individualarbeitsrechtliche Bedeutung zuzuerkennen.

Ferner galten §§ 9, 10 AÜG a.F. nur für die gewerbsmäßige Arbeitnehmerüberlassung. So spielte zwar das Gleichstellungsgebot – sofern man dem missglückten § 1 Abs. 2 AÜG überhaupt noch eine Bedeutung beimaß – bei der Abgrenzung zwischen Arbeitsvermittlung und Arbeitnehmerüberlassung eine Rolle, auf arbeitsvertraglicher Ebene war dies aber unerheblich: Der im Rahmen einer *nicht*gewerbsmäßigen Überlassung eingesetzte Leiharbeitnehmer konnte weder nach § 10 Abs. 4 AÜG a.F. die Gewährung von equal pay und equal treatment verlangen, noch waren individualvertragliche Abweichungen vom Gleichstellungsgebot nach § 9 Nr. 2 AÜG a.F. unwirksam. Anders als bei der gewerbsmäßigen Arbeitnehmerüberlassung fehlte es jenseits des § 3 Abs. 1 Nr. 3 AÜG an weiteren arbeitsrechtlichen Sanktionen. Es bestand somit in arbeitsrechtlicher Hinsicht keine Ver-

---

11 In diese Richtung *Hanau*, ZIP 2003, 1573 (1576).

12 *Kalb* in: Henssler/Willemsen/Kalb, ArbR-Komm. 4. Aufl., § 3 AÜG Rn. 28; *Turkenburg*, Möglichkeiten und Grenzen konzerneigener Verleihunternehmen und Personalführungsgesellschaften, S. 69;

13 *Hieckel* in: Tschöpe (Hrsg.), Anwalts-Handbuch Arbeitsrecht, Teil 6 D Rn. 33; *Richardi*, ZfA 2003, 655 (678).

14 Vgl. dazu S. 173 ff.

15 BAG 28.6.2000 – 7 AZR 100/99, NZA 2000, 1160.

pflichtung des nichtgewerbsmäßigen Verleihers, sich an das Gleichstellungsgebot nach §§ 9 Nr. 2, 10 Abs. 4 AÜG zu halten.

Somit führt die Verneinung der Gewerbsmäßigkeit auch zu einer fehlenden Bindung der Beteiligten an den Gleichstellungsgrundsatz. Insoweit kam dem Kriterium für die Beteiligten sowohl praktische als auch rechtlich eine erhebliche Bedeutung zu.

b) Begriff der Gewerbsmäßigkeit

Im AÜG in der Fassung vor dem 1.12.2011 wurde das in § 1 Abs. 1 S. 1 niedergelegte Tatbestandsmerkmal der »Gewerbsmäßigkeit« nicht definiert[16], und auch die Gesetzesmaterialien, wonach die gewerbsmäßige Arbeitnehmerüberlassung voraussetzte, dass »der Hauptzweck des Betriebs oder eines Betriebsteils darauf gerichtet ist, aus der Arbeitnehmerüberlassung einen wirtschaftlichen Gewinn zu erzielen«[17], waren wenig hilfreich.

Da das AÜG schon damals nicht nur aus Vorschriften bestand, welche der Materie nach dem Arbeitsrecht bzw. dem allgemeinen Privatrecht zuzuordnen waren[18], sondern auch gewerberechtliche sowie straf- und ordnungswidrigkeitsrechtliche Vorschriften enthielt, war lange Zeit umstritten, ob im Recht der Arbeitnehmerüberlassung ein eigenständiger Begriff der Gewerbsmäßigkeit[19] gelten soll oder die Definition des Strafrechts[20] bzw. die entsprechende Definition aus dem Gewerberecht[21] übertragen werden

16 *Hamann* in: Schüren/Hamann, AÜG 4. Aufl., § 1 Rn. 234; *Wank* in: Müller-Glöge/Preis/Schmidt, ErfK 11. Aufl., § 1 AÜG Rn. 31.

17 BT-Drs. VI/2303, S. 10.

18 Vgl. *Kim*, Die konzerninterne Arbeitnehmerüberlassung durch die Personalführungsgesellschaft und das Betriebsverfassungsrecht, S. 17; *Sandmann/Marschall*, AÜG Art. 1 § 1 Rn. 26; *Sansone*, Gleichstellung von Leiharbeitnehmern nach deutschem und Unionsrecht, S. 118; *Urban-Crell/Schulz*, Arbeitnehmerüberlassung und Arbeitsvermittlung, Rn. 77.

19 In diese Richtung etwa *Wank* in: Müller-Glöge/Preis/Schmidt, ErfK 11. Aufl., § 1 AÜG Rn. 31.

20 Etwa *Franßen/Haesen*, AÜG, Art. 1 § 1 Rn. 18. Zum strafrechtlichen Begriff der Gewerbsmäßigkeit vgl. *Sandmann/Marschall*, AÜG Art. 1 § 1 Rn. 27.

21 BAG 10.2.1977 – 2 ABR 80/76, NJW 1977, 1413 (II 1 b); BAG 18.2.1988 – 2 AZR 578/87, EzAÜG § 613a BGB Nr. 4 (III 2 b bb); BAG 21.3.1990 – 7 AZR 198/89, NZA 1991, 269 (I 2 a bb); BAG 18.2.2003 – 3 AZR 160/02, AP Nr. 5 zu § 13 AÜG (B I 2 b aa); BAG 25.1.2005 – 1 ABR 61/03, NZA 2005, 1199 (B II 4 b bb [2]); BAG 20.4.2005 – 7 ABR 20/04, NZA 2005, 1006 (B II 2 c aa); BVerwG 13.9.2007 – 3 C 49/06, EzAÜG § 1 AÜG Erlaubnispflicht Nr. 28 (3); *Boemke*, Schuldvertrag und Arbeitsverhältnis, S. 552; *Boemke/Lembke*, Arbeitnehmerüberlassungsgesetz, § 1 Rn. 43; *Dumke*, Rationalisierung durch konzernangehörige Personalführungsgesellschaften, S. 20; *Kim*, Die konzerninterne Arbeitnehmerüberlassung durch die Personalführungsgesellschaft und das Betriebsverfassungsrecht, S. 17; *Sandmann/Marschall*, AÜG Art. 1 § 1 Rn. 35; *Turkenburg*, Möglichkeiten und

sollte. Zumindest in den letzten Jahren wurde aber zunehmend der Begriff der Gewerbsmäßigkeit nach dem gewerberechtlichen Verständnis herangezogen[22]. Dies überzeugt, sofern man sich vergegenwärtigt, dass § 1 Abs. 1 S. 1 AÜG a.F. vor allem eine gewerberechtliche Vorschrift hinsichtlich der Erforderlichkeit einer Erlaubnis darstellte. Nach diesem gewerberechtlichen Verständnis ist eine selbstständige Tätigkeit als gewerbsmäßig einzustufen, wenn sie auf eine gewisse Dauer angelegt und auf die Erzielung unmittelbaren oder mittelbaren Gewinns gerichtet ist.

aa) Selbstständige, auf Dauer angelegte Tätigkeit

Eine Verleihtätigkeit war nach damaliger Rechtslage als »selbstständig« zu qualifizieren, wenn der Verleiher auf eigene Rechnung, im eigenen Namen am Rechtsverkehr teilnimmt und bei persönlicher und sachlicher Unabhängigkeit das unternehmerische Risiko trägt[23]. Das Kriterium der Selbstständigkeit hatte in diesem Zusammenhang primär die Funktion, weisungsgebundene und abhängige Arbeit aus dem Gewerbebegriff auszuschließen[24]. Auf Dauer war die Verleihtätigkeit angelegt, wenn sie planmäßig, nachhaltig und nicht nur gelegentlich oder zufällig erfolgte[25]. Allerdings konnte bereits die einmalige Überlassung von Arbeitnehmern das Merkmal der auf Dauer angelegten Tätigkeit erfüllen, nämlich wenn entweder dieser einmalige Verleih sich über einen längeren Zeitraum erstreckte oder das Verleihunternehmen bereits im Zeitpunkt der erstmaligen Überlassung die Absicht hatte,

---

Grenzen konzerneigener Verleihunternehmen und Personalführungsgesellschaften, S. 51; *Ulber* in: Ulber, AÜG 4. Aufl., § 1 Rn. 180; *Urban-Crell/Schulz*, Arbeitnehmerüberlassung und Arbeitsvermittlung, Rn. 78; *Waas* in: Thüsing, AÜG 2. Aufl., § 1 Rn. 95.

22 BAG 2.6.2010 – 7 AZR 946/08, NZA 2011, 351 (II 2 a bb [2]); BAG 9.2.2011 – 7 AZR 32/10, NZA 2011, 791 (II 2 a bb [1]); DA-AÜG (2004), S. 13; *Hamann* in: Schüren/Hamann, AÜG 4. Aufl., § 1 Rn. 239; *Sansone*, Gleichstellung von Leiharbeitnehmern nach deutschem und Unionsrecht, S. 118.

23 *Boemke/Lembke*, Arbeitnehmerüberlassungsgesetz, § 1 Rn. 44; *Hamann* in: Schüren/Hamann, AÜG 4. Aufl., § 1 Rn. 246; *Sandmann/Marschall*, AÜG Art. 1 § 1 Rn. 36; *Sansone*, Gleichstellung von Leiharbeitnehmern nach deutschem und Unionsrecht, S. 119; *Turkenburg*, Möglichkeiten und Grenzen konzerneigener Verleihunternehmen und Personalführungsgesellschaften, S. 51; *Ulber* in: Ulber, AÜG 4. Aufl., § 1 Rn. 181; *Urban-Crell/Schulz*, Arbeitnehmerüberlassung und Arbeitsvermittlung, Rn. 81; *Waas* in: Thüsing, AÜG 2. Aufl., § 1 Rn. 97.

24 So auch *Popp*in: Böhm/Hennig/Popp, Zeitarbeit, Rn. 247; *Ulber* in: Ulber, AÜG 4. Aufl., § 1 Rn. 182.

25 *Boemke/Lembke*, Arbeitnehmerüberlassungsgesetz, § 1 Rn. 45; *Hamann* in: Schüren/Hamann, AÜG 4. Aufl., § 1 Rn. 257; *Urban-Crell/Schulz*, Arbeitnehmerüberlassung und Arbeitsvermittlung, Rn. 83.

diese Praxis zu wiederholen[26]. Abzugrenzen war daher die auf Dauer angelegte Tätigkeit von Bagatellfällen wie dem nur gelegentlichen Verleih von Arbeitnehmern[27], der etwa im Falle einer Überlassung als einmalige Ausnahme oder in einer wirtschaftlichen Notsituation zu bejahen war[28].

Die Rechtsprechung stellte indessen keine hohen Anforderungen an diese Merkmale[29], um die sozialen Schutzzwecke des AÜG sowie dessen Bedeutung für den Arbeitsmarkt nicht zu untergraben.

bb) Gewinnerzielungsabsicht

Die Gewinnerzielungsabsicht wurde als »entscheidendes Kriterium« für die Beurteilung der Gewerbsmäßigkeit i.S.d. § 1 Abs. 1 S. 1 AÜG a.F. gehandelt[30]. Dieses Merkmal war grundsätzlich weit zu interpretieren[31]: Die Gewinnerzielungsabsicht wurde bejaht, wenn die Überlassung auf Erzielung unmittelbarer oder mittelbarer wirtschaftlicher Vorteile gerichtet ist[32].

Ausreichend war, dass »aus Sicht des Handelnden die Möglichkeit einer Gewinnerzielung«[33] bestand. Es spielte daher keine Rolle, ob tatsächlich ein wirtschaftlicher Vorteil erzieltwurde oder ein Verlust eintrat[34]. War der grundsätzlich gewinnorientierte Verleiher daher aus wirtschaftlichen Gründen genötigt, für einen bestimmten Zeitraum Arbeitnehmer unterhalb des Marktpreises oder gar unterhalb des Selbstkostenpreises zu überlassen, nur

26 *Boemke/Lembke*, Arbeitnehmerüberlassungsgesetz, § 1 Rn. 46; *Germakowski* in: Urban-Crell/Germakowski, AÜG, § 1 Rn. 102; *Hamann* in: Schüren/Hamann, AÜG 4. Aufl., § 1 Rn. 258 f.; *Urban-Crell/Schulz*, Arbeitnehmerüberlassung und Arbeitsvermittlung, Rn. 84; *Wank* in: Müller-Glöge/Preis/Schmidt, ErfK 11. Aufl., § 1 AÜG Rn. 33.

27 *Ulber* in: Ulber, AÜG 4. Aufl., § 1 Rn. 183; *Urban-Crell/Schulz*, Arbeitnehmerüberlassung und Arbeitsvermittlung, Rn. 84.

28 *Boemke/Lembke*, Arbeitnehmerüberlassungsgesetz, § 1 Rn. 47; *Hamann* in: Schüren/Hamann, AÜG 4. Aufl., § 1 Rn. 261; *Waas* in: Thüsing, AÜG 2. Aufl., § 1 Rn. 98.

29 BAG 18.2.1988 – 2 AZR 578/87, EzAÜG § 613a BGB Nr. 4 (III 2 b bb); BAG 21.3.1990 – 7 AZR 198/89, NZA 1991, 269 (I 2 a bb); *Sandmann/Marschall*, AÜG Art. 1 § 1 Rn. 38.

30 Etwa BAG 20.4.2005 – 7 ABR 20/04, NZA 2005, 1006 (B II 2 c aa); BAG 2.6.2010 – 7 AZR 946/08, NZA 2011, 351 (II 2 a aa); a.A. *Schüren/Wank*, RdA 2011, 1 (3).

31 *Boemke/Lembke*, Arbeitnehmerüberlassungsgesetz, § 1 Rn. 48; *Wank* in: Müller-Glöge/Preis/Schmidt, ErfK 11. Aufl., § 1 AÜG Rn. 34.

32 BAG 21.3.1990 – 7 AZR 198/89, NZA 1991, 269 (I 2 a bb); BAG 20.4.2005 – 7 ABR 20/04, NZA 2005, 1006 (B II 2 c aa); *Boemke/Lembke*, Arbeitnehmerüberlassungsgesetz, § 1 Rn. 48; *Hamann*, Fremdpersonal im Unternehmen, S. 32; *ders.* in: Schüren/Hamann, AÜG 4. Aufl., § 1 Rn. 267; *Sandmann/Marschall*, AÜG Art. 1 § 1 Rn. 37; *Sansone*, Gleichstellung von Leiharbeitnehmern nach deutschem und Unionsrecht, S. 119 f.

33 *Hamann* in: Schüren/Hamann, AÜG 4. Aufl., § 1 Rn. 267; ähnlich *Boemke/Lembke*, Arbeitnehmerüberlassungsgesetz, § 1 Rn. 49.

34 *Waas* in: Thüsing, AÜG 2. Aufl., § 1 Rn. 99.

um Personalfixkosten zu mindern oder auszugleichen, war diese Tätigkeit gleichwohl geeignet, das Kriterium der Gewinnerzielungsabsicht zu erfüllen[35]. Diese Minderung von Fixkosten stellte letztlich eine Verbesserung der finanziellen Lage des Unternehmens und in wirtschaftlicher Hinsicht im Ergebnis - wenn auch keinen Überschuss - zumindest einen wirtschaftlichen Vorteil dar[36]. Gleiches galt, wenn der Verleiher zeitweilig unrentabel Arbeitnehmer überließ, um den Entleiher als festen Kunden zu gewinnen[37].

Regelmäßig war daher zur alten Rechtslage die Gewinnerzielungsabsicht zu bejahen, wenn das vom Entleiher gezahlte Überlassungsentgelt die beim Verleiher entstandenen Kosten - vor allem die Lohn- und Lohnnebenkosten - überstieg[38]; ausreichend war aber auch, wenn der Verleiher die Erlangung jeglicher geldwerter Vorteile[39] erstrebte. Demgegenüber erfüllten Unternehmen, welche Arbeitskräfte überließen, aber damit gemeinnützige, karitative oder sonstige ideellen Absichten verfolgten[40], das Erfordernis der Gewerbsmäßigkeit nicht und waren damit von den meisten Restriktionen des AÜG befreit.

c) Gewerbsmäßigkeit speziell bei konzerninterner Arbeitnehmerüberlassung

Der Begriff der »Gewerbsmäßigkeit« i.d.F. vor der Reform im Jahr 2011 differenzierte nicht zwischen der Arbeitnehmerüberlassung innerhalb und au-

---

35 *Boemke/Lembke*, Arbeitnehmerüberlassungsgesetz, § 1 Rn. 50; *Hamann* in: Schüren/Hamann, AÜG 4. Aufl., § 1 Rn. 270; *Kahl* in: Landmann/Rohmer/Bender, GewO, Einl. Rn. 54; *Urban-Crell/Schulz*, Arbeitnehmerüberlassung und Arbeitsvermittlung, Rn. 86; a.A. wohl *Ennuschat* in: Tettinger/Wank/Ennuschat u.a., GewO, § 1 Rn. 13.

36 So *Hamann* in: Schüren/Hamann, AÜG 4. Aufl., § 1 Rn. 270; vgl. auch *Kim*, Die konzerninterne Arbeitnehmerüberlassung durch die Personalführungsgesellschaft und das Betriebsverfassungsrecht, S. 20; *Tucci*, Arbeitnehmermobilität im Konzern, S. 195; *Turkenburg*, Möglichkeiten und Grenzen konzerneigener Verleihunternehmen und Personalführungsgesellschaften, S. 54; *Sandmann/Marschall*, AÜG Art. 1 § 1 Rn. 37.

37 BVerwG 13.9.2007 - 3 C 49/06, EzAÜG § 1 AÜG Erlaubnispflicht Nr. 28 (4); OLG Koblenz 16.1.2003 - 5 U 885/02, EzAÜG § 9 AÜG Nr. 11 (II); *Hamann*, Fremdpersonal im Unternehmen, S. 32; *Sandmann/Marschall*, AÜG Art. 1 § 1 Rn. 37; *Urban-Crell/Schulz*, Arbeitnehmerüberlassung und Arbeitsvermittlung, Rn. 87.

38 BAG 20.4.2005 - 7 ABR 20/04, NZA 2005, 1006 (B II 2 c aa); *Boemke/Lembke*, Arbeitnehmerüberlassungsgesetz, § 1 Rn. 49; *Hamann* in: Schüren/Hamann, AÜG 4. Aufl., § 1 Rn. 268; *Kim*, Die konzerninterne Arbeitnehmerüberlassung durch die Personalführungsgesellschaft und das Betriebsverfassungsrecht, S. 20; *Turkenburg*, Möglichkeiten und Grenzen konzerneigener Verleihunternehmen und Personalführungsgesellschaften, S. 54.

39 So auch *Hamann* in: Schüren/Hamann, AÜG 4. Aufl., § 1 Rn. 269.

40 BAG 2.6.2010 - 7 AZR 946/08; NZA 2011, 351 (II 2 b aa); *Hamann* in: Schüren/Hamann, AÜG 4. Aufl., § 1 Rn. 276; *Waas* in: Thüsing, AÜG 2. Aufl., § 1 Rn. 100 f.; *Wank* in: Müller-Glöge/Preis/Schmidt, ErfK 11. Aufl., § 1 AÜG Rn. 34; Beispiele für gemeinnützige Institutionen bei *Boemke/Lembke*, Arbeitnehmerüberlassungsgesetz, § 1 Rn. 52.

ßerhalb des Konzerns. Konzernverbundene Unternehmen haben aber regelmäßig einen Gleichlauf der wirtschaftlichen Interessen; aus diesem Grund sind Vertragsgestaltungen zwischen diesen Unternehmen denkbar, die in Strukturen außerhalb des Konzerns in dieser Form nicht vorstellbar wären.

Schon unter Geltung der alten Rechtslage wurden vermehrt zentrale Personalführungsgesellschaften gegründet mit dem Ziel, Arbeitnehmer einzustellen und dann zum *Selbstkostenpreis* an konzerngebundene Entleiherunternehmen zu überlassen[41]. Aufgrund dieser rein »dienenden Funktion«[42] der Personalführungsgesellschaft wurde deren *Gewinnerzielungsabsicht* als wesentliche Voraussetzung für die Gewerbsmäßigkeit i.S.d. § 1 Abs. 1 S. 1 AÜG a.F. in Literatur und Rechtsprechung in Frage gestellt.

aa) Die Entscheidung des BAG vom 20.4.2005

Der 7. Senat des BAG verneinte in seinem Beschluss vom 20.4.2005[43] die Gewerbsmäßigkeit in einem solchen Fall: Die Gewinnerzielungsabsicht sei nur anzunehmen, wenn ein Überschuss der Erträge gegenüber den Aufwendungen angestrebt werde, was aber ausgeschlossen sei, wenn eine Überlassung zum Selbstkostenpreis erfolgt und auch eine Änderung dieser Praxis nicht beabsichtigt ist[44]. Es sei hinsichtlich der Gewinnerzielungsabsicht immer auf das Verleihunternehmen abzustellen – unabhängig davon, ob letztlich eine Gewinnmaximierung des Gesamtkonzerns erstrebt wird oder nicht. Auch lehnte das Gericht ein Gewinnstreben des Verleihunternehmens ab, wenn die Überlassungsvergütung die unmittelbaren Lohn- und Lohnnebenkosten um eine zusätzliche Umlage von fünf Prozent übersteigt, solange – was zwischen den Parteien im konkreten Fall unstreitig war – diese Umlage nur die anfallenden Verwaltungskosten (etwa Bürokosten) abdeckt[45].

Das BAG stützte sich in seiner Entscheidung maßgeblich auf den Beschluss des 1. Senats vom 25.1.2005, der bereits entschieden hatte, dass es an der Gewinnerzielungsabsicht fehle, wenn die Überlassung lediglich gegen

---

41 *Schuster*, AiB 2012, 151 (152); *Witten*, Vertragsgestaltung und Gesetzesbindung im Recht der Zeitarbeit, S. 87.

42 *Turkenburg*, Möglichkeiten und Grenzen konzerneigener Verleihunternehmen und Personalführungsgesellschaften, S. 57; *Worpenberg*, Die konzerninterne Arbeitnehmerüberlassung, S. 37.

43 BAG 20.4.2005 – 7 ABR 20/04, NZA 2005, 1006.

44 BAG 20.4.2005 – 7 ABR 20/04, NZA 2005, 1006 (B II 2 c aa); so auch LAG Hessen 19.2.2009 – 9 TaBV 202/08, n.v. (II.); *Becker/Wulfgramm*, Kommentar zum Arbeitnehmerüberlassungsgesetz, Art. 1 § 1 Rn. 29; *Kim*, Die konzerninterne Arbeitnehmerüberlassung durch die Personalführungsgesellschaft und das Betriebsverfassungsrecht, S. 21; *Schaub*, Arbeitnehmerüberlassung, S. 243; wohl auch *Waas* in: Thüsing, AÜG 2. Aufl., § 1 Rn. 101.

45 BAG 20.4.2005 – 7 ABR 20/04, NZA 2005, 1006 (B II 2 c bb).

Erstattung der Personalkosten erfolgen soll und dem Verleiher daraus auch mittelbar keine wirtschaftlichen Vorteile erwachsen[46]. Im Unterschied zu dem Beschluss des 7. Senats handelte es sich aber nicht um einen Konzernsachverhalt, sodass sich hier eine Parallele nicht zwangsläufig aufdrängte.

Das BAG billigte somit bildlich gesprochen eine Flucht der Beteiligten vor den Beschränkungen des AÜG, wenn ein Konzernverleiher zugunsten der übrigen Konzernunternehmen auf Gewinn dauerhaft verzichtet. Dieses Ergebnis stieß vor allem in der Literatur, aber auch in den Urteilen mehrerer Instanzgerichte auf zum Teil erheblichen Widerstand. Es wurden daher von den Gegnern der Rechtsprechung des BAG in der Folgezeit mehrere Lösungsvorschläge unterbreitet, um die Anwendbarkeit des AÜG sicherzustellen und befürchtete Missbrauchsmöglichkeiten durch die konzernverbundenen Unternehmen zu Lasten der Leiharbeitnehmer zu vermeiden.

bb) Orientierung an dem Gewinn des gesamten Konzerns

Einige Instanzgerichte befürworteten bei der Bestimmung des Merkmals der Gewinnerzielungsabsicht ein Abstellen auf den Konzern als Ganzes[47]: Die wirtschaftlichen Vorteile, die das Verleihunternehmen an sich erziele, entstünden innerhalb des Konzerns nur an anderer Stelle; auch das Verleihunternehmen habe letztlich Anteil an dem wirtschaftlichen Erfolg des Gesamtkonzerns[48]. Umgingen danach die entleihenden Konzernunternehmen, etwa durch den Einsatz von Leiharbeitnehmern, ihre Tarifbindung und mit der Folge einer Verbesserung des gesamten Konzernergebnisses, stellte dies – auf den Konzern bezogen – einen mittelbaren Gewinn des Verleihunternehmens dar[49].

Die Gewinnerzielungsabsicht konnte somit nach dieser Auffassung durch eine schlichte Subsumtion unter die Definition bejaht werden.

cc) Erweiterung des Begriffs der Gewinnerzielungsabsicht

Zum gleichen Ergebnis gelangte *Dumke*, indem er zwar ebenfalls auf den Konzerngewinn abstellte, die Gewerbsmäßigkeit aber nicht aufgrund einer *ei-*

---

46 BAG 25.01.2005 – 1 ABR 61/03, NZA 2005, 1199 (B II 4 b bb [2])

47 ArbG Düsseldorf 11.8.2004 – 4 BV 90/04, EzAÜG § 14 AÜG Betriebsverfassung Nr. 59 (II 1 d bb); LAG Hamm 6.5.2011 – 7 Sa 1583/10, AuA 2011, 610.

48 So auch *Helle*, Konzernbedingte Kündigungsschranken bei Abhängigkeit und Beherrschung durch Kapitalgesellschaften, S. 155; *Säcker* in: Westermann/Rosener (Hrsg.), Festschrift für Karlheinz Quack zum 65. Geburtstag, 421 (433); *Ulber* in: Ulber, AÜG 4. Aufl., § 1 Rn. 361; *Witten*, Vertragsgestaltung und Gesetzesbindung im Recht der Zeitarbeit, S. 87.

49 In diese Richtung *Wank* in: Müller-Glöge/Preis/Schmidt, ErfK 11. Aufl., § 1 AÜG Rn. 63.

genen mittelbaren Gewinnerzielungsabsicht des Verleihunternehmen bejahte, sondern dessen *altruistische* Drittgewinnerzielungsabsicht ausreichen ließ[50].

dd) Aufhebung des Erfordernisses der Gewinnerzielungsabsicht

Turkenburg hielt die Rechtsprechung des BAG vom 20.4.2005 für sehr bedenklich und kritisierte dessen Argumentation. Diese erfolge »rein begrifflich« und unter Außerachtlassung des »Schutzzwecks des AÜG«[51]. Gleichwohl folgte sie nicht der bereits dargestellten konzerndimensionalen Betrachtungsweise, sondern plädierte, um die Schutzwirkungen des AÜG zu gewährleisten, für einen vollständigen Verzicht des Kriteriums der Gewinnerzielungsabsicht im Rahmen der Prüfung der Gewerbsmäßigkeit[52].

ee) Abstellen auf die Existenz eines Gewinnabführungsvertrages

Eine weitere Ansicht griff die konzerndimensionale Betrachtungsweise bei der Gewinnerzielungsabsicht auf, forderte aber zusätzlich das Vorliegen eines Gewinnabführungsvertrages (vgl. § 291 Abs. 1 S. 1 Alt. 2 AktG) zwischen der Verleihgesellschaft und der Konzernmutter[53]. Auch der 7. Senat des BAG relativierte die Auffassung des 5. Senats vom 20.4.2005 zuletzt am 9.2.2011[54] und erachtete seitdem die Existenz eines Gewinnabführungsvertrages für die Bejahung der Gewinnerzielungsabsicht im Rahmen der Gewerbsmäßigkeit nach § 1 Abs. 1 S. 1 AÜG a.F. für ausreichend. Allerdings schien der Senat von dem Vorliegen der Gewinnerzielungsabsicht bereits dann auszugehen, wenn »ein konzernzugehöriges Unternehmen Arbeitnehmer einstellt, um sie an andere Konzernunternehmen zu Bedingungen zu überlassen, die für diese Unternehmen mit geringeren Kosten verbunden sind, als wenn sie die Arbeitnehmer selbst einstellen würden«[55].

---

50 *Dumke*, Rationalisierung durch konzernangehörige Personalführungsgesellschaften, S. 26.

51 *Turkenburg*, Möglichkeiten und Grenzen konzerneigener Verleihunternehmen und Personalführungsgesellschaften, S. 62; ähnlich *Steuer*, Die Arbeitnehmerüberlassung als Mittel zur Förderung des Arbeitsmarktes in Deutschland, S. 244.

52 *Turkenburg*, Möglichkeiten und Grenzen konzerneigener Verleihunternehmen und Personalführungsgesellschaften, S. 71; ähnlich *Schüren/Wank*, RdA 2011, 1 (3). Dieser Verzicht auf das Kriterium der Gewinnerzielungsabsicht soll laut *Turkenburg* aber nur für jene Unternehmen gelten, deren Gemeinnützigkeit nicht anerkannt ist. Ebenfalls für eine teleologische Erweiterung des Gewerbsmäßigkeitsbegriff *Tucci*, Arbeitnehmermobilität im Konzern, S. 200.

53 LAG Schleswig-Holstein 3.7.2008 – 4 TaBV 13/08, n.v. (II 3 b [5]); *Hamann*, EuZA 2009, 287 (300); *ders.* in: Schüren/Hamann, AÜG 4. Aufl., § 1 Rn. 272.

54 BAG 9.2.2011 – 7 AZR 32/10, NZA 2011, 791.

55 BAG 9.2.2011 – 7 AZR 32/10, NZA 2011, 791 (II 2 a bb [1] [b]).

ff) Stellungnahme

(1) Kritik an der Entscheidung des BAG vom 20.4.2005

Die Ansicht des BAG in der Entscheidung vom 20.4.2005 scheint § 1 Abs. 1 AÜG a.F. am meisten gerecht zu werden: Auf den ersten Blick ist es konsequent, einem Verleihunternehmen, das fortgesetzt zum Selbstkostenpreis Arbeitskräfte überlässt und daher keine Gewinne erzielt, die Gewerbsmäßigkeit abzusprechen.

Das BAG berief sich in seiner Entscheidung von 2005[56] unter anderem auf *Becker/Wulfgramm*[57] und auf eine knapp drei Monate ältere Entscheidung des 1. Senats[58]. Die zitierten Autoren gingen aber offensichtlich nicht von einer Kombination zwischen der Überlassung zum Selbstkostenpreis und der Konzernverbindung zwischen Ver- und Entleiher aus und hatten folglich das damit verbundene Missbrauchspotential nicht im Blick. Der vom BAG außerdem an dieser Stelle zitierte *Martens*[59] sah nur deswegen keine Missbrauchsgefahr, weil er mehrfach die gängige Vorstellung der Vertragsbeziehungen in der Arbeitnehmerüberlassung ignorierte[60]. In der Auslegung des Merkmals der Gewerbsmäßigkeit ließ das BAG in seiner Entscheidung vom 20.4.2005 zudem teleologische Gesichtspunkte vermissen: Die Vermeidung von Missbrauch und der Schutz der Leiharbeitnehmer – immerhin ein Hauptzweck des AÜG – werden mit keinem Wort problematisiert. Die Folgen der Entscheidung des BAG für das Schutzniveau von Leiharbeitnehmern wären aber – sollte man dieser Ansicht folgen – gravierend: Sämtliche Konzerngesellschaften mit Sitz in der Bundesrepublik könnten sich durch diese Vertragsgestaltung von den Beschränkungen des AÜG befreien, mit der Konsequenz, dass das AÜG nur noch für Überlassungsvorgänge an konzernfreie kleine und mittelgroße Entleiherbetriebe gelten wür-

56 BAG 20.4.2005 – 7 ABR 20/04, NZA 2005, 1006 (B II 2 c aa).

57 Wobei auch bei *Becker/Wulfgramm* hier keine feste Position bezogen wird: Es „*dürfte* [Hervorh. d. Verf.] Gewinnerzielungsabsicht zu verneinen sein, wenn sich das verleihende Unternehmen lediglich die Selbstkosten (...) erstatten lässt", vgl. *Becker/Wulfgramm*, Kommentar zum Arbeitnehmerüberlassungsgesetz, Art. 1 § 1 Rn. 29.

58 BAG 25.01.2005 – 1 ABR 61/03, NZA 2005, 1199 (B II 4 b bb [2]).

59 *Martens*, DB 1985, 2144 (2149 f.).

60 So erachtet *Martens* einen ausreichender Schutz der Leiharbeitnehmer für gegeben, weil er dem konzernangehörigen Entleiher als besondere Fürsorgepflicht auferlegt, in bestimmten Situationen die Überlassungsvergütung an den Verleiher einzubehalten und direkt (!) an den Leiharbeitnehmer zu zahlen. Auch habe sich der Entleiher bei Wegfall des Beschäftigungsbedarfs des Leiharbeitnehmers zu bemühen, innerhalb seines Unternehmens eine anderweitige Beschäftigungsmöglichkeit zu finden. Kritisch dazu auch *Turkenburg*, Möglichkeiten und Grenzen konzerneigener Verleihunternehmen und Personalführungsgesellschaften, S. 63 f.

de. Jedoch zeigt die Tendenz im Arbeitsrecht in den letzten Jahrzehnten klar dahin, dass der Gesetzgeber größeren Unternehmen (welche vergleichsweise häufig konzerniert sind) auch mehr Restriktionen in Form von Arbeitnehmerschutzvorschriften auferlegen möchte als kleineren Unternehmen[61]. Konzern*externe* Verleihunternehmen würden dann im Übrigen durch diese Auffassung benachteiligt, da Konzernentleiher regelmäßig dem »Königsweg« folgen und konzern*interne* Entleiher beauftragen würden[62].

Nicht kritisieren lässt sich die Entscheidung des BAG vom 20.4.2005 aber mit dem Argument, dass nach der Verwaltungspraxis der Bundesagentur in diesen Fällen sowieso stets Gewerbsmäßigkeit anzunehmen sei[63]. Verfehlt ist auch die Interpretation der Entscheidung des BAG, wonach das Gericht bei einem Zuschlag von fünf Prozent neben den Lohnkosten stets die Gewinnerzielungsabsicht verneine[64], denn für die Prüfung der Gewinnerzielungsabsichtkommt kommt es immer auf die Umstände des Einzelfalls an[65].

(2) Kritik an der konzerndimensionalen Betrachtungsweise

Die Ansicht des BAG verdient zwar erhebliche Kritik, aber auch der dazu gegensätzlichen Auffassung von der konzerndimensionalen Betrachtungsweise kann so nicht zugestimmt werden. Sie wird zwar den Schutzbedürfnissen der Leiharbeitnehmer weitgehend gerecht, verkennt aber wesentliche Grundsätze des AÜG sowie des Konzernrechts:

Nach § 1 Abs. 1 S. 1 AÜG a.F. bedurfte der Arbeitgeber, der als Verleiher gewerbsmäßig tätig werden wollte, der Erlaubnis. Wie bereits ausgeführt wurde, hat aber der Konzern selbst nie eine Arbeitgeberstellung inne – eine solche üben nur die einzelnen Konzerngesellschaften aus. Auch die Zulässigkeitsprüfung nach § 3 AÜG ist auf den jeweiligen Verleiher zugeschnit-

---

61 Vgl. etwa § 23 Abs. 1 S. 3 KSchG, § 9 S. 1 BetrVG, § 1 Abs. 1 Nr. 1 DrittelbG.

62 Wobei konzerngebundene Entleiher i.d.R. ohnehin zuerst konzernangehörige Verleiher beauftragen dürften.

63 So aber unter Verstoß gegen das Prinzip der Gewaltenteilung *S.Fabritius*, Konzerninterne Arbeitnehmerüberlassung im Krankenhaus, S. 47.

64 So aber *Leuchten* in: Bauer (Hrsg.), Arbeitsgemeinschaft Arbeitsrecht im Deutschen Anwaltverein, 927 (930); ähnlich *Fabritius*, Konzerninterne Arbeitnehmerüberlassung im Krankenhaus, S. 46; *Kim*, Die konzerninterne Arbeitnehmerüberlassung durch die Personalführungsgesellschaft und das Betriebsverfassungsrecht, S. 21.

65 Im konkreten Fall war zumindest in der Revision zwischen den Beteiligten unstr., dass die fünfprozentige Umlage exakt die Verwaltungskosten abdeckte und folglich kein Gewinn zu erwarten war (vgl. BAG 20.4.2005 – 7 ABR 20/04, NZA 2005, 1006 (B II 2 c bb). Das BAG war daher trotz des im arbeitsgerichtlichen Beschlussverfahren geltenden Untersuchungsgrundsatzes (§ 83 Abs. 1 S. 1 ArbGG) nicht verpflichtet, dies durch weitere Ermittlungen in Frage zu stellen; vgl. dazu *Weth* in: Schwab/Weth, ArbGG, § 83 Rn. 6.

ten und nicht auf einen Konzern, dem der Verleiher ggf. zugeordnet ist[66]. Allein die Tatsache, dass die Konzernobergesellschaft durch diese Praxis insgesamt über einen höheren Gewinn verfügt, kann daher für sich noch nicht zur Bejahung der Gewinnerzielungsabsicht ausreichen. Die Konzernmutter und der Verleiher selbst, auf den bei der Frage der Gewerbsmäßigkeit abzustellen ist, stellen zwei verschiedene juristische Personen dar. Die vor allem von *Helle*[67] vorgebrachte Gesamtbetrachtung des Konzerns ist zwar erwägenswert, sofern im konkreten Fall die Personalführungsgesellschaft gleichzeitig an den entleihenden Konzerngesellschaften gesellschaftsrechtlich beteiligt ist und durch den Verleih zum Selbstkostenpreis deren Gewinn über die Beteiligung maximiert wird[68]. Allerdings ist im Regelfall die Personalführungsgesellschaft das beherrschte und nicht das beherrschende Unternehmen innerhalb eines Konzerns.

Auch dem Argument, eine konzerndimensionale Betrachtungsweise sei geboten, weil zwischen den Konzerngesellschaften ein vollumfänglicher Gleichlauf der Interessen und daher eine Tendenz zum kollusiven Zusammenwirken zu Lasten des Leiharbeitnehmers vorliege, kann so nicht gefolgt werden. So haben außenstehende Minderheitsaktionäre einer Personalführungsgesellschaft nur ein bedingtes Interesse, dass man ihrem kraft Beherrschungsvertrag gebundenen Verleihunternehmen mittel- oder langfristig jegliche Gewinnchancen – wie dies bei einem Verleih zum Selbstkostenpreis der Fall wäre – vorenthält. Zwar sichert § 304 AktG dem Konzernunternehmen insoweit einen »angemessenen Ausgleich«[69] zu, gleichwohl haben die Aktionäre meist kein Interesse an einer solchen rein dienenden Funktion der beherrschten Konzerngesellschaft[70]. Zumindest in diesem Fall könnte man daher kaum von einem vollständigen Interessensgleichlauf der beiden Konzerngesellschaften sprechen (sog. »Konzernkonflikt«[71]). Freilich ist ein Gleichlauf der Interessen der Regelfall. Jedoch geht es zu weit, allein aus dieser Tatsache pauschal eine Tendenz der Konzernunternehmen zum missbräuchlichen Handeln zu Lasten Dritter abzuleiten und deshalb Korrekturen zu fordern, welche zu einem Systembruch des Konzernrechts führen würden.

---

66 *Hamann* Anm. zu BAG v. 20.4.2005, EzA § 14 AÜG Nr. 5, Bl. 13, 16; *Steuer*, Die Arbeitnehmerüberlassung als Mittel zur Förderung des Arbeitsmarktes in Deutschland, S. 243; *Turkenburg*, Möglichkeiten und Grenzen konzerneigener Verleihunternehmen und Personalführungsgesellschaften, S. 67; *Worpenberg*, Die konzerninterne Arbeitnehmerüberlassung, S. 137.

67 *Helle*, Konzernbedingte Kündigungsschranken bei Abhängigkeit und Beherrschung durch Kapitalgesellschaften, S. 142 f.

68 *Rüthers/Bakker*, ZfA 1990, 245 (303).

69 Vgl. dazu *Emmerich* in: Emmerich/Habersack, Konzernrecht, § 304 Rn. 29 ff.

70 In diese Richtung auch *Dumke*, Rationalisierung durch konzernangehörige Personalführungsgesellschaften, S. 24.

71 *Habersack* in: Emmerich/Habersack, Konzernrecht, § 311 Rn. 1.

Schließlich stellt ein Gewinn des »Gesamtkonzerns« keinen *mittelbaren* wirtschaftlichen Vorteil der einzelnen Konzernunternehmen dar. Eine Tätigkeit gilt nämlich dann auf die Erzielung mittelbarer wirtschaftlicher Vorteile gerichtet, wenn das Unternehmen zwischenzeitlich auf Profite verzichtet, um die Geschäftsbeziehungen zu bestehenden Kunden zu verbessern oder um neue Kunden zu gewinnen[72] – allerdings muss zumindest als Fernziel ein unmittelbarer Gewinn beabsichtigt sein. Letzteres ist eben bei einer rein dienenden Personalführungsgesellschaft nicht gegeben.

(3) Kritik an den Lösungsansätzen von Dumke *und* Turkenburg

Im Gegensatz zu einer konzerndimensionalen Betrachtungsweise war der Gedanke von *Dumke*[73] zur »Drittgewinnerzielungsabsicht« mit der Systematik des AÜG eher in Einklang zu bringen. *Dumke* verwarf zu Recht eine konzerndimensionale Betrachtung bezüglich der Gewinnerzielungsabsicht, da die Personalführungsgesellschaft keine Absicht zur Erzielung von *eigenen* wirtschaftlichen Vorteilen hat. Allerdings wirkte die sich daran anschließende Modifikation, Drittgewinnerzielungsabsicht sei zur Bejahung der Gewerbsmäßigkeit ausreichend, zu ergebnisorientiert. Folgte man dieser Ansicht, so wäre zwar die Anwendbarkeit des AÜG sichergestellt, ohne mit dem im Konzernrecht anerkannten Trennungsprinzip zu brechen, allerdings umging man letztlich damit das Problem nur: es fehlt bei *Dumke* eine Auseinandersetzung mit den vorliegenden Kriterien des Merkmals der Gewerbsmäßigkeit, stattdessen wird einfach ein weiteres – alternatives – Kriterium hinzugefügt.

Dumke stützte sich bei seiner Argumentation maßgeblich auf eine Entscheidung des BVerwG vom 2.2.1982[74] über den Begriff der Gewerbsmäßigkeit im Rahmen der Gewerbeordnung. In diesem Urteil bejahte das BVerwG die Gewinnerzielungsabsicht einer als gemeinnützig anerkannten juristischen Person, wenn diese gleichzeitig mit der Absicht handelt, für eine wirtschaftlich hinter ihr stehende weitere juristische Person einen Gewinn zu erzielen. Dies schien zwar auf den hier beschriebenen Sachverhalt übertragbar zu sein, allerdings problematisierte *Dumke* bei der Heranzie-

---

72 *Becker/Wulfgramm*, Kommentar zum Arbeitnehmerüberlassungsgesetz, Art. 1 § 1 Rn. 29; *Hamann* in: Schüren/Hamann, AÜG 4. Aufl., § 1 Rn. 267; *Niebler/Biebl/Roß*, Arbeitnehmerüberlassungsgesetz, S. 47; *Tucci*, Arbeitnehmermobilität im Konzern, S. 195; *Ulber*, AÜG 3. Aufl., § 1 Rn. 155.

73 *Dumke*, Rationalisierung durch konzernangehörige Personalführungsgesellschaften, S. 26 ff.

74 BVerwG 2.2.1982 – 1 C 14/78, MDR 1982, 1046. Die Ausführungen des BVerwG sind, wie *Dumke* a.a.O. zutreffend ausführt, auch im Rahmen der Prüfung der Gewerbsmäßigkeit i.S.d. AÜG relevant, da – wie bereits ausgeführt – dieser Begriff aus dem Gewerberecht entlehnt ist.

hung dieses Urteils nicht, dass das BVerwG im genannten Fall eine Strohmannkonstruktion annahm und damit die Ausweitung der Gewinnerzielungsabsicht ein Korrektiv dieser Missbrauchsgestaltung bildete. *Dumke* selbst geht aber gerade nicht davon aus, dass die Überlassung von Leiharbeitnehmern an konzernangehörige Entleiher zum Selbstkostenpreis eine Strohmannkonstruktion darstellt[75], weshalb hier ein Korrektiv in Gestalt des zusätzlichen Kriteriums »Drittgewinnerzielungsabsicht« – zumindest mit dieser Begründung – nicht geboten ist.

Während die eben dargestellte Auffassung das Merkmal der Gewinnerzielungsabsicht erweitern wollte, versuchte *Turkenburg*[76] ganz darauf zu verzichten. Im Bereich des AÜG stand sie mit dieser Ansicht zwar nicht vollkommen allein[77], die Geltung des Kriteriums der Gewinnerzielungsabsicht war aber als Teil des Tatbestandsmerkmals der Gewerbsmäßigkeit i.S.d. § 1 Abs. 1 S. 1 AÜG ansonsten allgemein anerkannt[78]. *Turkenburg* nahm insoweit auf die Diskussion im Handelsrecht Bezug. Dort wird das Erfordernis der Gewinnerzielungsabsicht bei der gewerblichen Tätigkeit im Rahmen des § 1 Abs. 1 HGB zunehmend in Frage gestellt[79]. Ferner führte sie an, dass auch bei der Bejahung einer Unternehmerstellung i.S.d. § 14 BGB die Gewinnerzielung(sabsicht) keine Rolle spiele[80]. Allerdings sollte, um dem

---

75 *Dumke*, Rationalisierung durch konzernangehörige Personalführungsgesellschaften, S. 195 ff. Zur sehr umstrittenen Frage, ob die konzerninterne Arbeitnehmerüberlassung durch eine Personalführungsgesellschaft eine Strohmannkonstruktion darstellt vgl. unten S. 170 ff.

76 *Turkenburg*, Möglichkeiten und Grenzen konzerneigener Verleihunternehmen und Personalführungsgesellschaften, S. 62.

77 Ähnlich *Steuer*, Die Arbeitnehmerüberlassung als Mittel zur Förderung des Arbeitsmarktes in Deutschland, S. 244.

78 Etwa BAG 21.3.1990 – 7 AZR 198/89, NZA 1991; BAG 20.4.2005 – 7 ABR 20/04, NZA 2005, 1006; BAG 2.6.2010 – 7 AZR 946/08, NZA 2011, 351; *Boemke/Lembke*, Arbeitnehmerüberlassungsgesetz, § 1 Rn. 48; *Hamann*, Fremdpersonal im Unternehmen, S. 32; *ders.* in: Schüren/Hamann, AÜG 4. Aufl., § 1 Rn. 267; *Sandmann/Marschall*, AÜG Art. 1 § 1 Rn. 37; *Urban-Crell/Schulz*, Arbeitnehmerüberlassung und Arbeitsvermittlung, Rn. 85 f.; *Waas* in: Thüsing, AÜG 2. Aufl., § 1 Rn. 99; *Wank* in: Müller-Glöge/Preis/Schmidt, ErfK 11. Aufl., § 1 AÜG Rn. 34.

79 Für das Erfordernis der Gewinnerzielungsabsicht im Handelsrecht: BGH 7.7.1960 – VIII ZR 215/59, NJW 1961, 725; BGH 18.1.1968 – VII ZR 101/65, NJW 1968, 639; BGH 12.2.1970 – VII ZR 168/67, NJW 1970, 938; BGH 28.10.1971 – VII ZR 15/70, NJW 1972, 95; BGH 22.1.1976 – VII ZR 280/75, NJW 1976, 514; BGH 22.4.1982 – VII ZR 191/81, NJW 1982, 1815; BAG 17.2.1987 – 3 AZR 197/85, NJW 1988, 222, 223; OLG Stuttgart 10.11.1998 – 10 U 113/98, NJW-RR 1999, 1557; OLG Düsseldorf 6.6.2003 – 3 Wx 108/03, NJW-RR 2003, 1120. Dagegen: OLG München 14.9.1987 – 19 W 2932/86, NJW 1988, 1036; OLG Dresden 20.11.2001 – 2 U 1928/01, NJW-RR 2003, 257; *Kindler* in: Ebenroth/Boujong/Joost u.a., HGB § 1 Rn. 30; *Körber* in: Oetker, HGB, § 1 Rn. 29; *Oetker* in: Staub/Canaris/Habersack u.a., HGB, § 1 Rn. 39 m.w.N.; *Roth* in: Koller/Morck/Roth, HGB, § 1 Rn. 10.

80 BGH 29.3.2006 – VIII ZR 173/05, NJW 2006, 2250; *Ellenberger* in: Palandt/Bassenge, BGB, § 14 Rn. 2.

Schutzzweck des AÜG gerecht zu werden, für die als *gemeinnützig* anerkannten Unternehmen dennoch das Kriterium der Gewinnerzielungsabsicht gelten. Dabei stützte sich *Turkenburg* auch auf die Ausführungen der Bundesregierung in ihrem 10. AÜG-Erfahrungsbericht[81], wonach »unter nichtgewerbsmäßiger Arbeitnehmerüberlassung (...) die gemeinnützige, nicht auf Gewinnerzielung gerichtete Arbeitnehmerüberlassung zu verstehen« ist.

Die Ansicht von *Turkenburg* zu § 1 Abs. 1 S. 1 AÜG a.F. ist ebenfalls abzulehnen. *Turkenburg* stellte selbst fest, dass in der amtlichen Begründung der Bundesregierung zum Entwurf des AÜG eine Überlassung gewerbsmäßig sein sollte, wenn der Hauptzweck des Betriebs darauf gerichtet ist, mit der Überlassung einen *wirtschaftlichen Gewinn* zu erzielen[82]. Diese Ausführungen hatten aber laut *Turkenburg* kaum Relevanz, weil auch Mischbetriebe, welche Arbeitnehmerüberlassung nicht als Hauptzweck verfolgen, nach h.M. ebenfalls – entgegen der ausdrücklichen Regierungsbegründung – unter das AÜG fielen.

Diese Argumentation ist aber nicht überzeugend: eine einzelne Unrichtigkeit rechtfertigt noch nicht ohne weiteres die Infragestellung der gesamten Regierungsbegründung. Auch zeigen die Ausführungen des von *Turkenburg* selbst zitierten 10. Erfahrungsberichts gerade, dass die Gewinnerzielungsabsicht für die Beurteilung der Gewerbsmäßigkeit insgesamt – und nicht nur bei gemeinnützigen Unternehmen – eine Rolle spielt. Ferner kann man die im Handelsrecht eindeutige Tendenz[83], die Gewinnerzielungsabsicht als Teil des Gewerbebegriffes zu streichen, nicht einfach auf den Begriff der Gewerbsmäßigkeit i.S.d. AÜG übertragen. Im Handelsrecht spricht für die Aufgabe des Merkmals, dass die Gewinnerzielungsabsicht eine rein unternehmensinterne Tatsache darstellt, die eine unterschiedliche rechtliche Behandlung im Geschäftsverkehr im Vergleich zu gewinnorientierten Unternehmen nicht zu rechtfertigen vermag, da sie für Dritte nicht erkennbar ist[84]. Das Handelsrecht will nämlich für das Agieren am Markt einen adäquaten Rechtsrahmen bieten, weshalb es für dessen Anwendbarkeit nur darauf ankommen kann, ob

---

81 BT-Drs. 15/6008, S. 17.

82 BT-Drs. VI/2303, S. 10.

83 So wird im Handelsrecht das Erfordernis einer Gewinnerzielungsabsicht von der h.L. bereits verneint und bislang nur noch von der Rechtsprechung aufrechterhalten. Aber auch der BGH hat zuletzt diese Auffassung relativiert. In seinem Urteil vom 23.10.2001 (XI ZR 63/01, NJW 2002, 368 [II 2 a]) hat er bei der Definition des Gewerbes auf die Gewinnerzielungsabsicht verzichtet. In zwei weiteren Entscheidungen hat der BGH das Erfordernis dieses Kriteriums diskutiert und ausdrücklich offen gelassen (24.6.2003 – XI ZR 100/02, NJW 2003, 2742 [II 2 c]); 29.3.2006 – VIII ZR 173/05, NJW 2006, 2250 [II 2 a]). Vgl. auch *Körber* in: Oetker, HGB, § 1 Rn. 29.

84 *Kindler* in: Ebenroth/Boujong/Joost u.a., HGB § 1 Rn. 27; *Roth* in: Koller/Morck/Roth, HGB, § 1 Rn. 10. Andernfalls könnte für Dritte eine enorme Unsicherheit bestehen, ob etwa die Besonderheiten der §§ 343 ff. HGB Anwendung finden oder nicht.

ein Unternehmen objektiv am Wirtschaftsleben teilnimmt oder nicht[85]. Das Erfordernis der Gewerbsmäßigkeit i.S.d. AÜG sollte aber nicht der Erleichterung des Rechtsverkehrs dienen, sondern der Vorstellung des damaligen Gesetzgebers Rechnung tragen, dass bei nicht gewinnorientierten Unternehmen die Gefahr einer Ausbeutung der Leiharbeitnehmer geringer einzuschätzen und deshalb ein reduzierter Arbeitnehmerschutz ausreichend ist. Eine bloße Anknüpfung an objektive Gesichtspunkte (Marktteilnahme) anstatt der Einbeziehung auch subjektiver Gesichtspunkte des Unternehmers (Gewinnerzielungs*absicht*) ist hier nicht zwingend geboten. Auch die von *Turkenburg* vorgebrachte Rechtsprechung zu § 14 BGB besitzt hier wenig Aussagekraft: Die Verobjektivierung des Begriffs der gewerblichen Tätigkeit im Rahmen des § 14 BGB durch die Ersetzung des Kriteriums der Gewerbsmäßigkeit durch das der Marktteilnahme trägt Vorgaben der Europäischen Union Rechnung[86], welche beim AÜG i.d.F. vor dem 1.12.2011 und vor Erlass der Leiharbeitsrichtlinie noch nicht existierten[87]. Schließlich ist *Turkenburg* inkonsequent, wenn sie das Erfordernis der Gewinnerzielungsabsicht bei der Prüfung der Gewerbsmäßigkeit entfallen lässt, es aber für gemeinnützig anerkannte Unternehmen i.S.d. §§ 52 ff. AO 1977 erneut gelten lassen will; es ist nicht ersichtlich, dass der Gesetzgeber hier unterschiedlich hohe Standards innerhalb des Begriffs der Gewerbsmäßigkeit setzen wollte. Im Ergebnis konnte man daher im Rahmen der Gewerbsmäßigkeit nicht auf das Merkmal der Gewinnerzielungsabsicht verzichten.

(4) Gewinnabführungsvertrag als maßgebliches Kriterium

Dem BAG mit seiner neueren Entscheidung vom 9.2.2011[88] ist insoweit zuzustimmen, als bei Existenz eines Gewinnabführungsvertrages die Gewinnerzielungsabsicht und damit die Gewerbsmäßigkeit bei Überlassungen zum Selbstkostenpreis bejaht werden kann: Im Falle eines Gewinnabführungsvertrags (vgl. § 291 Abs. 1 S. 1 Alt. 2 AktG) muss die als Verleiher tätige Personalführungsgesellschaft an ein anderes Konzernunternehmen ihren erwirtschafteten Gewinn weiterreichen. Schon die Existenz eines solchen Unternehmensvertrags kann man als Indiz dafür sehen, dass die Personalführungsgesellschaft grundsätzlich einen Gewinn erzielen möchte. Es macht aber keinen Unterschied, ob der Verleiher einen Gewinn erzielt, diesen bilanziert und anschließend an den Entleiher abführt oder ob durch die

85 *Oetker* in: Staub/Canaris/Habersack u.a., HGB, § 1 Rn. 39.
86 *Micklitz* in: Heinrichs/Rebmann/Säcker, MüKo-BGB, § 13 Rn. 33 ff., § 14 Rn. 22.
87 Wie bereits ausgeführt wurde, trat die europäische Richtlinie über Leiharbeit erst am 5.12.2008 in Kraft.
88 BAG 9.2.2011 - 7 AZR 32/10, NZA 2011, 791.

Überlassung zum Selbstkostenpreis der Gewinn in Form von verbilligten Überlassungsvergütungen in der Bilanz des begünstigten Entleihers unmittelbar auftaucht. Es handelt sich in diesem Fall letztlich um eine vorweggenommene Gewinnabführung[89].

Wenn daher ein Gewinnabführungsvertrag zum Entleiher besteht, ist die Gewinnerzielungsabsicht stets zu bejahen. Allerdings ließ es das BAG anscheinend für die Annahme einer Gewinnerzielungsabsicht auch genügen, wenn kein Gewinnabführungsvertrag zum konzernangehörigen Entleiher, sondern lediglich zu einem dritten Konzernunternehmen bestand[90]. Dem kann nach hier vertretener Auffassung nur dann zugestimmt werden, wenn auch der Entleiher einen Gewinnabführungsvertrag zu dem dritten Unternehmen (meist die Konzernmutter) hat. Denn es kann hier keinen Unterschied machen, ob der Verleiher einen Gewinn erzielt und an die Konzernmutter abführt oder der Entleiher durch die vergünstigte Vergütung einen der Höhe nach identischen Vorteil erwirtschaftet und ebenfalls weiterleitet. Erforderlich ist immer, dass sich der hypothetische Gewinn der Personalführungsgesellschaft und der tatsächlich erhöhte wirtschaftliche Vorteil des Entleihers durch die vergünstigte Überlassungsvergütung in *einer* juristischen Person vereinigen.

Nach Auffassung des Autors war nach der früheren Fassung des AÜG eine Gewinnerzielungsabsicht dann zu verneinen, wenn ein Gewinnabführungsvertrag zwischen Verleiher und der Konzernmutter bestand und das Entleiherunternehmen den Gewinn nicht weiterleiten musste. Die Ansicht des BAG war insoweit abzulehnen.

Das BAG schien aber nicht in allen Fällen einen Gewinnabführungsvertrag für die Bejahung der Gewinnerzielungsabsicht der Personalführungsgesellschaft vorauszusetzen. So führte es aus: »Von einer Gewinnerzielungsabsicht ist aber auch dann auszugehen, wenn ein konzernzugehöriges Unternehmen Arbeitnehmer einstellt, um sie an andere Konzernunternehmen zu Bedingungen zu überlassen, die für diese Unternehmen mit geringeren Kosten verbunden sind, als wenn sie die Arbeitnehmer selbst einstellen würden«[91]. Dies erweckt den Anschein, dass das BAG die Gewinnerzielungsabsicht zum Verleiher auf den Entleiher verlagerte, was aber kaum mit § 1 Abs. 1 S. 1 AÜG a.F. zu vereinbaren ist. Unter der Prämisse, dass das Entleihen von Arbeitnehmern zum Selbstkostenpreis immer günstiger ist als die Einstellung von eigenen Arbeitnehmern (sofern kein equal pay gilt)

---

89 BAG 9.2.2011 – 7 AZR 32/10, NZA 2011, 791 (II 2 a bb [1] [b]); so auch *Hamann* in: Schüren/Hamann, AÜG 4. Aufl., § 1 Rn. 272.

90 BAG 9.2.2011 – 7 AZR 32/10, NZA 2011, 791 (II 2 a bb [1] [b]); ähnlich LAG Schleswig-Holstein 3.7.2008 – 4 TaBV 13/08, via juris (II 3 b [5]); *Hamann* in: Schüren/Hamann, AÜG 4. Aufl., § 1 Rn. 272.

91 BAG 9.2.2011 – 7 AZR 32/10, NZA 2011, 791 (II 2 a bb [1] [b]).

bedeutete dies auch, dass *immer* von der Gewerbsmäßigkeit einer konzerninternen Arbeitnehmerüberlassung zum Selbstkostenpreis auszugehen wäre. Warum dann das Bestehen eines Gewinnabführungsvertrags erforderlich sein sollte, bleibt offen. Sowohl im vorherigen als auch im nachfolgenden Satz knüpfte das BAG maßgeblich an die Existenz eines Gewinnabführungsvertrages an. Ein Abstellen auf die »Kostensenkungsabsicht« im Konzern wäre auch deshalb fragwürdig, weil so konzernfremde Verleihunternehmen, welche Arbeitnehmer – aus welchen Gründen auch immer – zum Selbstkostenpreis an konzerngebundene Entleiher überlassen, gegenüber konzernangehörigen Verleihern im Vorteil wären. Zudem stellte der Siebte Senat fest, dass er an der Rechtsprechung vom 20.4.2005 »nicht uneingeschränkt« festhalte, womit zum Ausdruck gebracht wird, dass das BAG bei der Überlassung zum Selbstkostenpreis in bestimmten Situationen die Gewinnerzielungsabsicht weiterhin ablehnt. Sollte die zitierte Passage des BAG aber kein Redaktionsversehen sein, so ist diese zu kritisieren: Ein Abstellen auf die Absicht, die Vergütungsstruktur im Konzern zu verbessern, ohne dass der Verleiher irgendwelchen Gewinnabführungsverträgen unterliegt, ist mit dem Konzernrecht, das auf eine Trennung der am Konzern beteiligten juristischen Personen setzt, nicht zu vereinbaren[92].

Zwar gibt es Regelungen, bei denen in finanzieller Hinsicht auf den Gesamtkonzern abgestellt wird (etwa § 16 BetrAVG)[93], allerdings wird dort nicht die gesamte finanzielle Situation des Konzerns, sondern nur auf die finanzielle Situation der Konzernmutter in den Fokus gerückt[94]. Übertrüge man folglich diese Grundsätze auf den hier diskutieren Fall, reichte es nicht aus, dass der Verleiher allgemein nur die finanzielle Situation des Konzerns durch den Verleih zum Selbstkostenpreis aufbessern möchte. Außerdem wird auch bei § 16 BetrAVG die Durchbrechung des im Konzernrecht geltenden Trennungsprinzips nur dann gerechtfertigt, wenn zumindest ein Beherrschungs- oder ein Gewinnabführungsvertrag besteht[95]; eine sonstige enge wirtschaftliche Verknüpfung ist grundsätzlich nicht ausreichend. Ein pauschales Abstellen auf den Gesamtkonzern ohne weitere Voraussetzungen gibt es folglich selbst im BetrAVG nicht. Zudem kommt es bei § 16 BetrAVG auf die wirtschaftliche Situation des Arbeitgebers im Rahmen der Überprüfung einer Anpassungspflicht von Betriebsrenten an und nicht darauf, ob ein einzelnes

---

92 Ähnlich auch *Tucci*, Arbeitnehmermobilität im Konzern, S. 199.

93 *Turkenburg*, Möglichkeiten und Grenzen konzerneigener Verleihunternehmen und Personalführungsgesellschaften, S. 65.

94 *Steinmeyer* in: Müller-Glöge/Preis/Schmidt, ErfK 14. Aufl., § 16 BetrAVG Rn. 34.

95 BAG 4.10.1994 – 3 AZR 910/93, NZA 1995, 368 (B II 4 b); *Steinmeyer* in: Müller-Glöge/Preis/Schmidt, ErfK 14. Aufl., § 16 BetrAVG Rn. 36.

Konzernunternehmen unter den Geltungsbereich eines Gesetzes wie dem AÜG fällt[96]; die Schutzrichtung ist daher eine ganz andere.

In diesem Zusammenhang ist es verwunderlich, dass die Bundesregierung in dem Gesetzesentwurf zur letzten AÜG-Reform im Jahr 2011 »klarstellte«, dass die Überlassung zum Selbstkostenpreis in der Vergangenheit unter den Anwendungsbereich des AÜG fiel[97]. Dies erweckt den Eindruck, bisher sei der Verleih zum Selbstkostenpreis ohne Einschränkungen eine gewerbsmäßige Tätigkeit gewesen. Genau Gegensätzliches hat der Deutsche Bundestag im Entwurf des AÜG im Jahr 1972 erklärt: Danach sei die Überlassung von Arbeitnehmern »zwischen Betrieben, die wirtschaftlich unter einer einheitlichen Leitung stehen [...] nicht erlaubnispflichtig«[98]. Von einer »Klarstellung« kann daher keine Rede sein.

d) Zwischenergebnis

In der bisherigen Fassung des AÜG galt das Gesetz nur für Überlassungen, welche von Verleihern in Ausübung ihrer gewerbsmäßigen Tätigkeit erfolgten. Fehlte es an der Gewerbsmäßigkeit, waren die Beteiligten von den Restriktionen des AÜG – insbesondere des Gleichstellungsgebots – befreit.

Bei der Prüfung der Gewerbsmäßigkeit stellte das Kriterium der Gewinnerzielungsabsicht das entscheidende Merkmal dar. Das Vorliegen dieses Kriteriums wurde anfangs bei konzernangehörigen Personalführungsgesellschaften, welche Leiharbeitnehmer zum Selbstkostenpreis überlassen, von der Rechtsprechung und weiten Teilen der Literatur in Abrede gestellt. Die Folgen dieser Entwicklung waren erheblich, da auf diese Weise innerhalb von Konzernen die Anwendung des AÜG und die damit verbundenen Schutzvorschriften für Leiharbeitnehmer weitgehend ausgeschlossen werden konnten. Teilweise wurden deswegen Versuche unternommen, aus Gründen des Arbeitnehmerschutzes hinsichtlich des Kriteriums der Gewinnerzielungsabsicht nicht nur auf das Verleihunternehmen selbst, sondern auch auf übrige Konzerngesellschaften oder den Gesamtkonzern abzustellen. Allerdings durchbrachen diese Ansichten das im Konzernrecht geltende Trennungsprinzip. Zuletzt hat das BAG mit seiner Entscheidung vom 9.2.2011 die Anforderungen für die Bejahung der Gewinnerzielungsabsicht des konzerngebundenen Zeitarbeitsunternehmens, das Arbeitskräfte zum Selbstkostenpreis verleiht, jedoch gesenkt.

---

96 So zutreffend *Turkenburg*, Möglichkeiten und Grenzen konzerneigener Verleihunternehmen und Personalführungsgesellschaften, S. 66.

97 BT-Drs. 17/4804 S. 8.

98 BT-Drs. VI/2303 S. 10.

Nach hier vertretener Auffassung ist bei der Gewinnerzielungsabsicht i.d.F. des AÜG bis zum 1.12.2011 stets und ausschließlich auf die Situation des Verleihers und nicht etwa auf die des Entleihers oder des Konzerns als Ganzes abzustellen. Hat der Verleiher keine Absicht, zumindest auf absehbare Zeit Gewinne zu erzielen, kann man dessen Gewinnerzielung nicht ohne weiteres damit begründen, dass übrigen Konzernunternehmen durch die Überlassung zum Selbstkostenpreis wirtschaftliche Vorteile entstehen. Bei einer Überlassung zum Selbstkostenpreis ist eine Bejahung der Gewinnerzielungsabsicht nur dann denkbar, wenn die Kostenreduktion, welche letztlich den Gewinn des Entleihers mehrt, nur eine Vorwegnahme des hypothetischen Gewinns darstellt, den der Verleiher ohnehin aufgrund eines Gewinnabführungsvertrages hätte weiterleiten müssen.

2. Bedeutung der »wirtschaftlichen Tätigkeit« nach § 1 Abs. 1 S. 1 AÜG n.F.

Statt des Kriteriums der Gewerbsmäßigkeit stellt § 1 Abs. 1 S. 1 AÜG n.F. nun darauf ab, ob die Überlassung der Arbeitnehmer von den beteiligten Unternehmen »im Rahmen ihrer wirtschaftlichen Tätigkeit« erfolgt. Der Gesetzgeber sah sich aufgrund des Art. 1 Abs. 2 der Leiharbeitsrichtlinie veranlasst, diese Änderung durchzuführen[99], denn die Richtlinie erstreckt sich auf alle öffentlichen und privaten Unternehmen, bei denen es sich um Leiharbeitsunternehmen oder entleihende Unternehmen handelt, die eine wirtschaftliche Tätigkeit ausüben, unabhängig davon, ob sie Erwerbszwecke verfolgen oder nicht.

Nach der neuen Fassung des AÜG ist daher insoweit eine konzerninterne Arbeitnehmerüberlassung *außerhalb* des AÜG nur möglich, wenn diese nicht im Rahmen der wirtschaftlichen Tätigkeit der Beteiligten erfolgt.

Allerdings findet sich weder in der Leiharbeitsrichtlinie noch im AÜG eine Definition dieses Merkmals. Einigkeit besteht an dieser Stelle lediglich darin, dass der Begriff der »wirtschaftlichen Tätigkeit« wesentlich weiter zu verstehen ist als der frühere Begriff der »Gewerbsmäßigkeit«[100]. Insbesonde-

---

99 BT-Drs. 17/4804, S. 8; anders *Waas*, ZESAR 2009, 207 (208 f.), wonach bereits das Kriterium der Gewerbsmäßigkeit mit Art. 1 Abs. 2 der RL vereinbar gewesen sei und insoweit eine Änderung des AÜG nicht erforderlich gewesen wäre.

100 BT-Drs. 17/4804, S. 8; *Boemke*, RIW 2009, 177 (178); *Hamann*, EuZA 2009, 287 (299); *Raif*, GWR 2011, 303-303 (303); *Rosenau/Mosch*, NJW-Spezial 2011, 242 (242); *Sandmann/Marschall*, AÜG Art. 1 § 1 Rn. 38a; *Thüsing/Thieken*, DB 2012, 347 (347); a.A. *Waas*, ZESAR 2009, 207 (208 f.). Der Unternehmerverband Deutsches Handwerk kritisiert in Auschussdrucksache 17(11)439 (Arbeit und Soziales) S. 74, dass nun auch solche Fallkonstellationen erfasst würden, in denen ein „Arbeitgeber seinem Kollegen aus *freundschaftlicher Verbundenheit* [Hervorhebung d. Verf.] einen seiner Arbeitnehmer für eine bestimmte Zeit gegen Kostenerstattung […] überlässt“. Warum

re hat die Ausweitung des Anwendungsbereichs zur Folge, dass nun auch gemeinnützige und karitative Organisationen unter die Beschränkungen des AÜG fallen[101].

Reformiert der Gesetzgeber bei Umsetzung einer Richtlinie ein nationales Gesetz und übernimmt er dabei Begriffe aus der Richtlinie, so hat der Rechtsanwender grundsätzlich davon auszugehen, dass die neu in der nationalen Norm verankerte Begrifflichkeit inhaltlich mit dem gleichlautenden Merkmal in der Richtlinie übereinstimmt[102]; eine solche Absicht des deutschen Gesetzgebers ist im konkreten Fall aus den Gesetzesmaterialien auch grundsätzlich ersichtlich[103]. Folglich ist an dieser Stelle zu klären, inwieweit das Merkmal »wirtschaftliche Tätigkeit« i.S.d. Leiharbeitsrichtlinie im Hinblick auf die konzerninterne Arbeitnehmerüberlassung zu verstehen ist und inwieweit dieses Verständnis auf das AÜG übertragen werden kann.

a) »Wirtschaftliche Tätigkeit« i.S.d. Art. 1 Abs. 2 RL 2008/104/EG

Wie bereits erwähnt wurde, ist der Begriff der »wirtschaftlichen Tätigkeit« in den Gesetzesmaterialien zur Leiharbeitsrichtlinie nicht definiert und findet sich auch nicht im Primärrecht wieder[104]. Gleichwohlist er oft Gegenstand der Rechtsprechung des EuGH etwa zur Präzisierung primärrechtlicher Wettbewerbsnormen oder auch als Kriterium für den Anwendungsbereich diverser Richtlinien[105]. Eine wirtschaftliche Tätigkeit ist – so der EuGH –

Arbeitnehmer, die im Rahmen eines „Freundschaftsdienstes" entsendet werden, nicht von den Schutzvorschriften des AÜG erfasst sein sollen, bleibt dort aber völlig offen.

101 Stellungnahme des BDA in Auschussdrucksache 17(11)439 (Arbeit und Soziales) S. 16; *Beck* in: Dornbusch/Fischermeier/Löwisch, FA-Kommentar ArbR § 1 AÜG Rn. 35; *Bitter/Kiel* in: Bader/Lipke/Rost u. a. (Hrsg.), Festschrift für Gerhard Etzel zum 75. Geburtstag, 57 (65); *Krause/Maurer*, npoR 2012, 14 (14); *Lembke*, DB 2011, 414 (414); *ders.*, BB 2012, 2487 (2499); *Leuchten*, NZA 2011, 608 (609); *Rosenau/Mosch*, NJW-Spezial 2011, 242 (242); *Sansone*, Gleichstellung von Leiharbeitnehmern nach deutschem und Unionsrecht, S. 473; *Sandmann/Marschall*, AÜG Art. 1 § 1 Rn. 38a; *Schüren/Wank*, RdA 2011, 1 (3); *Ulber* in: Ulber, AÜG 4. Aufl., § 1 Rn. 205; *Wank* in: Müller-Glöge/Preis/Schmidt, ErfK 14. Aufl., § 1 AÜG Rn. 31; *ders.* in: Schmidt (Hrsg.), Jahrbuch des Arbeitsrechts (Bd. 49), 23 (26); a.A. *Hamann*, EuZA 2009, 287 (299); *Hamann*, NZA 2011, 70 (71); *Zimmermann*, ArbR 2011, 62 (62). Zur Leiharbeit in kirchlichen Einrichtungen allgemein vgl. *Bitter/Kiel* in: Bader/Lipke/Rost u. a. (Hrsg.), Festschrift für Gerhard Etzel zum 75. Geburtstag, 57 (69 ff.).

102 *Kerwer*, Das europäische Gemeinschaftsrecht und die Rechtsprechung der deutschen Arbeitsgerichte, S. 338 f.

103 BT-Drs. 17/4804, S. 8; *Rosenau/Mosch*, NJW-Spezial 2011, 242 (242); *Ulber* in: Ulber, AÜG 4. Aufl., § 1 Rn. 196.

104 *Sandmann/Marschall*, AÜG Art. 1 § 1 Rn. 38a.

105 Etwa die Richtlinie zum Betriebsübergang: Art. 1 Nr. 1 lit. c S. 2 der RL 2001/23/EG. Vgl. auch Vgl. *Löwisch/Domisch*, BB 2012, 1408 (1409); *Thüsing/Thieken*, DB 2012, 347 (348).

»jede Tätigkeit, die darin besteht, Güter oder Dienstleistungen auf einem bestimmten Markt anzubieten«[106].

Die bislang allgemeine Auffassung in der Literatur hält diese Definition des Begriffs der »wirtschaftlichen Tätigkeit« auf das entsprechende Merkmal in Art. 1 Abs. 2 der Leiharbeitsrichtlinie übertragbar[107]. Lediglich *Thüsing* und *Thieken* problematisieren die Übertragbarkeit der Definition, welche zum Wettbewerbsrecht gefasst wurde[108]. Zutreffend stellen sie fest, dass die Schutzrichtung des europäischen Wettbewerbsrechts mit der Schutzrichtung der Leiharbeitsrichtlinie grundverschieden ist. Gleichwohl bejahen auch sie letztlich die Übertragung der Rechtsprechung des EuGH ohne Einschränkungen.

b) Erfassung von Personalführungsgesellschaften von der Leiharbeitsrichtlinie?

Rieble und *Vielmeier*[109] ziehen ebenfalls die Rechtsprechung des EuGH zur Konkretisierung der wirtschaftlichen Tätigkeit heran; bezogen auf die konzerninterne Arbeitnehmerüberlassung kommen sie aber zu dem Ergebnis, dass reine Personalführungsgesellschaften überhaupt nicht von der Leiharbeitsrichtlinie erfasst seien[110].

Erforderlich sei danach nämlich ein Tätigwerden »am Markt«. Werde ein Verleihunternehmen von einer Konzernobergesellschaft dirigiert, so könne von einer eigenständigen unternehmerischen Tätigkeit keine Rede sein; es fehle insoweit an der Selbstständigkeit des Verleihunternehmens. Vor allem

---

[106] EuGH 18.6.1998 – C-35/96 (*Kommission/Italien*), Slg. 1998, I-3851 (Rn. 36); EuGH 12.12.2000 - C-180/98 bis C-184/98 (*Pavlov u.a.*), Slg. 2000, I-6451 (Rn. 75); EuGH 19.2.2002 – C-309/99 (*Wouters u.a.*), Slg. 2002, I-01577 (Rn. 47); EuGH 10.1.2006 – C-222/04 (*Cassa di Risparmio di Firenze*), Slg. 2006, I-00289 (Rn. 108); vgl. *Weiß in:* Calliess/Ruffert, EUV, AEUV Art. 101 AEUV Rn. 29.

[107] So auch *Beck* in: Dornbusch/Fischermeier/Löwisch, FA-Kommentar ArbR § 1 AÜG Rn. 33; *Hamann*, RdA 2011, 321 (324); *Lembke*, FA 2011, 290 (290); *Leuchten*, NZA 2011, 608 (609); *Löwisch/Domisch*, BB 2012, 1408 (1409); *Rosenau/Mosch*, NJW-Spezial 2011, 242 (242); *Sansone*, Gleichstellung von Leiharbeitnehmern nach deutschem und Unionsrecht, S. 472; *Thüsing/Thieken*, DB 2012, 347 (348); *Ulber* in: Ulber, AÜG 4. Aufl., § 1 Rn. 196, 203; *Wank* in: Müller-Glöge/Preis/Schmidt, ErfK 14. Aufl., § 1 AÜG Rn. 31; a.A. wohl *Boemke*, RIW 2009, 177 (178), der sich bei der Definition des Begriffs der wirtschaftlichen Tätigkeit i.S.d. Art. 1 Abs. 2 RL an § 14 AO anlehnt.

[108] *Thüsing/Thieken*, DB 2012, 347 (349).

[109] *Rieble/Vielmeier*, EuZA 2011, 474 (480). Auch *Thüsing/Thieken* greifen diesen Gedanken auf, verwerfen diesen aber im Ergebnis aufgrund der Schutzrichtung der Leiharbeitsrichtlinie, vgl. *Thüsing/Thieken*, DB 2012, 347 (349).

[110] *Rieble/Vielmeier*, EuZA 2011, 474 (480). So auch *Beck* in: Dornbusch/Fischermeier/Löwisch, FA-Kommentar ArbR § 1 AÜG Rn. 33; *Thüsing/Thieken*, DB 2012, 347 (350); ähnlich auch *Hamann*, RdA 2011, 321 (324); Stellungnahme des BDA in Ausschussdrucksache 17(11)431 (Arbeit und Soziales) S. 17.

agiere eine reine Personalführungsgesellschaft eben nicht am Markt, sondern decke nur konzerninternen Personalbedarf ab und konkurriere daher nicht mit anderen (konzernexternen) Verleihunternehmen[111] Erforderlich für eine Marktteilnahme sei, dass es andere Anbieter als Konkurrenz gebe und der Kunde demnach zumindest potentiell die Wahl habe. Dies sei bei konzernangehörigen Personalführungsgesellschaften, die faktisch ein Monopol hinsichtlich der Leiharbeit innerhalb des Konzerns haben, aber nicht der Fall[112]: zwar dürfte es stets konzernexterne Verleihunternehmen geben, die auch dem konzernverbundenen Entleiher Leiharbeitnehmer überlassen würden, allerdings käme dies für die Konzernunternehmen von vorneherein nicht in Frage. Letztere hätten überhaupt kein wirtschaftliches Interesse an externen Anbietern, da es »Wesensmerkmal des Modells konzerninterner Personalführungsgesellschaften« sei, »dass eine Entleihung nur über diese stattfinden soll«[113]; dies könne sogar so weit gehen, dass es dem konzernverbundenen Entleiher seitens der Konzernspitze untersagt werde, die Angebote konzernexterner Verleihunternehmen überhaupt in Betracht zu ziehen. Folglich fehle es an einer Wettbewerbssituation zwischen sonstigen Verleihunternehmen und der Personalführungsgesellschaft und letztere sei überhaupt nicht am Markt tätig; die Leiharbeitsrichtlinie erfasse somit nicht die Tätigkeit einer Personalführungsgesellschaft.

Richtigerweise ist davon auszugehen, dass dem Europäischen Gesetzgeber bei Schaffung der Richtlinie die Rechtsprechung des EuGH bekannt war; insoweit müssen die Entscheidungen des EuGH hier auch zur Präzisierung des Art. 1 Abs. 2 der RL 2008/104/EG über Leiharbeit herangezogen werden. Während aber die Konzernierung von Unternehmen eine eingeschränkte Geltung des Wettbewerbs rechtfertigen *kann*, ist die Schutzbedürftigkeit von Leiharbeitnehmern, die von Personalführungsgesellschaften oder von Drittverleihern überlassen werden, identisch. Sofern es eine politische Entscheidung des Europäischen Gesetzgebers gibt, das Wettbewerbsrecht nicht auf konzerninterne Vorgänge zu erstrecken, kann diese Entscheidung nicht ohne weiteres auf konzerninterne Arbeitnehmerüberlassung kopiert werden. Daher ist es erforderlich, dass Belange des Arbeitnehmerschutzes bei der Heranziehung der EuGH-Rechtsprechung zur wirtschaftlichen Tätigkeit i.S.d. Wettbewerbsrecht berücksichtigt werden.

Das von *Rieble* und *Vielmeier* dargelegte Verständnis des Merkmals der »wirtschaftlichen Tätigkeit« i.S.d. Art. 1 Abs. 2 der Leiharbeitsrichtlinie verdient somit nach hier vertretener Meinung keine Zustimmung. Zwar könn-

---

111 *Rieble/Vielmeier*, EuZA 2011, 474 (480); dieser Argumentation insoweit folgend *Thüsing/Thieken*, DB 2012, 347 (349).
112 Insoweit auch *Thüsing/Thieken*, DB 2012, 347 (349).
113 *Thüsing/Thieken*, DB 2012, 347 (349).

te man eine wirtschaftliche Tätigkeit rein konzerninterner Überlassungsvorgänge bestreiten, wenn man hier die Rechtsprechung des EuGH in der Rechtssache *Floridienne und Berginvest*[114] heranzieht. Dort hat der EuGH einer Konzernmutter, welche ihrer Konzerntochter ein Darlehen gegeben hatte, die wirtschaftliche Tätigkeit abgesprochen. Diese Rechtsprechung könnte man durchaus auf rein konzerninterne Überlassungsvorgänge entsprechend anwenden. Allerdings war in diesem Fall für die Bestimmung der wirtschaftlichen Tätigkeit Art. 4 Abs. 2 der am 31.12.2006 außer Kraft getretenen Richtlinie 77/388/EWG zur Harmonisierung von Steuervorschriften maßgeblich, in der eine Marktteilnahme keine Rolle spielte. Dieses Urteil des EuGH vom 14.11.2000 kann also auf die hier vorliegende Rechtsfrage nicht übertragen werden, zumal es in diesem Fall um die Frage ging, ob eine gewisse Tätigkeit steuerpflichtig ist, während der Zweck der Leiharbeitsrichtlinie nicht die Harmonisierung von Steuervorschriften, sondern vor allem die Schaffung eines Mindestmaßes an Arbeitnehmerschutz ist.

Zieht man die Definition des EuGH zur wirtschaftlichen Tätigkeit[115] heran, wonach eine Marktteilnahme für die Bejahung der wirtschaftlichen Tätigkeit erforderlich ist, so muss eine *potentielle* Konkurrenzsituation für die Bejahung der Teilnahme am Markt und somit eine wirtschaftliche Tätigkeit i.S.d. Leiharbeitsrichtlinie ausreichend sein[116]. Diese liegt auch bei einer Personalführungsgesellschaft vor: Konzernexterne Verleihunternehmen wollen im Zweifel auch konzernverbundene Entleihunternehmen bedienen, nur werden sie im Vergleich zu Personalführungsgesellschaften regelmäßig das Nachsehen haben. Ausreichend ist es, dass der Zuschlag des Auftrags an die konzerninterne Verleihgesellschaft objektiv zu Lasten anderer Anbieter, d.h. Konkurrenten am Markt, geht[117].

Für die hier vertretene Meinung, wonach eine *potentielle* Marktteilnahme ausreichend ist, könnte auch der der Vergleich mit folgender Konstellation sprechen, bei der ein Verleihunternehmen seit längerer Zeit seine Arbeitskräfte ausschließlich an ein einziges Entleihunternehmen überlässt, mit dem es nicht konzernverbunden ist. Auch in dieser Fallgestaltung werden aufgrund der langjährigen Geschäftsbeziehung und dem damit einherge-

---

114 EuGH 14.11.2000 – C-142/99 (*Floridienne und Berginvest*), Slg. 2000, I-09567; noch deutlicher dazu die Schlussanträge des GenA *Fennelly* zur Rs. C-142/99 (*Floridienne und Berginvest*), Slg. 2000, I-09567 (Rn. 34 ff.).

115 EuGH 18.6.1998 – C-35/96 (*Kommission/Italien*), Slg. 1998, I-3851 (Rn. 36); EuGH 12.12.2000 – C-180/98 bis C-184/98 (*Pavlov u.a.*), Slg. 2000, I-6451 (Rn. 75); EuGH 19.2.2002 – C-309/99 (*Wouters u.a.*), Slg. 2002, I-01577 (Rn. 47); EuGH 10.1.2006 – C-222/04 (*Cassa di Risparmio di Firenze*), Slg. 2006, I-00289 (Rn. 108); vgl. *Weiß* in: Calliess/Ruffert, EUV, AEUV Art. 101 AEUV Rn. 29.

116 Dies räumt auch *Thüsing/Thieken*, DB 2012, 347 (349) ein. So auch *Ulber* in: Ulber, AÜG 4. Aufl., § 1 Rn. 204.

117 *Ulber* in: Ulber, AÜG 4. Aufl., § 1 Rn. 204.

henden gegenseitigen Vertrauen zwischen den Unternehmen mögliche konkurrierende Verleihunternehmen bei Neuaufträgen regelmäßig das Nachsehen haben; der bisherige Verleiher wird stets als »bekannt und bewährt« wieder beauftragt. Niemand käme aber in einer solchen Konstellation auf die Idee, die wirtschaftliche Tätigkeit des Verleihunternehmens aufgrund einer fehlenden Marktteilnahme in Frage zu stellen. Gleichwohl kann man diesem Beispiel den Unterschied zur konzerninternen Personalführungsgesellschaft entgegenhalten: Aufgrund einer Beherrschungssituation könnte die Konzernmutter die als Entleiher auftretende Tochtergesellschaft anweisen, Leiharbeitnehmer ausschließlich von der Personalführungsgesellschaft und nicht von Dritten zu beziehen. Insoweit ist der konzernverbundene Entleiher nicht so frei in seiner Auswahl an Verleihern wie etwa das Entleiherunternehmen in dem eben aufgeführten Beispiel.

Wenn man überhaupt die (potentielle) Marktteilnahme einer konzernangehörigen Personalführungsgesellschaft verneinen wollte, so müsste die fehlende Zulassung von Wettbewerb kausal auf die Konzernbindung rückführbar sein. Folglich kann es nicht ausreichen, dass die Personalführungsgesellschaft – wie im eben genannten Beispiel – allein wegen des Grundsatzes »bekannt und bewährt« von ihren Konzernschwestern wiederbeauftragt wird, sondern es muss eine Direktive der Konzernmutter aufgrund einer Beherrschungssituation vorliegen. Allein eine *faktische* »Monopolstellung« der Personalführungsgesellschaft kann nicht ausreichend sein – erforderlich ist zumindest eine Weisung i.S.d. § 308 Abs. 1 S. 1 AktG. Hier ist die Ansicht von *Rieble*, *Vielmeier* und *Thüsing* zu pauschal.

Aber selbst im Falle einer Direktive, wonach Leiharbeitnehmer nur von der konzernangehörigen Personalführungsgesellschaft zu beziehen sind, ist zu berücksichtigen, dass der Vorstand einer beherrschten Konzerntochter zwar verpflichtet ist, der Weisung Folge zu leisten (vgl. § 308 Abs. 2 S. 1 AktG), allerdings hätte ein Verstoß gegen die Direktive nicht die Unwirksamkeit des Arbeitnehmerüberlassungsvertrags mit dem externen Verleihunternehmen, sondern allenfalls einen Schadensersatzanspruch gegen den Vorstand der Tochtergesellschaft zur Folge[118]. *Objektive* Hindernisse stünden einer Drittvergabe also nicht entgegen. Somit wäre auch in einem solchen Fall die Beauftragung eines Drittverleihes möglich und eine Konkurrenzsituation läge zumindest potentiell vor. *Warum* der Konzernentleiher ein konzernexternes Unternehmen nicht beauftragen möchte, spielt somit nur im Innenverhältnis eine Rolle.

Vergleicht man Art. 1 Abs. 2 der Leiharbeitsrichtlinie mit Art. 1 Nr. 1 lit. c) S. 1 der Betriebsübergangsrichtlinie 2001/23/EG, so drängen sich hier Parallelen auf: Auch die Betriebsübergangsrichtlinie gilt für öffentliche und

[118] *Emmerich* in: Emmerich/Habersack, Konzernrecht, § 308 Rn. 52, Rn. 67.

private Unternehmen, die eine *wirtschaftliche Tätigkeit* ausüben. Auch wenn § 613a Abs. 1 BGB auf das Vorliegen eines Betriebs- oder Betriebsteils und nicht auf ein wirtschaftlich tätiges Unternehmen abstellt und so letztlich weiter als die Richtlinie gefasst ist, ist doch unstreitig, dass ein Betriebsübergang zu bejahen ist, wenn die Betriebsmittel eines bislang rein konzernintern agierenden Zuliefererunternehmen an ein anderes rein konzernintern agierendes Unternehmen veräußert werden. In diesen Fällen wird die wirtschaftliche Tätigkeit der Konzernunternehmen nicht in Zweifel gezogen. Auch der EuGH ist bei der Bejahung von Betriebsübergängen großzügig, auch um eine effektive Umsetzung der Betriebsübergangsrichtlinie und dem damit einhergehenden Arbeitnehmerschutz gerecht zu werden.

Zwar dient die Leiharbeitsrichtlinie nicht ausschließlich – wie es bei der Betriebsübergangsrichtlinie der Fall ist – dem Arbeitnehmerschutz, da auch den Flexibilitätsinteressen der Unternehmen entsprochen werden soll (*flexicurity*), jedoch würde eine Ausklammerung der reinen Personalführungsgesellschaften aus der Richtlinie ausschließlich die Interessen der beteiligten Unternehmen zu Lasten jeglichen Arbeitnehmerschutzes bedienen. Dies kann nicht die Intention des europäischen Gesetzgebers gewesen sein. Es wird zwar Unternehmen geben, die nicht im Rahmen ihrer wirtschaftlichen Tätigkeit handeln, da ansonsten das Kriterium der »wirtschaftlichen Tätigkeit« i.S.d. Art. 1 Abs. 2 der Richtlinie überflüssig wäre. Dies bedeutet aber nicht im Umkehrschluss, dass ausgerechnet konzernintern agierende Verleihunternehmen zu diesen Unternehmen zählen müssen.

Der Anwendungsbereich der Leiharbeitsrichtlinie ist damit ähnlich großzügig zu ziehen wie dies der EuGH bei der Bejahung von Betriebsübergängen bereits getan hat, um eine effektive Umsetzung (*effet utile*) der Arbeitnehmerschutzvorschriften der Leiharbeitsrichtlinie zu gewährleisten[119].

Dies kann ohne Widersprüche nur erreicht werden, indem eine potentielle Konkurrenzsituation für die Marktteilnahme einer Personalführungsgesellschaft für ausreichend erachtet wird. Es genügt daher, wenn der Entleiher hypothetisch in der Lage wäre, auch konzernexterne Verleihunternehmen auszuwählen und mit ihnen wirksame Arbeitnehmerüberlassungsverträge zu schließen. Diese potentielle Konkurrenzsituation wird regelmäßig vorliegen, sodass auch reine Personalführungsgesellschaften von der Leiharbeitsrichtlinie erfasst werden.

---

119 So halten auch *Thüsing/Thieken*, DB 2012, 347 (349) es für durchaus naheliegend, dass der EuGH aus diesem Grunde den Kreis der nichtwirtschaftlich tätigen Unternehmen sehr eng ziehen wird.

c) »*Wirtschaftliche Tätigkeit*« *i.S.d. § 1 Abs. 1 S. 1 AÜG*

Der deutsche Gesetzgeber veranlasste die Aufhebung des Kriteriums der Gewerbsmäßigkeit zugunsten der Neufassung mit dem Merkmal der wirtschaftlichen Tätigkeit, weil er letzterem Tatbestandsmerkmal einen weiteren Anwendungsbereich beimaß und deshalb eine Änderung des nationalen Überlassungsrechts für erforderlich hielt[120]. Er übernahm dabei bewusst den Wortlaut der Richtlinie und machte sich damit auch die Definition des Begriffs i.S.d. Art. 1 Abs. 2 der RL 2008/104/EG zu Eigen. Es bleibt folglich bei der Definition, wonach jede Tätigkeit als wirtschaftliche zu qualifizieren ist, wenn sie darin besteht, Güter oder Dienstleistungen auf einem bestimmten Markt anzubieten[121]. Nach der eben dargelegten Auffassung trifft dies auch auf rein konzernintern tätige Personalführungsgesellschaften zu.

Selbst wenn der Rechtsanwender der Ansicht[122] folgte, wonach Personalführungsgesellschaften nicht von der Leiharbeitsrichtlinie umfasst seien, änderte dies zumindest im deutschen Überlassungsrecht nichts: Der deutsche Gesetzgeber bezieht sich zwar ausdrücklich auf den Begriff der »wirtschaftlichen Tätigkeit« i.S.d. Leiharbeitsrichtlinie, allerdings führt er in der Gesetzesbegründung fort, dass durch die Neufassung auch *klargestellt* werden solle, dass gerade »konzerninterne Personalservicegesellschaften [...] eine Erlaubnis nach § 1 [AÜG, Anm. d. Verf.] benötigen«[123]. Der Gesetzgeber schließt folglich in seiner Gesetzesbegründung ausdrücklich aus, dass rein konzerninterne Verleihunternehmen von den Restriktionen des AÜG befreit werden. Somit ergäbe sich – folgte man dem von *Rieble* und *Vielmeier* begründeten Ansatz – selbst dann keine Privilegierung konzerninterner Verleihunternehmen[124].

---

120 BT-Drs. 17/4804, S. 8.

121 EuGH 18.6.1998 – C-35/96 (*Kommission/Italien*), Slg. 1998, I-3851 (Rn. 36); EuGH 12.12.2000 – C-180/98 bis C-184/98 (*Pavlov u.a.*), Slg. 2000, I-6451 (Rn. 75); EuGH 19.2.2002 – C-309/99 (*Wouters u.a.*), Slg. 2002, I-01577 (Rn. 47); EuGH 10.1.2006 – C-222/04 (*Cassa di Risparmio di Firenze*), Slg. 2006, I-00289 (Rn. 108); vgl. *Weiß* in: Calliess/Ruffert, EUV, AEUV Art. 101 AEUV Rn. 29.

122 *Rieble/Vielmeier*, EuZA 2011, 474 (480); *Thüsing/Thieken*, DB 2012, 347 (350); ähnlich auch *Hamann*, RdA 2011, 321 (324); siehe hierzu S. 118 ff.

123 BT-Drs. 17/4804, S. 8.

124 Auch *Hamann*, RdA 2011, 321 (324) und *Thüsing/Thieken*, DB 2012, 347 (350) folgen *Rieble/Vielmeier* insoweit, dass die Leiharbeitsrichtlinie Personalführungsgesellschaften nicht erfasse, halten dieses Ergebnis aber aufgrund der bewussten Entscheidung des Gesetzgebers aber nicht für ins deutsche Recht übertragbar. *Rieble/Vielmeier*, EuZA 2011, 474 (481) dagegen halten diesen speziell gefassten Willen des Gesetzgebers für irrelevant, weil er sich nicht im Wortlaut des § 1 Abs. 1 S. 1 AÜG wiederfinde. Ähnlich *Löwisch/Domisch*, BB 2012, 1408 (1409 f.).

d) Zwischenergebnis

Nach der Reform des AÜG entscheidet nun das Kriterium der »wirtschaftlichen Tätigkeit« mit über die Anwendbarkeit des Gesetzes, § 1 Abs. 1 S. 1 AÜG. Dabei hat der Gesetzgeber schlicht das entsprechende Merkmal aus Art. 1 Abs. 2 der Leiharbeitsrichtlinie und darüber hinaus dessen Definition übernommen. Im Zusammenhang mit konzerninternen Arbeitnehmerüberlassungen geht man teilweise davon aus, dass solchen Verleihunternehmen mitunter die Marktteilnahme fehlt, weshalb in diesen Fällen den Verleihern eine »wirtschaftliche Tätigkeit« abzusprechen sei und die Richtlinie folglich nicht gelte. Nach hier vertretener Auffassung genügt indessen schon die Möglichkeit einer Konkurrenztätigkeit mit Drittverleihern, um die Anwendbarkeit der Richtlinie zu bejahen. Übertragen ins deutsche Recht ergeben sich in diese Richtung letztlich aber keine Zweifel, da der Gesetzgeber in seiner Begründung zum AÜG ausdrücklich erklärt hat, Personalführungsgesellschaften in den Anwendungsbereich einzubeziehen.

3. Zusammenfassung

Das Erste Gesetz zur Änderung des AÜG hat zwar die Streitigkeiten, die sich um den Begriff der »Gewerbsmäßigkeit« im Kontext mit der konzerninternen Arbeitnehmerüberlassung entfaltet hatten, beseitigt. Allerdings wurde durch die Einfügung des Merkmals der »wirtschaftlichen Tätigkeit« eine neue Rechtslage geschaffen, die Anlass für neue Diskussionen über die Reichweite des AÜG geben wird. Die Unklarheit an dieser Stelle beruht nicht ausschließlich auf einer Fehlleistung des nationalen Gesetzgebers; schon die Leiharbeitsrichtlinie ist hier ungenau, scheint sie sich doch auf eine Definition des EuGH zum Wettbewerbsrecht zu stützen, welchem eine völlig andere Schutzrichtung zukommt als der RL 2008/104/EG über Leiharbeit.

Im Vergleich zur vormaligen Fassung ist der Anwendungsbereich des AÜG an sich nun deutlich weiter, da nicht nur Unternehmen mit Gewinnerzielungsabsicht, sondern auch gemeinnützige und karitative Unternehmen erfasst werden. An sich ist diese Umsetzung der Richtlinie zu begrüßen, da man kaum begründen kann, warum Leiharbeitnehmer in gemeinnützigen Unternehmen pauschal weniger schützenswert sein sollen als in profitorientierten Unternehmen – an dem prekären Charakter ihrer Tätigkeit ändert eine karitative Ausrichtung des Arbeitgebers schließlich zunächst nichts. Bezogen auf die konzerninterne Leiharbeit indessen bringt die Reform keinen grundsätzlichen Umbruch: Nach dem letzten Stand zur alten Fassung handelten – nach hier vertretener Auffassung – auch konzerninterne Personalführungsgesellschaften, welche zum Selbstkostenpreis Arbeitnehmer überlassen, mit Gewinnerzielungsabsicht sofern ein Gewinnabführungsvertrag existierte. Das BAG zog den Anwendungsbereich zuletzt sogar noch weiter. Nachdem nun auf die wirtschaftliche Tätigkeit abgestellt wird und der Gesetzgeber laut seiner Gesetzesbegründung insbesondere konzerninterne Verleihunternehmen einbeziehen will, fallen jetzt umfassend *alle* konzerninternen Verleihgesellschaften unter das AÜG. Künftig werden konzernverbundene Unternehmen nicht mehr die Möglichkeit haben, sich den Restriktionen des AÜG mittels einer Verneinung des Merkmals der »wirtschaftlichen Tätigkeit« durch entsprechende rechtliche Gestaltung ihrer Vertragspraxis zu entziehen.

II. Auswirkungen der Reform auf das Konzernprivileg des § 1 Abs. 3 Nr. 2 AÜG

Die Reform des AÜG im Jahr 2011 durch das Erste Gesetz zur Änderung des AÜG hatte eine Änderung des Konzernprivilegs zur Folge. Um bestimmen zu können, inwieweit künftig konzerninterne Arbeitnehmerüberlassung durch Nichtanwendung des AÜG aufgrund der Konzernklausel privilegiert wird, ist auch die Reichweite der Konzernklausel in den früheren Fassungen des AÜG – insbesondere in der Form des AÜG zwischen 1985 und 2011 – zu erörtern. Erst mit der Kenntnis dieser Hintergründe und nach einer Definition früherer Regelungen, mit denen ein ähnlicher Zweck verfolgt wurde wie mit dem heutigen Konzernprivileg ist dann eine Definition des § 1 Abs. 3 Nr. 2 AÜG in der aktuellen Fassung denkbar.

1. Konzernprivileg in den ersten Fassungen des AÜG

Schon bei der Einführung des AÜG im Jahr 1972 wurde diskutiert, ob dessen Restriktionen auch für jene Fälle gelten, in denen Konzernunternehmen untereinander Arbeitnehmer für einen bestimmten Zeitraum überlassen[125].

Im Gesetzestext der ursprünglichen Fassung des AÜG zumindest fand sich keine ausdrückliche Regelung, welche die Geltung des AÜG in bestimmten Fällen des Konzernverleihs ausnahm; eine solche Regelung wurde erst im Rahmen des BeschFG von 1985 mit Art. 1 Abs. 3 Nr. 2 AÜG geschaffen. Es fanden sich aber bereits in der Gesetzesbegründung zum AÜG 1972 Ausführungen zu Art. 1 § 1, wonach das Überlassen von Arbeitnehmern zwischen Betrieben, die wirtschaftlich unter einer »einheitlichen Leitung« stehen, nicht von der Erlaubnispflicht umfasst sein soll[126]. Offen-

---

[125] Vgl. *Feuerborn*, WiVerw 2001, 190 (192); *Germakowski* in: Urban-Crell/Germakowski, AÜG, § 1 Rn. 232; *Rüthers/Bakker*, ZfA 1990, 245 (296).
[126] BT-Drs. VI/2303 S. 10.

sichtlich ging der Gesetzgeber davon aus, dass es in diesem Fall an der Gewerbsmäßigkeit, also der Absicht, aus der Überlassung einen wirtschaftlichen Gewinn zu erzielen, fehlt.

Da – wie bereits ausgeführt[127] – die »einheitliche Leitung« auch das zentrale Tatbestandsmerkmal des § 18 Abs. 1 S. 1 AktG zur Bestimmung eines Konzerns darstellt, wurde schon vor dem BeschFG 1985 überwiegend vertreten, dass innerhalb eines Konzerns der flexible Personaleinsatz zwischen den Konzernunternehmen durch Leiharbeit nicht erlaubnispflichtig sei[128]. Begründet wurde dies vor allem mit der fehlenden Arbeitsmarktrelevanz eines konzerninternen Arbeitseinsatzes von Arbeitnehmern; auch seien Arbeitnehmer innerhalb des Konzerns vor Missbrauch und Ausbeutung weitgehend geschützt[129]. In diesem Zuge wurde von den Befürwortern eines – wenn auch nicht ausdrücklich geregelten – Konzernprivilegs auf die Gesetzesbegründung von 1972 verwiesen.

Umso erstaunlicher war allerdings, dass bei der Einfügung des Konzernprivilegs im Rahmen des BeschFG 1985 der Gesetzgeber in der Gesetzesbegründung ausführte, dass die vorübergehende Arbeitnehmerüberlassung »zwischen Konzernunternehmen *in Zukunft* von der Anwendung des AÜG ausgenommen« sein sollte[130]. *Martens* bemerkte dazu damals: »Für die Zukunft soll die Anwendung des AÜG ausgeschlossen werden, die schon in der Vergangenheit nahezu unstreitig nicht in Betracht kam«[131]. Gleichwohl fühlten sich Vertreter der bis dahin in der Tendenz als Mindermeinung einzustufenden Ansicht[132] in ihrer Auffassung bestätigt, bis zum BeschFG sei die konzerninterne Arbeitnehmerüberlassung nicht privilegiert gewesen, weil auch im Konzern ein lückenloser Arbeitnehmerschutz, wie ihn das AÜG bezwecke, nicht gesichert sei[133].

---

127 Vgl. S. 41.

128 So etwa *Becker*, Kommentar zum Arbeitnehmerüberlassungsgesetz 2. Aufl., Einl. Rn. 27, Art. 1 § 1 Rn. 34; *Hempel*, Das Spannungsverhältnis zwischen dem sozialen Schutz der Arbeitnehmer und den wirtschaftlichen Interessen der Verleiher und der Entleiher bei der Arbeitnehmerüberlassung, S. 173; *Henssler*, Der Arbeitsvertrag im Konzern, S. 53; *Joost*, DB 1980, 161 (163); *Ramm*, ZfA 1973, 263 (276 Fn, 46); *Martens*, DB 1985, 2144 (2144 f.) m.w.N.; *Witten*, Vertragsgestaltung und Gesetzesbindung im Recht der Zeitarbeit, S. 89; *Worpenberg*, Die konzerninterne Arbeitnehmerüberlassung, S. 32; vgl. auch *Turkenburg*, Möglichkeiten und Grenzen konzerneigener Verleihunternehmen und Personalführungsgesellschaften, S. 75.

129 *Martens*, DB 1985, 2144 (2149).

130 BT-Drs. X/3206 S. 33.

131 *Martens*, DB 1985, 2144 (2144).

132 *Franßen/Haesen*, AÜG, Art. 1 § 1 AÜG Rn. 54 ff. wohl auch *Konzen*, ZfA 1982, 259 (267).

133 Auch das BAG geht in einem Urteil über einen Altfall von der Geltung des AÜG auch bei konzerninterner Arbeitnehmerüberlassung aus, BAG 17.1.2007 – 7 AZR 23/06, DB 2007, 1034 (B I 2 b aa, bb). Das BAG stützt sich im Wesentlichen

Seit 1985 jedenfalls war aber das »Ob« der Konzernprivilegierung nicht mehr umstritten[134], weshalb sich an dieser Stelle eine Diskussion dieser seit 25 Jahren nicht mehr praxisrelevanten Diskussion erübrigt. Auch der Gesetzgeber sah den sozialen Schutz der Arbeitnehmer im konzerninternen Arbeitsmarkt für nicht gefährdet und hielt die Reglementierung desselben für eine »bürokratische Förmlichkeit«[135]. Das Konzernprivileg des § 1 Abs. 3 Nr. 2 AÜG, wie es durch das BeschFG geschaffen wurde, bestand in dieser Form bis zur aktuellen Reform des AÜG durch das Erste Gesetz zur Änderung des Arbeitnehmerüberlassungsgesetz – Verhinderung von Missbrauch der Arbeitnehmerüberlassung vom 29.4.2011.

Im Folgenden soll nun erörtert werden, welche Änderungen sich hinsichtlich des »Wie« des Konzernprivilegs durch die aktuelle Gesetzesänderung ergeben. Dazu soll insbesondere die Reichweite des Konzernprivilegs sowohl nach der alten als auch nach der neuen Fassung diskutiert und verglichen werden.

2. Konzernunternehmen i.S.d. § 18 AktG

Der Ausnahmetatbestand des § 1 Abs. 3 Nr. 2 AÜG verweist hinsichtlich des Konzernbegriffs auf den gesamten § 18 AktG. Unerheblich ist, welche Rechtsform das konzernangehörige Unternehmen hat[136] und welche konkrete Konzernart vorliegt (Unterordnungs-, Gleichordnungskonzern oder faktischer Konzern)[137]. Der Tatbestand eines »Konzerns« i.S.d. § 1 Abs. 3 Nr. 2 AÜG i.V.m. § 18 AktG wurde bereits erörtert[138]. An dem

---

auf die „Klarstellung" in BT-Drs. X/3206 S. 33. Allerdings ist es problematisch, die Drucksache des 1985 von der CDU/CSU/FDP dominierten Bundestages als Anlass zu nehmen, das 1972 von einem sozialliberalen geprägten Bundestag erlassene AÜG *nachträglich* (also für den Zeitraum von 1972 bis 1985) völlig neu zu interpretieren.

134 Auch der Diskussionsentwurf von *Henssler* und *Preis* zur Schaffung eines Arbeitsvertragsgesetzes (NZA-Beil. zu Heft 21/2007) sah in § 91 Abs. 2 Nr. 2 ArbVG ein Konzernprivileg vor, welches vom Wortlaut her identisch mit § 1 Abs. 3 Nr. 2 AÜG war.

135 BT-Drs. 10/3206, S. 33; *Helle*, Konzernbedingte Kündigungsschranken bei Abhängigkeit und Beherrschung durch Kapitalgesellschaften, S. 141; *Waas* in: Thüsing, AÜG 2. Aufl., § 1 Rn. 185.

136 Es handelt sich insoweit um eine rechtsformneutrale Verweisung, sodass das Konzernprivileg auch bei Personengesellschaften denkbar wäre; vgl. BAG 5.5.1988 – 2 AZR 795/87, NZA 1989, 18 (III 2 d cc); *Dumke*, Rationalisierung durch konzernangehörige Personalführungsgesellschaften, S. 32; *Feuerborn*, WiVerw 2001, 190 (195); *Turkenburg*, Möglichkeiten und Grenzen konzerneigener Verleihunternehmen und Personalführungsgesellschaften, S. 76; *Waas* in: Thüsing, AÜG 2. Aufl., § 1 Rn. 187; a.A. *Schuster/Grüneberg*, AiB 2012, 81 (84).

137 *Feuerborn*, WiVerw 2001, 190 (195); *Hamann*, Fremdpersonal im Unternehmen, S. 39.

138 Vgl. bereits S. 39.

Tatbestandsmerkmal des Konzerns im Rahmen des § 1 Abs. 3 Nr. 2 AÜG hat sich durch die Reform des AÜG nichts geändert. Ob die Konzernunternehmen ihren jeweiligen Sitz in verschiedenen Staaten haben, spielt in diesem Kontext keine Rolle[139].

3. Inhalt des Konzernprivilegs gemäß § 1 Abs. 3 Nr. 2 AÜG a.F.

In der Fassung des AÜG bis zum 30.11.2011 war das Gesetz auf die Arbeitnehmerüberlassung zwischen Konzernunternehmen nicht anzuwenden[140], wenn der Leiharbeitnehmer seine Arbeit vorübergehend nicht bei seinem Arbeitgeber leistet, § 1 Abs. 3 Nr. 2 AÜG a.F. Diese Fassung beruhte auf dem Beschäftigungsförderungsgesetz von 1985.

Dieses Konzernprivileg befreite die Beteiligten – ähnlich wie im Falle des Fehlens des Kriteriums der Gewerbsmäßigkeit[141] – von dem Gleichstellungsgrundsatz[142] sowie von den bis 2003 geltenden Höchstüberlassungsfristen[143]. War das Konzernprivileg daher einschlägig, konnten Konzernunternehmen nach der damaligen Rechtslage untereinander zeitlich unbegrenzt und ohne kostenverursachende Gleichstellungspflichten Leiharbeitnehmer einsetzen und auf diese Weise ihre Personalkosten massiv senken. Allerdings galt die Konzernprivilegierung nicht für jedweden Überlassungsvorgang zwischen Konzernunternehmen. Vielmehr sollten nur »vorübergehende« Einsätze vom AÜG ausgenommen sein.

a) Keine Beschränkung des Konzernprivileg a.F. auf nichtgewerbsmäßige Überlassungen

Bevor die Reichweite des Konzernprivilegs nach § 1 Abs. 3 Nr. 2 AÜG a.F. selbst diskutiert wird, ist der kontrovers geführte Streit zu erörtern, ob nach

---

[139] DA-AÜG (2004), S. 26; *Boemke/Lembke*, Arbeitnehmerüberlassungsgesetz, § 1 Rn. 193; *Hamann* in: Schüren/Hamann, AÜG 4. Aufl., § 1 Rn. 491; *Turkenburg*, Möglichkeiten und Grenzen konzerneigener Verleihunternehmen und Personalführungsgesellschaften, S. 77; *Sandmann/Marschall*, AÜG Art. 1 § 1 Rn. 80; *Schubel*, BB 1985, 1606 (1608); a.A. *Ulber*, AÜG 3. Aufl., § 1 Rn. 246.

[140] Mit Ausnahme der § 1b S. 1, § 16 Abs. 1 Nr. 1b, Abs. 2 bis Abs. 5, § 17 und § 18 AÜG (vgl. Einls. zu § 1 Abs. 3 AÜG), welche auch im Falle des Konzernprivilegs Anwendung finden. Diese Normen spielen aber im Rahmen dieser Arbeit eine untergeordnete Rolle.

[141] Vgl. bereits S. 96.

[142] *Ulber*, AÜG 3. Aufl., § 1 Rn. 246.

[143] *Becker/Wulfgramm*, Kommentar zum Arbeitnehmerüberlassungsgesetz, Art. 1 § 1 Rn. 114; *Feuerborn*, WiVerw 2001, 190 (201). Konsequenterweise drohte den beteiligten Unternehmen damit auch keine Fiktion nach § 10 Abs. 1 AÜG a.F. oder die Verwirklichung von Straf- und Ordnungswidrigkeitstatbeständen (§§ 15 ff. AÜG a.F.).

der alten Rechtslage die Anwendbarkeit der Konzernklausel nur für nichtgewerbsmäßige Überlassungen oder auch für gewerbsmäßige Arbeitnehmerüberlassung denkbar war[144].

Ulber lehnte die Geltung des Konzernprivilegs für gewerbsmäßige Überlassungsvorgänge mit der Argumentation ab, dass sich die »Gewerbsmäßigkeit« und eine »vorübergehende« Überlassung, wie sie beim Konzernprivileg vorliegen muss (dazu gleich), gegenseitig ausschließen. Weil nämlich ein gewerbsmäßiges Handeln *auf Dauer* angelegt sei, könne nicht gleichzeitig eine Überlassung *vorübergehend* erfolgen[145].

Die h.M.[146] indessen wendete das Konzernprivileg zutreffend auch auf gewerbsmäßige Arbeitnehmerüberlassung an. Gegen den Ansatz von *Ulber* sprach bereits der Wortlaut des § 1 Abs. 3 Nr. 2 AÜG a.F.[147]. Dort wurde – im Gegensatz zu § 1 Abs. 1 S. 1 AÜG a.F. – nicht zwischen gewerbsmäßiger und nichtgewerbsmäßiger Arbeitnehmerüberlassung differenziert. Auch in systematischer Hinsicht war die nichtgewerbsmäßige Arbeitnehmerüberlassung bereits nach § 1 Abs. 1 S. 1 AÜG a.F. von den Restriktionen des AÜG befreit, sodass es der Ausnahme des Konzernprivilegs gar nicht mehr bedurfte[148]. Die Regelung des § 1 Abs. 3 Nr. 2 AÜG a.F. hatte nur dann einen eigenen Anwendungsbereich, wenn die Privilegierung gerade für die gewerbsmäßige Leiharbeit galt.

Zudem überzeugte *Ulbers* Argumentation nicht, weil sich das Kriterium der Dauerhaftigkeit im Rahmen der Prüfung der Gewerbsmäßigkeit allgemein auf das abstrakte Tätigwerden des Verleihers bezog, während sich »vorübergehend« i.S.d. § 1 Abs. 3 Nr. 2 AÜG a.F. an dem konkreten Einsatz bzw. Nichteinsatz des einzelnen Arbeitnehmers bei dessen Arbeitgeber orientierte[149]. Die Begriffe regelten also zwei völlig verschiedene Sachverhalte und schlossen sich daher nicht gegenseitig aus.

---

144 *Waas* in: Thüsing, AÜG 2. Aufl., § 1 Rn. 186.

145 *Ulber*, Arbeitnehmerüberlassungsgesetz, § 1 Rn. 247; ähnlich auch *Becker*, DB 1988, 2561 (2564).

146 BAG 21.3.1990 - 7 AZR 198/89, NZA 1991, 269; *Boemke/Lembke*, Arbeitnehmerüberlassungsgesetz, S. 191; *Feuerborn*, WiVerw 2001, 190 (194); *Maywald*, Der Einsatz von Arbeitnehmern in Matrixstrukturen multinationaler Konzerne, S. 120; *Rüthers/Bakker*, ZfA 1990, 245 (301); *Thüsing* in: Konzen/Krebber/Raab u. a. (Hrsg.), Festschrift für Rolf Birk zum siebzigsten Geburtstag, 659 (860 f.); *Sandmann/Marschall*, AÜG Art. 1 § 1 Rn. 70; *Urban-Crell/Schulz*, Arbeitnehmerüberlassung und Arbeitsvermittlung, Rn. 559; *Worpenberg*, Die konzerninterne Arbeitnehmerüberlassung, S. 119 ff.

147 *Boemke/Lembke*, Arbeitnehmerüberlassungsgesetz, S. 191; *Feuerborn*, WiVerw 2001, 190 (194); *Urban-Crell/Schulz*, Arbeitnehmerüberlassung und Arbeitsvermittlung, Rn. 559.

148 So auch *Rüthers/Bakker*, ZfA 1990, 245 (301).

149 So auch *Maywald*, Der Einsatz von Arbeitnehmern in Matrixstrukturen multinationaler Konzerne, S. 119.

Somit war das Konzernprivileg des § 1 Abs. 3 Nr. 2 AÜG a.F. für jegliche Art von Arbeitnehmerüberlassung – egal ob diese gewerbsmäßig oder nichtgewerbsmäßig erfolgte – anwendbar.

b) Vorübergehend i.S.d. § 1 Abs. 3 Nr. 2 AÜG a.F.

Weitgehende Einigkeit bestand darüber, dass das Tatbestandsmerkmal »vorübergehend« i.S.d. § 1 Abs. 3 Nr. 2 AÜG a.F. weit auszulegen ist[150]. Insoweit lag hier eine Ausnahme von dem Grundsatz vor, dass Ausnahmevorschriften restriktiv auszulegen sind[151]. Der Nichteinsatz eines Arbeitnehmers bei seinem Arbeitgeber wurde als »vorübergehend« eingeordnet, wenn die Überlassung »nicht endgültig« erfolgt[152]. Das Kriterium »vorübergehend« i.S.d. § 1 Abs. 3 Nr. 2 AÜG bezog sich dabei nicht auf den Überlassungsvorgang selbst, sondern auf das Nichttätigwerden beim eigenen Arbeitgeber[153]. Arbeitete der entsandte Arbeitnehmer üblicherweise bei sei-

---

[150] *Feuerborn*, WiVerw 2001, 190 (198); *Gaul*, BB 1996, 1224 (1224); *Germakowski* in: Urban-Crell/Germakowski, AÜG, § 1 Rn. 226; *Hahn*, Die Überlassung von Leiharbeitnehmern innerhalb Deutschlands sowie in den Wirtschaftssektor der Europäischen Union und in einen europäischen Drittstaat am Beispiel der Schweiz, S. 11; *Hamann* in: Schüren/Hamann, AÜG 4. Aufl., § 1 Rn. 507; *Kim*, Die konzerninterne Arbeitnehmerüberlassung durch die Personalführungsgesellschaft und das Betriebsverfassungsrecht, S. 14; *Popp*in: Böhm/Hennig/Popp, Zeitarbeit, Rn. 269; *Tucci*, Arbeitnehmermobilität im Konzern, S. 178; *Turkenburg*, Möglichkeiten und Grenzen konzerneigener Verleihunternehmen und Personalführungsgesellschaften, S. 78; *Rüthers/Bakker*, ZfA 1990, 245 (298); *Sandmann/Marschall*, AÜG Art. 1 § 1 Rn. 81; *Waas* in: Thüsing, AÜG 2. Aufl., § 1 Rn. 194b; widersprüchlich *Urban-Crell/Schulz*, Arbeitnehmerüberlassung und Arbeitsvermittlung, wonach eine restriktive Auslegung der Ausnahmevorschrift geboten (Rn. 558), das Merkmal vorübergehend aber als entscheidendes Kriterium weit auszulegen sei (Rn. 567).

[151] *Larenz/Canaris*, Methodenlehre der Rechtswissenschaft, S. 175.

[152] Zuletzt etwa BAG 18.7.2012 – 7 AZR 451/11, EzA-SD 2012, Nr. 22, 3 (A II 2 b bb [2] [a]); *Becker/Wulfgramm*, Kommentar zum Arbeitnehmerüberlassungsgesetz, Art. 1 § 1 Rn. 120; *Boemke/Lembke*, Arbeitnehmerüberlassungsgesetz, § 1 Rn. 199; *Feuerborn*, WiVerw 2001, 190 (197); *Hamann* in: Schüren/Hamann, AÜG 4. Aufl., § 1 Rn. 507; *Helle*, Konzernbedingte Kündigungsschranken bei Abhängigkeit und Beherrschung durch Kapitalgesellschaften, S. 140; *Thüsing* in: Konzen/Krebber/Raab u. a. (Hrsg.), Festschrift für Rolf Birk zum siebzigsten Geburtstag, 659 (862 f.); *Tucci*, Arbeitnehmermobilität im Konzern, S. 178

[153] BAG 20.4.2005 – 7 ABR 20/04, NZA 2005, 1006 (B II 2 b cc); *Boemke/Lembke*, Arbeitnehmerüberlassungsgesetz, § 1 Rn. 202; *Feuerborn*, WiVerw 2001, 190 (197); *Hahn*, Die Überlassung von Leiharbeitnehmern innerhalb Deutschlands sowie in den Wirtschaftssektor der Europäischen Union und in einen europäischen Drittstaat am Beispiel der Schweiz, S. 11; *Hamann* in: Schüren/Hamann, AÜG 4. Aufl., § 1 Rn. 506; *Lembke*, DB 2011, 414 (415); *Popp* in: Böhm/Hennig/Popp, Zeitarbeit, Rn. 268; *Schaub*, Arbeitnehmerüberlassung, S. 114; *Schubel*, BB 1985, 1606 (1607); *Tucci*, Arbeitnehmermobilität im Konzern, S. 178; *Turkenburg*, Möglichkeiten und Grenzen konzerneigener Verleihunternehmen und Personalführungsgesellschaften, S. 78; *Urban-Crell/Schulz*, Arbeitnehmerüberlassung und Arbeitsvermittlung, Rn. 567;

nem vertraglichen Arbeitgeber und stand für den Arbeitnehmer bei seiner Rückkehr ein Arbeitsplatz zur Verfügung, so war auch ein längerer Einsatzzeitraum noch vorübergehend[154]. Die Rechtsprechung[155] etwa ließ selbst mehrjährige Überlassungsintervalle noch unter den Geltungsbereich des Konzernprivilegs fallen[156].

Anerkannt war ferner, dass die damals noch geltenden Höchstüberlassungsfristen im AÜG zur Konkretisierung des Merkmals ungeeignet waren[157]. Es wurde zu Recht für sinnwidrig gehalten, den Höchstüberlassungsfristen (§ 3 Abs. 1 Nr. 6 AÜG a. F.), welche als Bestandteil des AÜG gerade durch das Konzernprivileg ausgeschlossen sein sollten, über das Merkmal »vorübergehend« wieder Geltung zu verschaffen[158]. Man konnte folglich keine zeitliche Höchstgrenze festsetzen, bei deren Überschreitung stets der vorübergehende Charakter der Überlassung entfiel[159].

Jedoch besaß das Merkmal »vorübergehend« i.S.d. § 1 Abs. 3 Nr. 2 AÜG a.F. hinsichtlich der Bestimmung des Konzernprivilegs kaum Aussagekraft; das gleiche galt für dessen Umschreibung als »nicht endgültig«. Es wurden daher zur alten Rechtslage von einer Vielzahl von Autoren Fallkonstellationen gebildet, um die Grenzen des § 1 Abs. 3 Nr. 2 AÜG genauer umreißen zu können. Die daraus resultierenden Theorien hinsichtlich der

---

Waas in: Thüsing, AÜG 2. Aufl., § 1 Rn. 194a; *C. Weber*, Das aufgespaltene Arbeitsverhältnis, S. 143, 310; a.A. offensichtlich *T. Giesen/Müller*, KSzW 2012, 20 (25).

154 BAG 18.7.2012 - 7 AZR 451/11, EzA-SD 2012, Nr. 22, 3 (A II 2 b bb [2] [a]); DA-AÜG (2004), S. 27.

155 BAG 21.3.1990 - 7 AZR 198/89, NZA 1991, 269; LAG Nürnberg 18.8.2003 - 9 (4) TaBV 48/02, LAGE § 9 BetrVG 2001 Nr. 2 (II 2 b aa [3]); BAG 10.3.2004 - 7 ABR 49/03, NZA 2004, 1340 (B I 1 a aa).

156 In diese Richtung auch *Becker/Wulfgramm*, Kommentar zum Arbeitnehmerüberlassungsgesetz, Art. 1 § 1 Rn. 120; *Boemke/Lembke*, Arbeitnehmerüberlassungsgesetz, § 1 Rn. 200; *Feuerborn*, WiVerw 2001, 190 (197); *Gaul*, BB 1996, 1224 (1224); *Hahn*, Die Überlassung von Leiharbeitnehmern innerhalb Deutschlands sowie in den Wirtschaftssektor der Europäischen Union und in einen europäischen Drittstaat am Beispiel der Schweiz, S. 11; *Kalb* in: Henssler/Willemsen/Kalb, ArbR-Komm. 4. Aufl., § 1 AÜG Rn. 54; *Maywald*, Der Einsatz von Arbeitnehmern in Matrixstrukturen multinationaler Konzerne, S. 115; *Schaub*, Arbeitnehmerüberlassung, S. 115; *Urban-Crell/Schulz*, Arbeitnehmerüberlassung und Arbeitsvermittlung, Rn. 569; a.A. *Ulber*, AÜG 3. Aufl., § 1 Rn. 253.

157 *Feuerborn*, WiVerw 2001, 190 (197); *Martens*, DB 1985, 2144 (2149); *Rüthers/Bakker*, ZfA 1990, 245 (298); *Urban-Crell/Schulz*, Arbeitnehmerüberlassung und Arbeitsvermittlung, Rn. 569; *Worpenberg*, Die konzerninterne Arbeitnehmerüberlassung, S. 117.

158 Vgl. *Witten*, Vertragsgestaltung und Gesetzesbindung im Recht der Zeitarbeit, S. 90.

159 *Becker*, DB 1988, 2561 (2564); *Boemke/Lembke*, Arbeitnehmerüberlassungsgesetz, § 1 Rn. 200; *Hahn*, Die Überlassung von Leiharbeitnehmern innerhalb Deutschlands sowie in den Wirtschaftssektor der Europäischen Union und in einen europäischen Drittstaat am Beispiel der Schweiz, S. 11; *Popp* in: Böhm/Hennig/Popp, Zeitarbeit, Rn. 270.

Reichweite des Konzernprivilegs waren jedoch bis zuletzt umstritten – insbesondere was den maßgeblichen Zeitpunkt der Beurteilung betraf[160]:

aa) Die Entscheidung des ArbG Köln v. 9.2.1996

Die weiteste Interpretation führte das ArbG Köln[161] durch, welches den vorübergehenden Charakter einer Überlassung nur dann verneinte, wenn im Laufe einer Überlassung irgendwann positiv festgestellt werden konnte, dass der Arbeitnehmer nicht mehr zu seinem ursprünglichen Arbeitgeber zurückkehrt

Nach dem ArbG Köln war dies etwa dann der Fall, wenn der überlassende Arbeitgeber sein Versetzungsrecht verliert, sei es, weil dies durch eine Vereinbarung mit dem Arbeitnehmer geschieht, der Arbeitgeber einseitig darauf verzichtet oder weil der Arbeitnehmer – auf welche Weise auch immer – *verbindlich* zum Ausdruck bringt, dass er künftig dauerhaft im Entleiherbetrieb beschäftigt werden will. Es wurde in diesem Zusammenhang vertreten, dass Arbeitnehmerüberlassung »ohnehin einen interimistischen Charakter« habe, also stets vorübergehend sei[162]: Bei reinen Verleihunternehmen kehre der Arbeitnehmer nach dessen Einsatz zumindest kurzzeitig in das Unternehmen seines Arbeitgebers zurück, wo er auf die nächste Überlassung warten müsse. Lediglich bei Personalführungsgesellschaften, bei denen der Arbeitnehmer einmalig dauerhaft zu *einem* Unternehmen entsandt werde, sollte es an den erforderlichen kurzzeitigen Rückkehrintervallen fehlen[163].

Die Ansicht des ArbG Köln wurde zu Recht von weiten Teilen der Lehre abgelehnt[164]. Das Gericht stützte sich insbesondere auf eine Entscheidung des BAG vom 5.5.1988[165], ging aber inhaltlich nur insoweit mit dem Urteil konform, als es feststellte, das bei der konzerninternen Arbeitnehmerüberlassung in der Regel nicht der arbeits- und sozialrechtliche Status des Leiharbeitnehmers gefährdet sei. Was die Reichweite des Merkmals »vorübergehend« anging, hatte das BAG dessen Einschlägigkeit aber nur deswegen bejaht, weil in dem entschiedenen Fall bereits bei Beginn der Überlassung

---

160 Vgl. auch *Feuerborn*, WiVerw 2001, 190 (198 ff.); *Maywald*, Der Einsatz von Arbeitnehmern in Matrixstrukturen multinationaler Konzerne, S. 116 ff.; *Turkenburg*, Möglichkeiten und Grenzen konzerneigener Verleihunternehmen und Personalführungsgesellschaften, S. 80 ff.

161 ArbG Köln 9.2.1996 – 2 Ca 6262/95, BB 1996, 800 (I 4).In diese Richtung auch *Martens*, DB 1985, 2144 (2149); *Schubel*, BB 1985, 1606 (1607).

162 *Schubel*, BB 1985, 1606 (1607).

163 *Martens*, DB 1985, 2144 (2149).

164 Etwa *Feuerborn*, WiVerw 2001, 190 (198 f.); *Hamann* in: Schüren/Hamann, AÜG 4. Aufl., § 1 Rn. 511; *Urban-Crell/Schulz*, Arbeitnehmerüberlassung und Arbeitsvermittlung, Rn. 571.

165 BAG 5.5.1988 – 2 AZR 795/87, NZA 1989, 18.

»eine zeitliche Begrenzung vorgesehen gewesen«[166] war. Das ArbG Köln dagegen zog eine ex-post-Betrachtung vor und legte zwar § 1 Abs. 3 Nr. 2 AÜG a.F. mit der ganz h.M. weit aus, jedoch ging dessen Auslegung so weit, dass kaum noch Konstellationen verblieben, in denen das Konzernprivileg nicht zutraf[167]. In diesem Fall wäre aber das Kriterium »vorübergehend« völlig überflüssig gewesen und man hätte das Konzernprivileg gleich auf das Erfordernis des Konzern i.S.d. § 18 AktG reduzieren können.

Wie bereits dargelegt war es erforderlich, dass der Leiharbeitnehmer bei der Rückkehr vom Entleiherbetrieb in dem Produktionsbetrieb seines Arbeitgebers einen Arbeitsplatz und nicht nur einen Stuhl vorfindet, auf dem er auf seine nächste Entsendung wartet. Auch die Ausführungen von *Martens* und *Schubel*, die eine ähnliche Auffassung wie das ArbG Köln vertraten, waren in sich widersprüchlich. Sie legten das Konzernprivileg bei reinen Verleihgesellschaften mit mehreren Entleihunternehmen und Personalführungsgesellschaften mit nur einem Entleihunternehmen unterschiedlich aus[168]: Das Erfordernis eines eigenen Produktionsbetriebs beim Verleihunternehmen wurde verneint, während dessen Fehlen bei Personalführungsgesellschaften gerade der Grund für das Nichtgreifen der Konzernklausel darstellte[169]. Warum ein Arbeitnehmer, der ständig von einer Personalführungsgesellschaft zu einem Unternehmen entsandt wird, schutzwürdiger sein soll als ein Arbeitnehmer, der – ohne bei seinem Arbeitgeber zu arbeiten – ständig bei verschiedenen Entleihern eingesetzt wird, ist aber nicht ersichtlich.

Darüber hinaus ist die vom ArbG Köln durchgeführte ex-post-Betrachtungsweise wegen der fehlenden Rechtssicherheit angreifbar. Stellt sich nach mehreren Jahren der Überlassung heraus, dass der Arbeitnehmer nicht zu seinem Arbeitgeber zurückkehrt, so wäre nach dieser Ansicht der *gesamte* Überlassungsvorgang nicht von § 1 Abs. 3 Nr. 2 AÜG gedeckt. Geht der Arbeitgeber dabei die ganze Zeit von der Einschlägigkeit des Privilegs aus und beantragt er deshalb die Überlassungserlaubnis nicht, wäre eine nachträgliche Fiktion nach §§ 9 Nr. 1, 10 Abs. 1 S. 1 AÜG a.F. sowie eine nachträgliche Geldbuße von bis zu 25.000 Euro nach § 16 Abs. 1 Nr. 1, Abs. 2 AÜG a.F. die Folge[170].

---

166 BAG 5.5.1988 – 2 AZR 795/87, NZA 1989, 18 (III 2 a).

167 Dies geben selbst die Anhänger dieser Ansicht zu, vgl. *Martens*, DB 1985, 2144 (2149). Siehe auch *Turkenburg*, Möglichkeiten und Grenzen konzerneigener Verleihunternehmen und Personalführungsgesellschaften, S. 80.

168 *Martens*, DB 1985, 2144 (2149); *Schubel*, BB 1985, 1606 (1608); kritisch dazu *Schaub*, Arbeitnehmerüberlassung, S. 118.

169 So *Turkenburg*, Möglichkeiten und Grenzen konzerneigener Verleihunternehmen und Personalführungsgesellschaften, S. 81; *Worpenberg*, Die konzerninterne Arbeitnehmerüberlassung, S. 123 f.

170 *Feuerborn*, WiVerw 2001, 190 (199); so auch *Maywald*, Der Einsatz von Arbeitnehmern in Matrixstrukturen multinationaler Konzerne, S. 116; *Turkenburg*, Möglichkei-

bb) Der Ansatz von Rüthers/Bakker

Rüthers/Bakker ließen es für die Anwendbarkeit von § 1 Abs. 3 Nr. 2 AÜG a.F. genügen, wenn die Überlassung »bis auf weiteres« praktiziert, dem Arbeitnehmer aber eine einseitige Rückkehroption eingeräumt wird bzw. der Arbeitgeber eine verbindliche Rückkehrzusage abgibt[171]. Solange diese Option besteht, sei die Überlassung nicht endgültig, insbesondere sei keine Gefährdung der Arbeitnehmerinteressen zu befürchten, da der Arbeitnehmer jederzeit den Überlassungsvorgang einseitig beenden könne. Erst wenn der Leiharbeitnehmer sich für eine dauerhafte Beschäftigung im Entleiherbetrieb entscheidet, sei der vorübergehende Charakter der Entsendung zu verneinen.

Auch diese Ansicht, die von der eben dargestellten Ansicht des ArbG Köln darin abweicht, dass allein dem Arbeitnehmer das einseitige Rückkehrrecht eingeräumt wird, ist abzulehnen[172]. Im Wesentlichen kann hier auf die eben ausgeführten Argumente bezüglich der Rechtsunsicherheit einer ex-post-Betrachtung Bezug genommen werden. Gerade hier ist es kaum nachvollziehbar, warum der Arbeitnehmer es in der Hand haben soll, durch seine Option bzw. durch deren Verzicht entscheiden zu können, ob das Konzernprivileg greift oder nicht und ob der Verleiher eine Ordnungswidrigkeit nach § 16 Abs. 1 Nr. 1 AÜG begeht oder der Entleiher mittels der Fiktion neuer Arbeitgeber des Leiharbeitnehmers wird.

cc) Die ex-ante-Betrachtung der überwiegenden Ansicht

Wegen dieser großen Rechtsunsicherheit und der drohenden Konsequenzen, welche mit einer ex-post-Betrachtung einhergingen, waren die vorgenannten Ansichten zum ehemaligen Konzernprivileg nach Auffassung der h.M. fernliegend. Richtigerweise müsse der vorübergehende Charakter einer Überlassung schon bei deren Beginn feststellbar sein. Dem ist grundsätzlich zuzustimmen.

Unproblematisch ist es hierbei, wenn der Einsatz des Arbeitnehmers beim Entleiher von Anfang an konkret befristet ist und dieser danach zu

---

ten und Grenzen konzerneigener Verleihunternehmen und Personalführungsgesellschaften, S. 81.

171 *Rüthers/Bakker*, ZfA 1990, 245 (298 f.); *Worpenberg*, Die konzerninterne Arbeitnehmerüberlassung, S. 125.

172 *Boemke/Lembke*, Arbeitnehmerüberlassungsgesetz, § 1 Rn. 199; *Feuerborn*, WiVerw 2001, 190 (199 f.); *Gaul*, BB 1996, 1224 (1224); *Hamann*, Anm. zu BAG 20.4.2005 EzA § 14 AÜG Nr. 5, S. 20; *ders.* in: Schüren/Hamann, AÜG 4. Aufl., § 1 Rn. 510; *Popp* in: Böhm/Hennig/Popp, Zeitarbeit, Rn. 269; *Tucci*, Arbeitnehmermobilität im Konzern, S. 181; *Urban-Crell/Schulz*, Arbeitnehmerüberlassung und Arbeitsvermittlung, Rn. 572; *Waas* in: Thüsing, AÜG 2. Aufl., § 1 Rn. 197.

seinem Arbeitgeber zurückkehrt[173], wobei es als unerheblich gelten muss, ob es sich dabei um eine Zeit- oder um eine Zweckbefristung handelt[174]. In diesen Fällen ist eine Überlassung regelmäßig »vorübergehend«. Dessen ungeachtet ist eine vorübergehende Überlassung i.S.d. ehemaligen Konzernprivilegs abzulehnen, wenn die Beschäftigungsmöglichkeit des Arbeitnehmers im Stammbetrieb entfällt und nicht wieder hergestellt werden kann[175]. Allerdings muss der genaue Rückkehrzeitpunkt nicht konkret feststehen[176], es reicht aus, wenn dieser Zeitpunkt bestimmbar[177] ist.

Es stellte sich in diesem Kontext die Frage, unter welchen Voraussetzungen der Rückkehrzeitpunkt aus ex-ante-Sicht bestimmbar ist. Es wurde – um Nachteile der länger nicht in ihrem Stammunternehmen arbeitenden Arbeitnehmer zu vermeiden – überwiegend für sachgerecht erachtet, zur Konkretisierung des Merkmals hilfsweise auf die in § 14 Abs. 1 S. 2 TzBfG normierten Befristungsgründe zurückzugreifen[178]. In diesem Fall wäre eine nicht ausdrücklich befristete Überlassung von Arbeitnehmern noch als vorübergehend zu qualifizieren gewesen, wenn eine befristete Einstellung der Arbeitnehmer im Fremdunternehmen nach dem Katalog des § 14 Abs. 1

---

173 *Boemke/Lembke*, Arbeitnehmerüberlassungsgesetz, § 1 Rn. 199; *Düwell* in: Leinemann, KassHdB, 4.5. Rn. 203; *Feuerborn*, WiVerw 2001, 190 (200); *Gaul*, BB 1996, 1224 (1225); *Hamann* in: Schüren/Hamann, AÜG 4. Aufl., § 1 Rn. 507; *Maywald*, Der Einsatz von Arbeitnehmern in Matrixstrukturen multinationaler Konzerne, S. 118; *Ulber*, AÜG 3. Aufl., § 1 Rn. 253; *Waas* in: Thüsing, AÜG 2. Aufl., § 1 Rn. 194 b.

174 *Boemke/Lembke*, Arbeitnehmerüberlassungsgesetz, § 1 Rn. 199; *Feuerborn*, WiVerw 2001, 190 (200); *Tucci*, Arbeitnehmermobilität im Konzern, S. 179; *Ulber*, AÜG 3. Aufl., § 1 Rn. 253.

175 *Boemke/Lembke*, Arbeitnehmerüberlassungsgesetz, § 1 Rn. 199.

176 BAG 5.5.1988 – 2 AZR 795/87, NZA 1989, 18 (III 2 a); LAG Rheinland-Pfalz 3.5.2006 – 10 Sa 913/05, n.v. (II 1); LAG München 26.10.2006 – 4 Sa 1324/05, EzAÜG § 10 AÜG Fiktion Nr. 115 (II 2 a aa); *Düwell* in: Leinemann, KassHdB, 4.5. Rn. 204; *Fabritius*, Konzerninterne Arbeitnehmerüberlassung im Krankenhaus, S. 44; *Germakowski* in: Urban-Crell/Germakowski, AÜG,§ 1 Rn. 227; *Hahn*, Die Überlassung von Leiharbeitnehmern innerhalb Deutschlands sowie in den Wirtschaftssektor der Europäischen Union und in einen europäischen Drittstaat am Beispiel der Schweiz, S. 11; *Hamann* in: Schüren/Hamann, AÜG 4. Aufl., § 1 Rn. 508; *Popp* in: Böhm/Hennig/Popp, Zeitarbeit, Rn. 269; *Wank* in: Müller-Glöge/Preis/Schmidt, ErfK 11. Aufl., § 1 AÜG Rn. 60; a.A. wohl *Boemke/Lembke*, Arbeitnehmerüberlassungsgesetz, § 1 Rn. 199; *Ulber*, AÜG 3. Aufl., § 1 Rn. 253.

177 *Forst*, ZESAR 2011, 316 (319); *Tucci*, Arbeitnehmermobilität im Konzern, S. 183; *Waas* in: Thüsing, AÜG 2. Aufl., § 1 Rn. 194b.

178 BAG 21.3.1990 – 7 AZR 198/89, NZA 1991, 269 (I 3 b cc); *Feuerborn*, WiVerw 2001, 190 (200); *Grimm/Brock*, Praxis der Arbeitnehmerüberlassung, § 3 Rn. 32; *Hamann* in: Schüren/Hamann, AÜG 4. Aufl., § 1 Rn. 508; *Maywald*, Der Einsatz von Arbeitnehmern in Matrixstrukturen multinationaler Konzerne, S. 118; *Ulber*, AÜG 3. Aufl., § 1 Rn. 253; *Urban-Crell/Schulz*, Arbeitnehmerüberlassung und Arbeitsvermittlung, Rn. 572; *Waas* in: Thüsing, AÜG 2. Aufl., § 1 Rn. 196; ähnlich *Turkenburg*, Möglichkeiten und Grenzen konzerneigener Verleihunternehmen und Personalführungsgesellschaften, S. 84 f.

S. 2 TzBfG denkbar ist. In diesem Zusammenhang wurden vor allem die Befristungsgründe nach Nr. 1[179] (vorübergehender betrieblicher Bedarf an der Arbeitsleistung), und Nr. 3 (als Vertretung eines anderen Arbeitnehmers), zum Teil aber auch Nr. 4[180] (Eigenart der Arbeitsleistung rechtfertigt Befristung) als praktische Anwendungsfälle herangezogen.

Das Abstellen auf das Befristungsrecht in jenen Fällen, in denen der Rückkehrzeitpunkt nicht ausdrücklich festgelegt wurde, wurde von Teilen der Literatur kritisiert. So monierte *Worpenberg*[181], dass ein Abstellen auf Befristungsgründe dazu führen könne, das reine Verleihunternehmen unter die Konzernklausel fallen, obwohl der Gesetzgeber dies nicht berücksichtigt hatte. *Worpenberg* verkannte dabei aber, dass auch bei Bejahung eines Tatbestands des § 14 Abs. 1 S. 2 TzBfG zusätzlich der entsandte Arbeitnehmer bei seiner Rückkehr im Betrieb des Verleihers einen eigenen Arbeitsplatz vorfinden muss, damit das Konzernprivileg einschlägig ist; dies war und ist bei reinen Verleihunternehmen aber regelmäßig nicht der Fall. *Tucci* war der Meinung, dass das Abstellen auf das Befristungsrecht der weiten Auslegung des Konzernprivilegs widerspreche; ausreichend müsse sein, dass die Überlassung nicht endgültig erfolgt und eine Rückkehr des Leiharbeitnehmers zu seinem Arbeitgeber mit Beschäftigungsperspektive besteht[182]. Allerdings blieb *Tucci* eine Konkretisierung, in welchen Fällen nun eine solche Rückkehr- und Beschäftigungsperspektive anzunehmen sei, schuldig. Von anderen Autoren dagegen wurde die bloß *subsidiäre* Bedeutung des Befristungsrechts beim Konzernprivileg verkannt und deshalb der Rückgriff auf das Befristungsrecht insgesamt kategorisch abgelehnt[183].

Turkenburg stimmte der Konkretisierung einer »vorübergehenden« Überlassung durch das Befristungsrecht grundsätzlich zu, jedoch nicht einem Rückgriff auf § 14 Abs. 1 S. 2 Nr. 4 TzBfG (Eigenart der Arbeitsleistung

---

179 § 14 Abs. 1 S. 2 Nr. 1 TzBfG ist danach als Konkretisierung des Konzernprivilegs einschlägig, wenn zum Zeitpunkt des Überlassungsbeginn der Verleiher aufgrund greifbarer Tatsachen mit hinreichender Sicherheit annehmen kann, dass der Arbeitskräftebedarf beim Entleiher in Zukunft wegfallen wird; vgl. zur Definition des § 14 Abs. 1 S. 2 Nr. 1 TzBfG: BT-Drs. 14/4374, S. 19; *Maschmann* in: Annuß/Thüsing, TzBfG § 14 Rn. 23 m.w.N.; *Meinel* in: Meinel/Heyn/Herms, TzBfG, § 14 Rn. 47; *Müller-Glöge* in: Müller-Glöge/Preis/Schmidt, ErfK 14. Aufl., § 14 TzBfG Rn. 23.

180 *Feuerborn* verstand das Konzernprivileg unter Heranziehung des § 14 Abs. 1 S. 2 Nr. 4 TzBfG sehr weit: Eine Überlassung war danach »vorübergehend«, wenn die Tätigkeit nach allgemeiner Lebenserfahrung nicht auf Dauer angelegt ist; vgl. *Feuerborn*, WiVerw 2001, 190 (201).

181 *Worpenberg*, Die konzerninterne Arbeitnehmerüberlassung, S. 121; ähnlich auch *Tucci*, Arbeitnehmermobilität im Konzern, S. 180.

182 *Tucci*, Arbeitnehmermobilität im Konzern, S. 184.

183 So *Boemke/Lembke*, Arbeitnehmerüberlassungsgesetz, § 1 Rn. 201; *Kim*, Die konzerninterne Arbeitnehmerüberlassung durch die Personalführungsgesellschaft und das Betriebsverfassungsrecht, S. 15; *Sandmann/Marschall*, AÜG Art. 1 § 1 Rn. 81.

rechtfertigt Befristung). Aus ihrer Sicht wurde das von *Feuerborn* propagierte weite Verständnis dieser Norm, wonach es ausreichte, wenn nach allgemeiner Lebenserfahrung die Überlassung nicht auf Dauer angelegt ist, dem ursprünglichen Zweck der Norm als Spezialnorm für Tendenzunternehmen nicht gerecht. Vielmehr sei die extensive Auslegung der Nr. 4 nicht erforderlich, da in den meisten Fällen bereits über § 14 Abs. 1 S. 2 Nr. 1 TzBfG eine befristete Beschäftigung im Entleiherbetrieb möglich und daher eine vorübergehende Überlassung i.S.d. § 1 Abs. 3 Nr. 2 AÜG a.F. denkbar ist[184].

Mit der überwiegenden Ansicht zur ehemaligen Fassung des Konzernprivileg ist nach hier vertretener Ansicht die analoge Heranziehung des § 14 Abs. 1 S. 2 TzBfG – wenn ein konkreter Rückkehrzeitpunkt nicht vereinbart wurde – zur alten Fassung der Konzernklausel zielführend.

Dagegen ließe sich zwar einwenden, dass § 14 Abs. 1 S. 2 TzBfG auf die Tätigkeit im Arbeitgeberbetrieb abstellt, während »vorübergehend« i.S.d. § 1 Abs. 3 Nr. 2 AÜG a.F. auf die Unterbrechung der Tätigkeit im Arbeitgeberbetrieb abzielt und so die beiden Fälle an sich nicht vergleichbar waren. Allerdings handelt es sich sowohl bei dem TzBfG als auch bei dem AÜG um Gesetze, welche dem Schutz von Arbeitnehmern in atypischen Arbeitsverhältnissen dienen sei es, um eine Umgehung von Kündigungsschutzvorschriften zu vermeiden oder die Gleichstellung von mit Stammbeschäftigten zu erreichen. Insoweit verläuft die Schutzrichtung nahezu parallel.

Soweit *Turkenburg* die von *Feuerborn* befürwortete extensive Auslegung des § 14 Abs. 1 S. 2 Nr. 45 AÜG in diesem Kontext ablehnt, ist ihr zuzustimmen: Aus Gründen des Arbeitnehmerschutzes verbietet sich eine Auslegung dieser Norm zur Konkretisierung des Konzernprivilegs mit dem Ergebnis, dass eine Überlassung noch vorübergehend ist, wenn »die Tätigkeit nach allgemeiner Lebenserfahrung nicht auf Dauer angelegt« ist[185]. Einerseits hätte man dann nahezu jede Tätigkeit, die von Leiharbeitnehmern ausgeübt wird, unter diese Definition subsumieren können und andererseits wäre diese Auslegung von § 14 Abs. 1 S. 2 Nr. 4 TzBfG – im Gegensatz zu Nr. 1 und Nr. 3 – kaum geeignet, zum Zwecke der Rechtssicherheit das Konzernprivileg zu konkretisieren.

c) Zwischenergebnis

Eine Überlassung zwischen Konzernunternehmen war – unabhängig davon, ob die Überlassung gewerbsmäßig erfolgte oder nicht – somit dann »vorübergehend« i.S.d. § 1 Abs. 3 Nr. 2 AÜG a.F., wenn erstens bei Beginn

---

[184] Vgl. *Turkenburg*, Möglichkeiten und Grenzen konzerneigener Verleihunternehmen und Personalführungsgesellschaften, S. 85.

[185] *Feuerborn*, WiVerw 2001, 190 (201).

der Überlassung die Rückkehr des Arbeitnehmers bereits feststand und zweitens der entsendende Arbeitgeber im Zeitpunkt der Rückkehr des Arbeitnehmers diesem einen Arbeitsplatz zur Verfügung stellen konnte.

Die Rückkehr des Arbeitnehmers stand dann fest, wenn ein fest bestimmter Rückkehrtermin vereinbart wurde oder die Art der Beschäftigung des Leiharbeitnehmers im Entleiherbetrieb einen Sachgrund i.S.d. § 14 Abs. 1 S. 2 TzBfG rechtfertigte, wobei sich hier eine extensive Auslegung der Nr. 4 verbot.

Diese Überlegungen führen zu dem Schluss, dass reine Verleihgesellschaften – insbesondere die bereits dargestellten Personalführungsgesellschaften – sich nach alter Rechtslage *nicht* auf das Konzernprivileg berufen konnten[186], da sie regelmäßig nicht über Arbeitsplätze im eigenen Betrieb für die Leiharbeitnehmer verfügten. Diese Überlegungen decken sich auch mit den Vorstellungen des Gesetzgebers[187]. Nicht erfasst von dem Privileg waren auch sog. Springer, welche in Konzernunternehmen ausschließlich eingestellt werden, um in *anderen* Konzernunternehmen bei Auftragsspitzen tätig zu werden[188].

Nach der bisherigen Rechtslage war daher eine konzerninterne Arbeitnehmerüberlassung außerhalb des AÜG allenfalls bei Mischbetrieben, welche über einen eigenen Produktionsbetrieb verfügten, denkbar.

4. Inhalt des Konzernprivilegs nach § 1 Abs. 3 Nr. 2 AÜG n.F.

Mit der Reform des AÜG im Jahr 2011 wurde die Richtlinie 2008/104/EG über Leiharbeit umgesetzt und das in § 1 Abs. 3 Nr. 2 AÜG geregelte Konzernprivileg modifiziert. Nun reicht es nicht mehr aus, dass der Arbeitnehmer nur »vorübergehend« beim eigenen Arbeitgeber nicht beschäftigt wird. Nach der neuen Fassung soll nun Arbeitnehmerüberlassung zwischen Konzernunternehmen nur dann von den Beschränkungen des AÜG befreit sein, wenn der Arbeitnehmer »nicht zum Zweck der Überlassung eingestellt und beschäftigt« wird.

Nach der Ansicht des Gesetzgebers war die Änderung des Konzernprivilegs geboten, weil nach § 1 Abs. 1 S. 1 AÜG als neuer S. 2 festgelegt wurde,

---

[186] So auch *Becker/Wulfgramm*, Kommentar zum Arbeitnehmerüberlassungsgesetz, Art. 1 § 1 Rn. 117; *Becker*, DB 1988, 2561 (2564); *Germakowski* in: Urban-Crell/ Germakowski, AÜG, § 1 Rn. 235; *Kalb* in: Henssler/Willemsen/Kalb, ArbR-Komm. 4. Aufl., § 1 AÜG Rn. 54; *Schubel*, BB 1985, 1606 (1607); *Thüsing* in: Konzen/ Krebber/Raab u. a. (Hrsg.), Festschrift für Rolf Birk zum siebzigsten Geburtstag, 659 (863 f.); *Waas* in: Thüsing, AÜG 2. Aufl., § 1 Rn. 200; *Witten*, Vertragsgestaltung und Gesetzesbindung im Recht der Zeitarbeit, S. 91.

[187] BT-Drs. 10/3206, S. 33.

[188] *Witten*, Vertragsgestaltung und Gesetzesbindung im Recht der Zeitarbeit, S. 91; *Worpenberg*, Die konzerninterne Arbeitnehmerüberlassung, S. 119; a.A. *Schubel*, BB 1985, 1606 (1607).

dass allgemein die Überlassung von Arbeitnehmern vorübergehend erfolge. Dies hatte zur Folge, dass das Merkmal »vorübergehend« i.S.d. § 1 Abs. 3 Nr. 2 AÜG a.F. nicht mehr das entscheidende Abgrenzungskriterium innerhalb der Konzernklausel bleiben konnte[189].

Das Bundesministerium für Arbeit und Soziales (BMAS) schlug mit dem am 4.6.2010[190] veröffentlichten Diskussionsentwurf vor, das AÜG auf Überlassungsvorgänge zwischen Konzernunternehmen nicht anzuwenden, wenn der Arbeitnehmer »nicht zum Zwecke der Überlassung eingestellt wurde«. Auch der Referentenentwurf der Bundesregierung vom 2.9.2010[191] sah eine solche Neuregelung des Konzernprivilegs vor.

Der endgültige Gesetzesentwurf der Bundesregierung vom 17.2.2011[192] indessen wich davon ab; erforderlich sei, dass der Arbeitnehmer »nicht zum Zweck der Überlassung eingestellt und beschäftigt wird«. Die Bundesregierung ergänzte somit die vormalige Formulierung um das kumulative Erfordernis, dass der Arbeitnehmer auch zum Zwecke der Überlassung beschäftigt wird und setzte das Tempus vom Präteritum in das Präsens.

Sowohl der Bundesrat als auch der Ausschuss für Arbeit und Soziales beanstandeten den Entwurf – soweit es um das Konzernprivileg ging – nicht[193] und der Gesetzentwurf der Bundesregierung vom 17.2.2011 wurde unverändert vom Bundestag verabschiedet.

Schon frühzeitig wurde die Vereinbarkeit des § 1 Abs. 3 Nr. 2 AÜG mit der Richtlinie 2008/104/EG über Leiharbeit in Frage gestellt[194]. Bevor überhaupt eine Konkretisierung der neuen Konzernklausel vorgenommen werden kann, ist daher vorab zu klären, welche konkreten Vorgaben die Richtlinie macht. Je nachdem, ob ein Konzernprivileg mit der Leiharbeitsrichtlinie vereinbar ist oder nicht, muss dies anschließend bei der Bestimmung der Reichweite des § 1 Abs. 3 Nr. 2 AÜG mittels der richtlinienkonformen Auslegung berücksichtigt werden.

---

189 BT-Drs. 17/4804, S. 8; a.A. Stellungnahme des BDA in Ausschussdrucksache 17(11)431 (Arbeit und Soziales) S. 17 und Stellungnahme des AMP und BZA in Ausschussdrucksache 17(11)431 (Arbeit und Soziales) S. 28, wonach die Änderung überflüssig sei und lediglich zu Rechtsunsicherheit führe.

190 BMAS, Diskussionsentwurf eines Gesetzes zur Änderung des Arbeitnehmerüberlassungsgesetzes (AÜG) und des Arbeitnehmer-Entsendegesetzes (AEntG), Stand: 4.6.2010, S. 4, 11.

191 Gesetzentwurf der Bundesregierung (Gesetz zur Verhinderung und Missbrauch der Arbeitnehmerüberlassung), Stand: 2.9.2010, S. 4, 7.

192 BT-Drs. 17/4804.

193 BR-Drs. 847/10; BT-Drs. 17/5238. Nach Auffassung der SPD-Fraktion hätte die Konzernleihe deutlich mehr eingeschränkt werden müssen, vgl. BT-Drs. 17/5253, S. 3; ähnlich auch Fraktion BÜNDNIS 90/DIE GRÜNEN in BT-Drs. 17/5254, S. 3. Noch weitergehende Einschränkungen forderte die Fraktion Die LINKE, BT-Drs. 17/3752.

194 *Boemke*, RIW 2009, 177 (189); *Hamann*, EuZA 2009, 287 (303); *Thüsing*, RdA 2009, 118 (119).

Die Leiharbeitsrichtlinie gilt nach ihrem Art. 1 Abs. 1 für Arbeitnehmer, die mit einem Leiharbeitsunternehmen einen Arbeitsvertrag geschlossen haben oder ein Beschäftigungsverhältnis eingegangen sind, und entleihenden Unternehmen zur Verfügung gestellt werden, um vorübergehend unter deren Aufsicht und Leitung zu arbeiten. »Eckpfeiler«[195] der Richtlinie ist dabei der aus Art. 5 Abs. 1 der Richtlinie folgende Grundsatz der Gleichstellung von Leiharbeitnehmern mit den Beschäftigten des Entleihers, von welchem, soweit der Anwendungsbereich nach Art. 1 der Richtlinie eröffnet ist, nur in den Art. 5 Abs. 2 bis 4 geregelten Fällen abgewichen werden darf.

Der Gesetzgeber[196] und einzelne Stimmen in der Literatur[197] halten ein Konzernprivileg und die damit verbundene Ausklammerung des Gleichstellungsgrundsatzes für richtlinienkonform: Nach der Richtlinie seien Leiharbeitnehmer solche Arbeitnehmer, die mit einem Leiharbeitsunternehmen einen Arbeitsvertrag schließen, um in einem entleihenden Unternehmen eingesetzt zu werden. Arbeitnehmer, die jedoch überhaupt nicht zum Zwecke der Überlassung eingestellt und beschäftigt werden (vgl. § 1 Abs. 3 Nr. 2 AÜG), seien schon gar keine Leiharbeitnehmer i.S.d. Art. 1 Abs. 1 der RL 2008/104/EG. Folglich dürfe die Überlassung jener Arbeitnehmer, die letztlich nicht als Hauptzweck sondern als Nebenzweck eingestellt und überlassen werden auch von den Beschränkungen des AÜG als richtlinienumsetzendes Gesetz befreit werden. Arbeitnehmerüberlassung als »Nebenzweck« kommt letztlich nur bei Mischunternehmen in Betracht.

Dem widerspricht der Großteil der Lehre[198]. Der Anwendungsbereich der Richtlinie sei weit zu fassen, weshalb sie auch für die Konstellationen gelte,

---

195 *Hamann*, EuZA 2009, 287 (303).

196 BT-Drs. 17/4804, S. 8.

197 *Forst*, ZESAR 2011, 316 (320 f.); *Forst*, NZA 2011, Editorial zu Heft Nr. 11; *R. Giesen*, FA 2012, 66 (68 Fn. 24). Dagegen halten *Riederer v. Paar* und *Schüren/Wank* abstrakt ein Konzernprivileg für denkbar, ohne aber konkret zu der neuen Fassung des AÜG Stellung zu nehmen; vgl. *Riederer v. Paar* in: Schüren/Hamann, AÜG 4. Aufl., Einl. Rn. 613; *Schüren/Wank*, RdA 2011, 1 (6).

198 *Bayreuther*, ZESAR 2012, 405 (410); *Beck* in: Dornbusch/Fischermeier/Löwisch, FA-Kommentar ArbR § 1 AÜG Rn. 55; *Blank*, AuR 2011, 415 (417); *Blanke*, DB 2010, 1528 (1530); *Böhm*, DB 2011, 473 (474); *T. Giesen/Müller*, KSzW 2012, 20 (25); *Hamann*, EuZA 2009, 287 (303); *ders.*, Fremdpersonal im Unternehmen, S. 39; *ders.*, RdA 2011, 321 (333); *ders.*, ZESAR 2012, 103 (109); *Hirdina*, NZA 2011, 325 (327); *Lembke*, DB 2011, 414 (416); *ders.*, FA 2011, 290 (291); *ders.* in: Maschmann (Hrsg.), Rigidität und Flexibilität im Arbeitsrecht, 119 (147); *ders.*, BB 2012, 2487 (2499); *Linck*, FA 2011, 289 (289); *Preis* in: *Preis/Lindemann/Rolfs u.a.*, Der Arbeitsvertrag, II A 55, Rz. 13; *Rieble/Vielmeier*, EuZA 2011, 474 (485); *Sansone*, Gleichstellung von Leiharbeitnehmern nach deutschem und Unionsrecht, S. 476; *Thüsing*, RdA 2009, 118 (119); *Ulber*, AuR 2010, 10 (12); *ders.*, AuR 2011, 231 (231); *Wank*, RdA 2010, 193 (203); *ders.* in: Müller-Glöge/Preis/Schmidt, ErfK 14. Aufl., § 1 AÜG Rn. 57;

die der deutsche Gesetzgeber als von der Richtlinie befreit ansehe. Folglich könne der Gesetzgeber Überlassungsvorgänge nur dann von der Geltung des AÜG als richtlinienumsetzendes Gesetz freistellen, wenn auch die Richtlinie hier eine Ausnahme vorsehe. Dies sei aber nicht der Fall; insbesondere seien die Ausnahmen des Art. 5 Abs. 2 bis 4 hier nicht einschlägig.

Einigkeit besteht insoweit, als ein Gesetzgeber, der die RL 2008/104/EG umsetzt, nur dann bestimmte Überlassungsvorgänge von dem Gesetz freistellen kann, wenn entweder ein Ausnahmetatbestand der Richtlinie greift oder schon gar nicht deren Anwendungsbereich (Art. 1) eröffnet ist[199].

aa) Kein Ausnahmetatbestand für Konzernleihe in Richtlinie

Zwar sieht selbst die Leiharbeitsrichtlinie bestimmte – wenn auch eng gefasste[200] – Ausnahmen von ihrem eigenen Anwendungsbereich vor, weshalb solche grundsätzlich denkbar sind[201]. Allerdings ist hier für Konzernunternehmen keine entsprechende Regelung ersichtlich. Weder ist hier Art. 1 Abs. 3 der Richtlinie einschlägig[202], noch helfen in diesem Fall die Tatbestände des Art. 5 Abs. 2 bis 4 der Richtlinie weiter[203]; die Leiharbeitsrichtlinie kennt ein »Konzernprivileg« nicht[204]. Aus der Richtlinie ist erkennbar, dass überhaupt nur dann eine Abweichung, etwa vom Gleichstellungsgrundsatz, denkbar ist, wenn ein angemessenes Schutzniveau der Arbeitnehmer gewährleistet ist. Das ist bei Arbeitnehmerentsendung innerhalb des Konzerns nicht zwingend der Fall – auch wenn der Gesetzgeber bei Erlass des Konzernprivilegs im Jahre 1985 offensichtlich anderer Ansicht war (»eine soziale Gefährdung der Leiharbeitnehmer ist nicht gegeben«[205]). *Hamann* kritisiert in diesem Zusammenhang zu Recht das »verklärte« Bild des deutschen Gesetzgebers von Konzernen, denn auch innerhalb von Konzernstrukturen gibt es unterschiedliche Tarifsituationen[206], welche die Konzernleitung – auch zu Lasten von Leiharbeitnehmern – auszunutzen ver-

---

Walter, AuR 2011, 446 (446). Wohl auch *Boemke*, RIW 2009, 177 (333); *Raif*, GWR 2011, 303-303 (303); *Schuster/Grüneberg*, AiB 2012, 81 (84). Offen gelassen bei *Huke/Neufeld/Luickhardt*, BB 2012, 961 (366); *Oberthür*, ArbRB 2011, 146 (147).

199 *Rieble/Vielmeier*, EuZA 2011, 474 (485).

200 *Sommer*, AuR 2011, 421 (421).

201 *Waas*, ZESAR 2009, 207 (210).

202 *Lembke*, DB 2011, 414 (416).

203 So auch *Forst*, ZESAR 2011, 316 (318); *T. Giesen/Müller*, KSzW 2012, 20 (25); *Lembke*, DB 2011, 414 (416); *Raif*, GWR 2011, 303-303 (303); *Thüsing*, RdA 2009, 118 (119; *Ulber*, AuR 2010, 10 (12); *Wank* in: Müller-Glöge/Preis/Schmidt, ErfK 14. Aufl., § 1 AÜG Rn. 57.

204 *Hamann*, ZESAR 2012, 103 (109).

205 BT-Drs. 10/3206, S. 33.

206 Vgl. *Walter*, AuR 2011, 446 (446); ähnlich *Böhm*, DB 2011, 473 (474).

sucht, um den Konzerngewinn zu maximieren. Gegen eine Ausnahme für Konzernunternehmen spricht auch die Begründung des Rates im Gemeinsamen Standpunkt zum Erlass der Leiharbeitsrichtlinie[207], wonach es falsch sei, »den Mitgliedstaaten zu gestatten, bestimmte Unternehmen vom Grundsatz der Gleichbehandlung« zu befreien. Eine solche Ausnahme hatte auch die Bundesrepublik gefordert, aber nicht durchsetzen können[208]. Folglich ist es von dem Europäischen Gesetzgeber auch nicht gewollt, dass ganze Unternehmen nur aufgrund ihrer Branchenzugehörigkeit, wirtschaftlichen oder rechtlichen Verbindung[209] – etwa mittels § 18 AktG – von dem Anwendungsbereich der Leiharbeitsrichtlinie ausgenommen werden.

bb) Erfassung von Mischunternehmen

Die Auffassung des Gesetzgebers, dass eine Ausnahmeregelung entbehrlich ist, weil Arbeitnehmer, welche im Rahmen des Konzernprivilegs überlassen werden, schon keine Leiharbeitnehmer i.S.d. Art. 3 Abs. 1 lit. c) der Leiharbeitsrichtlinie seien, erscheint auf den ersten Blick nachvollziehbar: Der deutsche Gesetzgeber erachtet nur die Überlassung von Arbeitnehmern seitens reiner Verleihunternehmen als von der Richtlinie umfasst. Mischunternehmen, in denen Arbeitnehmer grundsätzlich im Betrieb des Arbeitgebers arbeiten und nur für eng umgrenzte Zeiträume als »Nebenzweck«[210] an andere Unternehmen überlassen werden, fallen dann aus dem Anwendungsbereich der Richtlinie heraus. Gerade solche (konzernverbundenen) Mischunternehmen sollten aber ursprünglich mit der Konzernklausel privilegiert werden[211].

Allerdings kann an dieser Stelle der Begründung des Gesetzgebers nur dann zugestimmt werden, wenn Mischunternehmen – unabhängig davon, ob sie konzerniert sind oder nicht – tatsächlich nicht von der Richtlinie umfasst sind.

Forst[212] verneint die Einbeziehung von Mischunternehmen. Die Richtlinie spreche von dem »Leiharbeitnehmer« nur dann, wenn dieser eingestellt werde »um einem entleihenden Unternehmen überlassen zu werden« (Art. 3 Abs. 1 lit. c der Richtlinie); erforderlich sei somit nach dem Wortlaut eine gewisse »Finalität« der Einstellung mit Blick auf eine Überlassung[213]. Eine solche Deutung ergebe sich auch aus den anderen Sprachfas-

---

207 Gemeinsamer Standpunkt (EG) Nr. 24/2008, ABlEG Nr. C 254 E v. 7.10.2008, S. 43.
208 *Hamann*, RdA 2011, 321 (323).
209 *Böhm*, DB 2011, 473 (474).
210 *Forst*, ZESAR 2011, 316 (320).
211 Vgl. S. 125.
212 *Forst*, ZESAR 2011, 316 (319 f.).
213 *Forst*, ZESAR 2011, 316 (317); *ders.*, NZA 2011, Editorial zu Heft Nr. 11.

sungen[214] der Richtlinie. Der Zweck der Leiharbeitsrichtlinie spreche zudem dafür, dass Unternehmen, welche Arbeitnehmer nur als Nebenzweck überlassen, nicht unter deren Anwendungsbereich fallen. So spiegele die Leiharbeitsrichtlinie das *Flexicurity*-Konzept der Europäischen Kommission wieder. Es widerspräche dem Art. 2 der Richtlinie, wonach die Entwicklung flexibler Arbeitsformen zu fördern sei, wenn man Unternehmen, die Arbeitnehmerüberlassung nur als Nebenzweck betreiben, in die Richtlinie einbezöge[215]. Durch den gleichgewichtigen Flexibilisierungszweck werde das Schutzanliegen der Leiharbeitsrichtlinie aufgewogen.

Kaum zutreffend ist es aber, aus dem Wortlaut der Richtlinie zu schließen, dass nur reine Verleihunternehmen von dem Anwendungsbereich der Leiharbeitsrichtlinie umfasst wären[216]. Art. 1 Abs. 1 der Richtlinie fordert, dass der Arbeitsvertrag oder das Beschäftigungsverhältnis begründet werden muss, um den Arbeitnehmer an einen Entleiher zu überlassen. *Forst* hingegen liest die Norm so, dass die Richtlinie nur gilt, wenn der Arbeitnehmer *ausschließlich* zu Überlassungszwecken den Arbeitsvertrag schließt oder das Beschäftigungsverhältnis eingeht. Für eine solche Reduzierung des Anwendungsbereichs der Richtlinie sind aber in deren 1. Kapitel keine Anhaltspunkte ersichtlich[217]. Zwar ist zuzugeben, dass ein gewisses Maß an »Finalität« in der Richtlinie angelegt ist, allerdings kann man eine bestimmte Finalität auch bei solchen Arbeitsverhältnissen bejahen, die eingegangen werden, um nur als Nebenzweck des Arbeitsverhältnisses Arbeitnehmerüberlassung zu betreiben.

Die Entstehungsgeschichte der Leiharbeitsrichtlinie bringt keine endgültige Klarheit mit sich. Die Regelung in Art. 1 Abs. 1, Art. 3 Abs. 1 lit. b, lit. c der Richtlinie, wonach das Beschäftigungsverhältnis eingegangen wird »um« den Arbeitnehmer an Dritte zu verleihen, fehlte in dem von der Kommission am 21.3.2002 vorgelegten Vorschlag noch völlig[218]. Diese Relativsätze wurden erst aufgrund der Änderungsanträge des Ausschusses für Beschäftigung und soziale Angelegenheiten vom 23.10.2002[219] übernommen. Dies erfolgte aber nicht, um das Erfordernis einer »Finalität« zu begründen, sondern vielmehr, um den »Dreieckscharakter der Leiharbeit besser herauszustellen«[220]. Vor allem aber verfolgte der Ausschuss das Ziel, durch die Änderung sicherzustellen, »dass <u>alle</u> Organisationen, die als Leiharbeitsunterneh-

---

214 Etwa im Englischen („in order to") oder Französischen („en vue de").

215 *Forst*, ZESAR 2011, 316 (320 f.); *ders.*, NZA 2011, Editorial zu Heft Nr. 11.

216 *Hamann*, EuZA 2009, 287 (297); *ders.*, ZESAR 2012, 103 (104).

217 *Rieble/Vielmeier*, EuZA 2011, 474 (481).

218 KOM(2002) 149 endg. – AblEG 2002/C 203 E/2.

219 Dok. A5-03556/2002, S. 19 f.

220 So die Kommission in ihrem geänderten Richtlinienvorschlag vom 28.11.2002, KOM(2002)701 endg. S. 2.

men tätig sind […] unter die Richtlinie fallen sollen«[221]. Wie aber konkret ein »Leiharbeitsunternehmen« zu definieren ist und ob auch Mischunternehmen unter diese Definition fallen, bleibt weiter offen[222].

Aus dem Zweck bzw. dem Konzept der Richtlinie (Flexicurity) kann nicht zwingend eine Beschränkung von deren Anwendungsbereich auf reine Verleihunternehmen gefolgert werden[223]. Der europäische Gesetzgeber wollte mit der Richtlinie ersichtlich Flexibilität *und* Sicherheit erreichen – Art. 2 bringt dies klar zum Ausdruck. So verbietet die Richtlinie eben nicht den flexiblen Einsatz von Leiharbeitnehmern, im Gegenteil: Nach Art. 4 Abs. 1 der Richtlinie ist die Einschränkung von Arbeitnehmerüberlassung nur aus Gründen des Allgemeininteresses zulässig. Diese gewünschte Flexibilität ist indessen nur denkbar, wenn gleichzeitig ein gewisses Maß an Sicherheit – quasi als Gegenleistung – gewährleistet wird[224]. Bei einer Ausklammerung der Mischunternehmen aus der Richtlinie würden so zu Lasten der Sicherheit der Leiharbeitnehmer ausschließlich die Flexibilitätsinteressen der Unternehmen berücksichtigt.

Schließlich büßte die Richtlinie im Falle einer Beschränkung auf Unternehmen, deren Hauptzweck die Arbeitnehmerüberlassung darstellt, einen Großteil ihrer praktischen Wirksamkeit ein: In der Praxis spielen Mischunternehmen eine erhebliche, wenn auch zuletzt rückläufige Rolle[225], zumal nach dem 11. Erfahrungsbericht der Bundesregierung gerade bei Mischunternehmen vermehrt Verstöße gegen zwingendes Arbeitnehmerschutzrecht festgestellt wurden[226] und somit gerade dort eine erhöhte Schutzbedürftigkeit der Arbeitnehmer festzustellen ist. Es entstünde eine »Zwei-Klassen-Gesellschaft« von Leiharbeitnehmern, nämlich solchen, die in reinen Verleihunternehmen beschäftigt sind und vom Gleichstellungsgrundsatz profitieren, und solchen, die in Mischunternehmen arbeiten und eben nicht durch den Gleichstellungsgrundsatz geschützt sind. Vor allem aber hätten es die Arbeitgeber in der Hand, durch eine entsprechende Organisation des Unternehmens als Mischunternehmen über die Geltung des AÜG zu disponieren[227], etwa indem der Zweck des Unternehmens nun nicht mehr aus-

---

221 Dok. A5-03556/2002, S. 20.

222 So auch *Hamann*, EuZA 2009, 287 (298).

223 *Böhm*, DB 2012, 918 (918).

224 So auch *Böhm*, DB 2012, 918 (918); *Hamann*, RdA 2011, 321 (323).

225 So waren etwa im Jahr 2008 immerhin knapp 30 % aller Verleihbetriebe Mischbetriebe (BT-Drs. 17/464, S. 20), Mitte 2004 waren es sogar noch 53 % (BT-Drs. 15/6008, S. 14); so auch *Lembke*, DB 2011, 414 (416); *Lembke/Distler*, NZA 2006, 952 (953).

226 BT-Drs. 17/464, S. 16.

227 *Hamann*, EuZA 2009, 287 (298); *ders.*, RdA 2011, 321 (323).

schließlich die Zurverfügungstellung von Leiharbeitnehmern, sondern auch das Angebot von Werk- oder Dienstleistungen beinhaltet[228].

Insoweit verwundert der Bericht zur *Transposition of Directive 2008/104/EC on Temporary agency work*, welchen eine von der Kommission eingesetzte Expertengruppe im August 2011 vorgelegt hat[229]. In diesem – freilich nicht bindenden[230] – Bericht wird zwar zunächst bestätigt, dass Entsendungen von Arbeitnehmern dem Anwendungsbereich der RL 2008/104/EG auch dann unterfallen können, wenn das Unternehmen nur gelegentlich (*occasionally*) Arbeitnehmer überlässt. Allerdings soll die Anwendbarkeit der Richtlinie – so die Expertengruppe – ausdrücklich ausscheiden, wenn ein Konzernunternehmen, das an sich keine Arbeitnehmerüberlassung betreibt und daher allenfalls als Mischunternehmen zu qualifizieren ist, einen bei ihm angestellten Arbeitnehmer einem anderen – dem gleichen Konzern angehörigen – Unternehmen zur Verfügung stellt[231]. Als mögliche Situation für eine solche Maßnahme wird der Fall genannt, dass die beteiligten Unternehmen sich den ändernden wirtschaftlichen Gegebenheiten anpassen müssen. Folgte man dem, würde dies faktisch zu einer Privilegierung von konzernangehörigen Mischunternehmen führen. Die Ersteller des Berichts bleiben aber die Begründung schuldig, warum ausgerechnet bei Überlassungen seitens *konzernangehöriger* Mischunternehmen eine Ausnahme vom Anwendungsbereich der Richtlinie gemacht werden soll. Wie eben bereits ausgeführt, lassen sich für ein solches Ergebnis keine Anhaltspunkte aus dem Wortlaut, der Systematik oder der Entstehungsgeschichte der Richtlinie finden.

---

228 *Hamann*, ZESAR 2012, 103 (105).

229 Abrufbar unter http://ec.europa.eu/social/main.jsp?catId=706&langId=en&intPageId=207 (Stand 14.11.2012).

230 So auch *Rieble/Latzel*, Wirtschaftsförderung nach sozialen Kriterien, Rn. 144.

231 Transposition of Directive 2008/104/EC on temporary agency work – Report on the work of the Expert Group, abrufbar unter http://ec.europa.eu/social/main.jsp?catId=706&langId=en&intPageId=207 (Stand 14.11.2012), S. 8 f., 14 f. Als anderes Beispiel für den Fall einer fehlenden Anwendbarkeit der Richtlinie bei Mischunternehmen führt die „Expertengruppe“ an gleicher Stelle ein Beispiel an, wonach ein Wirtschaftsprüfer einer Wirtschaftsprüfungsgesellschaft für eine begrenzte Zeit an ein anderes (konzernfremdes) Unternehmen entsendet wird, dort seiner Tätigkeit nachgeht und in bestimmtem Umfang der Aufsicht des letzteren Unternehmens unterliegt. Allerdings scheint in diesem Beispiel weniger ein Fall der Arbeitnehmerüberlassung durch ein Mischunternehmen als ein Fall des freien Dienstvertrags zwischen der Wirtschaftsprüfungsgesellschaft und dem Kundenunternehmen vorzuliegen, im Rahmen dessen der Arbeitnehmer als Erfüllungsgehilfe des beauftragten Unternehmens eingesetzt wird. In diesem Fall wäre die Leiharbeitsrichtlinie bereits nach allgemeinen Grundsätzen nicht einschlägig; vgl. zur Abgrenzung der Leiharbeit zu anderen Formen des drittbezogenen Personaleinsatzes bereits S. 80.

cc) Zwischenergebnis

Folgerichtig muss man daher den Anwendungsbereich der Leiharbeitsrichtlinie weit auslegen, um einen einheitlichen europäischen Schutzstandard zu gewährleisten[232]. Somit sind nicht nur reine (konzerninterne) Verleihunternehmen, sondern auch Mischunternehmen von der Richtlinie umfasst. Der überwiegenden Literaturansicht, wonach eine Privilegierung von Konzernen im Grundsatz gegen die Richtlinie 2008/104/EG über Leiharbeit verstößt, ist daher zuzustimmen.

b) Konkretisierung des Konzernprivilegs i.S.d. § 1 Abs. 3 Nr. 2 AÜG n.F.

Trotz der Leiharbeitsrichtlinie hat der deutsche Gesetzgeber am Konzernprivileg festgehalten. Dieses kann nicht ohne Weiteres mit Verweis auf die Richtlinie ignoriert werden; zunächst ist zu klären, welche Sachverhalte unter das deutsche Konzernprivileg fallen, also unter welchen Umständen ein Arbeitnehmer *nicht* zum Zweck der Überlassung eingestellt und beschäftigt wird. Bei der Auslegung dieser innerstaatlichen Vorschrift muss jedoch die eben festgestellte grundsätzliche Richtlinienwidrigkeit einer Konzernprivilegierung berücksichtigt werden.

Unstreitig ist insoweit nur, dass das Konzernprivileg nicht für Personalführungsgesellschaften gelten soll, »deren Zweck [allein] die Einstellung und Überlassung von Personal ist«[233]. Dieser ausdrücklichen Anweisung in der Gesetzesbegründung ist die Literatur bislang noch einstimmig gefolgt[234]. Die eben zitierte Formulierung des Gesetzgebers ist aber nicht geeignet, die Definition des Konzernprivilegs näher zu präzisieren; *Böhm* spricht in diesem Zusammenhang zutreffend von einer völlig unzureichenden »sich selbst tragenden Begründung«, die lediglich den Gesetzestext wiederholt[235].

Da die Befreiung von den Restriktionen des AÜG die Rechtsfolge einer Bejahung des Konzernprivileg darstellt und auf diese Weise für Arbeitnehmer günstige Vorschriften – vor allem der Gleichstellungsgrundsatz (§§ 9 Nr. 2, 10 Abs. 4 S. 1 AÜG) und mittelbar schützend auch die Erlaub-

---

232 *Hamann*, EuZA 2009, 287 (298).

233 BT-Drs. 17/4804, S. 8.

234 Vgl. statt vieler *Gaul/Koehler* in: Heinrich (Hrsg.), Nach der Krise gleich vor der Krise?, S. 17 (19); *T. Giesen/Müller*, KSzW 2012, 20 (25); *Sandmann/Marschall*, AÜG Art. 1 § 1 Rn. 81a; *Ulber* in: Ulber, AÜG 4. Aufl., § 1 Rn. 370; *Waas* in: Thüsing, AÜG 3. Aufl., § 1 Rn. 199.

235 *Böhm*, DB 2011, 473 (474). Ähnlich *Beck* in: Dornbusch/Fischermeier/Löwisch, FA-Kommentar ArbR § 1 AÜG Rn. 57, der die Vorschrift ebenfalls für „wenig gelungen" hält.

nispflicht (§ 1 Abs. 1 S. 1 AÜG) – entfallen, hat sich binnen kurzer Zeit eine äußerst kontrovers geführte Diskussion über die Reichweite des neuen Konzernprivilegs entwickelt:

Nach einer Ansicht gilt das Konzernklausel nur, wenn der Arbeitnehmer *überhaupt nicht* zur Überlassung eingestellt oder beschäftigt wird (im Folgenden: »restriktive Ansicht«). Nicht ausreichend für die Privilegierung sei es, wenn der Arbeitnehmer *auch* zum Zweck der Überlassung eingestellt oder beschäftigt wird[236]. Dafür spreche, dass der Gesetzgeber durch die Änderung des § 1 Abs. 3 Nr. 2 AÜG vor allem auch eine Eingrenzung der Ausnahmeregelung beabsichtigt habe[237]; dies zeige sich etwa daran, dass das einschränkende Kriterium »vorübergehend« aus der alten Fassung des Konzernprivilegs nun die allgemeine Regel darstelle und die neue Konzernklausel eine weitere Einschränkung dieser allgemeinen Regel sei.

Nach der überwiegenden Ansicht dagegen ist das Konzernprivileg – wie auch dessen Vorgängernorm – extensiv zu verstehen. Es sei bereits dann einschlägig, wenn der Arbeitnehmer *nicht ausschließlich* zum Zweck der Überlassung eingestellt und beschäftigt wird (im Folgenden: »extensive Ansicht«)[238]. Von dem Konzernprivileg profitierten danach nur jene Verleiher nicht, die schwerpunktmäßig zum Zwecke der Überlassung Arbeitsverhältnisse begründen oder praktizieren[239]. Ein restriktiveres Verständnis der Norm führe dazu, dass deren Anwendungsbereich verschwindend klein sei: Setzte der Verleiher den Arbeitnehmer auch nur kurzzeitig bei einem anderen Konzernunternehmen ein, so läge für diesen Zeitraum zumindest *auch* eine Beschäftigung zum Zweck der Überlassung vor und das Konzernprivileg gölte nicht. Es sei aber kaum denkbar, dass der Gesetzgeber eine Ausnahmevorschrift erlasse, welche keine denkbare praktische Bedeutung habe. Zur näheren Bestimmung der Fälle, in denen eine für die Privilegierung ausreichende Einstellung und Beschäftigung *auch* zum Zweck der Überlassung vorliegt, nehmen die Befürworter dieser Ansicht im Wesentlichen auf das bisherige Konzernprivileg Bezug[240].

---

236 *Oberthür*, ArbRB 2011, 146 (147); *Sandmann/Marschall*, AÜG Art. 1 § 1 Rn. 81a; *Ulber* in: Ulber, AÜG 4. Aufl., § 1 Rn. 370; wohl auch *Freckmann*, BB 2011, Die erste Seite, Nr. 34 und *Düwell*, DB 2011, 1520 (1521).

237 *Düwell*, DB 2011, 1520 (1521).

238 *Beck* in: Dornbusch/Fischermeier/Löwisch, FA-Kommentar ArbR § 1 AÜG Rn. 57; *Forst*, ZESAR 2011, 316 (319);*T. Giesen/Müller*, KSzW 2012, 20 (25); *Hamann*, NZA 2011, 70 (76); *ders.*, Fremdpersonal im Unternehmen, S. 40; *Huke/Neufeld/Luickhardt*, BB 2012, 961 (966); *Lembke*, DB 2011, 414 (416); *ders.*, FA 2011, 290 (291); *ders.*, BB 2012, 2487 (2498 f.); *Raif*, GWR 2011, 303-303 (303).

239 *Gaul/Koehler* in: Heinrich (Hrsg.), Nach der Krise gleich vor der Krise?, S. 17 (20).

240 Etwa *Forst*, ZESAR 2011, 316 (319); *Hamann*, Fremdpersonal im Unternehmen, S. 40; *Huke/Neufeld/Luickhardt*, BB 2012, 961 (966); *Zimmermann*, ArbR 2011, 62 (63); zurückhaltend *T. Giesen/Müller*, KSzW 2012, 20 (25).

aa) Auslegung des Konzernprivilegs

Wie eben festgestellt wurde, ist ein Konzernprivileg mit der Leiharbeitsrichtlinie nicht vereinbar, es muss also bei der Auslegung des § 1 Abs. 3 Nr. 2 AÜG die Zielsetzung der Richtlinie berücksichtigt werden, denn dem Gesetzgeber muss bei Umsetzung einer Richtlinie in nationales Recht die Absicht regelmäßig unterstellt werden, den aus der Richtlinie ergebenden Verpflichtungen in vollem Umfang nachkommen zu wollen[241]. Es obliegt den nationalen Gerichten bei der Anwendung des innerstaatlichen Rechts, dieses so weit wie möglich anhand des Wortlauts und des Zweckes der fraglichen Richtlinie auszulegen, um das in ihr festgelegte Ergebnis zu erreichen und so Art. 288 Abs. 3 AEUV nachzukommen[242]. Diese Pflicht zur richtlinienkonformen Auslegung betrifft das gesamte nationale Recht, unabhängig davon, ob es vor oder nach der Richtlinie, um die es geht, erlassen wurde[243].

Zwar wäre es denkbar, das Konzernprivileg zuerst nach rein nationalen Gesichtspunkten auszulegen, um danach die Vereinbarkeit mit Europarecht zu prüfen und nachträglich von möglichen Auslegungsergebnissen jenes zu wählen, dass mit der Richtlinie konform geht. Allerdings ist eine solche Vorgehensweise bedenklich, da auf diese Weise der Anwendungsbereich der richtlinienkonformen Auslegung erheblich eingeschränkt würde; schon im Rahmen der rein nationalen Interpretation könnten wesentliche Vorentscheidungen fallen, welche eine effektive Umsetzung der Richtlinie verhinderten[244].

Der Grundsatz des *effet utile* gebietet daher, zuerst die Vorgaben der Richtlinie zu prüfen – was bereits erfolgte[245] – und diese anschließend bei der Auslegung der nationalen Norm europakonform einfließen zu lassen[246]. Sollte dieses Vorgehen dazu führen, dass verschiedene Auslegungsergebnisse in Betracht kommen, so ist jenem Ergebnis der Vorrang zu geben, welches der Richtlinie am nächsten kommt (richtlinienkonforme Auslegung als Vorzugsregel)[247].

---

241 EuGH 5.5.2004 – Rs. C-397/01 (*Pfeiffer*), Slg. 2004, I-8835 (Rn. 112); *Kerwer*, Das europäische Gemeinschaftsrecht und die Rechtsprechung der deutschen Arbeitsgerichte, S. 252; *Roth* in: Riesenhuber (Hrsg.), Europäische Methodenlehre, § 14 Rn. 28.

242 EuGH 5.5.2004 – Rs. C-397/01 (*Pfeiffer*), Slg. 2004, I-8835 (Rn. 113 m.w.N.); EuGH 4.7.2006 – Rs. C-212/04 (*Adeneler u.a.*), Slg. 2006, I-06057 (Rn. 108); *Ruffert* in: Calliess/Ruffert, EUV, AEUV Art. 288 AEUV Rn. 77 m.w.N.

243 EuGH 4.7.2006 – Rs. C-212/04 (*Adeneler u.a.*), Slg. 2006, I-06057 (Rn. 108 m.w.N.).

244 Vgl. ausf. dazu *Kerwer*, Das europäische Gemeinschaftsrecht und die Rechtsprechung der deutschen Arbeitsgerichte, S. 334 ff. m.w.N.

245 Vgl. S. 140.

246 Sog. „Zweistufiges Auslegungsverfahren“, vgl. *Kerwer*, Das europäische Gemeinschaftsrecht und die Rechtsprechung der deutschen Arbeitsgerichte, S. 347 ff.; *Roth* in: Riesenhuber (Hrsg.), Europäische Methodenlehre, § 14 Rn. 39.

247 *Auer*, NJW 2007, 1106 (1106); *Grundmann*, ZEuP 1996, 399 (406); *Herrmann*, Richtlinienumsetzung durch die Rechtsprechung, S. 131; *Kerwer*, Das europäische Ge-

(1) Grammatikalische Auslegung

Bei der Auslegung des neuen Konzernprivilegs hilft der Gesetzeswortlaut, wie bereits angemerkt wurde, nicht wesentlich weiter[248]. Das Konzernprivileg stellt immer auf den einzelnen Arbeitnehmer ab; entscheidend ist dabei, ob er zum »Zweck der Überlassung« eingestellt und beschäftigt wird. Wie *Lembke* zutreffend anmerkt, ist der Wortlaut der Norm missraten, denn es müsse statt »eingestellt *und* beschäftigt« richtigerweise »eingestellt *oder* beschäftigt« heißen und auch so verstanden werden[249]. Verwendete man die Kriterien »eingestellt« bzw. »beschäftigt« kumulativ, so könnten konzernangehörige Verleiher sich die Privilegierung erschleichen, indem sie bei Einstellung der Arbeitnehmer möglichst alles vermeiden, was den Eindruck erweckt, dass sie den Arbeitnehmer zumindest auch zu Überlassungszwecken einstellen; keine Rolle spielte es, ob dann später tatsächlich eine Überlassung praktiziert wird[250]. Der Gesetzgeber hat in seinem endgültigen Gesetzesentwurf vom 17.2.2011 im Vergleich zu dem Referentenentwurf vom 2.9.2010 bewusst das Konzernprivileg um die Worte *»und beschäftigt«* erweitert um sicherzustellen, »dass es nicht allein auf den bei Abschluss des Arbeitsvertrages festgelegten Leistungsinhalt ankommt«, sondern auch darauf, wie das Arbeitsverhältnis später gelebt wird[251]. Durch die Änderung der Zeitform in das Präsens (»eingestellt und beschäftigt *wird*« statt »eingestellt *wurde*«) hat der Gesetzgeber zum Ausdruck gebracht, dass nicht nur der in der Vergangenheit liegende Einstellungszeitpunkt maßgeblich ist, sondern auch die jeweils gegenwärtige Beschäftigungsweise des Arbeitnehmers für die Prüfung des Konzernprivilegs eine Rolle spielt.

Man kann das Merkmal trotz allem entweder so verstehen, dass das Konzernprivileg nur dann nicht greifen soll, wenn die Einstellung und Beschäftigung des Arbeitnehmers *hauptsächlich* (Hauptzweck) aus Überlassungszwecken erfolgt oder so, dass bereits die Überlassung als »Nebenzweck« der Einstellung und Beschäftigung ausreicht, um das Privileg entfallen zu lassen.

Denkbar ist aber, sich bei »zum Zweck der Überlassung eingestellt und beschäftigt« an Art. 3 Abs. 1 lit. c der Richtlinie orientieren, wie es auch der deutsche Gesetzgeber versucht[252]. Setzt ein Mitgliedstaat eine Richtlinie um

---

meinschaftsrecht und die Rechtsprechung der deutschen Arbeitsgerichte, S. 331 f, 337 m.w.N.; *Roth* in: Riesenhuber (Hrsg.), Europäische Methodenlehre, § 14 Rn. 40 ff.

248 So auch *T. Giesen/Müller*, KSzW 2012, 20 (25); *Lembke*, DB 2011, 414 (415).

249 *Lembke*, DB 2011, 414 (416); *ders.*, BB 2012, 2487 (2499).

250 Ähnlich *Böhm*, DB 2011, 473 (474).

251 BR-Drs. 847/10 S. 7; so auch *Hamann*, Fremdpersonal im Unternehmen, S. 39; *Huke/Neufeld/Luickhardt*, BB 2012, 961 (966).

252 BT-Drs. 17/4804, S. 8.

und übernimmt er für die nationale Regelung deren Begrifflichkeiten im Wesentlichen, so kann man davon ausgehen, dass auch die inhaltliche Bedeutung der auf nationalen Ebene übernommenen Norm mit der Definition der Begrifflichkeit in der Richtlinie übereinstimmt[253]. Da die Richtlinie – wie bereits dargelegt – auch Mischbetriebe umfasst, bei denen Arbeitnehmer als »Nebenzweck« der Überlassung eingestellt und beschäftigt werden, spräche eine Orientierung an der Richtlinie für die restriktive Interpretation des Konzernprivilegs.

(2) Historische Auslegung

Legt man § 1 Abs. 3 Nr. 2 AÜG historisch aus, so ist eine wie auch immer geartete Absicht des Gesetzgebers, die Reichweite des Konzernprivilegs durch die Neuregelung einzuschränken, nicht ersichtlich. Bereits zu dem bisherigen Konzernprivileg ergeben die Gesetzesmaterialien zum BeschFG 1985, dass nur solche Unternehmen nicht privilegiert werden sollten, »deren *einziger* [Hervorh. d. Verf.] Zweck die Einstellung und Beschäftigung von Arbeitnehmern ist«, um diese dann an andere Konzernunternehmen zu überlassen[254]. Der Gesetzgeber hat folglich den Terminus aus der ehemaligen Gesetzesbegründung zum Konzernprivileg aus dem Jahr 1985 kopiert und als neuen Gesetzestext eingefügt, weil das ehemalige Abgrenzungskriterium »vorübergehend« für den neuen § 1 Abs. 1 S. 2 AÜG vorgesehen war. Aus historischer Sicht stellt sich die Reform des Konzernprivilegs daher als schlichte Änderung des Wortlauts ohne inhaltliche Auswirkungen dar.

(3) Systematische Auslegung

Unter systematischen Gesichtspunkten scheint sich eine Einschränkung des Konzernprivilegs durch die Reform des AÜG geradezu aufzudrängen, weil nun in § 1 Abs. 1 S. 2 AÜG allgemein die Arbeitnehmerüberlassung als »vorübergehend« definiert wird, während bereits das frühere Konzernprivileg auf das Kriterium »vorübergehend« abstellte. Verstünde man folglich § 1 Abs. 3 Nr. 2 AÜG genauso weit wie das alte Konzernprivileg, so wäre die Konzernklausel als Ausnahmeregelung deckungsgleich mit dem nun in § 1 Abs. 1 S. 2 AÜG niedergelegten Grundsatz. Die ehemalige Ausnahme entspräche dann der nun in § 1 Abs. 1 S. 2 AÜG niedergelegten Regel und es bliebe – wenn man von dem Erfordernis eines Konzerns i.S.d. § 18 AktG absieht – kein Raum mehr für die Arbeitnehmerüberlassung außerhalb des

[253] *Kerwer*, Das europäische Gemeinschaftsrecht und die Rechtsprechung der deutschen Arbeitsgerichte, S. 338 f.
[254] BT-Drs. 10/3206, S. 33.

Konzernprivilegs. Eine restriktive Interpretation des neuen Konzernprivilegs im Vergleich zur früheren Regelung wäre dann zwingend.

Diese Argumentation ist aber nur dann stichhaltig, wenn auch das Tatbestandsmerkmal »vorübergehend« i.S.d. § 1 Abs. 3 Nr. 2 AÜG a.F. mit dem Merkmal des § 1 Abs. 1 S. 2 AÜG n.F. nicht nur wörtlich, sondern tatsächlich auch inhaltlich übereinstimmt. Dies ist aber zu verneinen[255]: Wie bereits ausgeführt[256] bezog sich »vorübergehend« i.S.d. § 1 Abs. 3 Nr. 2 AÜG a.F. auf das *Nichttätigwerden beim eigenen Arbeitgeber*, während sich nach § 1 Abs. 1 S. 2 AÜG n.F. das gleichlautende Merkmal auf den *konkreten Einsatz beim jeweiligen Entleiher* bezieht. Wenn folglich ein Verleiher seinen Arbeitnehmer ständig abwechselnd an mehrere Entleiher mit jeweils kurzzeitigen Einsätzen entsendet, so ist diese Praxis zwar vorübergehend i.S.d. § 1 Abs. 1 S. 2 AÜG n.F., aber nicht vorübergehend i.S.d. § 1 Abs. 3 Nr. 2 AÜG a.F., da bei letzterem der Arbeitnehmer im Betrieb seines Arbeitgebers einen Arbeitsplatz nach der Rückkehr zur Verfügung stehen muss.

Somit ergibt sich nicht zwingend ein restriktives Verständnis des Konzernprivilegs. § 1 Abs. 1 S. 2 AÜG hat insoweit keine Auswirkungen auf die Definition des § 1 Abs. 3 Nr. 2 AÜG. In diesem Zusammenhang ist das Handeln des Gesetzgebers zu kritisieren, da er mit seiner Formulierung, aufgrund der Neuregelung des § 1 Abs. 1 S. 2 AÜG könne »das Merkmal ‚vorübergehend' nicht mehr das entscheidende Abgrenzungskriterium für das sogenannte Konzernprivileg sein«[257], den Eindruck vermittelt, dass die Begriffe deckungsgleich seien[258]. Tatsächlich hätte der Gesetzgeber klarstellen müssen, dass die Änderung des Konzernprivilegs allein deshalb erfolgte, um eine Verwechslungsgefahr zu vermeiden; so hat er aber lediglich neue Unsicherheiten geschaffen.

Gegen eine restriktive Interpretation spricht auch ein Vergleich des Konzernprivilegs mit § 1 Abs. 3 Nr. 2a AÜG. Beide Ausnahmevorschriften sehen vor, dass der Arbeitnehmer nicht zum Zweck der Arbeitnehmerüberlassung eingestellt und beschäftigt werden darf. § 1 Abs. 3 Nr. 2a AÜG schränkt die Ausnahmevorschrift weiter ein, indem die Überlassung zusätzlich nur »gelegentlich« erfolgen darf. In der Gesetzesbegründung stellt der Gesetzgeber strenge Anforderungen an das Merkmal »gelegentlich«, sieht es aber in den Fällen als erfüllt an, in denen ein kurzfristiger Spitzenbedarf in einem anderen Unternehmen besteht[259]. Im Umkehrschluss dazu muss ein Verleih im Rahmen des Konzernprivilegs *nicht* gelegentlich erfolgen, ein

---

255 Ausf. zur Bedeutung des Tatbestandmerkmals „vorübergehend" i.S.d. § 1 Abs. 1 S. 2 AÜG vgl. S. 199 ff.

256 Vgl. S. 137.

257 BT-Drs. 17/4804, S. 8.

258 Kritisch auch *Lembke*, DB 2011, 414 (415).

259 BT-Drs. 17/4804, S. 8.

Vorliegen des § 1 Abs. 3 Nr. 2 AÜG ist also auch denkbar, wenn nicht nur ein zufälliger Spitzenbedarf in einem anderen Konzernunternehmen besteht, sondern eine solche Überlassung schon längere Zeit geplant ist. In keinem Fall darf man somit an das Konzernprivileg zu hohe Anforderungen stellen, die ggf. dazu führen, dass praktisch die Klausel keinen Anwendungsbereich entfaltet, da jedenfalls § 1 Abs. 3 Nr. 2a AÜG eine noch restriktivere Auffassung gebietet.

(4) Teleologische Auslegung

Der Wille des Gesetzgebers ist aufgrund der äußerst knappen Gesetzesbegründung nicht leicht festzustellen. Bei den Anhängern eines restriktiven Verständnisses der Konzernklausel ist die Vorstellung verbreitet, dass der Gesetzgeber das Konzernprivileg deutlich einschränken wollte. *T. Giesen/Müller* sprechen aber in diesem Kontext zutreffend von einer recht unreflektierten Diskussion über eine etwaige Einschränkung des Konzernprivilegs[260]. So ist etwa *Düwell* überzeugt, dass mit der Änderung des Konzernprivilegs das »Unterlaufen der Gleichstellung von Leih- mit Stammarbeitnehmern erschwert« werde[261]. *Leuchten* meint sogar, dass das Konzernprivileg zwar noch in bestimmten Konstellationen gelte, es aber von den konzernangehörigen Verleihern eine Erlaubnis i.S.d. § 1 Abs. 1 S. 1 AÜG verlange[262] – eine systemwidrige Auffassung, da das fehlende Erfordernis einer Erlaubnis gerade eine der wichtigsten Rechtsfolgen der Konzernklausel darstellt. Tatsächlich könnte man aus der Formulierung in dem Gesetzesentwurf einen einschränkenden Willen des Gesetzgebers im Vergleich zur alten Regelung entnehmen: »Daher erstreckt sich der Anwendungsbereich des Konzernprivilegs *künftig ausschließlich* [Hervorh. d. Verf.] auf die Überlassung solcher Arbeitnehmerinnen und Arbeitnehmer, die nicht zum Zwecke der Überlassung eingestellt wurden«[263]. Allerdings träfe dies im Wesentlichen nur auf die Personalführungsgesellschaften zu, welche aber bereits früher von der Ausnahme des § 1 Abs. 3 Nr. 2 AÜG nicht erfasst waren. Es drängt sich auf, wie bereits bei der historischen Auslegung dargelegt, dass der Gesetzgeber wegen der Einfügung des § 1 Abs. 1 S. 2 AÜG n.F. letztlich gezwungen war, das bisherige Konzernprivileg umzuformulieren, ohne dass er dabei dessen Reichweite beschneiden wollte. Dafür spricht auch, dass der Gesetzgeber der neuen Formulierung im Wesentlichen eine Klarstellungsfunktion beimisst[264].

---

260 *T. Giesen/Müller*, KSzW 2012, 20 (25).
261 *Düwell*, DB 2011, 1520 (1521).
262 *Leuchten*, NZA 2011, 608 (609).
263 BT-Drs. 17/4804, S. 8.
264 BT-Drs. 17/4804, S. 8; *T. Giesen/Müller*, KSzW 2012, 20 (25); *Huke/Neufeld/Luickhardt*, BB 2012, 961 (966).

Dem deutschen Gesetzgeber war bekannt, dass das Konzernprivileg möglicherweise nicht mit der Leiharbeitsrichtlinie harmonieren könnte, immerhin hat er in seiner Gesetzesbegründung ausdrücklich die Vereinbarkeit des Konzernprivilegs mit der Richtlinie problematisiert und (fehlerhaft) bejaht[265]. Da die Richtlinie ein Konzernprivileg nicht zulässt, ist an sich eine möglichst restriktive Interpretation der Konzernklausel geboten. Dagegen spricht aber, dass bei einem restriktiven Verständnis keine lebensnahen Fallgestaltungen denkbar wären, in denen das Konzernprivileg gölte; der Erlass einer Norm, die keinerlei praktische Bedeutung entfaltet, kann kaum dem Willen des Gesetzgebers entsprechen: Es schließt sich denknotwendig aus, einen Arbeitnehmer für einen bestimmten – und sei es noch so kurzen – Zeitraum zu überlassen, ohne dass dieser gleichzeitig zumindest »auch« zwecks einer Überlassung (eingestellt und) beschäftigt wird[266]. Ziel des Gesetzgebers war es aber, bestimmte Fälle der Konzernleihe zu privilegieren. Will man dem Konzernprivileg in teleologischer Hinsicht überhaupt eine Bedeutung zuerkennen, so muss man es auch dann gelten lassen, wenn der überlassene Arbeitnehmer *auch* zu Überlassungszwecken eingestellt wurde oder beschäftigt wird.

bb) Gewichtung der einzelnen Auslegungskriterien

Für das extensive Verständnis des Konzernprivilegs sprechen klar die systematische Auslegung und teleologische Aspekte; die historische Auslegung führt zu keinem eindeutigen Ergebnis. Die grammatikalische Auslegung des § 1 Abs. 3 Nr. 2 AÜG kann sowohl für ein restriktives als auch für ein extensives Verständnis des Konzernprivilegs sprechen. Betrachtet man sämtliche Auslegungskriterien als Ganzes, spricht dies eher für ein weites Verständnis der Konzernklausel.

Erhebliche Bedenken gegen eine restriktive Interpretation ergeben sich aus der teleologische Auslegung: Hier ergibt sich die Situation, dass der Gesetzgeber nicht gegen die Richtlinie verstoßen, aber bewusst Überlassungen zwischen Konzernunternehmen privilegieren wollte. Der Grundsatz der unionsrechtskonformen Auslegung verlangt, dass die nationalen Gerichte unter Berücksichtigung des gesamten nationalen Rechts und unter Anwendung ihrer Auslegungsmethoden alles tun, was in ihrer Zuständigkeit liegt, um die volle Wirksamkeit der Richtlinie zu gewährleisten[267]. Fraglich ist, ob

---

[265] BT-Drs. 17/4804, S. 8.

[266] In diese Richtung auch *Forst*, ZESAR 2011, 316 (319).

[267] EuGH 4.7.2006 – C-212/04 (*Adeneler u.a.*), Slg. 2006, I-06057 (Rn. 111); EuGH 24.6.2010 – C-98/09 (*Sorge*), Slg. 2010, I-05837 (Rn. 53); BVerfG 26.9.2011 – 2 BvR 2216/06 u.a., NJW 2012, 669 (B II 1 b).

eine richtlinienkonforme Auslegung im Falle einer solchen »Kollision zwischen allgemeinen und speziellen Regelungsabsichten«[268] möglich ist. Man könnte annehmen, dass in einem solchen Fall überhaupt nicht erkennbar sei, welchen Wille der Gesetzgeber konkret bei Erlass der Spezialnorm hatte und daraus folgern, dass die generelle Vermutung, der Gesetzgeber habe die Richtlinie korrekt umsetzen wollen, so zu einer reinen Fiktion werde[269]. Müsste man sich für eine Regelungsabsicht entscheiden, so spräche zwar einiges dafür, im konkreten Fall die speziellere – richtlinienwidrige – Regelungsabsicht zu wählen. Gleichwohl gebietet es der *effet utile*, dass auch in einem solchen Fall »angesichts der gemeinschaftsrechtlichen Pflicht zur richtlinienkonformen Auslegung und ihrer Einordnung als Vorzugsregel die mit der Richtlinie unvereinbaren Regelungszwecke zurücktreten«[270].

Eine andere Situation ergibt sich aber, wenn dem Gesetzgeber bei Erlass des richtlinienumsetzenden Gesetzes bekannt ist, dass die von ihm besonders getroffene Regelung gegen die Richtlinie verstößt oder er einen solchen Verstoß *zumindest für denkbar* hält. Erlässt er die Norm dennoch und nimmt deren Richtlinienwidrigkeit in Kauf, so tritt insoweit der allgemeine Umsetzungswille zurück[271]. Im konkreten Fall geht der Gesetzgeber in seiner Begründung vom 17.2.2011 davon aus, dass dessen Konzernprivileg richtlinienkonform ist[272]. Man kann daher kaum annehmen, dass dem Gesetzgeber der Richtlinienverstoß bekannt war. Allerdings wurde in der Literatur schon weit vor dem 17.2.2011 nach nahezu einstimmiger Auffassung ein solches Konzernprivileg für nicht mit der Richtlinie vereinbar gehalten[273]. Der Gesetzgeber muss es somit *zumindest für denkbar* erachtet haben, dass eine Vereinbarkeit mit der Richtlinie fehlt. Die Tatsache, dass er dennoch das Konzernprivileg aufrechterhielt spricht dafür, dass er das Gebot der Richtlinienkonformität dem damit kollidierenden § 1 Abs. 3 Nr. 2 AÜG unterordnet. Sicher ist, dass der Gesetzgeber ein Konzernprivileg und keinesfalls eine Norm erlassen wollte, welche mittels einer restriktiven Auslegung faktisch

---

268 *Franzen*, Privatrechtsangleichung durch die Europäische Gemeinschaft, S. 311; vgl. auch *Kerwer*, Das europäische Gemeinschaftsrecht und die Rechtsprechung der deutschen Arbeitsgerichte, S. 341.

269 *Franzen*, Privatrechtsangleichung durch die Europäische Gemeinschaft, S. 313.

270 *Kerwer*, Das europäische Gemeinschaftsrecht und die Rechtsprechung der deutschen Arbeitsgerichte, S. 342; *Roth* in: Riesenhuber (Hrsg.), Europäische Methodenlehre, § 14 Rn. 53b.

271 So auch *Canaris* in: Koizol/Rummel (Hrsg.), Im Dienste der Gerechtigkeit, 47 (85 f.); *Kerwer*, Das europäische Gemeinschaftsrecht und die Rechtsprechung der deutschen Arbeitsgerichte, S. 342.

272 BT-Drs. 17/4804, S. 8.

273 *Blanke*, DB 2010, 1528 (1530); *Boemke*, RIW 2009, 177 (333); *Hamann*, EuZA 2009, 287 (303); *ders.*, Fremdpersonal im Unternehmen, S. 39; *Thüsing*, RdA 2009, 118 (119); *Ulber*, AuR 2010, 10 (12); *Wank*, RdA 2010, 193 (203).

ohne eigenen Anwendungsbereich verbleibt. Eine Modifikation der *teleologischen* Auslegung durch die richtlinienkonforme Auslegung ist daher nicht möglich. Eine teleologische Auslegung des Konzernprivilegs spricht somit nach hier vertretener Auffassung gegen dessen restriktive Interpretation.

Insgesamt widerspricht die systematische und teleologische Auslegung einem restriktiven Verständnis des § 1 Abs. 3 Nr. 2 AÜG, die grammatikalische Auslegung spricht dagegen für eine restriktive Interpretation der Konzernklausel. Die richtlinienkonforme Auslegung verpflichtet den Rechtsanwender dazu, »bei mehreren denkbaren Deutungen des nationalen Rechts die [...] zu wählen, die der Richtlinie entspricht«[274].

Die einzige Auslegung, welche der Richtlinie entspricht, wäre hier die restriktive Interpretation des Konzernprivilegs, wonach nur solche Überlassungsvorgänge von der Geltung des AÜG befreit sind, bei denen ein Arbeitnehmer eingesetzt wird, der überhaupt nicht – also auch nicht als Nebenzweck – zum Zweck der Überlassung eingestellt und beschäftigt wird. Ein restriktives Verständnis des Konzernprivilegs hätte zur Folge, dass jeder Arbeitnehmer, der an Dritte – auch nur wenige Stunden – im Rahmen der wirtschaftlichen Tätigkeit überlassen wird, zumindest kurzzeitig zum »Zwecke der Arbeitnehmerüberlassung beschäftigt« wird. Ein Konzernprivileg, welches aber eine Beschäftigung zum Zweck der Arbeitnehmerüberlassung als Negativoraussetzung hat, hätte dann keine eigene Bedeutung. Ein restriktives Verständnis ließe daher keine Anwendungsfälle des Konzernprivilegs zu, weshalb es zu keinen Privilegierungen käme und insoweit kein Verstoß gegen die Richtlinie vorläge.

Folglich wäre – um einen Verstoß gegen die Richtlinie zu vermeiden – hier die restriktive Auslegung des § 1 Abs. 3 Nr. 2 AÜG vorzuziehen.

cc) Grenzen der richtlinienkonformen Auslegung

Es stellt sich aber die Frage, ob dieses letztlich der richtlinienkonformen Auslegung geschuldete Ergebnis nichtsdestotrotz zu verwerfen ist, weil die richtlinienkonforme Auslegung hier an ihre Grenzen stößt. Die Pflicht zur richtlinienkonformen Auslegung findet in den allgemeinen Rechtsgrundsätzen, insbesondere im Grundsatz der Rechtssicherheit und der Gewaltenteilung, ihre Schranken, und zwar in dem Sinne, dass sie nicht als Grundlage für eine Auslegung contra legem des nationalen Rechts dienen darf[275]. Wie bereits

---

274 *Kerwer*, Das europäische Gemeinschaftsrecht und die Rechtsprechung der deutschen Arbeitsgerichte, S. 352.

275 EuGH 16.7.2009 – C-12/09 (*Mono Car Styling*), Slg. 2009, I-06653 (Rn. 61 m.w.N.); BAG 17.11.2009 – 9 AZR 844/08, NZA 2010, 1020 (A IV 3 b); *Auer*, NJW 2007, 1106 (1106); *Canaris* in: Koizol/Rummel (Hrsg.), Im Dienste der Gerechtigkeit, 47 (95 f.); *Greiner*, EuZA 2011, 74 (82); *Grosche/Höft*, NJOZ 2009, 2294 (2301); *Herr-*

festgestellt wurde, hat der Gesetzgeber die eindeutige Entscheidung gefasst, das Konzernprivileg zu installieren – obwohl dessen Vereinbarkeit mit der Leiharbeitsrichtlinie bereits zu dem damaligen Zeitpunkt höchst fraglich war.

Insoweit entspricht der vorliegende Fall einer von *Kerwer* geschilderten Konstellation, bei welcher der Gesetzgeber bei der Umsetzung von Sekundärrecht erkennbar von einer bestimmten Interpretation der Richtlinie ausgeht, die sich später – etwa aufgrund der Rechtsprechung des EuGH – als falsch herausstellt[276]. Genau dieser Fall liegt hier vor: Der deutsche Gesetzgeber hielt das Konzernprivileg für richtliniengemäß, was nach Überzeugung des Autors vor dem EuGH keinen Bestand haben wird. *Kerwer* hält auch in einem solchen Fall den Regelungszweck des Gesetzgebers allein für keine unüberwindbare Hürde für die richtlinienkonforme Auslegung, sofern der Gesetzeswortlaut eine Auslegung i.S.d. Richtlinie zulässt[277]. Danach liege eine Auslegung contra legem nur vor, wenn sowohl das vom Gesetzgeber »Gesagte« als auch das von ihm »Gewollte« ignoriert wird[278].

Das BAG hat zuletzt die Grenzen der richtlinienkonformen Auslegung angehoben[279]. Das Ignorieren einer *eindeutigen gesetzgeberischen Entscheidung* durch die Gerichte stelle danach eine Auslegung contra legem dar, da das in Art. 20 Abs. 2 S. 2 GG angelegte Gewaltenteilungsprinzip verletzt werde[280]. Andernfalls gäbe man der Norm einen entgegengesetzten Sinn und das gesetzgeberische Ziel würde in einem wesentlichen Punkt verfehlt. Der Rechtsanwender »darf sich nicht dem vom Gesetzgeber festgelegten Sinn und Zweck des Gesetzes entziehen. Er muss die gesetzgeberische Grundentscheidung respektieren und den Willen des Gesetzgebers unter gewandelten Bedingungen möglichst zuverlässig zur Geltung bringen«[281]. Das Ziel des

---

mann, Richtlinienumsetzung durch die Rechtsprechung, S. 135; *Kerwer*, Das europäische Gemeinschaftsrecht und die Rechtsprechung der deutschen Arbeitsgerichte, S. 355; *Suhr*, Richtlinienkonforme Auslegung im Privatrecht und nationale Auslegungsmethodik, S. 92 f.

276 *Kerwer*, Das europäische Gemeinschaftsrecht und die Rechtsprechung der deutschen Arbeitsgerichte, S. 362.

277 *Kerwer*, Das europäische Gemeinschaftsrecht und die Rechtsprechung der deutschen Arbeitsgerichte, S. 364 m.w.N.; *Roth* in: Riesenhuber (Hrsg.), Europäische Methodenlehre, § 14 Rn. 53 ff.

278 *Kerwer*, Das europäische Gemeinschaftsrecht und die Rechtsprechung der deutschen Arbeitsgerichte, S. 365; so auch *Canaris* in: Koizol/Rummel (Hrsg.), Im Dienste der Gerechtigkeit, 47 (92).

279 BAG 17.11.2009 – 9 AZR 844/08, NZA 2010, 1020. Vergleiche auch *Roth* in: Riesenhuber (Hrsg.), Europäische Methodenlehre, § 14 Rn. 42 f.; *C. Weber/Gräf*, ZESAR 2011, 355 (360).

280 BVerfG 3.11.1992 – 1 BvR 1243/88, BVerfGE 87, 273 (B II 2 b); BAG 17.11.2009 – 9 AZR 844/08, NZA 2010, 1020 (A IV 3 c bb, A IV 3 c cc [3]); *Greiner*, EuZA 2011, 74 (82);

281 BVerfG 25.1.2011 – 1 BvR 918/10, BVerfGE 128, 193 (B I 3 b); *Roth* in: Riesenhuber (Hrsg.), Europäische Methodenlehre, § 14 Rn. 47.

Gesetzgebers, ein Konzernprivileg zu erlassen, ist insoweit in »unkorrigierbarer Weise fixiert«[282] und daher einer richtlinienkonformen Anpassung nicht zugänglich[283]. Im Rahmen der richtlinienkonformen Rechtsfindung ist damit die Eigenständigkeit des nationalen Rechts gegenüber der Richtlinie zu respektieren, wenn tatsächlich kein Beurteilungsspielraum bei der Auslegung der Norm mehr verbleibt[284]. Dies ist hier der Fall[285].

Dies muss umso mehr gelten, als durch eine Entscheidung für die richtlinienkonforme restriktive Interpretation des Konzernprivilegs dessen Anwendungsbereich auf »Null« reduziert würde und hier letztlich schon keine »Auslegung«, sondern eher eine teleologischen Reduktion vorläge.

dd) Möglichkeit einer richtlinienkonformen Fortbildung

Wenn also die restriktive Interpretation schon keine *Auslegungs*alternative darstellt, kann auch die grundsätzlich europarechtlich gebotene Vorzugsregel nicht greifen. Aber selbst die richtlinienkonforme Rechtsfortbildung, welche nur mittels der im nationalen Recht zur Verfügung stehenden Methodik vollzogen werden kann und hier mittels teleologischer Reduktion denkbar wäre, erfordert eine planwidrige Regelungslücke[286]. Diese kann man zwar annehmen, wenn der Gesetzgeber ordnungsgemäß die Richtlinie

---

282 *Canaris* in: Koizol/Rummel (Hrsg.), Im Dienste der Gerechtigkeit, 47 (96).

283 So im Ergebnis auch *Hamann*, ZESAR 2012, 103 (109).

284 *Canaris* in: Koizol/Rummel (Hrsg.), Im Dienste der Gerechtigkeit, 47 (99).

285 Eine andere Ansicht vertreten hier *Rieble/Vielmeier*, EuZA 2011, 474 (485): Diese scheinen davon auszugehen, dass das Konzernprivileg richtlinienkonform auslegbar sei, ohne dass der Norm dabei jeglicher Anwendungsbereich genommen werden müsse. Sie argumentieren, dass das Konzernprivileg ja nicht nur die von der Richtlinie umfasste *wirtschaftliche*, sondern auch die nicht weiter geregelte *nicht-wirtschaftliche* Arbeitnehmerüberlassung umfasse. Man könne also sehr wohl das Privileg so richtlinienkonform auslegen, dass es nur für nicht-wirtschaftliche Überlassungsvorgänge gelte; dies hätte die Konsequenz, dass eine Reduktion des Konzernprivilegs »auf null« überhaupt nicht vorläge. In diesem Fall wäre nicht-wirtschaftliche Arbeitnehmerüberlassung im Konzern von den Restriktionen des AÜG befreit und ein richtlinienkonformer Zustand hergestellt. Allerdings stößt diese Ansicht auf zwei Bedenken. Erstens ist der gesetzgeberische Wille, nur nicht-wirtschaftliche Überlassungsvorgänge mittels § 1 Abs. 3 Nr. 2 AÜG zu privilegieren, nicht ersichtlich. Zweitens wäre die Konzernklausel auch deswegen wieder sinnlos und faktisch doch »auf null« reduziert, da die nicht-wirtschaftliche Arbeitnehmerüberlassung überhaupt – also auch ohne das Erfordernis der Konzernbindung – bereits mittels § 1 Abs. 1 S. 1 AÜG von den Restriktionen des AÜG befreit ist. Die Ansicht, dass man das Konzernprivileg aus diesem Grund richtlinienkonform auslegen könnte, ist daher abzulehnen; eine richtlinienkonforme Auslegung scheidet aus.

286 *Kerwer*, Das europäische Gemeinschaftsrecht und die Rechtsprechung der deutschen Arbeitsgerichte, S. 371 m.w.N.; *Larenz/Canaris*, Methodenlehre der Rechtswissenschaft, S. 191 ff.; *Röhl*, Allgemeine Rechtslehre, S. 633 ff.; *Roth* in: Riesenhuber (Hrsg.), Europäische Methodenlehre, § 14 Rn. 46, 49.

umsetzen wollte und ihm dabei Fehler unterlaufen sind; verfolgte er jedoch einen ganz bestimmten Zweck und nahm er – wie hier bereits ausgeführt – einen Verstoß in Kauf, so fehlt es an einer planwidrigen Regelungslücke[287].

Dagegen hat der BGH in seinem »Quelle«-Urteil[288] entschieden, dass eine solche planwidrige Unvollständigkeit als Voraussetzung für eine richtlinienkonforme Rechtsfortbildung sehr wohl bejaht werden könne, wenn der Gesetzgeber in der Gesetzesbegründung ausdrücklich seine Absicht bekundet hat, eine richtlinienkonforme Regelung zu schaffen, die tatsächliche Umsetzung jedoch – entgegen der Annahme des Gesetzgebers – fehlerhaft war[289].

Nach hier vertretener Auffassung kann man indessen diese Rechtsprechung nur bedingt auf die hier diskutierte Problematik übertragen – unabhängig davon, ob man geneigt ist, dem BGH zuzustimmen oder nicht. Denn der BGH reduzierte § 439 Abs. 4 BGB teleologisch nur für die Fälle, in denen ein Verbrauchsgüterkauf vorlag[290]; für die übrigen Kaufverträge hingegen verblieb der Vorschrift weiterhin ein eigener Anwendungsbereich. Hier aber steht der gesamte § 1 Abs. 3 Nr. 2 AÜG zur Disposition; anders als im Quelle-Fall ist folglich eine »Alles-oder-Nichts«-Entscheidung zu treffen und der Gesetzgeber hat sich bewusst und in Kenntnis einer möglichen Richtlinienwidrigkeit *für* ein Konzernprivileg und nicht *gegen* ein Konzernprivileg entschieden. Die richtlinienkonforme Rechtsfortbildung erfährt ihre Grenze im entgegenstehenden eindeutigen Willen des Gesetzgebers[291]. Es ist nach hier vertretener Auffassung contra legem, bei jedem gesetzgeberischen Akt den Willen des Gesetzgebers zur richtlinienkonform Umsetzung als vorrangig vor allen übrigen rechtspolitischen Entscheidungen des Gesetzgebers zu fingieren, denn darauf läuft die Quelle-Entscheidung des BGH mittelfristig hinaus. Letztlich degradierte man durch eine solche Fiktion den innerstaatlichen Normbefehl zu einer »bloßen Verweisung auf die Richtlinie in ihrer jeweiligen Auslegung durch den EuGH«[292].

Richterliche Rechtsfortbildung darf nicht dazu führen, dass das Gericht an die Stelle der materiellen Gerechtigkeitsvorstellungen des Gesetzgebers

---

287 *Kerwer*, Das europäische Gemeinschaftsrecht und die Rechtsprechung der deutschen Arbeitsgerichte, S. 372.

288 BGH 26.11.2008 – VIII ZR 200/05, NJW 2009, 427.

289 BGH 26.11.2008 – VIII ZR 200/05, NJW 2009, 427 (B I 3 b aa); kritisch dazu *Grosche/Höft*, NJOZ 2009, 2294 (2309).

290 BGH 26.11.2008 – VIII ZR 200/05, NJW 2009, 427 (B I 3 b bb).

291 BAG 17.11.2009 – 9 AZR 844/08, NZA 2010, 1020 (A IV 3 c bb); *Roth* in: Riesenhuber (Hrsg.), Europäische Methodenlehre, § 14 Rn. 48, 53; *C. Weber/Gräf*, ZESAR 2011, 355 (361).

292 *Grosche/Höft*, NJOZ 2009, 2294 (2306); in diese Richtung auch *Konzen* in: Konzen/Krebber/Raab u. a. (Hrsg.), Festschrift für Rolf Birk zum siebzigsten Geburtstag, 439 (453).

gegenläufige Vorstellungen – seien es seine eigenen oder die des Europäischen Gesetzgebers – setzt[293].

ee) Zwischenergebnis

Die richtlinienkonforme Auslegung bzw. Rechtsfortbildung stößt somit im hier diskutierten Fall an ihre Grenzen. Weder kann man die europafreundliche restriktive Interpretation des Konzernprivilegs mittels der Vorzugsregel bejahen, noch kann man das Konzernprivileg als Ganzes teleologisch »auf null« reduzieren.

Die neue Fassung des Konzernprivilegs ist daher nicht in irgendeiner Weise restriktiv, sondern – genauso wie auch die Vorgängerregelung – extensiv zu verstehen. § 1 Abs. 3 Nr. 2 AÜG gilt daher für Überlassungen zwischen Konzernunternehmen bei denen die überlassenen Arbeitnehmer *nicht ausschließlich* zum Zweck der Überlassung eingestellt und beschäftigt werden.

Der Gesetzgeber bezweckte – trotz der entgegenstehenden Regelungen der Leiharbeitsrichtlinie – mit der Neufassung keine inhaltliche Änderung der bereits bis dahin bestehenden Ausnahmeregelung, sondern er benötigte den Begriff »vorübergehend« aus dem alten Konzernprivileg für die Neufassung des § 1 Abs. 1 S. 2 AÜG; es handelt sich somit um eine schlichte Folgeänderung ohne jegliche inhaltliche Modifikation des bisherigen Konzernprivilegs. Da nach hier vertretener Auffassung das neue Konzernprivileg mit § 1 Abs. 3 Nr. 2 AÜG a.F. *inhaltlich* übereinstimmt, kann zur näheren Ausgestaltung der Klausel auf die Ausführungen zum ehemaligen Konzernprivileg verwiesen werden[294].

Wenn folglich die Leiharbeitnehmer üblicherweise im Betrieb ihres eigenen Arbeitgebers tätig sind und nur zu zeitlich begrenzten Einsätzen entsendet werden – es sich also nicht um ein reines Verleihunternehmen, sondern um ein Mischunternehmen handelt – liegt keine Einstellung und Beschäftigung des Arbeitnehmers zum Zwecke der Arbeitnehmerüberlassung vor. Nur dann fällt der konkrete Personaleinsatz nicht unter den Anwendungsbereich des AÜG.

c) Unanwendbarkeit des § 1 Abs. 3 Nr. 2 AÜG

Dieses Ergebnis erscheint für den Rechtsanwender nur schwer akzeptabel, soll er doch durch die Anwendung des Konzernprivilegs bestimmten Leih-

---

293 BVerfG 25.1.2011 – 1 BvR 918/10, BVerfGE 128, 193 (B I 3 b); BVerfG 26.9.2011 – 2 BvR 2216/06 u.a., NJW 2012, 669 (B II 1 a).

294 Vgl. S. 137.

arbeitnehmern den Mindestschutz, den das AÜG bietet, verwehren, obwohl die Richtlinienwidrigkeit des § 1 Abs. 3 Nr. 2 AÜG feststeht. Es stellt sich folglich die Frage, inwieweit man der Leiharbeitsrichtlinie Geltung verschaffen kann, etwa indem man diese direkt anwendet oder die nicht europakonform auslegbare Konzernklausel schlicht unangewendet lässt, um eine effektive Wirkung der Leiharbeitsrichtlinie zu gewährleisten.

aa) Unanwendbarkeit wegen unmittelbarer Wirkung der Richtlinie

So könnte man etwa dafür plädieren, die RL 2008/104/EG über Leiharbeit unmittelbar im nationalen Recht anzuwenden mit der Folge, dass das entgegenstehende nationale Recht davon verdrängt wird. Allerdings entfalten Richtlinien im Grundsatz – im Gegensatz zu Verordnungen i.S.d. Art. 288 Abs. 2 AEUV – keine unmittelbare Wirkung. Während Verordnungen demnach zu einer Vereinheitlichung des Rechts in der EU führen, bewirkten Richtlinien lediglich eine Angleichung der nationalen Vorschriften aneinander, wobei nationale Besonderheiten in größerem Umfang gewahrt werden können[295].

Der EuGH hält insoweit – trotz gegenteiliger Auffassungen einiger Generalanwälte am EuGH – in ständiger Rechtsprechung an dem Grundsatz fest, dass eine Richtlinie nicht selbst Verpflichtungen für Private begründen kann; es gibt somit keine *horizontale* unmittelbare Richtlinienwirkung[296]. Folglich kann sich ein Leiharbeitnehmer gegenüber dem als Arbeitgeber fungierenden privaten Verleihunternehmen nicht auf die Richtlinienwidrigkeit des Konzernprivilegs berufen und etwa eine Bezahlung nach equal-pay fordern. Anerkannt ist indessen die *vertikale* unmittelbare Richtlinienwirkung[297]; ist der Staat öffentlicher Arbeitgeber[298] und als Verleiher tätig, so muss er sich – da er Adressat der Richtlinie ist – auch an deren Normen

---

295 Siehe auch *Kerwer*, Das europäische Gemeinschaftsrecht und die Rechtsprechung der deutschen Arbeitsgerichte, S. 87.

296 EuGH 14.7.1994 - C-91/92 (*Faccini Dori*), Slg. 1994, I-3325 (Rn. 20); EuGH 7.3.1996 - C-192/94 (*El Corte Inglés*), Slg. 1996, I-1281 (Rn. 15); EuGH 5.10.2004 - C-397/01 (*Pfeiffer u.a.*), Slg. 2004, I-08835 (Rn. 108); EuGH 24.1.2012 - C-282/10 (*Dominguez*), NZA 2012, 139 (Rn. 37); *Konzen* in: Konzen/Krebber/Raab u. a. (Hrsg.), Festschrift für Rolf Birk zum siebzigsten Geburtstag, 439 (450 f.); *Roth* in: Riesenhuber (Hrsg.), Europäische Methodenlehre, § 14 Rn. 12; *Ruffert* in: Calliess/Ruffert, EUV, AEUV Art. 288 AEUV Rn. 57 m.w.N.; *M. Weber*, Grenzen EU-rechtskonformer Auslegung und Rechtsfortbildung, S. 80 f.; ausf. zur horizontalen Wirkung von Richtlinien *Kerwer*, Das europäische Gemeinschaftsrecht und die Rechtsprechung der deutschen Arbeitsgerichte, S. 105 ff.

297 Vgl. dazu ausf. *Kerwer*, Das europäische Gemeinschaftsrecht und die Rechtsprechung der deutschen Arbeitsgerichte, S. 126 ff.

298 *Ruffert* in: Calliess/Ruffert, EUV, AEUV Art. 288 AEUV Rn. 59.

halten. Andernfalls wäre es möglich, dass der Staat aus der Nichtbeachtung des Unionsrechts Nutzen zieht[299]. Damit wäre nur im letzteren Fall ein Konzernprivileg ausgeschlossen. Freilich kann bezweifelt werden, dass es in der Praxis überhaupt öffentlich-rechtliche Verleihunternehmen gibt, die sich schon bisher auf ein Konzernprivileg stützten und dies auch für die Zukunft beabsichtigen.

bb) Unanwendbarkeit aufgrund des Anwendungsvorrangs europäischen Rechts

In der Literatur[300] wird, nachdem auch der EuGH eine generelle unmittelbare Wirkung von Richtlinien ausschließt, angeführt, dass als »mildere Variante«[301] dazu die Richtlinie zwar im horizontalen Verhältnis nicht unmittelbar gelten soll, jedoch als Konsequenz des Anwendungsvorrangs des Unionsrecht entgegenstehende nationale Normen schlicht unangewendet zu lassen sind[302]; auch einige Generalanwälte am EuGH forderten dies in der Vergangenheit[303]. Es handele sich hier um einen gegenüber der vollen unmittelbaren Wirkung vergleichsweise beschränkten Eingriff in das nationale Recht, da lediglich die richtlinienwidrige Vorschrift verboten werde während das horizontale Verhältnis sonst nicht weiter gestaltet würde[304]. Die Folge wäre in dem hier vorliegenden Fall das Ignorieren des Konzernprivilegs und damit die volle Anwendbarkeit des AÜG für konzerninterne Überlassungsvorgänge.

Abgesehen davon, dass dies im konkreten Fall kaum etwas im Vergleich zur unmittelbaren Wirkung der Richtlinie ändern würde, hat auch der EuGH, der bislang eine klare Stellungnahme zu dieser Problematik lange

299 EuGH 26.2.1986 - C-152/84 (*Marshall*), Slg. 1986, 723 (Rn. 49), EuGH 12.7.1990 - C-188/89 (*Foster u. a.*), Slg. 1990, I-3313 (Rn. 17); EuGH 14.9.2000 - C-343/98 (*Collino und Chiappero*), Slg. 2000, I-6659 (Rn. 22); EuGH 24.1.2012 - C-282/10 (*Dominguez*), Slg. 2012, 0000 (Rn. 38); *M. Weber*, Grenzen EU-rechtskonformer Auslegung und Rechtsfortbildung, S. 78 f.

300 *Herrmann*, Richtlinienumsetzung durch die Rechtsprechung, S. 77 ff.; *Reich/Röhrig*, EuZW 2002, 87 (89); *Wank*, RdA 2004, 246 (252); *A. Weber*, Rechtsfragen der Durchführung des Gemeinschaftsrechts in der Bundesrepublik, S. 103 f.; vgl. auch die Nachweise bei *Kerwer*, Das europäische Gemeinschaftsrecht und die Rechtsprechung der deutschen Arbeitsgerichte, S. 150 Fn 24.

301 *Greiner*, EuZA 2011, 74 (82).

302 Vertiefend dazu vgl. *M. Weber*, Grenzen EU-rechtskonformer Auslegung und Rechtsfortbildung, S. 81 ff.

303 Schlussanträge des GenA *Saggio* zu den verb. Rs. C-240/98 bis C-244/98 (*Océano*), Slg. 2000, I-4941 (Rn. 30 ff.); Schlussanträge des GenA *Alber* zur Rs. C-343/98 (*Collino*), Slg. 2000, I-6659 (Rn. 29 ff.); Schlussanträge des GenA *Colomer* zu den verb. C-397/01 bis C-403/01 (*Pfeiffer u.a.*), Slg. 2004, I-8835 (Rn. 29 ff.); vgl. auch *Suhr*, Richtlinienkonforme Auslegung im Privatrecht und nationale Auslegungsmethodik, S. 89 f.

304 *Konzen* in: Konzen/Krebber/Raab u. a. (Hrsg.), Festschrift für Rolf Birk zum siebzigsten Geburtstag, 439 (451).

Zeit vermieden hat[305], in der Rechtssache *Sorge* deutlich festgestellt, dass nationale Vorschriften, die nach Auffassung des nationalen Gerichts nicht richtlinienkonform auslegbar/fortbildbar sind, nicht einfach unangewendet bleiben dürfen[306]. Eine andere Lösung stellte eine Kompetenzüberschreitung seitens des nationalen Gerichts dar[307]. Im Übrigen kann ein Anwendungsvorrang von europäischem Recht überhaupt nur dann in Betracht kommen, wenn das Unionsrecht mit dem nationalen Recht kollidiert. Dies wäre allerdings nur vorstellbar, wenn die unionsrechtlichen Bestimmungen – also hier konkret die Leiharbeitsrichtlinie – unmittelbar anwendbar wären[308]. Wie bereits ausgeführt ist dies aber nicht der Fall.

Nationale Normen können nur dann aufgrund des Anwendungsvorrangs des Europäischen Rechts unangewendet bleiben, wenn der Richtlinienverstoß zugleich einen Verstoß gegen das Europäische Primärrecht darstellt, wie dies etwa in der Rechtssache *Mangold* und *Kücükdeveci* der Fall war[309]. Die Unanwendbarkeit des Konzernprivilegs ist daher nur denkbar, wenn nicht nur ein Verstoß gegen die Leiharbeitsrichtlinie, sondern auch ein Verstoß gegen Primärrecht vorliegt. Mit der Erhebung der Charta der Grundrechte der Europäischen Union vom 7.12.2000 auf Primärrechtsebene[310] mittels Art. 6 Abs. 1 EUV nach dem Vertrag von Lissabon ist es nun zwar denkbar, vielfältige Verstöße gegen europäisches Sekundärrecht gleichzeitig auch als Verletzungen des Primärrechts zu interpretieren, da das Sekundärrecht häufig eine Konkretisierung der Unionsgrundrechte darstellt[311]. Das Potential für die in *Mangold* und *Kücükdeveci* vom EuGH angewendete Methodik hat sich insoweit erheblich vergrößert[312].

Allerdings besteht bislang noch eine erhebliche Rechtsunsicherheit, ob der EuGH dieses erweiterte Potential nutzen wird, um eine effektive Umsetzung europäischer Normen zu sichern[313]. Die »methodischen Werkzeuge zur Herbeiführung einer faktischen Horizontalwirkung durch Rückgriff auf

305 Dies erreichte der EuGH etwa durch ein weites Verständnis der richtlinienkonformen Auslegung oder durch die gleichzeitige Bejahung eines Primärrechtsverstoßes mit der Folge der Unanwendbarkeit der nationalen Norm, vgl. *Herrmann*, EuZW 2006, 69 (70).

306 EuGH 24.6.2010 – C-98/09 (*Sorge*), Slg. 2010, I-05837 (Rn. 55).

307 Ebenso *Herrmann*, EuZW 2006, 69 (70).

308 *Höpfner/Rüthers*, AcP 2009, 1 (33); *Kerwer*, Das europäische Gemeinschaftsrecht und die Rechtsprechung der deutschen Arbeitsgerichte, S. 151 f. m.w.N.

309 EuGH 22.11.2005 – C-144/04 (*Mangold*), Slg. 2005 I-9981; EuGH 19.1.2010 – C-555/07 (*Kücükdeveci*), Slg 2010, I-365; *Preis/Temming*, NZA 2010, 185 (189).

310 *Willemsen/Sagan*, NZA 2011, 258 (258).

311 *Greiner*, EuZA 2011, 74 (83); *Suhr*, Richtlinienkonforme Auslegung im Privatrecht und nationale Auslegungsmethodik, S. 83; *Willemsen/Sagan*, NZA 2011, 258 (260).

312 *Preis/Temming*, NZA 2010, 185 (190).

313 *Willemsen/Sagan*, NZA 2011, 258 (262).

die primärrechtliche Ebene sind vorhanden, es kommt allein darauf an, in welchem Umfang der EuGH sie künftig nutzen will«[314].

Unabhängig von dieser Frage erscheint ein Verstoß der Bundesrepublik gegen die Charta der Grundrechte durch Erlass des § 1 Abs. 3 Nr. 2 AÜG eher als unwahrscheinlich. Zwar sind die Grundrechte nach Art. 51 Abs. 1 GRCh anwendbar, da das AÜG im Rahmen der »Durchführung des Rechts der Union« erlassen wurde; es kommt aber lediglich die Verletzung eines der in Art. 20 ff. GRCh angelegten Gleichheitsgebote sowie die Verletzung des Art. 31 Abs. 1 GRCh, welcher gerechte und angemessene Arbeitsbedingungen fordert, in Betracht.

»Kernstück« der Leiharbeitsrichtlinie ist der Gleichstellungsgrundsatz, also die grundsätzlich gleiche Behandlung von Leiharbeitnehmern und Stammbeschäftigten im Entleiherbetrieb und deren gleiche Bezahlung. Deutschland indessen hat konzerninterne Überlassungsvorgänge davon befreit. Man könnte daher durchaus in Erwägung ziehen, eine Abweichung von dieser Gleichstellungspflicht – neben dem Richtlinienverstoß – auch als rechtfertigungsbedürftigen Eingriff in eines der im III. Kapitel der Charta normierten Grundrechte zu sehen. Indes liegt in der Errichtung der Konzernklausel nicht ohne weiteres eine Ungleichbehandlung von Leiharbeitnehmern, da diese – wenn überhaupt – erst durch den privatrechtlichen Arbeitsvertrag erfolgt und Privatpersonen nicht unmittelbar durch Art. 20 GRCh verpflichtet werden[315]. Darüber hinaus sind keine Diskriminierungen, welche an ein verpöntes Merkmal des Art. 21 Abs. 1 GRCh anknüpfen, ersichtlich. Konkret wird die Charta im Bereich des Arbeitsrechts in Art. 23 Abs. 1 GRCh, wo Männer und Frauen in allen Bereichen, einschließlich der Beschäftigung, der Arbeit und des Arbeitsentgelts gleichzustellen sind; einen echten Gleichstellungsgrundsatz fordert die Charta daher nur zwischen den Geschlechtern. Ein damit auch nur entfernt vergleichbares Recht auf Gleichstellung von Leiharbeitnehmern mit der Stammbelegschaft des Entleihers ist aber bei weitem nicht aus der Charta ableitbar. Aber selbst wenn man einen der Schutzbereiche von Art. 20 ff. GRCh hier für eröffnet ansähe und einen Eingriff bejahte, wäre offen, ob dieser gerechtfertigt werden kann (etwa mittels der unternehmerischen Freiheit des Verleihers nach Art. 16 GRCh).

Art. 31 Abs. 1 GRCh gewährt jedem Arbeitnehmer ein Recht auf gesunde, sichere und würdige Arbeitsbedingungen. Insoweit wird nicht bestritten, dass hier primär ein Mindestmaß an technischem Arbeitsschutz gefordert

---

314 *Greiner*, EuZA 2011, 74 (83).

315 *Jarass*, Charta der Grundrechte der Europäischen Union, Art. 20 Rn. 3; *Rossi* in: Calliess/Ruffert, EUV, AEUV Art. 20 GRCh Rn. 12.

wird[316]; zur näheren Konkretisierung wird auch auf Art. 153 Abs. 1 lit. a AEUV verwiesen[317]. *Lang* indessen zieht den Anwendungsbereich des Grundrechts noch weiter: so sollen solche Arbeitsbedingungen unwürdig i.S.d. Art. 31 Abs. 1 GRCh sein, welche durch »elementare Gleichheitsverstöße – namentlich im Bereich des Erfordernisses eines gleichen Lohns für gleiche Arbeit – charakterisiert sind«[318]. Dabei weist er darauf hin, dass der Grundsatz »gleicher Lohn für gleiche Arbeit« in »etlichen Verfassungen der Mitgliedstaaten anerkannt« sei[319]. Allerdings wird bestritten, dass Fragen des Entgelts in Art. 31 Abs. 1 GRCh überhaupt erfasst sind[320]. Selbst wenn man der Ansicht von *Lang* folgte, wäre äußert fraglich, ob das Lohngefälle zwischen Leiharbeitnehmern und den Stammbeschäftigten im Entleiherbetrieb einen solchen »elementaren Gleichheitsverstoß« darstellt und dies verallgemeinerungsfähig ist.

Auch wenn zur Zeit kaum eine exakte Bestimmung der Reichweite der einzelnen Grundrechte sowie deren Bedeutung im Hinblick auf das Konzernprivileg möglich ist, ist grundsätzlich eine Überdehnung der Grundrechte aus der GRCh zu vermeiden; der oft betonte Respekt gegenüber der Kompetenzordnungen der Mitgliedstaaten wäre wertlos, wenn der Rechtsanwender ständig auf die primärrechtliche Ebene zurückgriffe[321].

Es bestehen somit für den Rechtsanwender keine Möglichkeiten, sich über das Konzernprivileg mittels des Instruments des Anwendungsvorrangs hinwegzusetzen.

5. Zwischenergebnis

Die Richtlinie 2008/104/EG über Leiharbeit lässt eine Regelung des nationalen Gesetzgebers, wonach Überlassungsvorgänge zwischen Konzernunternehmen von der Geltung des richtlinienumsetzenden Gesetzes befreit werden, nicht zu. Gleichwohl darf § 1 Abs. 3 Nr. 2 AÜG, wonach eben solche Überlassungen privilegiert werden, nicht aufgrund des Verstoßes gegen Europarecht ignoriert werden[322]. Eine richtlinienkonforme Ausbildung bzw. Fortbil-

---

316 *Jarass*, Charta der Grundrechte der Europäischen Union, Art. 31 Rn. 6 f.; *Krebber* in: Calliess/Ruffert, EUV, AEUV Art. 31 GRCh Rn. 3; *Lang* in: Tettinger/Stern, Gundrechtecharta, Art. 31 Rn. 10.

317 *Krebber* in: Calliess/Ruffert, EUV, AEUV Art. 31 GRCh Rn. 2.

318 *Lang* in: Tettinger/Stern, Gundrechtecharta, Art. 31 Rn. 8.

319 *Lang* in: Tettinger/Stern, Gundrechtecharta, Art. 31 Rn. 8.

320 *Jarass*, Charta der Grundrechte der Europäischen Union, Art. 31 Rn. 6; *Krebber* in: Calliess/Ruffert, EUV, AEUV Art. 31 GRCh Rn. 2; vgl. auch *Willemsen/Sagan*, NZA 2011, 258 (260).

321 Ähnlich *Greiner*, EuZA 2011, 74 (84).

322 So aber für den konkreten Fall *Beck* in: Dornbusch/Fischermeier/Löwisch, FA-Kommentar ArbR § 1 AÜG Rn. 55.

dung des Konzernprivilegs käme zwar generell in Betracht, im vorliegenden Fall stößt diese jedoch aufgrund des entgegenstehenden Willens des Gesetzgebers an ihre Grenzen – zumal das einzig mögliche Ergebnis einer richtlinienkonformen Interpretation die Reduktion des Anwendungsbereichs der Norm auf »Null« wäre. Schließlich scheidet auch die Möglichkeit aus, das Konzernprivileg aufgrund einer unmittelbaren Wirkung der Leiharbeitsrichtlinie oder des Anwendungsvorrangs des Europarechts unangewendet zu lassen.

Dies hat zur Folge, dass der nationale Rechtsanwender sehenden Auges den richtlinienwidrigen § 1 Abs. 3 Nr. 2 AÜG beachten muss. Es ist daher Aufgabe des nationalen Gesetzgebers, diesen Zustand durch die Aufhebung der Norm zu beseitigen[323]. Sofern sich der Gesetzgeber nicht aus eigenen Stücken zur Aufhebung des § 1 Abs. 3 Nr. 2 AÜG entschließen würde, bestünden zunächst drei Möglichkeiten, die ihn zu einem Änderungsgesetz bewegen würden: Ein Vorabentscheidungsverfahren, Staatshaftungsansprüche der Bürger und ein Vertragsverletzungsverfahren.

Problematisch ist in diesem Zusammenhang, dass ein Vorabentscheidungsverfahren nach Art. 267 AEUV nur dann zulässig ist, wenn die Entscheidung des Gerichts für den Ausgang des Verfahrens erforderlich, d.h. entscheidungserheblich ist[324]. Steht aber fest, dass eine nationale Norm wie das Konzernprivilegs nicht richtlinienkonform ausgelegt bzw. fortgebildet werden kann, so ist die Entscheidung des EuGH, ob das Konzernprivileg mit der Leiharbeitsrichtlinie vereinbar ist, überhaupt nicht mehr relevant[325]; in jedem Fall wendete man das nationale Recht an. Ein Vorabentscheidungsverfahren ist daher eher unwahrscheinlich, es sei denn, das vorlegende Gericht hält § 1 Abs. 3 Nr. 2 AÜG entgegen der hier vertretenen Meinung für richtlinienkonform auslegbar. Sofern letzteres der Fall sein sollte, wird der EuGH aber kaum das Ersuchen des Gerichts als unzulässig zurückweisen, da er dies nur dann in Betracht zieht, wenn die erbetene Auslegung des Unionsrecht offensichtlich in keinem Zusammenhang mit der Realität oder dem Gegenstand des Ausgangsrechtsstreits steht[326].

Denkbar ist auch, dass eine Flut von Staatshaftungsklagen gegenüber der Bundesrepublik den Gesetzgeber dazu bewegt, das Konzernprivileg zu ändern[327]. Die Klagen könnten darauf gestützt sein, dass die Leiharbeitnehmer

323 *Canaris* in: Koizol/Rummel (Hrsg.), Im Dienste der Gerechtigkeit, 47 (99); *Kerwer*, Das europäische Gemeinschaftsrecht und die Rechtsprechung der deutschen Arbeitsgerichte, S. 390.

324 *Malferrari*, Zurückweisung von Vorabentscheidungsersuchen durch den EuGH, S. 163 ff.; *Wegener* in: Calliess/Ruffert, EUV, AEUV Art. 267 AEUV Rn. 21 ff.

325 BAG 17.11.2009 – 9 AZR 844/08, NZA 2010, 1020 (A IV); *Höpfner/Rüthers*, AcP 2009, 1 (34).

326 EuGH 16.7.2009 – C-12/09 (*Mono Car Styling*), Slg. 2009, I-06653 (Rn. 27).

327 *Höpfner/Rüthers*, AcP 2009, 1 (25); *Kerwer*, Das europäische Gemeinschaftsrecht und die Rechtsprechung der deutschen Arbeitsgerichte, S. 390.

wegen der Nichtaufhebung des Art. 1 Abs. 3 Nr. 2 AÜG keine Geltung des AÜG und folglich kein equal-pay beanspruchen könnten. Jedoch sind Staatshaftungsansprüche für legislatives Unrecht die Ausnahme. Seit *Francovich*[328] indessen wurde ein unionsrechtlicher – heute allgemein akzeptierter – Staatshaftungsanspruch entwickelt, der seine Grundlage unmittelbar im Unionsrecht findet[329]. Allerdings ist nicht jedweder Richtlinienverstoß sofort Anlass für einen Staatshaftungsanspruch; erforderlich ist ein hinreichend qualifizierter Verstoß gegen eine individualbegünstigende Norm[330]. Der EuGH ist dabei relativ großzügig, was die Frage der individualbegünstigenden Norm betrifft[331]; es genügt jedes vom Unionsrecht geschützte Interesse des Bürgers und zentraler Zweck der RL 2008/104/EG ist es ganz offensichtlich, das Interesse der Leiharbeitnehmer auf Gleichstellung mit Stammarbeitnehmern des Entleiherbetriebs zu befriedigen[332]. Jedoch ist äußerst fraglich ob bei der mangelhaften Umsetzung der Leiharbeitsrichtlinie ein hinreichend qualifizierter Verstoß[333] vorliegt: Die Richtlinie billigt den Mitgliedstaaten hinsichtlich der Abweichungsmöglichkeiten vom Gleichstellungsgrundsatz trotz allem einen gewissen Gestaltungsspielraum zu (Art. 5 Abs. 2-4), den die Bundesrepublik nicht absichtlich überschritten hat. Zwar war sich der Gesetzgeber bewusst, dass das Konzernprivileg nach einer weit verbreiteten Rechtsauffassung nicht für richtlinienkonform erachtet wurde, gleichwohl hat sie – rechtlich nicht völlig unvertretbar – die Vereinbarkeit bejaht.

Schließlich kommt die Einleitung eines Vertragsverletzungsverfahrens durch die Kommission gegen die Bundesrepublik Deutschland nach Art. 258 ff. AEUV in Betracht[334], sofern der richtlinienwidrige Zustand[335] langfristig nicht anderweitig behoben wird. Dies ist wohl das einzige sichere Mittel, um die Durchsetzung der Richtlinie 2008/104/EG über Leiharbeit sicher zu gewährleisten.

---

328 EuGH 19.11.1991 - C-6/90, C-9/90 (*Francovich*), Slg. 1991, I-5357.

329 EuGH 05.3.1996 - C-46/93, C-48/93 (*Brasserie du pêcheur*), Slg. 1996, I-1029 (Rn. 67); EuGH 23.5.1996 - C-5/94 (*Lomas*), Slg. 1996, I-2553 (Rn. 31); *Frenz/Götzkes*, JA 2009, 759 (759).

330 *Frenz/Götzkes*, JA 2009, 759 (760); *Sprau* in: Palandt/Bassenge, BGB, § 839 Rn. 5, 7.

331 *Frenz/Götzkes*, JA 2009, 759 (760).

332 *Beck* in: Dornbusch/Fischermeier/Löwisch, FA-Kommentar ArbR § 1 AÜG Rn. 8.

333 Zu den Kriterien eines hinreichend qualifizierten Verstoßes vgl. EuGH 05.3.1996 - C-46/93, C-48/93 (*Brasserie du pêcheur*), Slg. 1996, I-1029 (Rn. 56); EuGH 26.3.1996 - C-392/93 (*British Telecom*), Slg. 1996, 1613 (Rn. 42 ff.).

334 *Höpfner/Rüthers*, AcP 2009, 1 (25).

335 *Cremer* in: Calliess/Ruffert, EUV, AEUV Art. 258 AEUV Rn. 33.

III. Zusammenfassung des Kapitels D

Eine konzerninterne Arbeitnehmerüberlassung außerhalb des Anwendungsbereichs des AÜG wäre, wenn der nationale Gesetzgeber die Richtlinie 2008/104/EG über Leiharbeit korrekt umgesetzt hätte, nicht mehr möglich. Der in Art. 1 Abs. 2 der Richtlinie und § 1 Abs. 1 S. 1 AÜG zu findende Begriff der »wirtschaftlichen Tätigkeit« umfasst nach hier vertretener Auffassung sowohl die Personalführungsgesellschaften, die ausschließlich konzernintern Arbeitnehmer überlassen, als auch sonstige konzernangehörige Verleihgesellschaften, die auch an konzernexterne Entleiher Arbeitnehmer überlassen. Darüber hinaus gilt die Richtlinie für sogenannte Mischunternehmen, die sowohl über einen eigenen Betrieb verfügen als auch – und sei es nur als »Nebenzweck« – Arbeitnehmer überlassen. Die Auswirkungen der Änderung des Merkmals der Gewerbsmäßigkeit zugunsten des Kriteriums der wirtschaftlichen Tätigkeit wird aber – folgt man der jüngsten Rechtsprechung des BAG zum alten Kriterium vom 9.2.2011 – für die konzerninterne Arbeitnehmerüberlassung gering sein.

Da der Anwendungsbereich somit weit zu fassen ist, wäre eine konzerninterne Arbeitnehmerüberlassung *außerhalb* des Geltungsbereichs des AÜG grundsätzlich nur dann denkbar, wenn die Richtlinie eine Ausnahme für eine solche Situation vorsähe und der deutsche Gesetzgeber von dieser Ausnahme Gebrauch gemacht hätte. Wie aber ausführlich dargelegt wurde, gibt die Leiharbeitsrichtlinie insoweit den nationalen Gesetzgebern der Mitgliedstaaten keinerlei Gestaltungsspielraum – gleichwohl hat der deutsche Gesetzgeber ein Konzernprivileg in § 1 Abs. 3 Nr. 2 des neugefassten AÜG installiert.

Aufgrund des eindeutigen Willens des deutschen Gesetzgebers, Arbeitnehmerüberlassungen zwischen Konzernunternehmen in bestimmten Fallkonstellationen zu privilegieren, ist nach hier vertretener Ansicht eine richtlinienkonforme Auslegung bzw. Rechtsfortbildung nicht möglich, da ansonsten das Prinzip der Gewaltenteilung tangiert würde und eine Auslegung/Rechtsfortbildung contra legem nicht möglich ist. Auch kann die Norm von den deutschen Gerichten nicht einfach unangewendet gelassen werden; die ausdrückliche gesetzgeberische Entscheidung ist zu respektieren, selbst wenn sie gegen Europarecht verstößt.

Folglich ist – obwohl die Richtlinie dies nicht zulässt – eine konzerninterne Arbeitnehmerüberlassung in der Bundesrepublik außerhalb des AÜG denkbar, wenn die Voraussetzungen des § 1 Abs. 3 Nr. 2 AÜG eingehalten werden, bis der Gesetzgeber aus freien Stücken oder wegen eines durch die Europäische Kommission eingeleiteten Vertragsverletzungsverfahrens die richtlinienwidrige Norm aufhebt. Da aus den Gesetzesmaterialien keine Anhaltspunkte für eine Absicht des Gesetzgebers ersichtlich sind, die Reichweite des alten Konzernprivilegs einzuschränken[336], wird man das Privileg – trotz anderen Wortlauts – genauso weit auslegen müssen wie das bisherige.

336 Ähnlich *Huke/Neufeld/Luickhardt*, BB 2012, 961 (966).

E. Konzerninterne Arbeitnehmerüberlassung innerhalb des AÜG

Unter der konzerninternen Arbeitnehmerüberlassung *innerhalb* des AÜG werden an dieser Stelle solche Überlassungsvorgänge verstanden, die sich im Rahmen des Anwendungsbereichs des AÜG abspielen. Die Beteiligten können oder wollen in diesen Konstellationen die Voraussetzungen, welche zu einer Überlassung *außerhalb* des AÜG führen würden, nämlich das Fehlen der Gewerbsmäßigkeit (§ 1 Abs. 1 S. 1 AÜG a.F.) bzw. der wirtschaftlichen Tätigkeit (§ 1 Abs. 1 S. 1 AÜG n.F.) oder die Voraussetzungen des Konzernprivilegs nach § 1 Abs. 3 Nr. 2 AÜG (a.F. bzw. n.F.) nicht erfüllen.

Gleichwohl wurde in der Vergangenheit von den eben diskutierten privilegierten Überlassungen zunehmend weniger Gebrauch gemacht: Nach Wegfall der Höchstüberlassungsdauer im Jahre 2003 (§ 3 Abs. 1 Nr. 6 AÜG a.F.) und nach dem Abschluss zum Teil für die Unternehmen auffallend günstiger Tarifverträge mit der CGZP, welche teilweise massive Abweichungen vom Gleichstellungsgrundsatz erlaubten, waren die wichtigsten Restriktionen des AÜG ohnehin »deaktiviert«. Folge war, dass vor allem ausschließlich konzernintern agierende reine Verleihunternehmen Arbeitnehmer einstellten, um diese dann dauerhaft zu überlassen – das frühere Konzernprivileg, welches nur unter der Bedingung eines vorübergehenden Verleihs einschlägig war, war deshalb für Unternehmen überhaupt nicht mehr erstrebenswert[1]. Aus diesem Grund formierte sich relativ schnell zur damaligen Fassung des AÜG eine sowohl in Literatur als auch in Rechtsprechung vertretene Auffassung, welche die Zulässigkeit der Personalführungsgesellschaften in dieser Ausprägung in Frage stellte.

Auch die jüngste Reform des AÜG im Jahr 2011 hat nun den bis zuletzt bestehenden Trend zur Deregulierung des deutschen Arbeitnehmerüberlassungsrechts beendet. Zwar verzichtete der Gesetzgeber auf den Erlass neuer Höchstüberlassungsfristen, allerdings setzte er in § 1 Abs. 1 S. 2 AÜG fest, dass die Überlassung »vorübergehend« erfolgen müsse. Auch fügte er die sogenannte »Drehtürklausel« in § 3 Abs. 1 Nr. 3 S. 4 AÜG ausschließlich für konzerninterne Überlassungsvorgänge ein und setzte in einem neuen § 3a AÜG eine Lohnuntergrenze fest.

---

1 *Steuer*, Die Arbeitnehmerüberlassung als Mittel zur Förderung des Arbeitsmarktes in Deutschland, S. 249; *Turkenburg*, Möglichkeiten und Grenzen konzerneigener Verleihunternehmen und Personalführungsgesellschaften, S. 86.

Um die Auswirkungen der Reform auf die nicht privilegierte[2] konzerninterne Arbeitnehmerüberlassung feststellen zu können, ist an dieser Stelle zunächst zu klären, inwieweit konzerninterne Leiharbeit innerhalb des AÜG bereits bisher möglich war und ob bzw. wie dies nach neuer Rechtslage denkbar sein wird.

I. Bisherige Zulässigkeit von konzerninterner Arbeitnehmerüberlassung

Konzerninterne Arbeitnehmerüberlassung wird schon seit Geltung des AÜG praktiziert und erlebte spätestens mit dem Gesetz für moderne Dienstleistungen am Arbeitsmarkt einen Boom. In diesem Zusammenhang wurde die Zulässigkeit von Mischunternehmen und solchen Verleihunternehmen, die nicht ausschließlich Arbeitnehmer an eine oder mehrere Konzerngesellschaften überlassen, sondern auch konzernexterne Entleiher mit Arbeitskräften versorgen, nicht ernsthaft in Frage gestellt.

Anders war dies bei reinen konzernangehörigen Personalführungsgesellschaften. Das Modell der Personalführungsgesellschaft, deren Funktionsweise bereits skizziert wurde[3], wurde erstmals von *Melms* und *Lipinski* öffentlichkeitswirksam in einem Beitrag im Jahr 2004 als rechtlich zulässiges Mittel zur »Absenkung des Tarifniveaus durch die Gründung von AÜG-Gesellschaften als alternative oder flankierende Maßnahme zum Personalabbau«[4] vorgestellt. Die Vereinbarkeit der Personalführungsgesellschaft als Verleiher und konzernweite »Personaldrehscheibe« mit dem bis zur Reform des AÜG im Jahr 2011 geltenden Recht war seit dem hochumstritten.

1. Einwände von Brors *und* Schüren

Auf den Beitrag von *Melms* und *Lipinski* reagierten *Brors* und *Schüren* umgehend mit einer deutlichen Replik[5]. Sie kritisierten dass, setzte man deren Vorschlag um, die Zwischenschaltung eines konzernangehörigen Verleihers nur zu dem Zweck erfolge, um die bei dem Entleiher geltenden Tarifverträge zu umgehen und der Verleiher demnach nur als Strohmann des Entleihers agiere[6].

---

2 Zu Formen der privilegierten Arbeitnehmerüberlassung vgl. das vorangegangene Kapitel.

3 Vgl. S. 72.

4 *Melms/Lipinski*, BB 2004, 2409.

5 *Brors/Schüren*, BB 2004, 2745.

6 *Brors/Schüren*, BB 2004, 2745 (2745 f.). Ebenso LAG Berlin 7.1.2005 – 6 Sa 2008/04, EzAÜG § 17 TzBfG Nr. 2 (2.2.); LAG Schleswig-Holstein 18.6.2008 – 3 TaBV 8/08, EzAÜG § 1 AÜG Konzerninterne Arbeitnehmerüberlassung Nr. 19 (II B 3 3.2. b cc);

Im Falle einer konzerninternen Arbeitnehmerüberlassung durch eine reine Personalführungsgesellschaft würden die Chancen und Risiken, die sich aus der Leiharbeit ergeben, einseitig zu Lasten des Leiharbeitnehmers abgewälzt; insoweit stünden die beiden konzernverbundenen Unternehmen nämlich in »symbiotischen Beziehungen«[7]. Ein konzernangehöriger Verleiher, der lediglich ein oder mehrere ebenfalls konzernverbundene Unternehmen als Kunden hat, fungiere letztlich nur als »Zahlstelle« der Arbeitsvergütung[8]. Inhalt der vom Leiharbeitnehmer geschuldeten Arbeitsleistung bestimme danach allein der Entleiher. Das Verleihunternehmen sei ferner – weil es nur konzerninterne Entleiher bediene – überhaupt nicht oder zumindest nicht ernsthaft am Markt aktiv.

Das AÜG erlaube letztlich nur deshalb eine Abweichung vom in § 10 Abs. 4 S. 1 AÜG angelegten Gleichstellungsgrundsatz, weil der Verleiher als Arbeitgeber auch das Beschäftigungsrisiko im Falle von verleihfreien Zeiten trage, dies komme in § 11 Abs. 4 S. 2 AÜG hinreichend zum Ausdruck. Die Risikotragung des Verleihers sei danach das wesentliche Identifikationsmerkmal der Leiharbeit[9]. Ferner werde das niedrigere Tarifniveau des Leiharbeitnehmers auch deshalb für annehmbar gehalten, weil ihm gleichzeitig die Chance eingeräumt werde, vom Entleiher übernommen zu werden, falls er sich in Ausübung seiner Tätigkeit bewähre.

Die Konsequenz einer fehlenden Marktaktivität des Verleihers sei, dass er im Falle der Beendigung eines Überlassungsauftrags keine weiteren in Frage kommenden Kunden vorweisen könne und folglich mangels Beschäftigungsmöglichkeit den Leiharbeitnehmer betriebsbedingt kündigen müsse; faktisch käme es daher zu einer Synchronisation zwischen dem Bestehen des Arbeitsverhältnisses und dem Bestehen der konkreten Überlassung. Der Verleiher trage somit überhaupt kein Arbeitgeberrisiko mehr, da der letzte Rest seines Direktionsrechts, nämlich die Befugnis, den Leiharbeitnehmer zu verschiedenen Entleiher zu schicken, inhaltsleer werde, da ja letztlich nur ein möglicher Entleiher in Frage komme[10]. Sämtliche Pflichten, die ty-

---

Bauer in: Mittag (Hrsg.), Aspekte der Beendigung von Arbeitsverhältnissen, 25 (31 f.); *Däubler*, AiB 2008, 524 (524); *Hamann* in: Schüren/Hamann, AÜG 4. Aufl., § 1 Rn. 516 ff.; *Scheytt*, Mitbestimmung 2011, 32 (33); *Schüren*, RdA 2007, 231 (233); *Thiess/Denzel*, AiB 2012, 188 (188); *Ulber* in: Ulber, AÜG 4. Aufl., § 1 Rn. 363; *ders.* bei *Ludwig*, NZA 2012, XII (XII); in diese Richtung auch *Wank* in: Müller-Glöge/Preis/Schmidt, ErfK 11. Aufl., § 1 AÜG Rn. 62, 66.

7 *Bauer* in: Mittag (Hrsg.), Aspekte der Beendigung von Arbeitsverhältnissen, 25 (30); *Brors/Schüren*, BB 2004, 2745 (2749).

8 *Brors/Schüren*, BB 2004, 2745 (2746); *Schüren*, BB 2007, 2346 (2348).

9 *Bauer* in: Mittag (Hrsg.), Aspekte der Beendigung von Arbeitsverhältnissen, 25 (29 f.); *Brors/Schüren*, BB 2004, 2745 (2747 f.); *Schüren*, BB 2007, 2346 (2348).

10 *Bauer* in: Mittag (Hrsg.), Aspekte der Beendigung von Arbeitsverhältnissen, 25 (30); *Brors/Schüren*, BB 2004, 2745 (2748).

pischerweise ein Arbeitgeber übernimmt – mit Ausnahme der Lohnzahlungspflicht – trage demnach im Falle einer Personalführungsgesellschaft nicht mehr der Verleiher, vielmehr habe dieser allenfalls eine »entkernte Arbeitgeberrolle« inne[11].

Auch sei die Chance des Leiharbeitnehmers, seinen Einsatz beim Entleiher als Sprungbrett zum Stammbeschäftigten des Entleihers zu nutzen (»Klebeeffekt«) im Ergebnis nicht existent, da der Entleiher daran überhaupt kein Interesse daran habe[12]. Immerhin würde so eine Flucht aus dem Tarifniveau durch den Einsatz von Fremdpersonal beendet.

Fungiert danach der Verleiher nicht als Arbeitgeber des Leiharbeitnehmers und trägt er nicht das Beschäftigungsrisiko, so müsse dessen Arbeitgeberstellung in Abrede gestellt werden; als wirklicher Arbeitgeber käme dann nur der Entleiher als Hintermann der Strohmannkonstruktion in Frage[13]. In diesem Zusammenhang stelle § 1 Abs. 2 AÜG eine (widerlegbare) Wertung bzw. Beweisregel dar, welche die Zuordnung der wahren Arbeitgebereigenschaft ermögliche[14]. Man könne zwar aus § 1 Abs. 2 AÜG nach Streichung des § 13 AÜG zum 31.3.1997 nicht mehr folgern, dass im Falle der Einschlägigkeit der Norm ein Arbeitsverhältnis des Leiharbeitnehmers zum Entleiher automatisch fingiert werde, allerdings ermögliche es die Norm weiterhin, die wirklichen arbeitsrechtlichen Beziehungen zwischen den drei Beteiligten aufzudecken[15]. § 1 Abs. 2 AÜG diene daher als Zuordnungshilfe[16]. Ein Verleiher, der als solcher auftritt, aber keine Arbeitgeberrisiken und kaum Arbeitgeberfunktionen ausübt, werde danach kaum in der Lage sei, den Entlastungsbeweis gegenüber § 1 Abs. 2 AÜG zu erbringen.

Aufgrund des im Arbeitsrecht bestehenden »Typenzwanges« werde der Arbeitnehmer folglich entweder im Rahmen eines Arbeitnehmerüberlassungsverhältnisses beim Entleiher tätig oder er sei Arbeitnehmer des Entleihers[17]. Wäre ein Fall der Arbeitnehmerüberlassung aber aufgrund der Vermutung des § 1 Abs. 2 AÜG ausgeschlossen, wäre nur noch ein Arbeitsverhältnis zum »Entleiher« denkbar.

---

11 *Bauer* in: Mittag (Hrsg.), Aspekte der Beendigung von Arbeitsverhältnissen, 25 (27).

12 *Bauer* in: Mittag (Hrsg.), Aspekte der Beendigung von Arbeitsverhältnissen, 25 (27); *Brors/Schüren*, BB 2004, 2745 (2747).

13 *Brors/Schüren*, BB 2004, 2745 (2749).

14 *Bauer* in: Mittag (Hrsg.), Aspekte der Beendigung von Arbeitsverhältnissen, 25 (36); *Brors/Schüren*, BB 2004, 2745 (2749); *Schüren/Behrend*, NZA 2003, 521 (526); *Schüren*, BB 2007, 2346 (2348).

15 *Bauer* in: Mittag (Hrsg.), Aspekte der Beendigung von Arbeitsverhältnissen, 25 (31); *Schüren/Behrend*, NZA 2003, 521 (526).

16 *Brors/Schüren*, BB 2004, 2745 (2749); *Brors/Schüren*, BB 2005, 494 (495).

17 *Behrend*, Scheinwerkverträge bei bestehender Arbeitnehmerüberlassungserlaubnis, S. 168; *dies.*, BB 2001, 2641 (2643); *Brors/Schüren*, BB 2004, 2745 (2748).

Das gleiche Ergebnis könne man auch mittels der Bejahung eines rechtsmissbräuchlichen Handelns über § 242 BGB herleiten[18]. In Konzernsituationen sei wegen des beherrschenden Einflusses der Konzernmutter der Verleiher regelmäßig lediglich ein »willfähriges Werkzeug in den Händen des Entleihers«[19]; allein diese Konstellation sei ein aussagekräftiges Indiz für die Strohmannrolle des Verleihers. Ein solcher Durchgriff sei dem Arbeitsrecht auch nicht völlig fremd. Das BAG habe in seiner Entscheidung zum mittelbaren Arbeitsverhältnis vom 20.7.1982[20] die Grenzen gesetzt, ab denen ein Rechtsmissbrauch anzunehmen sei[21]. Diese seien bei solchen Konstellationen, in denen der Verleiher nur als Zahlstelle fungiere, überschritten.

2. Kritik an der »Strohmannkonstruktion«

Die von *Brors* und *Schüren* vertretene Ansicht war in dieser Form abzulehnen[22]; sie ist nach Überzeugung des Autors zu ergebnisorientiert[23]. Letzt-

---

18 *Bauer* in: Mittag (Hrsg.), Aspekte der Beendigung von Arbeitsverhältnissen, 25 (37).

19 *Bauer* in: Mittag (Hrsg.), Aspekte der Beendigung von Arbeitsverhältnissen, 25 (37).

20 BAG 20.7.1982 – 3 AZR 446/80, EzA § 611 BGB Mittelbares Arbeitsverhältnis Nr. 1.

21 *Schüren*, BB 2007, 2346 (2349).

22 So auch LAG Niedersachsen 28.2.2006 – 13 TaBV 56/05, EzAÜG § 14 AÜG Betriebsverfassung Nr. 64 (II 2); LAG Niedersachsen; 20.2.2007 – 9 TaBV 107/05, EzAÜG § 1 AÜG Konzerninterne Arbeitnehmerüberlassung Nr. 18 (II 2 b); LAG Niedersachsen 18.2.2008 – 12 TaBV 142/07, EzAÜG § 14 AÜG Betriebsverfassung Nr. 73 (II 2 a dd); LAG Düsseldorf 30. 10 2008 – 15 TaBV 114/08, EzAÜG § 1 AÜG Konzerninterne Arbeitnehmerüberlassung Nr. 21 (II 2 a cc); LAG Schleswig-Holstein 20.1.2009 – 5 TaBV 33/08, EzAÜG § 14 TzBfG Nr. 4 (II 1 c aa [3] [a]); wohl auch obiter dicens BAG 21.7.2009 – 1 ABR 35/08, NZA 2009, 1156 (B III 2 a cc [5]); zuletzt LAG Niedersachsen 3.5.2011 – 3 Sa 1432/10, LAGE § 10 AÜG Nr. 6 (II); *Dahl*, RdA 2008, 175 (176 f.); *Dumke*, Rationalisierung durch konzernangehörige Personalführungsgesellschaften, S. 199 f.; *Fabritius*, Konzerninterne Arbeitnehmerüberlassung im Krankenhaus, S. 100 f.; *Herrmann*, Schaffung von Arbeitsplätzen durch Leiharbeit?, S. 202; *Lembke*, BB 2010, 1533 (1538); *Mengel* in: Rieble/Junker/R. Giesen (Hrsg.), Arbeitsrecht im Konzern, 45 (59); *Oberthür*, ArbRB 2010, 213 (213); *Schütz*, Die Expansion der Leiharbeit – Bewertung und rechtliche Konsequenzen, S. 186 ff.; *Steuer*, Die Arbeitnehmerüberlassung als Mittel zur Förderung des Arbeitsmarktes in Deutschland, S. 267; *Tucci*, Arbeitnehmermobilität im Konzern, S. 212 ff.; *Turkenburg*, Möglichkeiten und Grenzen konzerneigener Verleihunternehmen und Personalführungsgesellschaften, S. 161; *Willemsen/Annuß*, BB 2005, 437 (437 ff.); *Willemsen* in: Bauer (Hrsg.), Arbeitsgemeinschaft Arbeitsrecht im Deutschen Anwaltverein, 1013 (1032 f.). Offen lassend *Germakowski* in: Urban-Crell/Germakowski, AÜG, § 1 Rn. 247; *Hamann*, EuZA 2009, 287 (299); *Popp* in: Böhm/Hennig/Popp, Zeitarbeit, Rn. 273; *Waas* in: Thüsing, AÜG 2. Aufl., § 1 Rn. 199; *Wank*, RdA 2010, 193 (203); *Zürn*, AuA 2009, 590 (592).

23 *Turkenburg* stellt insoweit richtigerweise fest, dass es den Autoren im Kern darum geht, die Geltung des beim Entleiher geltenden Tarifvertrags, für die beim entsendenden Verleiher beschäftigten Leiharbeitnehmer zu erreichen, *dies.*, Möglichkeiten und Grenzen konzerneigener Verleihunternehmen und Personalführungsgesellschaften, S. 161.

lich beruhen deren Argumente – wie *Willemsen* und *Annuß* treffend feststellten – auf einem bestimmten Ordnungsmodell der Arbeitnehmerüberlassung, welches »unmittelbar in rechtspolitischen Richtigkeitsvorstellungen wurzelt und ohne weitere Begründung als übergeordnete Leitlinie für die Rechtsanwendung herangezogen wird«[24]. Die Gefahr der Ausbeutung der Leiharbeitnehmer, welche die Vertreter einer Strohmannkonstruktion fürchteten und die im Wesentlichen auf dem extrem niedrigen Lohnniveau beruht, lag aber nicht unmittelbar im Handeln der konzernangehörigen Personalführungsgesellschaft, sondern fußte nach Überzeugung des Autors in dem Versagen der sogenannten »christlichen« Gewerkschaften bei der Aushandlung von Tarifverträgen in der Vergangenheit, welche den Gleichstellungsgrundsatz massiv aushebelten[25]. Es ist aber an dieser Stelle weder angebracht noch mit dem AÜG konform, dieses Versagen mittels einer »Erhebung allgemeiner Schutzerwägungen in den Rang geltenden Rechts«[26] zu korrigieren und diesen Schritt hier in Form eines Verbots konzernangehöriger Personalführungsgesellschaften zu vollziehen.

Bei der Konstruktion einer reinen Personalführungsgesellschaft handelt es sich in der Regel nicht um ein unzulässiges Mittel, um das Tarifniveau des entleihenden Unternehmens zu senken; vielmehr handelt es sich um einen Fall der zulässigen Tatbestandsvermeidung[27] durch die volle Ausschöpfung eines vom Gesetzgeber eingeräumten Gestaltungsspielraums der Unternehmen[28]. Der Gesetzgeber hatte mit dem Ersten Gesetz für moderne Dienstleistungen die Deregulierung des Arbeitnehmerüberlassungsrechts zum 1.1.2003 abgeschlossen. Dabei hatte er vor allem das Synchronisationsverbot und auch die Überlassungshöchstdauer von zuletzt 24 Monaten beseitigt[29]. Zudem wurde die Tarifdispositivität des in § 3 Abs. 1 Nr. 3 bzw. § 9 Abs. 1 Nr. 2 AÜG angelegten Gleichstellungsgrundsatz festgesetzt.

Der Gesetzgeber nahm folglich bewusst in Kauf, dass Leiharbeitnehmer ohne zeitliche Höchstgrenzen überlassen und schlechter bezahlt werden

---

24 *Willemsen/Annuß*, BB 2005, 437 (438); in diese Richtung auch *Tucci*, Arbeitnehmermobilität im Konzern, S. 212.

25 Allerdings dürfte, da mittlerweile höchstrichterlich die Tarifunfähigkeit der CGZP festgestellt wurde und insoweit der Unterbietungswettbewerb zwischen CGZP und Gewerkschaften des DGB beendet ist, künftig die Gefahr einer Ausbeutung der Leiharbeitnehmer auf dieser Ebene gebannt sein.

26 *Willemsen/Annuß*, BB 2005, 437 (438).

27 *Melms/Lipinski*, BB 2004, 2409 (2416).

28 LAG Niedersachsen 28.2.2006 – 13 TaBV 56/05, EzAÜG § 14 AÜG Betriebsverfassung Nr. 64 (II 2); LAG Niedersachsen 18.2.2008 . 12 TaBV 142/07, EzAÜG § 14 AÜG Betriebsverfassung Nr. 73 (II 2 a dd); LAG Niedersachsen 3.5.2011 – 3 Sa 1432/10, LAGE § 10 AÜG Nr. 6 (II).

29 Vgl. dazu bereits S. 31 ff.

könnten als die Stammarbeitnehmer des Entleiherbetriebs[30]. In diesem Zusammenhang musste es dem Gesetzgeber auch klar sein, dass Leiharbeit mit diesem gesetzlichen Rahmen als Mittel zur Etablierung eines Billiglohnsektors dienen könnte und somit als Alternative zur Einstellung von neuen Stammbeschäftigten für Entleiherbetriebe zunehmend attraktiv würde. Die Flexibilisierung des Arbeitsmarktes war insoweit sogar das wesentliche Ziel der sog. Hartz-Kommission[31]. Es sprechen folglich – zumindest hinsichtlich der Rechtslage bis zum 1.12.2011 – keine rechtlichen Gründe gegen eine langfristige Überlassung von Leiharbeitnehmern zu einem vergleichsweise niedrigen Tariflohn. Diese gesetzgeberischen Leitgedanken dürfen im Rahmen einer Prüfung, ob ein rechtsmissbräuchliches Verhalten der Beteiligten vorliegt, keinesfalls ignoriert werden.

Dessen ungeachtet ist es problematisch, einem konzernangehörigen Verleiher eine Strohmannstellung zu attestieren, nur weil er außerhalb des Konzerns keine weiteren möglichen Entleiher als Kunden hat bzw. haben möchte und er deshalb nicht aktiv am Markt für Arbeitnehmerüberlassung teilnimmt. Den Arbeitnehmern ein Recht zuzuerkennen, wonach diese von ihrem Arbeitgeber als Verleiher erwarten könnten, dass dieser werbend am Markt auftritt und zumindest versucht, neben den bereits bestehenden Entleihern neue Kunden zu akquirieren, ist in diesem Zusammenhang wenig nachvollziehbar[32]. Man kann insoweit nicht in die Unternehmensführung des Verleihers eingreifen: ähnlich wie im Kündigungsschutzrecht unterliegen unternehmerische Entscheidungen lediglich einer Willkürkontrolle. Die Entscheidung des Verleihers, sich auf einen oder mehrere konzernverbundene Entleiher als Kunden zu spezialisieren, ist für sich genommen keinesfalls willkürlich. Außerdem ist es auch außerhalb von Konzernstrukturen nicht unüblich, dass ein Verleiher schwerpunktmäßig an einen oder wenige Großkunden gebunden ist[33]. Zwar mag man allgemein mehrere

---

30 *Lembke*, BB 2010, 1533 (1538); *Mengel* in: Rieble/Junker/R. Giesen (Hrsg.), Arbeitsrecht im Konzern, 45 (56 f.); *Turkenburg*, Möglichkeiten und Grenzen konzerneigener Verleihunternehmen und Personalführungsgesellschaften, S. 157.

31 *Tucci*, Arbeitnehmermobilität im Konzern, S. 207, 213; *Turkenburg*, Möglichkeiten und Grenzen konzerneigener Verleihunternehmen und Personalführungsgesellschaften, S. 158.

32 So aber *Bauer* in: Mittag (Hrsg.), Aspekte der Beendigung von Arbeitsverhältnissen, 25 (29 f.).

33 LAG Niedersachsen 28.2.2006 – 13 TaBV 56/05, EzAÜG § 14 AÜG Betriebsverfassung Nr. 64 (II 2); LAG Niedersachsen; 20.2.2007 – 9 TaBV 107/05, EzAÜG § 1 AÜG Konzerninterne Arbeitnehmerüberlassung Nr. 18 (II 2 b bb ccc); LAG Düsseldorf 30. 10 2008 – 15 TaBV 114/08, EzAÜG § 1 AÜG Konzerninterne Arbeitnehmerüberlassung Nr. 21 (II 2 a cc); BAG 21.7.2009 – 1 ABR 35/08, NZA 2009, 1156 (B III 2 a cc [5]); LAG Niedersachsen 3.5.2011 – 3 Sa 1432/10, LAGE § 10 AÜG Nr. 6 (II); *Mengel* in: Rieble/Junker/R. Giesen (Hrsg.), Arbeitsrecht im Konzern, 45 (55);

kurzfristige Einsätze von Leiharbeitnehmern bei jeweils verschiedenen Entleihern als Idealfall einordnen, gleichwohl entspricht eine solche Verleihtätigkeit nach der Streichung der Höchstüberlassungsfristen und des Synchronisationsverbot nicht mehr dem gesetzlichen und praktischen Regelfall[34]. Manche Autoren sehen in einer einmaligen langfristigen Überlassung für den Leiharbeitnehmer sogar ein vergleichsweise geringes Risiko, da – anders als bei mehreren kurzzeitigen Einsätzen – nicht die Gefahr einer geringeren Vergütung in verleihfreien Zeiten, sowie Planungssicherheit für den Leiharbeitnehmer besteht[35].

Billigt man nach hier vertretener Auffassung dem Verleiher das Recht zu, sich ggf. auch nur mit einem Entleiher als Kunden zufrieden zu geben, so hat dies zwangsläufig zur Folge, dass im Falle eines Auftragsrückgangs ein Überhang an Arbeitskräften besteht. Dass in diesem Fall der Verleiher genötigt ist, als ultima ratio Arbeitsverhältnisse zu kündigen, ist in einer solchen Situation weder ungewöhnlich noch verwerflich. Vor allem ist das Argument von einer »bewussten Synchronisation«, also der Abhängigmachung des Bestandes des Arbeitsverhältnisses von konkreten Überlassungsaufträgen, nicht stichhaltig: Zum einen hat der Gesetzgeber das Synchronisationsverbot bewusst aufgehoben, zum anderen endet das Arbeitsverhältnis des Leiharbeitnehmers in diesem Fall nicht wegen der Kündigung des Arbeitnehmerüberlassungsvertrags zwischen Ver- und Entleiher durch letzteren, sondern erst durch die betriebsbedingte Kündigung des Arbeitsverhältnisses durch den Verleiher als Arbeitgeber. Diese betriebsbedingte Kündigung ist nur unter den gleich (hohen) Voraussetzungen wirksam wie die Kündigung eines normalen Stammbeschäftigten[36].

Auch ist es nicht angemessen, einer reinen Personalführungsgesellschaft lediglich eine »entkernte Arbeitgeberrolle« beizumessen. Dass ein Verleiher im Falle einer Überlassung nicht etwa das volle arbeitsbezogene Weisungsrecht gegenüber seinem Leiharbeitnehmer hat und die damit verbundene Aufspaltung der Arbeitgeberstellung, ist der Arbeitnehmerüberlassung immanent und keine Besonderheit der konzerninternen Leiharbeit. Aber

---

Steuer, Die Arbeitnehmerüberlassung als Mittel zur Förderung des Arbeitsmarktes in Deutschland, S. 260; *Tucci*, Arbeitnehmermobilität im Konzern, S. 213.

34 *Steuer*, Die Arbeitnehmerüberlassung als Mittel zur Förderung des Arbeitsmarktes in Deutschland, S. 260; *Turkenburg*, Möglichkeiten und Grenzen konzerneigener Verleihunternehmen und Personalführungsgesellschaften, S. 157; *Willemsen/Annuß*, BB 2005, 437 (438).

35 *Tucci*, Arbeitnehmermobilität im Konzern, S. 208; *Willemsen/Annuß*, BB 2005, 437 (438); *Thüsing/Stiebert*, DB 2012, 632 (634).

36 LAG Düsseldorf 30. 10 2008 – 15 TaBV 114/08, EzAÜG § 1 AÜG Konzerninterne Arbeitnehmerüberlassung Nr. 21 (II 2 a cc); *Mengel* in: Rieble/Junker/R. Giesen (Hrsg.), Arbeitsrecht im Konzern, 45 (55 f.); *Turkenburg*, Möglichkeiten und Grenzen konzerneigener Verleihunternehmen und Personalführungsgesellschaften, S. 157.

selbst in der hier diskutierten Konstellation einer Personalführungsgesellschaft behält der Verleiher wichtige Arbeitgeberfunktionen wie etwa die Abrechnung und Zahlung der Vergütung, Urlaubsplanung, Entgeltfortzahlung im Krankheitsfall, der Rückruf durch den Verleiher von dem Entleihereinsatz oder das Lohnrisiko im Falle des Fehlens einer Überlassungsmöglichkeit[37]. Zwar muss man der Gegenansicht zugestehen, dass nach der gesetzgeberischen Vorstellung auch zwischen zwei verschiedenen Überlassungseinsätzen der Verleiher als Arbeitgeber die Vergütung schuldet, er also das Risiko von verleihfreien Zeiten trägt. Der Arbeitgeber ist aber – wie bereits ausgeführt wurde[38] – nicht verpflichtet, im Falle eines Arbeitskräfteüberhangs den Leiharbeitnehmer für eine bestimmte Zeit weiterzubeschäftigen: Ist absehbar, dass mehr als nur eine kurzfristige Auftragslücke vorliegt, ist eine betriebsbedingte Kündigung möglich. Der Verleiher schuldet nur die Fortzahlung des Arbeitsentgelts zwischen zwei Einsätzen, kommt aber ein zweiter Einsatz nicht in Betracht, ist er nicht verpflichtet, den Arbeitnehmer – abgesehen von den ordentlichen Kündigungsfristen – zu »halten«. Außerdem wird selbst bei konventionellen Zeitarbeitsfirmen deren Lohnrisiko bei verleihfreien Zeiten durch hochflexible Arbeitszeitmodelle auf die Arbeitnehmer abgewälzt; Vermeidungsstrategien betreffen demnach nicht exklusiv konzernangehörige Verleihunternehmen[39].

Ferner kann aus einem fehlenden »Klebeeffekt« nicht die Annahme eines Rechtsmissbrauchs gefolgert werden. Zwar ist der Klebeeffekt ein vom Gesetzgeber mit der Liberalisierung der Leiharbeit verfolgtes Ziel[40], allerdings kann man in vergleichbaren Situationen, in denen der Entleiher die Übernahme von Leiharbeitskräften von vorneherein ausschließt, dies nicht als Anhaltspunkt für ein rechtsmissbräuchliches Verhalten der Beteiligten erachten, zumal der Klebeeffekt, wie bereits dargelegt[41], in der Praxis ohnehin sehr gering ist.

Darüber hinaus ist es zu pauschal, aus der Konzernverbundenheit der Beteiligten als Indiz abzuleiten, der Verleiher sei ein willfähriges Werkzeug in den Händen des Entleihers. Auch wird zwischen Verleiher und Entleiher ei-

---

37 LAG Niedersachsen 28.2.2006 – 13 TaBV 56/05, EzAÜG § 14 AÜG Betriebsverfassung Nr. 64 (II 2); LAG Niedersachsen 3.5.2011 – 3 Sa 1432/10, LAGE § 10 AÜG Nr. 6 (II); *Fabritius*, Konzerninterne Arbeitnehmerüberlassung im Krankenhaus, S. 92; *Steuer*, Die Arbeitnehmerüberlassung als Mittel zur Förderung des Arbeitsmarktes in Deutschland, S. 257, 262; *Tucci*, Arbeitnehmermobilität im Konzern, S. 208.

38 Siehe dazu S. 59.

39 *Fabritius*, Konzerninterne Arbeitnehmerüberlassung im Krankenhaus, S. 92; *Steuer*, Die Arbeitnehmerüberlassung als Mittel zur Förderung des Arbeitsmarktes in Deutschland, S. 258, 262.

40 Vgl. § 9 Abs. 3 bis 5 AÜG.

41 Siehe S. 49.

ne »symbiotische Beziehung« für anstößig gehalten. Jede Vertragsbeziehung hat meist einen symbiotischen, d.h. für beide Parteien einen vorteilhaften Charakter, ansonsten würden die Parteien kaum eine entsprechende Abrede schließen. Außerdem hat der Gesetzgeber im Konzernprivileg des § 1 Abs. 3 Nr. 2 AÜG die Arbeitnehmerüberlassung zwischen Konzernunternehmen gebilligt, was kaum der Fall gewesen wäre, wenn er grundsätzlich den Verleiher als »willfähriges Werkzeug« ansehen würde. Vor allem hat der Gesetzgeber mit dem Konzernprivileg nicht die von der Konzernklausel nicht erfassten Fälle der konzerninternen Arbeitnehmerüberlassung verbieten wollen. Dies zeigt sich in seiner Gesetzesbegründung zum BeschFG 1985, worin klargestellt wurde, dass »dauernde Entsendungen von Arbeitnehmern von einem Konzernunternehmen zu einem anderen nicht von der Anwendung des AÜG ausgenommen«[42] werden sollen; innerhalb des Anwendungsbereichs des AÜG sollten diese Entsendungen jedoch grundsätzlich möglich sein[43]. Die Konzernverbundenheit der beteiligten Unternehmen vermag daher keinesfalls für sich die Annahme eines rechtsmissbräuchlichen Verhaltens zu rechtfertigen. Vielmehr ist der Wille des Gesetzgebers, der sich in dem Wortlaut des Gesetzes wiederfindet, maßgeblich, konzernangehörige Unternehmen rechtlich nicht anders zu behandeln als nicht konzernverbundene Unternehmen[44].

Die konzernangehörigen Personalführungsgesellschaften nutzen also lediglich den vom Gesetzgeber mit dem Gesetz für moderne Dienstleistungen am Arbeitsmarkt eingeräumten Gestaltungsspielraum aus. Diese bewusste gesetzgeberische Entscheidung, welche einen Funktionswandel der Leiharbeit einleitete[45], kann nicht mittels einer pauschalen Annahme von Strohmannkonstellationen konterkariert werden. Von einem missbräuchlichen Verhalten von Ver- oder Entleiher kann daher keine Rede sein.

Selbst wenn man ausnahmsweise einen Missbrauch annähme, weil etwa der Verleiher über kein eigenes Verwaltungspersonal verfügt, zwischen der

---

42 BT-Drs. 10/3206, S. 33. Vgl. auch *Steuer*, Die Arbeitnehmerüberlassung als Mittel zur Förderung des Arbeitsmarktes in Deutschland, S. 259; *Willemsen/Annuß*, BB 2005, 437 (438).

43 LAG Düsseldorf 30. 10 2008 – 15 TaBV 114/08, EzAÜG § 1 AÜG Konzerninterne Arbeitnehmerüberlassung Nr. 21 (II 2 a cc); LAG Schleswig-Holstein 20.1.2009 – 5 TaBV 33/08, EzAÜG § 14 TzBfG Nr. 4 (II 1 c aa [3] [a]); LAG Niedersachsen 3.5.2011 – 3 Sa 1432/10, LAGE § 10 AÜG Nr. 6 (II); *Willemsen* in: Bauer (Hrsg.), Arbeitsgemeinschaft Arbeitsrecht im Deutschen Anwaltverein, 1013 (1032).

44 So auch *Dumke*, Rationalisierung durch konzernangehörige Personalführungsgesellschaften, S. 197; *Herrmann*, Schaffung von Arbeitsplätzen durch Leiharbeit?, S. 203; *Steuer*, Die Arbeitnehmerüberlassung als Mittel zur Förderung des Arbeitsmarktes in Deutschland, S. 259.

45 *Turkenburg*, Möglichkeiten und Grenzen konzerneigener Verleihunternehmen und Personalführungsgesellschaften, S. 158.

Geschäftsführung des Ver- und des Entleihers Personenidentität besteht und sowohl die Einstellungs-, Abmahnungs- und Kündigungsbefugnis beim Entleiher[46] liegt, hätte dies gleichwohl nicht die Fiktion eines Arbeitsverhältnisses zwischen dem Leiharbeitnehmer und dem »Entleiher« als Rechtsfolge: *Brors* und *Schüren* nehmen zwar zutreffend an, dass allein mittels § 1 Abs. 2 AÜG eine Fiktion eines Arbeitsverhältnisses zwischen Leiharbeitnehmer und Entleiher nicht mehr begründet werden kann[47] – § 1 Abs. 2 AÜG ist insoweit nur historisch erklärbar und hat nach Aufhebung des staatlichen Vermittlungsmonopols Mitte der 1990er Jahre allenfalls eine gewerberechtliche, keinesfalls aber eine arbeitsrechtliche Bedeutung[48]. Allerdings kommen sie unter Heranziehung des »Typenzwangs« trotzdem zu einer Verlagerung des Arbeitsverhältnisses zum Entleiher.

Diese Interpretation des arbeitsrechtlichen »Rechtsform- bzw. Typenzwangs«, wonach der Entleiher tatsächlich als Arbeitgeber anzusehen sei, geht aber zu weit. Bereits die Verwendung dieser Begrifflichkeiten ist unglücklich[49], geht es doch letztlich nicht um die *inhaltliche* Einordnung eines Vertragswerks in eine bereits feststehende Anzahl an Vertragswerken mit abschließenden Inhalt sondern um die Frage, welche *Parteien* an einem Arbeitsvertrag beteiligt sein sollen. So führt der Rechtsform- und Typenzwang

---

46 So geschehen bei LAG Schleswig-Holstein 18.6.2008 – 3 TaBV 8/08, EzAÜG § 1 AÜG Konzerninterne Arbeitnehmerüberlassung Nr. 19 (I.).

47 Bis zur Aufhebung des § 13 AÜG zum 31.3.1997 wurde aus §§ 1 Abs. 2 i.V.m § 13 AÜG gefolgert, dass zwischen dem Entleiher und dem Leiharbeitnehmer ein Arbeitsverhältnis fingiert wird, wenn die tatsächliche Durchführung der Überlassung faktisch den Tatbestand der bis dahin unerlaubten Arbeitsvermittlung verwirklicht (BAG 10.2.1977 – 2 ABR 80/76, EzA § 103 BetrVG 1972 Nr. 18 (II 2 b); BAG 23.11. 1988 – 7 AZR 34/88, NZA 1989, 812 (II 1); BAG 21.3.1990 – 7 AZR 198/89, NZA 1991, 269 (I 3 a); BAG 26.4.1995 – 7 AZR 850/94, NZA 1996, 92 [I]). Mit der Streichung des § 13 AÜG wurde dieser Ansatz allerdings vom BAG im Einklang mit der überwiegenden Literaturansicht aufgegeben (BAG 28.6.2000 – 7 AZR 100/99, NZA 2000, 1160 (III); BAG 19.3.2003 – 7 AZR 267/02, EzAÜG § 1 AÜG Arbeitsvermittlung Nr. 28 (II 2); noch offen gelassen in BAG 15.4.1999 – 7 AZR 437/97, NZA 2000, 102 (II 2 a). Vergleiche auch *Turkenburg*, Möglichkeiten und Grenzen konzerneigener Verleihunternehmen und Personalführungsgesellschaften, S. 142 f. und *Urban-Crell/Schulz*, Arbeitnehmerüberlassung und Arbeitsvermittlung, Rn. 858 f. jeweils m.w.N.).

48 LAG Niedersachsen 28.2.2006 – 13 TaBV 56/05, EzAÜG § 14 AÜG Betriebsverfassung Nr. 64 (II 2); *Becker*, Kommentar zum Arbeitnehmerüberlassungsgesetz, Art. 1 § 1 Rn. 46a; *Dumke*, Rationalisierung durch konzernangehörige Personalführungsgesellschaften, S. 199; *Herrmann*, Schaffung von Arbeitsplätzen durch Leiharbeit?, S. 208; *Mengel* in: Rieble/Junker/R. Giesen (Hrsg.), Arbeitsrecht im Konzern, 45 (59); *Turkenburg*, Möglichkeiten und Grenzen konzerneigener Verleihunternehmen und Personalführungsgesellschaften, S. 126 ff.; *Urban-Crell/Schulz*, Arbeitnehmerüberlassung und Arbeitsvermittlung, Rn. 846; *Wank* in: Müller-Glöge/Preis/Schmidt, ErfK 14. Aufl., § 1 AÜG Rn. 46 f., 49.

49 *Preis* in: Müller-Glöge/Preis/Schmidt, ErfK 14. Aufl., § 611 BGB Rn. 37.

dazu, dass bei Verträgen, welche die Leistung von Diensten zum Gegenstand haben, den Beteiligten – unabhängig von der konkreten Bezeichnung des Vertrags durch die zwei Parteien – aufgrund der zum Teil zwingenden Gesetzesvorschriften nur ein eingeschränkter Spielraum bei der Wahl des Vertragswerks zur Verfügung steht[50]. Gleichwohl haben die Vertragspartner volle Privatautonomie hinsichtlich des »*ob*« eines Vertrages, also insbesondere der Auswahl der jeweiligen Vertragspartner; nur hinsichtlich des *Inhalts* des Vertrages sind die Parteien aufgrund des »Rechtsforms- bzw. Typenzwangs« nicht frei, ob letztlich ein freier Dienstvertrag oder ein abhängiger Arbeitsvertrag[51] vorliegt.

Wie *Turkenburg*[52] zutreffend darlegt, hat das BAG die eben dargelegten Grundsätze für das Zweipersonenverhältnis entwickelt und maßgeblich in jenen Fällen angewendet, indem ein Scheinselbstständiger tatsächlich Arbeitnehmer seines Auftraggebers war. Bei Dreiecksverhältnissen wird die Erstreckung des »Rechtsform- und Typenzwangs« auf eine bislang unbeteiligte dritte Partei dagegen abgelehnt[53]. Eine Korrektur ist nur dort erforderlich, wo eine Partei, welche alle Merkmale eines Arbeitnehmers aufweist, sich niemandem gegenüber auf zwingende Arbeitnehmerschutzvorschriften berufen könnte, sie also letztlich völlig ohne Arbeitgeber dastünde[54]. Steht indessen bereits eine juristische Person als Arbeitgeber wegen des eindeutigen Parteiwillens fest, besteht kein Bedarf, einer anderen juristischen Person eine solche Arbeitgeberstellung aufgrund des »Rechtsform- bzw. Typenzwangs« aufzuzwingen. Es soll gewährleistet werden, dass sich ein Arbeitnehmer *überhaupt* auf die zwingenden Arbeitnehmerschutzvorschriften stützen kann, während der Rechtsformzwang nicht dazu führen darf, dass ein Vertragsverhältnis zu ganz bestimmten juristischen Personen – entgegen dem Willen der Beteiligten – konstruiert wird[55].

Es ist folglich eine Sache, einen Vertrag zwischen zwei Personen dem Inhalt nach aufgrund des »Rechtsform- bzw. Typenzwangs« umzuqualifizie-

---

50 Vgl. zu den einzelnen Formen des drittbezogenen Personaleinsatzes S. 80.

51 *Preis* in: Müller-Glöge/Preis/Schmidt, ErfK 14. Aufl., § 611 BGB Rn. 38.

52 *Turkenburg*, Möglichkeiten und Grenzen konzerneigener Verleihunternehmen und Personalführungsgesellschaften, S. 146 f.

53 *Groeger*, DB 1998, 470 (471); *Konzen*, ZfA 1982, 259 (298); *Martens* in: Gamillscheg/Hueck/Wiedemann (Hrsg.), 25 Jahre Bundesarbeitsgericht, 367 (369); *ders.*, DB 1985, 2144 (2145); *Säcker/Kühnast*, ZfA 2001, 117 (131); *Turkenburg*, Möglichkeiten und Grenzen konzerneigener Verleihunternehmen und Personalführungsgesellschaften, S. 146; *Säcker/Kühnast*, ZfA 2001, 117 (160); *Windbichler*, Arbeitsrecht im Konzern, S. 191.

54 *Kramer*, Die Scheinselbständigkeit und ihre individualarbeitsrechtlichen Folgen, S. 105.

55 *Turkenburg*, Möglichkeiten und Grenzen konzerneigener Verleihunternehmen und Personalführungsgesellschaften, S. 146 f.; *Willemsen/Annuß*, BB 2005, 437 (439).

ren. Es geht aber zu weit, damit nicht nur die vertragliche Inhaltsfreiheit der Parteien zu beschränken, sondern auch die Freiheit zum Abschluss eines Vertrages zwischen zwei Personen, indem ein Dritter gegen den Willen der Beteiligten in den Vertrag einbezogen und ein bislang Beteiligter aus dem Vertrag herausgelöst wird[56]. Ein solch massiver Eingriff in die Privatautonomie müsste gesetzlich - wie etwa bei § 10 Abs. 1 S. 1 i.V.m. § 9 Nr. 1 AÜG für einen anderen Fall geschehen - ausdrücklich geregelt werden.

3. *Zwischenergebnis*

Insgesamt war die Zulässigkeit von konzernangehörigen Personalführungsgesellschaften nach der Rechtslage des AÜG bis zum 1.12.2011 ohne weiteres zu bejahen. Weder stellte die dauerhafte Überlassung von Arbeitnehmern an einen konzernangehörigen Entleiher ein rechtsmissbräuchliches Handeln dar, noch bestand im Falle eines Rechtsmissbrauchs durch Ver- und Entleiher die rechtliche Möglichkeit, wegen einer Umgehung des AÜG ein Arbeitsverhältnis des Leiharbeitnehmers zum Entleiher zu konstruieren.

Der Gesetzgeber verfolgte mit der Deregulierung des deutschen Arbeitnehmerüberlassungsrechts, insbesondere mit Abschaffung der Höchstüberlassungsfristen, bewusst das Ziel, die Arbeitnehmerüberlassung als dauerhaftes Instrument zur Flexibilisierung des Personaleinsatzes zu installieren. Personalführungsgesellschaften, die dauerhaft Arbeitskräfte an konzernangehörige Entleiher überließen, wurden dadurch legalisiert. Das damit verbundene Ausbeutungsrisiko der Leiharbeitnehmer sollte dafür aber mit dem tarifdispositiven Gleichstellungsgrundsatz ausgeglichen werden; die Verantwortung wurde insoweit den Gewerkschaften übertragen. Dass die Gewerkschaften in der Praxis trotz ihrer an sich guten Verhandlungsposition[57] in Tarifverhandlungen so massiv gegenüber den Arbeitgeberverbänden »einknickten«, ändert freilich nichts an der vom Gesetzgeber vorgezogenen Konzeption des AÜG, welche Personalführungsgesellschaften gestattet.

Das Versagen, das zu einer Ausbeutung von Leiharbeitnehmern vor der Reform des AÜG führte, lag nicht an der vom nationalen Gesetzgeber vorgesehenen Konzeption der Leiharbeit, sondern an den unzureichenden Tarifverhandlungen durch die sogenannten »christlichen« Gewerkschaften.

---

[56] So auch *Turkenburg*, Möglichkeiten und Grenzen konzerneigener Verleihunternehmen und Personalführungsgesellschaften, S. 148; *Windbichler*, Arbeitsrecht im Konzern, S. 191.

[57] Da das Gesetz damals wie heute anordnet, dass von dem Gleichstellungsgrundsatz nur mittels Tarifvertrag abgewichen werden kann, könnten die Gewerkschaften bei Verhandlungen stets mit dem Scheitern der Verhandlungen drohen. In diesem Fall hätten die Verleihunternehmen keine Chance, in rechtlich zulässiger Weise von der Gleichbehandlungspflicht abzuweichen.

II. Zulässigkeit konzerninterner Arbeitnehmerüberlassung nach der Reform des AÜG

Wie eben ausgeführt verstieß das Konzept einer Personalführungsgesellschaft nach der richtigen überwiegenden Ansicht nicht gegen die bisherige Fassung des AÜG; eine dauerhafte Arbeitnehmerüberlassung und ein damit verbundener Aufbau von »zweiten Belegschaften«[58] war folglich möglich. Es stellt sich aber die Frage, ob und inwieweit die Kritiker um *Brors* und *Schüren* zur bisherigen Rechtslage nun durch die Neufassung des AÜG bestätigt werden:

Bislang war in Deutschland eine Tendenz hin zu einer Liberalisierung der Leiharbeit festzustellen, da der deutsche Gesetzgeber dem Druck aus der Wirtschaft, die Arbeitnehmerüberlassung zu deregulieren – so zumindest die Kritiker der Liberalisierung[59] – nachgegeben hat. Auch auf europäischer Ebene war eine solche Tendenz erkennbar[60] und so räumt unter anderem die Leiharbeitsrichtlinie der Flexibilität der Unternehmen immerhin eine ähnlich hohe Priorität ein wie der Sicherheit der Leiharbeitnehmer (*flexicurity*).

Durch das »Erste Gesetz zur Änderung des AÜG – Verhinderung von Missbrauch der Arbeitnehmerüberlassung« schließlich wurden den Liberalisierungstendenzen innerhalb der Bundesrepublik vorerst Grenzen gesetzt. Zwar sollte auch die Leiharbeitsbranche als »flexibles arbeitsmarktpolitisches Instrument gestärkt und ihr positiver Beschäftigungseffekt erhalten«[61] werden, allerdings gab es Vertragsgestaltungen in der Branche, welche ersichtlich vom Gesetzgeber durch das Gesetz ausgeschlossen werden sollten.

In diesem Kontext ist zu erörtern, ob sich das Konzept der konzerninternen Arbeitnehmerüberlassung, insbesondere das Konzept der Personalführungsgesellschaft innerhalb von Konzernstrukturen weiter aufrechterhalten lässt oder ob es gegen das AÜG i.d.F. seit dem 1.12.2011 verstößt. Vor allem zwei Novellierungen, nämlich die Einfügung des Merkmals »vorübergehend« in § 1 Abs. 1 S. 1 AÜG sowie des § 9 Nr. 2 Halbs. 4 AÜG, der sog. »Drehtürklausel«, könnten eine Beschränkung der Praxis von konzerninterner Arbeitnehmerüberlassung nach sich ziehen.

1. Vereinbarkeit mit § 1 Abs. 1 S. 2 AÜG n.F.

Billigte man der Einfügung des Merkmals »vorübergehend« eine ausreichende rechtliche Bedeutung zu und folgerte man daraus im Umkehrschluss ein

58 *Böhm*, NZA 2005, 554 (556 ff.).

59 Vgl. bereits S. 28 ff. sowie *Fabritius*, Konzerninterne Arbeitnehmerüberlassung im Krankenhaus, S. 98.

60 *Kiss/Banko*, EuZA 2010, 208 (215 m.w.N.).

61 BT-Drs. 17/4804 S. 1.

Verbot der dauerhaften Arbeitnehmerüberlassung, wären die Auswirkungen der hier untersuchten Reform des AÜG auf Personalführungsgesellschaften massiv: Die Konzeption der Personalführungsgesellschaft, Arbeitnehmer möglichst langfristig an einen Entleiher zu entsenden, wäre – sofern das Merkmal des § 1 Abs. 1 S. 2 AÜG hinreichend restriktiv ausgelegt würde – in dieser bisherigen Form nicht mehr ohne Weiteres durchführbar. Ob und inwieweit dies der Fall ist, soll an dieser Stelle untersucht werden.

Zur Bestimmung der Bedeutung und Reichweite des § 1 Abs. 1 S. 2 AÜG muss zunächst der europäische Kontext in den Fokus gerückt werden. Die Einfügung des S. 2 dient laut den Gesetzesmaterialien der »Klarstellung, dass das deutsche Modell der Arbeitnehmerüberlassung dieser europarechtlichen Vorgabe [d.h. der Richtlinie; Anm. d. Verf.] entspricht«. Dabei wird – laut Gesetzgeber – »der Begriff vorübergehend im Sinne der Leiharbeitsrichtlinie als flexible Zeitkomponente verstanden«[62]. Aus diesem Grund ist es zwingend, vor einer Auslegung des Merkmals nach nationalen Methoden die europäischen Gesichtspunkte zu beleuchten.

Mit der Klärung der europäischen Dimension des Merkmals »vorübergehend« kann anschließend bestimmt werden, wie § 1 Abs. 1 S. 2 AÜG n.F. zu definieren ist, ob und welche einschränkenden Auswirkungen dies auf die konzerninterne Arbeitnehmerüberlassung hat und – bejahendenfalls – welche Rechtsfolgen Unternehmen drohen, welche die neuen Regelungen nicht einhalten.

a) Europäische Dimension des Merkmals »vorübergehend«

aa) Entstehungsgeschichte des Merkmals »vorübergehend« in der Leiharbeitsrichtlinie

In dem Vorschlag der Europäischen Kommission[63] für eine Leiharbeitsrichtlinie, der am 21.3.2002 vorgelegt wurde, findet sich weder in Art. 1 Abs. 1 das Merkmal »vorübergehend« noch eine sonstige zeitliche oder sachliche Einschränkung des Anwendungsbereichs. Der Ausschuss für Beschäftigung und Soziales des Europäischen Parlaments stellte zwar in seinem Bericht zum Kommissionsvorschlag[64] am 23.10.2002 hinsichtlich des Art. 1 Abs. 1 einen Änderungsantrag, auch dieser bezog sich aber nicht auf eine zeitliche Einschränkung der Überlassungsdauer. Erst mit den Änderungsanträgen 27, 30 und 31[65] wurden Einfügungen bei Art. 3 Abs. 1 angeregt, um einige Begrifflichkeiten, nämlich die Definition des Leiharbeit-

---

62 BT-Drs. 17/4804 S. 8.

63 KOM(2002) 149 endg. – 2002/0072(COD), S. 2.

64 Bericht v. 23.10.2002, A5-0356/2002 S. 19.

65 Bericht v. 23.10.2002, A5-0356/2002 S. 22 f.

nehmers, des Leiharbeitsunternehmens und des entleihenden Unternehmens, zu definieren. Hier findet sich in den Materialien erstmals eine Regulierung hinsichtlich der Überlassungsdauer[66]. Allerdings ist diesen Änderungsanträgen des Ausschusses mehr eine Klarstellungsfunktion bezüglich der Dreiecksbeziehungen bei der Arbeitnehmerüberlassung als eine Regulierungsabsicht hinsichtlich der Überlassungsdauer beizumessen.

Die Kommission legte daraufhin am 28.11.2002 einen geänderten Vorschlag vor. Dort wurde erstmals zeitlich einschränkend sowohl in Art. 1 Abs. 1 als auch Art. 3 Abs. 1 lit. a-e festgesetzt, dass Leiharbeitnehmer *befristet* an den Entleiher überlassen werden[67] – freilich ohne eine konkrete Dauer festzulegen. Erst die Arbeitsgruppe für soziale Fragen legte Ende Januar 2003 eine sprachliche Korrektur fest, wonach die neu einzufügende zeitliche Komponente *temporarily* in der deutschen Fassung mit »vorübergehend« übersetzt werden sollte[68]. An dieser Übersetzung des Art. 1 Abs. 1 hat sich bis zum Erlass der Richtlinie im November 2008 nichts mehr geändert.

bb) Kollision verschiedener Zeitarbeitssysteme in Europa

Die RL 2008/104/EG über Leiharbeit versucht zwei in Europa grundlegend verschiedene Systeme zu harmonisieren[69]. Auf der einen Seite gibt es das *deutsche Modell*, in welchem der Leiharbeitnehmer nach der ursprünglichen Konzeption in einem festen, grundsätzlich auf Dauer angelegten Arbeitsverhältnis zu dem Verleihunternehmen steht (sog. »verleiherbezogenes Modell«)[70]. Aufgrund dieses festen Beschäftigungsverhältnisses und wegen der früher bestehenden Höchstüberlassungsfristen war der Leiharbeitnehmer zumindest nach der damaligen Fassung des AÜG weniger schutzbedürftig und nicht auf den Gleichstellungsgrundsatz angewiesen. Auf der anderen Seite steht das in Europa vorherrschende *französische Modell*[71], wo-

---

66 „Leiharbeitnehmer ist jede Person, die mit einem Leiharbeitsunternehmen einen Beschäftigungsvertrag schließt oder ein Beschäftigungsverhältnis von unbestimmter oder befristeter Dauer eingeht, um *zeitweilig* [Hervorh. d. Verf.] einem entleihenden Unternehmen zur Verfügung gestellt zu werden, unter dessen Leitung und Aufsicht sie [d.h. die Person, Anm. d. Verf.] tätig ist“; Bericht v. 23.10.2002, A5-0356/2002 S. 22.

67 KOM(2002) 701 endg. – 2002/0072(COD) S. 8 f.

68 Beratungsergebnisse der Arbeitsgruppe für soziale Fragen vom 28.-29.1.2003, 5772/03 SOC 33 CODEC 91 S. 2, Fn. 2: „Linguistic adjustment: 'temporarily' should be translated throughout the Directive as 'vorübergehend' in the German version and the equivalent in the Dutch version".

69 *Böhm*, DB 2011, 473 (473); *Wank*, RdA 2003, 1 (3); *ders.* bei *Ludwig*, NZA 2012, XII (XII).

70 *Wank* in: Schmidt (Hrsg.), Jahrbuch des Arbeitsrechts (Bd. 49), 23 (24 f.).

71 *Böhm*, DB 2011, 473 (473); *Wandel*, Zeitarbeit in Deutschland und Frankreich, S. 50 f; *Wank*, RdA 2003, 1 (3); *ders.* in: Schmidt (Hrsg.), Jahrbuch des Arbeitsrechts (Bd. 49), 23 (24).

nach Zeitarbeit bewusst als »prekäre Beschäftigungsform« geführt wird[72]. In Frankreich wird zwingend das Arbeitsverhältnis mit dem Verleiher auf den konkreten Einsatz synchronisiert (»Synchronisationspflicht«)[73] und der Arbeitnehmer erhält dafür zwingend die gleiche Vergütung wie die Stammbeschäftigten im Entleiherbetrieb nebst einer »Prekariatsprämie« von 10 % der Lohnsumme als Ausgleich/Entschädigung für den prekären Charakter der Beschäftigungsform[74]. Gemäß dem französischen »entleiherbezogenen« Modell darf dies aber nicht dazu führen, dass jenseits bestimmter Fallgruppen ein Dauerarbeitsplatz mit Leiharbeitnehmern besetzt wird[75]. Während also nach dem deutschen Modell das Arbeitsverhältnis grundsätzlich auf Dauer angelegt ist, ist es nach der französischen Konzeption zeitlich begrenzt. Aufgrund der zwingenden Synchronisation im französischen Recht zwischen Arbeitsverhältnis und dem konkretem Überlassungseinsatz ist dessen vorübergehender Charakter immanent.

Das deutsche Recht hat sich mit der Implementierung des (tarifdispositiven) Gleichstellungsgrundsatzes schon durch das Gesetz für moderne Dienstleistungen am Arbeitsmarkt dem französischen Recht angenähert. Teilweise spricht man in diesem Zusammenhang bereits von einer »Hybridisierung« des deutschen Arbeitnehmerüberlassungsrechts, welche sich mit dem Inkrafttreten der Leiharbeitsrichtlinie weiter verstärkt[76]. Dieser Eindruck erscheint wegen der Hervorhebung des temporären Charakters in Art. 1 Abs. 1 der RL schlüssig zu sein.

Indessen lässt sich der denkbare Einwand, der Europäische Gesetzgeber hätte sich ausschließlich für das französische Modell – und damit gegen die deutsche Konzeption – entschieden, widerlegen. So zeigt sich im 15. Erwägungsgrund der Richtlinie, dass im Falle eines unbefristeten, d.h. dauerhaften Arbeitsvertrag zwischen Leiharbeitsunternehmen und Leiharbeitnehmer von den »im entleihenden Unternehmen geltenden Regeln« abgewichen werden darf; dies wird den Mitgliedstaaten in Art. 5 Abs. 2 der

---

72 *Böhm*, DB 2011, 473 (473), der das französische System der Leiharbeit so darstellt: "Wer je erlebt hat, wie nach Eingang eines Auftrags die Werber ausschwärmen an die Bahnhöfe und unter die Brücken von Paris, fühlt sich [...] an die Rekrutierungsmethoden des Soldatenkönigs oder an Schanghaien von Matrosen erinnert".

73 *Steuer*, Die Arbeitnehmerüberlassung als Mittel zur Förderung des Arbeitsmarktes in Deutschland, S. 289 f.; *Thüsing/Stiebert*, ZESAR 2012, 380 (381).

74 *Blanke*, DB 2010, 1528 (1530); *Wandel*, Zeitarbeit in Deutschland und Frankreich, S. 32, 34.

75 Art. L 1251-5. Code du travail: „Le contrat de mission, quel que soit son motif, ne peut avoir ni pour objet ni pour effet de pourvoir durablement un emploi lié à l'activité normale et permanente de l'entreprise utilisatrice". Vgl. auch *Blanke*, DB 2010, 1528 (1530); *Tillmann*, Personalrecht in Europa, S. 174 f.; *Wandel*, Zeitarbeit in Deutschland und Frankreich, S. 36.

76 *Blanke*, DB 2010, 1528 (1530); *Böhm*, DB 2011, 473 (473); *Robin-Olivier*, ELLJ 2010, 398 (400); ähnlich *Tucci*, Arbeitnehmermobilität im Konzern, S. 148 ff.

Richtlinie ausdrücklich gestattet. Ein dauerhafter Vertrag zwischen Verleiher und Leiharbeiter ist jedoch im französischen Recht zwar denkbar[77], aber nicht – wie etwa nach der deutschen Konzeption – der gesetzliche Regelfall[78].

cc) Bedeutung des Kriteriums »vorübergehend« in der Leiharbeitsrichtlinie

Europäischen Richtlinien ist es immanent, dass sie im Gegensatz zu Verordnungen nicht in allen Punkten hinreichend ausdifferenziert sind und der Ausgestaltung durch die Mitgliedstaaten bedürfen. Dies ist bei der Leiharbeitsrichtlinie nicht anders; insoweit kann man dem europäischen Gesetzgeber wegen der Verwendung des relativ unbestimmten Begriffes »vorübergehend« nur bedingt den Vorwurf machen, er habe ein Tatbestandsmerkmal ohne jede weitere Präzisierung eingefügt.

Kernanliegen der Urheber der Leiharbeitsrichtlinie war nicht die Eingrenzung der Leiharbeit in zeitlicher Hinsicht, sondern – wie das bereits genannte Schlagwort *flexicurity* andeutet – die Herstellung eines flexiblen Planungsinstruments für Unternehmen bei gleichzeitiger sozialer Absicherung der Leiharbeitnehmer[79]. Die gewünschte Flexibilität versucht der Europäische Gesetzgeber offenbar mittels einer grundsätzlichen Zulassung von Leiharbeit – Einschränkungen und Verbote sind nur aus Gründen des Allgemeininteresses gerechtfertigt, Art. 4 Abs. 1 RL – zu erreichen. Die soziale Absicherung hingegen sieht er durch den in Art. 5 Abs. 1 RL angelegten Gleichstellungsgrundsatz als »Kernstück« der Richtlinie gewährleistet und nicht etwa durch zeitliche Restriktionen hinsichtlich der konkreten Überlassungsdauer[80].

Eine – wie auch immer geartete – *zeitliche* Einschränkung der Arbeitnehmerüberlassung passt daher eigentlich nicht in dieses System. Vielleicht kommt auch deswegen die bereits an anderer Stelle zitierte von der Kommission eingesetzte Expertengruppe zur Umsetzung der Leiharbeitsrichtlinie lapidar zu der These, dass das Merkmal keine Begrenzung von Überlassungen mit sich bringen soll[81]. Tatsächlich sind die Bedeutung und die Reichweite des Merkmals »vorübergehend« im Sinne der Richtlinie aber nicht so einfach festzustellen und werden deshalb kontrovers diskutiert:

---

77 Vgl. Art. L 1252-1 bis -13 Code du travail: „Contrat conclu avec une entreprise de travail à temps partagé".

78 *Böhm*, DB 2011, 473 (473).

79 Vgl. dazu bereits S. 37.

80 In diese Richtung auch *Robin-Olivier*, ELLJ 2010, 398 (402); *Beck* in: Dornbusch/Fischermeier/Löwisch, FA-Kommentar ArbR § 1 AÜG Rn. 8.

81 Transposition of Directive 2008/104/EC on temporary agency work – Report on the work of the Expert Group, abrufbar unter http://ec.europa.eu/social/main.jsp?catId=706&langId=en&intPageId=207 (Stand 14.11.2012), S. 14: "*Although definitions in Article (3) use the word "temporarily", there is no limitation to the duration of assignments*".

So wird teilweise der Wortlaut des Art. 1 Abs. 1 der Leiharbeitsrichtlinie, welcher den *Anwendungsbereich* der Richtlinie festlegt, so verstanden, dass gerade dauerhafte Arbeitnehmerüberlassung überhaupt nicht von der Richtlinie erfasst sein soll[82]. Folge sei daher eine Befreiung dauerhafter Leiharbeit von sämtlichen Restriktionen der Richtlinie – ein lückenloser Schutz sei überhaupt nicht beabsichtigt und die dauerhafte Arbeitnehmerüberlassung obliege weiterhin der Verantwortung der Mitgliedstaaten[83]. Andere Teile der Literatur stimmen diesem Ergebnis im Falle einer rein am Wortlaut orientierten Auslegung zu, halten aber aus teleologischen Gesichtspunkten dieses Ergebnis für »widersinnig«[84], weil gerade die auf Dauer überlassenen Leiharbeitnehmer des Schutzes der Richtlinie bedürften. Aus diesem Grunde beziehen jene Vertreter mittels eines Erst-Recht-Schlusses die dauerhafte Arbeitnehmerüberlassung in den Anwendungsbereich der Richtlinie mit ein[85], was im Ergebnis allerdings einer Streichung des Merkmals »vorübergehend« gleichkommt[86]. Schließlich wird vertreten, dass die Leiharbeitsrichtlinie sehr wohl auch die dauerhafte Arbeitnehmerüberlassung regelt, nämlich in jenem Sinne, dass die dauerhafte Personalgestellung nicht zulässig ist[87]; dies ergebe sich aus einem Umkehrschluss zu Art. 1 Abs. 1 der RL.

Nach der hier vertretenen Auffassung ist der Richtlinie die Regelungsabsicht zu entnehmen, die vorübergehende Arbeitnehmerüberlassung den genannten Bestimmungen zu unterwerfen und dauerhafte Überlassungen gar nicht erst zuzulassen. Fälle, bei denen Leiharbeitnehmer »endgültig« an Entleiher überlassen werden, sind vom europäischen Gesetzgeber gar nicht erst vorgesehen.

Zweifellos ist der Gegenansicht zuzugeben, dass eine allgemeine zeitliche Einschränkung systemfremd erscheint. Auch bei einer dauerhaften Überlas-

---

82 *Beck* in: Dornbusch/Fischermeier/Löwisch, FA-Kommentar ArbR § 1 AÜG Rn. 38; *Boemke*, jurisPR-ArbR 2012, Anm. 2; *R. Giesen*, FA 2012, 66 (66); wohl auch *Huke/Neufeld/Luickhardt*, BB 2012, 961 (964).

83 So ausdrücklich *R. Giesen*, FA 2012, 66 (66).

84 *Rieble/Vielmeier*, EuZA 2011, 474 (487).

85 *Blanke*, Welche Änderungen des deutschen Gesetzes erfordert die Umsetzung der EU-Richtlinie Leiharbeit – mit dem Schwerpunkt Gleichbehandlungsgrundsatz und Abweichungen gem. Art. 5 der EU-Rl?, S. 116; *Blanke*, DB 2010, 1528 (1530); *Rieble/Vielmeier*, EuZA 2011, 474 (489); wohl auch *Boemke*, RIW 2009, 177 (179); *Klumpp*, GPR 2009, 89 (90).

86 So ausdrücklich *Lembke*, DB 2011, 414 (415), *ders.*, BB 2012, 2487 (2500 f.), der dem Merkmal „vorübergehend" i.S.d. Richtlinie lediglich eine deskriptive Bedeutung beimisst.

87 ArbG Cottbus 22.8.2012 – 4 BV 2/12, via juris (II 1 b bb [1] [a]); *Düwell*, ZESAR 2011, 449 (450); *Hamann*, EuZA 2009, 287 (310 f.); *Kiss/Banko*, EuZA 2010, 208 (214); *Riederer von Paar* in: Schüren/Hamann, AÜG 4. Aufl., Einl. Rn. 617; *Sansone*, Gleichstellung von Leiharbeitnehmern nach deutschem und Unionsrecht, S. 460 f.; *Ulber*, AuR 2010, 10 (11); *Warneck*, Temporary agency work, S. 13; *Zimmer*, AuR 2012, 422 (423).

sung ist – sofern der Gleichstellungsgrundsatz gelten würde – an sich eine ausreichende soziale Absicherung des Leiharbeitnehmers gewährleistet. Auch eine Pressemitteilung des Rates der Europäischen Union[88] spricht zunächst gegen ein Verbot der dauerhaften Leiharbeit. Darin beschreibt der Rat, dass aufgrund Art. 4 der Leiharbeitsrichtlinie bestimmte staatliche Einschränkungen mit Inkrafttreten der Richtlinie in den Mitgliedstaaten überprüft werden müssten. Als Beispiel für mögliche unzulässige Einschränkungen nennt der Rat ausdrücklich die »maximale Laufzeit der Verträge«. Dies zeigt, dass pauschale zeitliche Begrenzungen von der Richtlinie zumindest nicht vorgesehen, wenn nicht sogar verboten sind. Es ist gerade nicht das Ziel der Richtlinie, den Einsatz von Leiharbeitnehmern zu beschränken und etwa auf Zeiten außergewöhnlichen Arbeitsanfalls zu reduzieren[89]. In der juristischen Literatur im europäischen Ausland werden – soweit ersichtlich – hinsichtlich der Auswirkungen der Richtlinie auf das jeweilige nationale Recht zeitliche Einschränkungen der Überlassungsdauer gar nicht erst eingehend problematisiert[90].

Nach Überzeugung des Autors führt aber eine alleinige Orientierung am Wortlaut des Art. 1 Abs. 1 der RL 2008/104/EG nicht weiter. Zwar rücken die übrigen Sprachfassungen der Leiharbeitsrichtlinie einen begrenzenden zeitlichen Faktor einer Überlassung deutlicher in den Vordergrund, als es das deutsche »vorübergehend« ohnehin schon tut[91]. In der niederländischen Fassung etwa wurde *temporarily* nicht mit dem der deutschen Fassung an sich ähnlicheren *voorbijgaand*, sondern mit *tijdelijk* übersetzt, was eher dem deutschen Wort »zeitweilig« entspricht. Auch ist es nicht von vorneherein abwegig, in der nachträglichen Einfügung des Merkmals eine bewusste Entscheidung des europäischen Gesetzgebers zu sehen, eine zeitliche Begrenzung der Überlassung festzusetzen[92]. Andererseits ist aus den Gesetzesmaterialien, insbesondere aus dem Änderungsantrag Nr. 23 des Europäischen Parlaments, deutlich zu entnehmen, dass die nachträgliche Ein-

88 C/08/166 – 10414/08 (Presse 166), S. 11 f.

89 Vgl. *Waas*, ZESAR 2009, 207 (208), der auf einen Änderungsantrag der Mitglieder der Fraktion „Vereinte Europäische Linke/Nordische Grüne Linke" Bezug nimmt, deren Antrag, Leiharbeit strikt auf Zeiten unvorhersehbaren Arbeitsanfalls zu beschränken, vom Europäischen Parlament verworfen wurde.

90 Zu den Auswirkungen der Richtlinie auf das Recht der Arbeitnehmerüberlassung in Frankreich *Robin-Olivier*, ELLJ 2010, 398; in Österreich *Ritzberger-Moser*, ZAS 2012, 107 (113); in Schweden *Rönnmar*, ELLJ 2010, 422; in Spanien *Guamán*, ELLJ 2010, 414; im Vereinigten Königreich *Davies*, ELLJ 2010, 307. Zumindest problematisiert dagegen für die Niederlande bei *Grapperhaus*, ELLJ 2010, 406 (412 f).

91 Etwa auf Englisch: *temporarily*; Französisch: *temporaire*; Italienisch: *temporaneamente*; Schwedisch: *temporärt*; Spanisch: *temporale.*

92 So insbesondere *Bartl/Romanowski*, NZA-Online 3/2012, 1 (2); *Düwell*, ZESAR 2011, 449 (450).

fügung des Merkmals »temporarily« bzw. der damaligen Übersetzung »zeitweilig« *nur* deshalb erfolgte, um die *Dreiecksbeziehungen* in der Leiharbeit besser darzustellen[93], auf diese Weise den Anwendungsbereich der Richtlinie zu präzisieren und nicht etwa um eine bestimmte Dauer der Überlassung vorzuschreiben[94]. Allerdings könnte man diesem Einwand entgegenhalten, dass der europäische Gesetzgeber allein deshalb keine Aussagen zur Zulässigkeit einer dauerhaften Arbeitnehmerüberlassung traf, weil er es für das Vorliegen von Leiharbeit *immanent* hielt, dass der Einsatz des Leiharbeitnehmers zeitlich begrenzter Natur ist.

Für die *Immanenz* der zeitlichen Begrenztheit einer Überlassung könnte in diesem Zusammenhang das Urteil des EuGH in der Rechtssache *Jouini*[95]sprechen. In jenem Urteil führt der EuGH bereits vor dem Erlass der Leiharbeitsrichtlinie aus, dass die Tätigkeit von Leiharbeitsunternehmen dadurch gekennzeichnet sei, dass sie entleihenden Unternehmen Arbeitnehmer *vorübergehend* zur Verfügung stellen, damit diese dort entsprechende Aufgaben übernehmen[96]. Einige Autoren leiten daraus ein allgemeines Verständnis der europäischen Institutionen her, wonach dauerhafte Überlassungsvorgänge nicht gestattet sind[97]. Abgesehen davon aber, dass ein pauschales[98] Zurückgreifen auf einer Judikatur zur Präzisierung eines zeitlich erst nachfolgenden legislativen Aktes nicht völlig unproblematisch ist und der EuGH wohl nur den »Normalfall« der Leiharbeit, aber nicht das gesamte System abschließend mit allen denkbaren Ausnehmen beschreiben wollte[99], hilft die Verwendung des Begriffs »vorübergehend« in dem Urteil genauso wenig weiter wie die Verwendung des gleichlautenden Merkmals in Art. 1 Abs. 1 der Richtlinie. In jedem Fall werden aber jene aus der Rechtssache *Jouini* gefolgerten Schlüsse durch die Rechtsprechung des EuGH in der Rechtssache *Albron Catering* widerlegt[100]. In diesem Fall wurden Leiharbeitnehmer von einem Verleiher *ständig* an einen konzernangehörigen Entleiher überlassen. Allerdings problematisierte der EuGH in diesem Urteil

---

93 Bericht v. 23.10.2002, A5-0356/2002 S. 19; Mitteilung der Kommission v. 18.9.2008, KOM(2008) 569 endg. 2002/0072 (COD), S. 3.

94 Das bei den Begriffsbestimmungen des Art. 3 RL gleichlautende Merkmal „temporarily" hat insoweit keine über Art. 1 Abs. 1 hinausgehende Bedeutung – wäre es doch sinnwidrig, wenn die für die Richtlinie wesentlichen Begrifflichkeiten über den Anwendungsbereich der Richtlinie selbst hinausgingen.

95 EuGH 13.9.2007 – C-458/05 (*Jouini u.a.*), NZA 2007, 1151.

96 EuGH 13.9.2007 – C-458/05 (*Jouini u.a.*), NZA 2007, 1151 (Rn. 35).

97 *Bartl/Romanowski*, NZA-Online 3/2012, 1 (2); *Düwell*, ZESAR 2011, 449 (450); *Sansone*, Gleichstellung von Leiharbeitnehmern nach deutschem und Unionsrecht, (461 f.).

98 Der EuGH hat in der Rs. *Jouini* nicht per Tenor eine dauerhafte Überlassung für unzulässig erklärt sondern schlicht in den Entscheidungsgründen „vorübergehend" als bloßes „Charaktermerkmal" einer typischen Leiharbeitssituation festgestellt.

99 So auch *Thüsing/Stiebert*, DB 2012, 632 (633).

100 EuGH 21.10.2010 – C-242/09 (*Albron Catering*), NZA 2010, 1225.

trotz mehrfacher Nennung[101] dieser Konstellation an keiner Stelle die Zulässigkeit einer solchen ständigen Abstellung von Leiharbeitnehmern an den Entleiher. Die Entscheidung *Albron Catering* zeigt, dass eben kein *allgemeiner* Konsens in europäischen Institutionen über ein Verbot der dauerhaften Arbeitnehmerüberlassung existiert. Freilich ist die Entscheidung nicht geeignet, die Bedeutung bzw. Reichweite des Merkmals »vorübergehend« i.S.d. Art. 1 Abs. 1 der RL näher zu präzisieren. Zwar wurde das Urteil nach Inkrafttreten der Richtlinie gefällt, allerdings liegt dem Urteil ein Sachverhalt aus dem Jahr 2005 zugrunde. Es bestand folglich kein Anlass für den EuGH, im konkreten Fall einen Verstoß gegen die Leiharbeitsrichtlinie auch nur obiter dicens zu rügen.

Kaum abschließend feststellbar ist es daher, ob der nachträglichen Einfügung des Merkmals in Art. 1 Abs. 1 der Richtlinie eine besondere und eigenständige, über einen reinen *Indizcharakter* hinausgehende Bedeutung beizumessen ist. Blickt man aber auf die übrigen Vorschriften der Leiharbeitsrichtlinie sowie auf den Willen des Europäischen Gesetzgebers, so liegt ein Verbot der dauerhaften Arbeitnehmerüberlassung durchaus nahe:

Es ist nicht einzusehen, warum ein dauerhaft überlassener Arbeitnehmer nicht vom Schutz der Leiharbeitsrichtlinie profitieren soll, ist er doch zumindest im gleichen Umfang schutzbedürftig wie eine nur vorübergehend überlassene Arbeitskraft[102]. Hätte der europäische Gesetzgeber tatsächlich die dauerhafte Arbeitnehmerüberlassung aus dem Anwendungsbereich der Richtlinie herausnehmen und in der Verantwortung der Mitgliedstaaten belassen wollen, so müsste dies ohne weiteres aus den Erwägungsgründen, zumindest aber aus den Gesetzgebungsmaterialien ersichtlich sein. Außerdem ist das Argument, ein Verbot der nicht nur vorübergehenden Überlassung würde das Flexibilitätsinteresse der Unternehmen, dessen Befriedigung einen maßgeblichen Zweck der Richtlinie darstellt, zu stark beschneiden, kaum haltbar: Während eine vorübergehende Arbeitnehmerüberlassung für den Entleiher ein Instrument zur Flexibilisierung seiner Personalstruktur darstellt, kann eine von Anfang an geplante und durchgeführte *endgültige* Überlassung von Arbeitskräften kaum noch unter dem Stichwort *Flexibilisierung* geführt werden; jede Dauerhaftigkeit/Endgültigkeit ist denknotwendig mit Flexibilität kaum vereinbar.

---

101 EuGH 21.10.2010 - C-242/09 (*Albron Catering*), NZA 2010, 1225 (Rn. 20, 26, 32).

102 A.A. *Thüsing/Stiebert*, DB 2012, 632 (634), wonach ein dauerhaft überlassener Arbeitnehmer nicht per se schutzwürdiger sei als ein vorübergehend überlassener Leiharbeitnehmer, da er von dem – oft belastenden – mehrfachen Wechsel der Entleiher befreit sei. Allerdings verkennen *Thüsing* und *Stiebert*, dass mit einer zunehmenden Einsatzdauer das Interesse des Leiharbeitnehmers an einer Gleichstellung –und nicht nur hinsichtlich des Grundsatzes *equal treatment,* sondern auch bezüglich einer *arbeitsvertraglichen* Gleichstellung – mit den Stammbeschäftigten beim Entleiher steigt.

Zudem spricht für eine zeitliche Begrenzung von Arbeitnehmerüberlassungen in der Richtlinie deren Art. 6. Dieser soll Hürden, welche einer möglichen Übernahme des Leiharbeitnehmers in die Stammbelegschaft des Entleihers entgegenstehen, abbauen. Entnähme man der Richtlinie die Zulässigkeit einer dauerhaften Überlassung, so verschwände jegliche Movation des Entleihers, den überlassenen Arbeitnehmer in dessen Stammbelegschaft zu integrieren[103]. Schließlich macht Art. 5 Abs. 5 S. 1 der Leiharbeitsrichtlinie deutlich, dass aufeinander folgende Überlassungen geeignet sind, die Bestimmungen der Richtlinie zu umgehen[104]. Bei einer solchen Praxis wäre zwar jeder einzelne Überlassungsvorgang ggf. noch »vorübergehend«, aber durch die mehrfache Verkettung der Entsendungen läge eine Umgehung dieses Merkmals durchaus nahe[105]. Eine – nach einer Gesamtbetrachtung festgestellte – nicht mehr vorübergehende Überlassung eines Leiharbeitnehmers ist daher nicht mehr im Sinne des europäischen Gesetzgebers; ihr ist daher die Zulässigkeit zu versagen.

dd) Reichweite des Kriteriums »vorübergehend« in der Leiharbeitsrichtlinie

Nachdem festgestellt wurde, dass dem Merkmal »vorübergehend« i.S.d. Art. 1 Abs. 1 der Leiharbeitsrichtlinie mehr als eine rein deskriptive Bedeutung beizumessen ist und zwar insoweit, dass eine nicht mehr vorübergehende Überlassung durch die Richtlinie nicht zulässig ist, ist nun zu erörtern, unter welchen Voraussetzungen ein Verleih von Arbeitnehmern noch als vorübergehend i.S.d. Richtlinie zu klassifizieren ist.

(1) Maßgeblicher Bezugspunkt des Merkmals

Es ist Bedingung für eine Definition des Kriteriums »vorübergehend«, zunächst die Bestimmung des Bezugspunktes des Merkmals zu ermitteln. Teilweise wird darauf abgestellt, ob der Beschäftigungsbedarf im Entlei-

---

103 ArbG Cottbus 22.8.2012 – 4 BV 2/12, via juris (II 1 b bb [1] [a]); *Hamann*, EuZA 2009, 287 (311).

104 Die Existenz der in Art. 5 Abs. 5 der Richtlinie enthaltenen Regelung schlicht negierend: *Krannich/Simon*, BB 2012, 1414 (1415). Auch *Lembke* lehnt Art. 5 Abs. 5 der RL als Argument für ein Verbot des Dauerverleihs ab, da Abs. 5 innerhalb des Artikels zum Gleichstellungsgrundsatz geregelt und nicht ersichtlich sei, wie durch ein Dauerverleih der Gleichstellungsgrundsatz umgangen werden könnte, vgl. *Lembke*, BB 2012, 2487 (2501). *Lembke* verkennt dabei aber, dass Art. 5 Abs. 5 sich nicht nur auf den Art. 5 Abs. 1-4 sondern auch auf die ganze Richtlinie bezieht. Vgl. dazu vertiefend S. 194.

105 *Hamann*, EuZA 2009, 287 (311); *Sansone*, Gleichstellung von Leiharbeitnehmern nach deutschem und Unionsrecht, S. 462.

herunternehmen vorübergehender Natur i.S.d. Richtlinie ist[106]. Nach anderer Auffassung bezieht sich das Tatbestandsmerkmal auf die Überlassungsdauer der konkreten Entsendung eines konkreten Leiharbeitnehmers zu einem Dritten selbst[107].

Nach hier vertretener Meinung ist der letzteren Ansicht zuzustimmen. Etwas anderes gibt der Wortlaut des Art. 1 Abs. 1 sowie Art. 3 Abs. 1 lit. c) der Richtlinie nicht her; wie *Rieble* und *Latzel* zutreffend anmerken, sucht man in den Art. 5 bis 8 der Richtlinie vergebens nach arbeitsplatzbezogenen Begriffen wie etwa »vorübergehenden Arbeitsbedarf, Kapazitätsspitzen, Stammarbeitnehmern und Dauerarbeitsplätzen«[108]. Besonders in den übrigen Sprachfassungen kommt – wie bereits angemerkt wurde – der zeitliche Faktor der Überlassung weitaus deutlicher zum Tragen als in der deutschen Fassung. Aus den Gesetzgebungsmaterialien zur Richtlinie ist ebenfalls nicht ersichtlich, dass der europäische Gesetzgeber den Zweck verfolgte, den (vorübergehenden) Einsatz von einzelnen Leiharbeitnehmern auf dauerhaften Stammarbeitsplätzen des Entleihers zu verhindern[109]. Auch der Rat der Europäischen Union sieht die Mitgliedstaaten wegen Art. 4 der Richtlinie für verpflichtet, Einschränkungen und Verbote, worunter ausdrücklich auch die *Begrenzung* der Leiharbeit auf bestimmte Situationen wie »Stoßzeiten oder unerwartetes Arbeitsaufkommen« zählt, zu überprüfen und – soweit diese nicht aus Gründen des Allgemeininteresses gerechtfertigt sind – zu beseitigen[110]. Der Rat erachtet es folglich für nicht unproblematisch, die Zulässigkeit einer Arbeitnehmerüberlassung alleine von einer bestimmten Bedarfssituation beim Entleiher abhängig zu machen.

Maßgeblicher Bezugspunkt für das Merkmal »vorübergehend« i.S.d. Art. 1 Abs. 1 der Leiharbeitsrichtlinie ist daher die geplante Dauer der Überlassung selbst; irrelevant für die Zulässigkeit ist, ob der Leiharbeitnehmer (vorübergehend) auf einem *dauer*haften Stammarbeitsplatz des Entleihers eingesetzt

---

[106] *Bartl/Romanowski*, NZA-Online 3/2012, 1 (2); *Riederer von Paar* in: Schüren/Hamann, AÜG 4. Aufl., Einl. Rn. 617; *Sansone*, Gleichstellung von Leiharbeitnehmern nach deutschem und Unionsrecht, S. 467, 469, 571, *Ulber* in: Ulber, AÜG 4. Aufl., § 1 Rn. 230e; *Zimmer*, AuR 2012, 422 (423).

[107] In diese Richtung *Düwell*, ZESAR 2011, 449 (450 f.); *Hamann*, EuZA 2009, 287 (311); *Rieble/Vielmeier*, EuZA 2011, 474 (487); *Rieble/Latzel*, Wirtschaftsförderung nach sozialen Kriterien, Rn. 181; *Thüsing/Stiebert*, DB 2012, 632 (632).

[108] *Rieble/Latzel*, Wirtschaftsförderung nach sozialen Kriterien, Rn. 183.

[109] Lediglich der „Ausschuss für die Rechte der Frau und Chancengleichheit" des Europäischen Parlaments stellt fest, dass der Einsatz von Leiharbeitern nicht als Rationalisierungsmaßnahme im Zusammenhang mit der Verkleinerung der kostenintensiveren Stammbelegschaft gesehen werden *sollte*. Gleichzeitig könne Leiharbeit aber dazu dienen, einen Mangel an *ständigen* Personals auszugleichen; vgl. Dok. A5-03556/2002, S. 54.

[110] C/08/166 – 10414/08 (Presse 166), S. 12.

wird oder nicht[111]. Der Einsatz von Leiharbeitnehmern setzt somit regelmäßig keine besonderen Umstände voraus, vor allem keinen »vorübergehenden« Arbeitskräftebedarf[112]. In anderen Mitgliedstaaten wird das Merkmal mittels einer zeitlichen Begrenzung der Überlassungen selbst und nicht durch ein Abstellen auf die Bedarfssituation des Entleihers erreicht[113].

Die Richtlinie verfolgt nach hier vertretener Auffassung *nicht* den Zweck, eine Substitution von Stammarbeitnehmern durch den Einsatz von Leiharbeitnehmern zu verhindern. Eine andere Ansicht, welche der Richtlinie eine solche Funktion beimisst[114], begründet dies mit dem bereits genannten Art. 5 Abs. 5 S. 1 der RL, wonach aufeinander folgende Überlassungen missbräuchlich sein können. Dem ist zuzugeben, dass Art. 5 Abs. 5 S. 1 der RL 2008/104/EG über Leiharbeit zwei Lesarten zulässt: Entweder man bezieht die dort zu findende Formulierung, wonach »aufeinander folgende Überlassungen« geeignet sind, die Richtlinie zu umgehen, auf den Fall, dass auf einem Stammarbeitsplatz hintereinander mehrere *verschiedene* Leiharbeitnehmer eingesetzt werden oder man versteht die Norm so, dass unterbunden werden soll, dass hintereinander *derselbe* Leiharbeitnehmer jeweils vorübergehend eingesetzt wird, sodass nach einer Gesamtschau der Leiharbeitnehmer doch dauerhaft überlassen wird. Im ersteren Fall spräche dies für ein weiteres Verbot der Substitution von Stammarbeitsplätzen durch Leiharbeitnehmer insgesamt, wobei Anhaltspunkte für ein solches Verbot weder aus der Richtlinie noch aus den Materialien dazu ersichtlich sind. Im zweiten Fall deutete dies schlicht auf eine Bestätigung des Verbots der dauerhaften Überlassung einzelner Arbeitnehmer hin, welches sich – wie bereits dargelegt – in Art. 1 Abs. 1 der Richtlinie unter dem Merkmal »vorübergehend« wiederfindet. Für den zweiten Fall spricht, dass aus Art. 5 Abs. 5 S. 1 der Richtlinie deutlich wird, dass *bestehende* Bestimmungen der Richtlinie nicht umgangen werden sollen; die Absicht des Richtliniengebers, einen neuen Missbrauchskatalog mit neuen Missbrauchstatbeständen – wie etwa einem Substitutionsverbot – in Abs. 5 zu formulieren, ist kaum ersichtlich und wä-

---

111 *Boemke*, jurisPR-ArbR 2012, Anm. 2.

112 Insoweit zutreffend *Rieble/Latzel*, Wirtschaftsförderung nach sozialen Kriterien, Rn. 181.

113 So sind etwa in Frankreich, Griechenland, Luxemburg, Polen, Slowenien und Tschechien ausdrücklich Höchstüberlassungsfristen vorgesehen und bspw. in Italien und Portugal die Überlassung eines Leiharbeitnehmers nur wenige Male erfolgen darf, vgl. *Zimmer*, AuR 2012, 422 (423 f.).

114 ArbG Cottbus 22.8.2012 – 4 BV 2/12, via juris (II 1 b bb [1]); *Blanke*, Welche Änderungen des deutschen Gesetzes erfordert die Umsetzung der EU-Richtlinie Leiharbeit – mit dem Schwerpunkt Gleichbehandlungsgrundsatz und Abweichungen gem. Art. 5 der EU-Rl?, S. 103; *Hamann*, RdA 2011, 321 (325); *Sansone*, Gleichstellung von Leiharbeitnehmern nach deutschem und Unionsrecht, S. 462.

re in systematischer Hinsicht im Artikel zum Gleichstellungsgrundsatz auch unglücklich. Als eine solche bestehende Bestimmung, welche durch mehrere aufeinander folgende Überlassungen i.S.d. Art. 5 Abs. 5 umgangen werden kann, kommt nur das Gebot in Betracht, wonach die konkrete Überlassung eines Arbeitnehmers vorübergehend zu erfolgen hat.

Ein Verbot der Substitution diente vor allem dem Schutz der Stammbelegschaft des Entleihers, doch findet sich in der Leiharbeitsrichtlinie keine einzige Vorschrift, welche zumindest *auch* für diesen Personenkreis eine Schutzwirkung entfalten soll. Neben der Schaffung eines Rahmens für flexible Arbeitsformen verfolgt die Leiharbeitsrichtlinie primär den Schutz der Leiharbeitnehmer *selbst*[115]. Ferner könnte man dem 15. Erwägungsgrund der Richtlinie, wonach unbefristete Arbeitsverträge als die übliche Form des Beschäftigungsverhältnisses dargestellt werden, entnehmen, dass Leiharbeit nicht zu Lasten unbefristet Beschäftigter gehen dürfe. Allerdings stellt der Erwägungsgrund auch klar, dass sich der Grundsatz des unbefristeten Vertrags auf den Arbeitsvertrag des Leiharbeitnehmers selbst bezieht; insoweit kann aus dem Erwägungsgrund keine Schutzwirkung zugunsten der beim Entleiher arbeitenden Stammbeschäftigten abgeleitet werden.

Somit ist es zwar nicht gestattet, einen bisherigen Stammarbeitsplatz durch einen dauerhaften Einsatz *eines* Leiharbeitnehmers bzw. durch mehrere aufeinanderfolgende Einsätze des Leiharbeitnehmers, die in einer Gesamtschau keinen vorübergehenden Charakter mehr besitzen, zu ersetzen, es ist aber zulässig, einen – auf welche Weise auch immer – freiwerdenden Stammarbeitsplatz nicht neu zu besetzen, sondern durch vorübergehende Einsätze *mehrerer* Leiharbeitnehmer hintereinander zu belegen.

(2) »Vorübergehend« im sonstigen europäischen Primär- und Sekundärrecht

Zur Bestimmung des Art. 1 Abs. 1 der RL 2008/104/EG werden von verschiedenen Vertretern der Literatur Parallelen zu anderen Normen des Europäischen Rechts gezogen, wobei allerdings eine Klarstellung des Richtliniengebers, wonach er bei der Verwendung des Merkmals »vorübergehend« auf anderes EU-Recht Bezug nimmt, nicht aus der Richtlinie oder den Materialien ersichtlich ist.

So schlagen *Bartl* und *Romanowski* eine Parallele der Leiharbeitsrichtlinie zur Rahmenrichtlinie 1999/70/EG über befristete Arbeitsverhältnisse vor[116]. Es handele sich in beiden Fällen um Vorschriften, welche von dem »Flexicurity«-Grundsatz geprägt seien und es bestehe daher ein vergleichbares Schutzbedürfnis für die betroffenen Arbeitnehmer. Allerdings geht diese

115 Vgl. auch Art. 2 der Leiharbeitsrichtlinie
116 *Bartl/Romanowski*, NZA-Online 3/2012, 1 (4).

Ansicht in mehreren Punkten fehl: Zum einen wird das angesprochene Schutzbedürfnis für Arbeitnehmer im Befristungsrecht durch Höchstfristen bzw. durch eine Begrenzung der Anzahl der zulässigen Verlängerungen der Befristung erreicht (§ 5 Nr. 1 der RL 1999/70/EG), während die Leiharbeitsrichtlinie diesen Schutz im Wesentlichen eben nicht durch eine zeitliche Komponente, sondern durch den Gleichstellungsgrundsatz ab dem ersten Tag der Überlassung erzielt (Art. 5 Abs. 1 der RL 2008/104/EG). Hätte der Europäische Gesetzgeber einen solchen weiteren Schutzmechanismus ähnlich wie bei der Befristungsrichtlinie beabsichtigt, hätte er einen entsprechenden Katalog unmittelbar in der Leiharbeitsrichtlinie angelegt, zumindest aber die entsprechende Anwendung der einschlägigen Normen aus der Befristungsrichtlinie angeordnet. Zum anderen lautete eine frühere Übersetzung von »temporarily« im Deutschen »befristet«. Diese Übersetzung wurde aber später bewusst in »vorübergehend« geändert. Sollte der europäische Gesetzgeber ursprünglich eine Parallele zum Befristungsrecht verfolgt haben, hat er sich schlussendlich doch dagegen entschieden, indem er sämtliche Anhaltspunkte für eine Parallele – wie etwa das Merkmal »befristet« – strich.

Teilweise wird eine Heranziehung der Definition von »vorübergehend« i.S.d. Art. 8 Abs. 2 S. 2 Rom I-VO erwogen[117]. Danach ändert sich das auf einen Arbeitsvertrag anzuwendende nationale Recht nicht, wenn ein Arbeitnehmer gewöhnlich seine Arbeit in einem Staat verrichtet, aber von seinem Arbeitgeber vorübergehend in einen anderen Staat entsendet wird. Dem Gedanken an eine Übernahme der Definition aus der Rom I-VO ist zwar zuzubilligen, dass sowohl die englische als auch die deutsche Sprachfassung (»temporarily« bzw. »vorübergehend«) des Art. 8 Abs. 2 S. 2 Rom I-VO mit Art. 1 Abs. 1 der Leiharbeitsrichtlinie wörtlich übereinstimmen[118]. Jedoch unterscheidet sich der in Art. 8 Abs. 2 S. 2 Rom I-VO beschriebene Sachverhalt deutlich von dem einer Arbeitnehmerüberlassung: Anders als bei der Arbeitnehmerüberlassung arbeitet in der von der Rom I-VO beschriebenen Konstellation der entsendete Arbeitnehmer für einen bestimmten Zeitraum in einem anderen Staat aber *nicht* notwendigerweise bei einem Dritten, um anschließend in den Heimatbetrieb zurückzukehren und dort weiter seine Dienste für seinen Arbeitgeber zu erbringen. Eine »vorübergehende Entsendung« i.S.d. Art. 8 Abs. 2 S. 2 Rom I-VO ist dann aber nicht mehr anzunehmen, wenn der Arbeitnehmer gezielt für Auslandseinsätze angeworben und

---

117 Etwa *Thüsing/Stiebert*, DB 2012, 632 (632). Ähnlich zur Vorgängernorm des Art. 8 Abs. 2 S. 2 Rom I-VO (Art. 30 Abs. 2 Nr. 1 S. 2 EGBGB) schon *Mastmann/Stark*, BB 2005, 1849 (1851).

118 Auch könnte man die Ähnlichkeit der Regelungszwecke der beiden Sekundärrechtsakte für eine solche Erwägung sprechen lassen, da auch Art. 8 Abs. 2 S. 2 Rom I-VO dem Schutz des strukturell schwächeren Vertragspartner dient; vgl. *Thorn* in: Palandt/Bassenge, BGB, Rom I Art. 8 Rn. 1.

ausschließlich dort eingesetzt wird[119]. Übertrüge man diese Auslegung auf Art. 1 Abs. 1 der Leiharbeitsrichtlinie, wäre das in den Mitgliedstaaten vorherrschende französische Modell[120], wonach das Arbeitsverhältnis zum Verleihunternehmen nur wegen eines konkreten Einsatzes beim Entleiher aufgenommen wird und synchron läuft, nicht mehr zulässig. Dieses Ergebnis dürfte kaum mit dem Willen des Richtliniengebers vereinbar sein, der vom *flexicurity*-Grundsatz ausging, weshalb zumindest eine umfassende Anlehnung an die Auslegung des Art. 8 Abs. 2 S. 2 Rom I-VO abzulehnen ist.

Nach einer weiteren von *R. Giesen* begründeten Auffassung[121] entspricht das Merkmal »vorübergehend« aus der Leiharbeitsrichtlinie dem gleichlautenden Begriff des Art. 57 Abs. 3 AEUV zur Dienstleistungsfreiheit. Nach Art. 57 Abs. 3 AEUV kann der Dienstleistende zwecks Erbringung seiner Leistungen seine Tätigkeit *vorübergehend* in dem Mitgliedstaat ausüben, in dem die Leistung erbracht wird. Die Heranziehung der Definition sei konsequent, da der Richtlinie die Funktion zukomme, auf Unionsebene einen harmonisierten Arbeitnehmerschutz zu gewährleisten. Aufgrund des durch den Gleichstellungsgrundsatz aufgestellten gemeinsamen Mindestschutzniveaus könne nun kein Mitgliedstaat mehr dem Verleihunternehmen eines anderen Mitgliedstaates das Tätigwerden untersagen[122] und diesen Eingriff in die Dienstleistungsfreiheit damit rechtfertigen, dass Sozialstandards unterschritten würden. Es spreche daher viel dafür, dass der Europäische Gesetzgeber mit Art. 1 Abs. 1 RL 2008/104/EG das Spektrum der Dienstleistungsfreiheit erfassen wollte, indem er den Anwendungsbereich der Leiharbeitsrichtlinie mit dem sachlichen Schutzbereich der Dienstleistungsfreiheit gleichschaltete[123]. Verstünde der europäische Gesetzgeber das Merkmal »vorübergehend« i.S.d. Leiharbeitsrichtlinie restriktiver als bei der Dienstleistungsfreiheit, so stellte dies eine Einschränkung dieser Grundfreiheit dar. Dies hätte der europäische Gesetzgeber an irgendeiner Stelle klar zum Ausdruck bringen müssen[124].

Folge wäre, dass das Merkmal »vorübergehend« i.S.d. Leiharbeitsrichtlinie so auszulegen wäre wie bei der Dienstleistungsfreiheit nach Art. 57 Abs. 3 AEUV, wo es das entscheidende Abgrenzungskriterium zwischen Dienstleistungsfreiheit und Niederlassungsfreiheit darstelle[125]. Sei der vorübergehende Charakter einer Dienstleistung, die in einen anderen Mitgliedstaat erbracht

---

119 *Magnus* in: v. Staudinger, BGB, Rom I-VO Art. 8 Rn. 108.

120 *Böhm*, DB 2011, 473 (474); *Riederer von Paar* in: Schüren/Hamann, AÜG 4. Aufl., Einl. Rn. 626; *Thüsing/Stiebert*, ZESAR 2012, 380 (381); *Wank*, RdA 2003, 1 (3).

121 *R. Giesen*, FA 2012, 66 (66); so auch *Krannich/Simon*, BB 2012, 1414 (1416).

122 *R. Giesen*, FA 2012, 66 (66).

123 *Krannich/Simon*, BB 2012, 1414 (1416).

124 *Krannich/Simon*, BB 2012, 1414 (1416).

125 *Frenz*, Handbuch Europarecht, Rn. 2995.

wird, wegen ihrer Häufigkeit und Kontinuität zu verneinen, falle die Tätigkeit nicht mehr unter den Anwendungsbereich der Dienstleistungsfreiheit sondern unter die Niederlassungsfreiheit des Art. 49 AEUV[126]. Synchronisierte man folglich das Merkmal »vorübergehend« mit dem entsprechenden Kriterium bei Art. 57 Abs. 3 AEUV, so sei eine Überlassung von Arbeitnehmern dann nicht mehr vorübergehender Natur, wenn der Einsatz in stabiler und kontinuierlicher Weise erfolgt und der Leiharbeitnehmer sich faktisch in den Betrieb des Entleihers wie ein Stammarbeitnehmer integriert[127].

Allerdings ist nicht in letzter Konsequenz überzeugend, warum sich der Anwendungsbereich der RL 2008/104/EG über Leiharbeit mit dem der Dienstleistungsfreiheit völlig decken und die Definition von »vorübergehend« i.S.d. Art. 57 Abs. 3 AEUV dessen Grenze darstellen soll. Selbst der europäische Gesetzgeber geht – wie aus dem 22. Erwägungsgrund der Leiharbeitsrichtlinie ersichtlich ist – davon aus, dass durch die mitgliedstaatliche Umsetzung der Richtlinie nicht ausschließlich die Dienstleistungsfreiheit, sondern *auch* die Niederlassungsfreiheit tangiert sein kann[128]. Auch stellt der zeitliche Faktor »vorübergehend« im Rahmen des Art. 57 Abs. 3 AEUV eben *nicht* das alleinige Abgrenzungskriterium der Dienstleistungsfreiheit zur Niederlassungsfreiheit dar[129]; dies verkennen die Befürworter dieser Ansicht[130]. Vielmehr hat dieses zeitliche Moment *keinerlei Bedeutung* für jene Fälle, in denen nur die Dienstleistung die Grenze überschreitet, der Dienstleister selbst aber in seinem Mitgliedstaat verbleibt (sog. »Korrespondenzdienstleistung«)[131]. Wenn aber eine Dienstleistung mit dauerhaftem Charakter in diesen Konstellationen von der Dienstleistungsfreiheit erfasst sein kann, während eine dauerhafte Arbeitnehmerüberlassung – wie bereits festgestellt wurde – nicht mit der Richtlinie vereinbar ist, kann von einer Identität des Anwendungsbereichs des Art. 1 Abs. 1 der Leiharbeitsrichtlinie und des sachlichen Schutzbereichs der Dienstleistungsfreiheit keine Rede sein[132]. Warum dann aber der Zusammenhang zwischen »vorübergehend« i.S.d.

126 *Kotzur* in: Geiger, EUV, AEUV, Art. 57 AEUV Rn. 3.

127 *Randelzhofer/Forsthoff* in: Grabitz/Nettesheim/Bandilla u.a., Das Recht der Europäischen Union, Art. 57 AEUV Rn. 41.

128 So auch *Rieble/Latzel*, Wirtschaftsförderung nach sozialen Kriterien, Rn. 195.

129 *Rieble/Latzel*, Wirtschaftsförderung nach sozialen Kriterien, Rn. 198.

130 Vgl. *R. Giesen*, FA 2012, 66 (66, Fn. 7); *Krannich/Simon*, BB 2012, 1414 (1416).

131 *Koenig/Haratsch/Pechstein*, Europarecht, Rn. 959; *Kluth* in: Calliess/Ruffert, EUV, AEUV Art. 56, 57 AEUV Rn. 16; *Randelzhofer/Forsthoff* in: Grabitz/Nettesheim/Bandilla u.a., Das Recht der Europäischen Union, Art. 57 AEUV Rn. 43.

132 Unterstellt, die Leiharbeitsrichtlinie ließe einen dauerhaften Verleih von Leiharbeitnehmern an Entleihunternehmen zu, so fiele auch eine nicht mehr vorübergehende Arbeitnehmerüberlassung trotz des dauerhaften Charakters weiterhin unter die Dienstleistungsfreiheit, soweit der Verleiher von einem Mitgliedstaat aus nur die Dienstleistung, d.h. die Bereitstellung von Arbeitnehmern, grenzüberschreitend in einem anderen Mitgliedstaat erbrächte; vgl. *Frenz*, Handbuch Europarecht, Rn. 3149.

Art. 1 Abs. 1 RL 2008/104/EG über Leiharbeit und dem gleichlautenden Begriff i.S.d. Art. 57 Abs. 3 AEUV *zwingend*[133] sein soll, ist nicht ersichtlich.

(3) »Vorübergehend« als Mindestvorschrift für die Mitgliedstaaten

Die Reichweite des Merkmals »vorübergehend« i.S.d. Art. 1 Abs. 1 der Leiharbeitsrichtlinie kann folglich nicht ohne weiteres anhand einer Anlehnung an die Verwendung des gleichlautenden Begriffs in sonstigem Primär- oder Sekundärrecht erfolgen, da deren Regelungszwecke nicht mit den Zwecken der Richtlinie übereinstimmen. Mangels weiterer Erläuterungen in der Richtlinie selbst oder in den Gesetzgebungsmaterialien dazu lässt sich daher eine präzise Definition des Merkmals »vorübergehend« i.S.d. Art. 1 Abs. 1 nur schwer treffen[134]. Es ist hierbei davon auszugehen, dass der europäische Gesetzgeber den einzelnen Mitgliedstaaten – wie bei Richtlinien üblich – einen gewissen Spielraum bei der Umsetzung der Richtlinie einräumen wollte[135]. Wie auch aus Art. 9 Abs. 1 der Richtlinie erkennbar ist, setzt die Richtlinie Mindeststandards fest. Dies gilt auch für das Merkmal »vorübergehend«. Bei der Beurteilung, wie hoch der Mindeststandard beim hier diskutierten Merkmal einzustufen ist, ist nach Überzeugung des Autors folgende Argumentation wegweisend:

Um dem aus Art. 2 und Art. 4 Abs. 1 folgenden Flexibilisierungsbedürfnis zu entsprechen und mit dem Hintergrund, dass die maßgebliche Schutzfunktion für Leiharbeitnehmer nicht aus einer zeitlichen Begrenzung der Überlassung, sondern aus dem in Art. 5 Abs. 1 angelegten Gleichstellungsgrundsatz folgt, ist nach hier vertretener Meinung eine möglichst *weite* Auslegung des Merkmals »vorübergehend« geboten. Ein solches extensives Verständnis des Merkmals entspräche in der Tendenz auch der Auslegung der gleichlautenden Merkmale bei Art. 8 Abs. 2 S. 2 Rom I-VO und Art. 57 Abs. 3 AEUV, wenngleich sich – wie bereits festgestellt – eine *zwingende* Heranziehung dieser Maßstäbe verbietet.

Eine Überlassung ist somit unter Berücksichtigung der bisherigen Argumentation dann nicht mehr als »vorübergehend« i.S.d. Art. 1 Abs. 1 der RL 2008/104/EG und damit als unzulässig zu betrachten, wenn sich bereits vor Beginn oder im Laufe der Überlassung *positiv herausstellt*, dass der Einsatz endgültig erfolgen soll und sowohl eine mögliche Rückkehr des Arbeitnehmers zu seinem Verleiher als Arbeitgeber als auch ein sonstiges Ende der Überlassung denknotwendig ausscheidet[136].

---

133 *R. Giesen*, FA 2012, 66 (66).
134 Ähnlich *Hamann*, NZA 2011, 70 (72).
135 So auch *Hamann*, NZA 2011, 70 (72).
136 So im *Ergebnis* auch *R. Giesen*, FA 2012, 66 (67); *Krannich/Simon*, BB 2012, 1414 (1416).

Zwar ließe sich einwenden, dass es bei Abschluss eines Leiharbeitsverhältnisses meist offensichtlich ist, dass der Einsatz jederzeit enden kann und folglich jede Überlassung nur vorübergehend erfolgt[137]. Allerdings ist der vorübergehende Charakter einer Überlassung eben nur der Regelfall und nicht ohne Ausnahmen. Ein Indiz für eine endgültige Überlassung als Ausnahmefall kann etwa das Fehlen von zeitlichen und zweckgebundenen Anhaltspunkten für ein Ende der Überlassung darstellen[138]. Allerdings dürften diese hohen Anforderungen in den seltensten Fällen[139] erfüllt sein; auch mehrjährige Überlassungsvorgänge können daher noch unter das Merkmal »vorübergehend« i.S.d. Leiharbeitsrichtlinie fallen.

b) Nationale Dimension des Merkmals »vorübergehend«

Die Diskussion des Merkmals »vorübergehend« i.S.d. Leiharbeitsrichtlinie setzt sich im deutschen Recht fort. Ähnlich wie bei dem Merkmal in Art. 1 Abs. 1 der Richtlinie wird hinsichtlich der Einfügung des § 1 Abs. 1 S. 2 AÜG sowohl deren rechtliche Erheblichkeit in Frage gestellt (dazu aa)) als auch – bejahendenfalls – um eine genaue Bestimmung des Merkmals gestritten (dazu bb)).

Die hier gemachten Ausführungen sollten indessen nicht darüber hinwegtäuschen, dass nach dem 11. Erfahrungsbericht der Bundesregierung in der Praxis mehr als die Hälfte aller beendeten Zeitarbeitsverhältnisse (d.h. das Arbeitsverhältnis zwischen Verleiher und Leiharbeitnehmer) weniger als drei Monate dauern – auch wenn zuletzt die sehr kurzfristigen Beschäftigungsverhältnisse an Bedeutung verloren und die länger andauernden an Bedeutung gewannen[140]. Folglich dauert die konkrete Einsatzdauer des überwiegenden Teils der Leiharbeitnehmer keine drei Monate an, weshalb – sofern man vertritt, dass ein Zeitraum von drei Monaten als vorübergehend i.S.d. § 1 Abs. 1 S. 2 AÜG ist – der größere Teil der Leiharbeitnehmer überhaupt nicht von der Einfügung des Merkmals »vorübergehend« betroffen wäre. Freilich ist die Beantwortung der aufgeworfenen Frage entscheidend für die Frage der Zulässigkeit von konzernverbundenen Personalführungsgesellschaften, die über lange Zeiträume Arbeitskräfte an Entleiher überlassen.

---

137 Stellungnahme des BDA in Ausschussdrucksache 17(11)431 (Arbeit und Soziales) S. 17.

138 In diese Richtung *Düwell*, ZESAR 2011, 449 (450 f.).

139 Denkbar wäre ein solcher Fall etwa, wenn ein dauerhafter Bedarf eines Entleihers an dem Einsatz eines ganz bestimmten Leiharbeitnehmers vorliegt, welcher aufgrund einer bestimmten Qualifikation aus einer ex-ante-Sicht als unersetzlich erscheint oder aber der Überlassungsvertrag kein ordentliches Kündigungsrecht vorsieht. Eine endgültige Überlassung kann dagegen nicht schon deshalb verneint werden, weil wegen eines sich abzeichnenden Renteneintritts oder Todes des Leiharbeitnehmers ein Ende der Überlassung absehbar ist.

140 BT-Drs. 17/464 S. 23.

aa) Rechtliche Relevanz des § 1 Abs. 1 S. 2 AÜG?

Nachdem in der Vergangenheit die dauerhafte Arbeitnehmerüberlassung in Deutschland nach nahezu allgemeiner Auffassung zulässig war, wurde eine entsprechende Diskussion spätestens mit der Veröffentlichung des Diskussionsentwurfs des BMAS vom 4.6.2010, in dem Überlassungen i.S.d. AÜG erstmals als »vorübergehend« bezeichnet wurden, eröffnet[141].

(1) § 1 Abs. 1 S. 2 AÜG als Programmsatz ohne Rechtsfolgen

Eine vor allem von *Lembke*[142] geprägte Auffassung billigt der Einfügung des Merkmals »vorübergehend« in den neuen § 1 Abs. 1 S. 2 AÜG keine Relevanz zu. Die neue Vorschrift müsse man als einfachen *Programmsatz ohne Rechtsfolgen* verstehen, der »lediglich auf das Phänomen hinweist, dass Arbeitnehmerüberlassung typischerweise vorübergehend stattfindet«[143]. Da weder Anhaltspunkte für eine Abgrenzung von vorübergehenden Überlassungen zu nicht vorübergehenden Einsätzen noch ausdrücklich ein Verbot bzw. die Konsequenzen eines Verstoßes gegen ein Verbot festgesetzt seien, fehlten sämtliche *essentialia* einer verbindlichen Regelung; es handele sich allenfalls um einen »Appell« des Gesetzgebers[144]. Nach dieser Ansicht hat die Reform des AÜG im Jahr 2011 jedenfalls insoweit keine Änderungen mit sich gebracht.

Diese Ansicht stützt sich im Wesentlichen auf die Ausführungen der Bundesregierung in ihrem Gesetzesentwurf vom 17.2.2011[145], welcher in dieser Form auch vom Bundestag verabschiedet wurde. Darin zeigt die Bundesregierung einen nur zögerlichen Willen, der Einfügung des § 1 Abs. 1 S. 2 AÜG eine besondere Bedeutung einzuräumen: Der neue Satz 2

[141] BMAS, Diskussionsentwurf eines Gesetzes zur Änderung des Arbeitnehmerüberlassungsgesetzes (AÜG) und des Arbeitnehmer-Entsendegesetzes (AEntG), Stand: 4.6.2010, S. 4, 11. Allerdings entspricht die Fassung des § 1 Abs. 1 AÜG im Rahmen des Diskussionsentwurfes nicht exakt der heutigen Fassung des AÜG.

[142] *Lembke*, DB 2011, 414 (415); *ders.*, FA 2011, 290 (290); *ders.*, BB 2012, 2487 (2500).

[143] ArbG Leipzig 15.2.2011 – 11 BV 79/11, AiB 2012, 402 (II B aa); ArbG Leipzig 23.3.2012 – 3 BV 84/11, via juris (B II 3 c bb); *Beck* in: Dornbusch/Fischermeier/Löwisch, FA-Kommentar ArbR § 1 AÜG Rn. 38; *Boemke*, jurisPR-ArbR 2012, Anm. 2; *Huke/Neufeld/Luickhardt*, BB 2012, 961 (964); *Lembke*, DB 2011, 414 (415); *ders.*, FA 2011, 290 (290); *ders.* in: Maschmann (Hrsg.), Rigidität und Flexibilität im Arbeitsrecht, 119 (146); *ders.*, BB 2012, 2487 (2500 f.); *Oberthür*, ArbRB 2011, 146 (147); *Raif*, GWR 2011, 303-303 (303); *Rieble/Vielmeier*, EuZA 2011, 474 (489); *Thüsing*, RdA 2009, 118 (118); *Thüsing/Stiebert*, DB 2012, 632 (638 f.); *Tucci*, Arbeitnehmermobilität im Konzern, S. 230. Wohl auch *Schreiner/Rütz*, MedR 2012, 373 (376); *Stolz*, Zdirekt! 2010, 4 (4); *Teusch/Verstege*, NZA 2012, 1326 (1328).

[144] *Rieble/Vielmeier*, EuZA 2011, 474 (489).

[145] BT-Drs. 17/4804.

diene der Klarstellung, dass das deutsche Modell der Arbeitnehmerüberlassung der europarechtlichen Vorgabe entspricht[146]. Insbesondere habe sich durch die Neuregelung nichts geändert, da das AÜG auch bisher schon ein auf vorübergehende Überlassungen angelegtes Modell darstelle, der vorübergehende Charakter einer Überlassung also im deutschen System immanent sei[147]. Zudem habe der Gesetzgeber bewusst[148] auf den Erlass einer Höchstüberlassungsfrist verzichtet, obwohl deren Erlass im Gesetzgebungsverfahren von Oppositionsparteien und dem Land Rheinland-Pfalz[149] gefordert wurde. Schließlich fehle es auch an einer Sanktionsnorm für eine nicht mehr vorübergehende Überlassung im AÜG[150], obwohl diese ohne weiteres in den Ordnungswidrigkeitenkatalog des § 16 AÜG hätte eingefügt werden können, was ebenfalls für den Programmsatzcharakter des § 1 Abs. 1 S. 2 AÜG spreche.

Das Vorbringen der Anhänger dieser Ansicht, der Gesetzgeber habe mit der Gesetzesreform des AÜG im Jahr 2011 an der bestehenden Rechtslage festhalten wollen und die Einfügung des Merkmals »vorübergehend« lediglich als Klarstellungsfunktion beabsichtigt, lässt sich auf den ersten Blick nicht widerlegen: Die Motive des Gesetzgebers, welche anhand der Meinungen der am Gesetzgebungsprozess maßgeblich beteiligten Personen erkennbar sind[151], sind nicht nur aus der angeführten Gesetzesbegründung vom 17.2.2010, sondern auch aus anderen Gesetzesmaterialien ableitbar. So enthält etwa bereits der Diskussionsentwurf (4.6.2010) die Formulierung des zuständigen Referenten, dass Änderungen des Arbeitnehmerüberlassungsrechts nicht beabsichtigt seien[152]. Auch der parlamentarische Staatssekretär *Brauksiepe* (CDU) beantwortete die Schriftliche Frage der Abgeordneten *Krellmann* (Die Linke) nach der Bedeutung des Merkmals »vorübergehend« am 29.2.2012 dahingehend, dass »entsprechend dem Wesen einer Klarstellung [...] eine Änderung der bestehenden Rechtslage nicht beabsichtigt«[153] sei. Da bislang ein vorübergehender Charakter einer Überlassung jenseits

---

146 BT-Drs. 17/4804, S. 8.

147 *Huke/Neufeld/Luickhardt*, BB 2012, 961 (964); BMAS, Diskussionsentwurf eines Gesetzes zur Änderung des Arbeitnehmerüberlassungsgesetzes (AÜG) und des Arbeitnehmer-Entsendegesetzes (AEntG), Stand: 4.6.2010, S. 12.

148 Vgl. BT-Drs. 17/4804, S. 8.

149 BT-Drs. 17/3752, S. 7 und BR-Drs. 847/4/10, S. 4 ff.; vgl. *Krannich/Simon*, BB 2012, 1414 (1415).

150 *Huke/Neufeld/Luickhardt*, BB 2012, 961 (964); *Teusch/Verstege*, NZA 2012, 1326 (1328).

151 *Larenz/Canaris*, Methodenlehre der Rechtswissenschaft, S. 150; *Röhl*, Allgemeine Rechtslehre, S. 628: sog. „Paktentheorie".

152 BMAS, Diskussionsentwurf eines Gesetzes zur Änderung des Arbeitnehmerüberlassungsgesetzes (AÜG) und des Arbeitnehmer-Entsendegesetzes (AEntG), Stand: 4.6.2010, S. 12.

153 BT-Drs. 17/8829 S. 24; vgl. auch *Lembke*, BB 2012, 2487 (2501).

des § 1 Abs. 3 Nr. 2 AÜG a.F. keine Rolle spielte, müsste man daraus tatsächlich die Irrelevanz des § 1 Abs. 1 S. 2 AÜG folgern.

Zudem spricht für einen schlichten Klarstellungswillen des Gesetzgebers, dass die im Gesetzesentwurf der Bundesregierung vom 2.9.2010 noch enthaltenen Anhaltspunkte, die für mehr als nur einen Programmsatz ohne Rechtsfolgen sprachen, gestrichen wurden. So finden sich die damals in der Begründung geführten Regelbeispiele, bei denen von einer vorübergehenden Überlassung ausgegangen werden sollte[154], in der abschließenden Gesetzesbegründung[155] nicht mehr; Regelbeispiele zur Konkretisierung einer Norm ergeben gesetzestechnisch aber nur dann einen Sinn, wenn der zu Norm mehr als nur eine deskriptive Bedeutung zukommen soll. Als weiterer Anhaltspunkt erfolgte die Verortung des Merkmals »vorübergehend« in dem Entwurf noch nicht in Abs. 1, sondern in Abs. 2 nach dem Klammerzusatz. Im Falle des Vorliegens der Vermutung des § 1 Abs. 2 AÜG wurde aber früher – in Verbindung mit dem inzwischen aufgehobenen § 13 AÜG a.F. – die Fiktion eines Arbeitsverhältnis zum Entleiher angenommen[156]. Die Stellung des fraglichen Merkmals in Abs. 2 hätte daher im Zweifel eher für eine rechtliche Erheblichkeit als die Positionierung des Kriteriums in Abs. 1 gesprochen.

Sofern aus dem Entwurf vom 2.9.2010 daher dem Merkmal »vorübergehend« eine rechtliche Relevanz beigemessen werden sollte, hat die Regierung durch Beseitigung aller diesbezüglichen Anhaltspunkte augenscheinlich versucht, ein entsprechendes Statement in der abschließenden Gesetzesbegründung zu vermeiden. Offensichtlich war es – so formuliert es auch *Düwell*[157] – politisch nicht gewünscht, dem Merkmal eine hinreichend konkrete Bedeutung, geschweige denn eine hinreichende abschreckende Sanktion zuzuschreiben. Ferner lässt sich ein fehlender Wille zur Beschränkung der Leiharbeit auf vorübergehende Überlassungen daraus ableiten, dass der Gesetzgeber Personalservicegesellschaften, die Leiharbeitnehmer konzernintern an andere Konzernunternehmen überlassen, zwar in die Erlaubnispflicht einbeziehen wollte[158], er aber im Umkehrschluss dazu deren Zulässigkeit – obwohl diese typischerweise Leiharbeitnehmer dauerhaft überlassen – weiterhin vorauszusetzen scheint. Der aus den Gesetzgebungsmateria-

---

154 Gesetzentwurf der Bundesregierung (Gesetz zur Verhinderung und Missbrauch der Arbeitnehmerüberlassung), Stand: 2.9.2010, S. 9. Als Beispiele nannte die Bundesregierung damals etwa den Einsatz eines Leiharbeitnehmers zur Urlaubs- oder Krankenvertretung oder die Überlassung zur Durchführung eines besonderen Projekts oder Auftrags.

155 BT-Drs. 17/4804.

156 *Düwell*, ZESAR 2011, 449 (451); *Hamann*, RdA 2011, 321 (322); *Mengel* in: Rieble/Junker/R. Giesen (Hrsg.), Arbeitsrecht im Konzern, 45 (70 f.).

157 *Düwell*, dbr 2011, 10 (12).

158 BT-Drs. 17/4804, S. 8.

lien ableitbare Wille des Gesetzgebers hinsichtlich § 1 Abs. 1 S. 2 AÜG als bloßen Programmsatz erscheint daher zunächst naheliegend.

(2) § 1 Abs. 1 S. 2 AÜG als Verbot der dauerhaften Arbeitnehmerüberlassung

Die überwiegende Ansicht in der Literatur[159] sowie die überwiegende Anzahl der Instanzgerichte[160] und zuletzt auch das BAG[161] billigen der Einfügung des Satzes 2 dagegen sehr wohl eine rechtliche Bedeutung zu: Nach dem eindeutigen Wortlaut der Norm erfolge eine Überlassung nach der Reform des AÜG vorübergehend; im Umkehrschluss dazu müsse folglich eine dauerhafte Überlassung des Leiharbeitnehmers verboten sein. Dies müsse insbesondere deshalb gelten, weil die Leiharbeitsrichtlinie, welche mit der Reform des AÜG im Jahr 2011 umgesetzt werden sollte, ebenfalls ein Verbot der nicht vorübergehenden Arbeitnehmerüberlassung vorsehe[162].

Diese Ansicht verdient Zustimmung. Noch viel mehr als der Richtlinie kommt dem AÜG der Zweck zu, als arbeitsmarktpolitisches Instrument »positive Beschäftigungseffekte« zu erzielen[163], insbesondere durch die Erleich-

---

159 *Bartl/Romanowski*, NZA-Online 3/2012, 1 (4 f.); *Blanke*, DB 2010, 1528 (1530); *Böhm*, DB 2012, 918 (919); Stellungnahme des Sachverständigen *Düwell* in Ausschussdrucksache 17(11)431 (Arbeit und Soziales) S. 56; *ders.*, ZESAR 2011, 449 (450); *Fitting/Auffarth/Engels*, Betriebsverfassungsgesetz, § 99 Rn. 192a; *Gaul/Koehler* in: Heinrich (Hrsg.), Nach der Krise gleich vor der Krise?, S. 17 (19); *T. Giesen/Müller*, KSzW 2012, 20 (22); *R. Giesen*, ZfA 2012, 143 (168); *Grüneberg*, AiB 2012, 176 (177); *Hamann*, NZA 2011, 70 (73); *ders.*, RdA 2011, 321 (324); *Krause*, Tarifverträge zur Begrenzung der Leiharbeit und zur Durchsetzung von Equal Pay, S. 26; *Leuchten*, NZA 2011, 608 (609); *Lützeler/Bissels*, AuA 2012, 510 (511); *Mittag* in: Wedde, Arbeitsrecht, § 1 AÜG Rn. 24; *Rid*, NZA 2011, 1121 (1126); *Rosenau/Mosch*, NJW-Spezial 2011, 242 (242); *Sandmann/Marschall*, AÜG Art. 1 § 1 Rn. 51; *Schüren/Wank*, RdA 2011, 1 (3); *Schuster/Grüneberg*, AiB 2012, 81 (82); *Thiess/Denzel*, AiB 2012, 188 (190); *Ulber*, AuR 2010, 10 (11); *ders.*, AiB 2011, 351 (352); *ders.*, AÜG 4. Aufl., § 1 Rn. 230a ff.; *ders.*, AiB 2012, 7 (8); *Wank* in: Müller-Glöge/Preis/Schmidt, ErfK 14. Aufl., Einl. AÜG Rn. 12; *ders.* in: Schmidt (Hrsg.), Jahrbuch des Arbeitsrechts (Bd. 49), 23 (27); *Zimmer*, AuR 2012, 89 (89); *ders.*, AuR 2012, 422 (424); *Zimmermann*, ArbR 2011, 62 (62). Wohl auch *Blank*, AuR 2011, 415 (417); *Hasler-Hagedorn*, Die "Austauschkündigung" und die "Freikündigung" im Rahmen der betriebsbedingten Kündigung, S. 133 f.; und *Krannich/Simon*, BB 2012, 1414 (1418).

160 LAG Niedersachsen 16.11.2011 – 17 TaBV 99/11, via juris (II 1); ArbG Elmshorn 16.2.2012 – 3 BV 43 d/11, AiB 2012, 398 (B 3); ArbG Offenbach – 10 BV 1/12, via juris (I 2 d cc); ArbG Cottbus 22.8.2012 – 4 BV 12, via juris (II 1 b bb); LAG Niedersachsen 19.9.2012 – 17 TaBV 124/11, via juris (II 3 3.1); LAG Berlin-Brandenburg 19.12.2012 – 4 TaBV 1163/12, via juris (B I 1 a). Ferner ArbG Cottbus 25.4.2012 – 2 BV 8/12, AiB 2012, 612 (B 4 a), welches allerdings – ganz verfehlt– für einen Sachverhalt, auf den bereits das neue AÜG anzuwenden ist, auf das Merkmal „vorübergehend" i.S.d. Konzernprivilegs des § 1 Abs. 3 Nr. 2 AÜG a.F. (!) abstellt.

161 BAG 10.7.2013 – 7 ABR 91/11, NZA 2013, 1296 (B I 1 c bb [2]).

162 *Düwell*, ZESAR 2011, 449 (450 f.).

163 BT-Drs. 17/4804, S. 1.

terung des Zugangs von zuvor arbeitslosen Arbeitskräften zu einem normalen Beschäftigungsverhältnis. So lässt etwa § 9 Nr. 3 bis Nr. 5 AÜG solche Vereinbarungen nicht zu, welche den Eintritt des Leiharbeitnehmers in ein Beschäftigungsverhältnis zum Entleiher erschweren und auch § 13a AÜG verpflichtet – in Umsetzung des Art. 6 Abs. 1 RL 2008/104/EG – den Entleiher, die bei ihm eingesetzten Leiharbeitnehmer über freie Stellen zu informieren. Durch Zulassung einer nicht nur vorübergehenden Überlassung würden aber diese arbeitsmarktpolitischen Zwecke verhindert, da der Entleiher kein Interesse an der Übernahme einer – als Leiharbeitnehmer möglicherweise preiswerten – Arbeitskraft hätte. Auch wirkt der von der Gegenansicht vorgebrachte Einwand, der Wortlaut des § 1 Abs. 1 S. 2 AÜG besage eben nicht, dass die Überlassung nur vorübergehend sein muss, sondern nur, dass sie typischerweise vorübergehend erfolge[164], gekünstelt: Das AÜG hat die Funktion, Personalgestellungen, die dem Begünstigten ein umfangreiches Weisungsrecht einräumen, *abschließend* zu regeln; der deutsche Gesetzgeber hat die Ungenauigkeit aus der Richtlinie, die den fraglichen Begriff im Anwendungsbereich der Richtlinie (Art. 1 Abs. 1) verortete, nicht übernommen und dass Merkmal »vorübergehend« eben nicht in die Erlaubnispflicht des § 1 Abs. 1 S. 1 AÜG aufgenommen, da sonst bereits streitig gewesen wäre, ob das AÜG überhaupt dauerhafte Arbeitnehmerüberlassungen umfasst. Dem Wortlaut »Die Überlassung von Arbeitnehmern erfolgt vorübergehend« ist ganz klar entnehmbar, dass nicht vorübergehende Überlassungen von Arbeitnehmern nicht erfolgen sollen und folglich nicht zulässig sind; eine Formulierung in einem Gesetzestext bedarf nicht immer der Form des Imperativs, nur um deren Verbindlichkeit hinreichend deutlich zu machen. Auch überzeugt das Argument nicht, der Gesetzgeber halte Personalservicegesellschaften weiterhin für zulässig, was für eine Gestattung des dauerhaften Verleihs spreche. Eine Personalführungsgesellschaft verleiht zwar typischerweise Arbeitskräfte dauerhaft an Entleiher, gleichwohl ist auch ein nur vorübergehender Verleih – wie auch immer dieser aussehen mag – durch eine solche Gesellschaft denkbar. Die Gesetzesbegründung spricht insoweit weder für die eine noch für die andere Ansicht.

Wie oben dargelegt, verfolgt der Gesetzgeber in seiner Gesetzesbegründung die Meinung, dass bereits dem früheren Arbeitnehmerüberlassungsrecht ein vorübergehender Charakter immanent war. Dies ist allerdings sehr verwunderlich, war doch nach der Rechtslage vor dem 1.12.2011 die dauerhafte Arbeitnehmerüberlassung weitgehend anerkannt[165]. Der Gesetzgeber

---

164 *Thüsing/Stiebert*, DB 2012, 632 (633); *Beck* in: Dornbusch/Fischermeier/Löwisch, FA-Kommentar ArbR § 1 AÜG Rn. 38; *Teusch/Verstege*, NZA 2012, 1326 (1328), die der Norm jeglichen „Untersagungsbefehl" absprechen.

165 S. 181.

ist im Jahr 2011 aber auch hier nicht in der Lage, für die *Vergangenheit* eine damals getroffene Gesetzgeberische Entscheidung abzuändern, denn mit der sog. *Hartz*-Reform hob der damalige Bundestag die Höchstüberlassungsfristen bewusst auf und ließ dauerhafte Überlassungen zu. Selbst wenn der heutige Gesetzgeber mit seiner aus der Gesetzesbegründung ersichtlichen Meinung richtig läge, müsste er sich die kaum zu beantwortende Frage gefallen lassen, warum die Einfügung des § 1 Abs. 1 S. 2 AÜG dann überhaupt erforderlich war[166]; entspricht ein Gesetz bereits einer zu einem späteren Zeitpunkt erlassenen Richtlinie, so besteht kein Bedarf, diese Tatsache unmittelbar im Gesetzeswortlaut klarzustellen.

Von einer »Klarstellung« kann somit keine Rede sein: Entweder man interpretiert die Gesetzesbegründung so, dass der Gesetzgeber *ex nunc* von dem vorübergehenden Charakter der Arbeitnehmerüberlassung ausgeht – dann wäre freilich § 1 Abs. 1 S. 2 AÜG *nicht* als Programmsatz zu verstehen – oder man fasst die Begründung so auf, dass der Gesetzgeber »alles beim Alten« lassen wollte. In letzterem Fall würde er sich damit aber in Widerspruch zur nur vorübergehenden Überlassung erlaubende Leiharbeitsrichtlinie setzen, welche – was ausdrücklich vom Gesetzgeber so formuliert wurde – mit der Einfügung des § 1 Abs. 1 S. 2 AÜG umgesetzt werden sollte[167].

Das vermeintlich schlagende Hauptargument der von *Lembke* vertretenen Ansicht, der Gesetzgeber habe mit der Einfügung des Merkmals »vorübergehend« lediglich eine Klarstellung vollzogen und Änderungen des Überlassungsrechts insoweit nicht beabsichtigt, ist daher zugleich der zentrale Schwachpunkt dieser Auffassung: Wie bereits zur Problematik der Neufassung des gegen die Richtlinie verstoßenden Konzernprivilegs ausgeführt, ist dem eine Richtlinie umsetzenden Gesetzgeber, grundsätzlich neben den sonstigen Regelungsabsichten gleichzeitig der Wille zu attestieren, der Richtlinie gerecht zu werden[168]. Sollte sich dieser grundsätzliche Umsetzungswille mit dem darüber hinaus erklärten Willen des Gesetzgebers nicht vereinbaren lassen und folglich verschiedene Auslegungsergebnisse in Betracht kommen, so ist jenem Ergebnis der Vorrang zu geben, welches der Richtlinie am nächsten kommt[169]. Da sich die alte Rechtslage des AÜG und folglich ein Wille des Gesetzgebers, diesen Zustand aufrecht zu erhalten, nicht mit dem

166 Ähnlich *Krause*, Tarifverträge zur Begrenzung der Leiharbeit und zur Durchsetzung von Equal Pay, S. 24.

167 BT-Drs. 17/4804, S. 8.

168 BVerfG 26.9.2011 – 2 BvR 2216/06 u.a., NJW 2012, 669 (B II 1 b).

169 „Richtlinienkonforme Auslegung als Vorzugsregel", vgl. *Auer*, NJW 2007, 1106 (1106); *Grundmann*, ZEuP 1996, 399 (406); *Herrmann*, Richtlinienumsetzung durch die Rechtsprechung, S. 131; *Kerwer*, Das europäische Gemeinschaftsrecht und die Rechtsprechung der deutschen Arbeitsgerichte, S. 331 f, 337 m.w.N.; *Roth* in: Riesenhuber (Hrsg.), Europäische Methodenlehre, § 14 Rn. 40 ff.

Merkmal »vorübergehend« i.S.d. Art. 1 Abs. 1 der Leiharbeitsrichtlinie vereinbaren lässt, ist dem gesetzgeberische Wille der Vorrang einzuräumen, welcher der Einfügung des § 1 Abs. 1 S. 2 AÜG richtlinienkonform ein Verbot der nicht mehr vorübergehenden Arbeitnehmerüberlassung beimisst. Ähnlich wie bei den bereits gemachten Ausführungen zum § 1 Abs. 3 Nr. 2 AÜG stellt sich zwar die Frage, ob ein solches Ergebnis *contra legem* und daher zu verwerfen wäre. Art. 20 Abs. 3 GG lässt – wie bereits dargelegt wurde – eine richtlinienkonforme Auslegung nicht zu, wenn sonst der Wortlaut des Gesetzes *und* der eindeutige gesetzgeberische Wille missachtet würden[170]. Dies ist aber nicht der Fall, da § 1 Abs. 1 S. 2 AÜG zumindest dem Wortlaut nach einer richtlinienkonformen Auslegung zugänglich ist.

(3) Zwischenergebnis

Nach hier vertretener Ansicht kommt der Einfügung des § 1 Abs. 1 S. 2 AÜG eine größere Bedeutung als nur die eines schlichten Programmsatzes zu. Das AÜG gestattet ebenso wie die Richtlinie Überlassungen von Arbeitnehmern nur dann, wenn diese vorübergehend erfolgen. Dafür sprechen sowohl der Wortlaut als auch die Systematik der Norm und schließlich der Wille des Gesetzgebers, die Richtlinie korrekt umzusetzen. Nicht mehr vorübergehende Einsätze sind daher nicht mit § 1 Abs. 1 S. 2 AÜG vereinbar.

Daraus kann man bereits an dieser Stelle folgern, das Personalführungsgesellschaften, die bislang *dauerhaft* Leiharbeitnehmer an konzernangehörige Entleiherunternehmen entsendet haben, diese Praxis künftig nicht im Einklang mit dem AÜG werden fortsetzen können – wobei freilich offen bleibt, wann konkret eine Überlassung dauerhaft, d.h. nicht mehr vorübergehend erfolgt.

bb) Vorfragen

Bevor das Merkmal »vorübergehend« definiert werden kann, stellt sich, ähnlich wie bei der identischen Problematik bei der RL 2008/104/EG über Leiharbeit die Frage des maßgeblichen Bezugspunktes des Merkmals »vorübergehend«.

Eine Literaturmeinung[171] misst dem neuen AÜG die Funktion bei, den Einsatz von Leiharbeitnehmern auf Dauerarbeitsplätzen zu verhindern.

---

170 BVerfG 26.9.2011 – 2 BvR 2216/06 u.a., NJW 2012, 669 (B II 1 b); *Kerwer*, Das europäische Gemeinschaftsrecht und die Rechtsprechung der deutschen Arbeitsgerichte, S. 364 f.; *Roth* in: Riesenhuber (Hrsg.), Europäische Methodenlehre, § 14 Rn. 53.

171 *Bartl/Romanowski*, NZA-Online 3/2012, 1 (5); *Blanke*, DB 2010, 1528 (1530); Stellungnahme des Sachverständigen *Düwell* in Ausschussdrucksache 17(11)431 (Arbeit

Dieses Ziel sei durch ein Abstellen des Merkmals auf den konkreten Arbeitskräftebedarf als »zweckbestimmte Komponente« beim jeweiligen Dritten zu erreichen. Ein auch noch so kurzer Einsatz eines Leiharbeitnehmers auf einem *Stamm-* oder *Dauer*arbeitsplatz des Entleihers müsste folglich von Anfang an ausgeschlossen sein. Nur so könne langfristig eine Substitution von Stammarbeitnehmer durch Leiharbeitnehmer verhindert werden. Das Merkmal »vorübergehend« beziehe sich somit auf den konkreten Personalbedarf beim Entleiherunternehmen.

Nach hier vertretener Ansicht ist dagegen parallel zur gleichen Problematik bei der Richtlinie die Ansicht vorzuziehen, wonach sich das Merkmal »vorübergehend« allein auf die Überlassung *selbst* erstreckt und mit dem Arbeitskräfte*bedarf* beim Entleiher *unmittelbar* nichts zu tun hat[172]. Der klare Wortlaut des § 1 Abs. 1 S. 2 AÜG besagt, dass die »Überlassung« vorübergehend erfolgen müsse, nicht dass die Überlassung nur einen vorübergehenden Bedarf des Entleihers abdecken dürfe. Auch die Richtlinie als Anlassgeber für die Einfügung des § 1 Abs. 1 S. 2 AÜG stellt – wie bereits ausgeführt wurde[173] – auf die Überlassung selbst ab. Dies hat zur Folge, dass es zulässig sein muss, einen Leiharbeitnehmer für einen vorübergehenden Zeitraum auch auf einem Stammarbeitsplatz des Entleihers einzusetzen und nach Abzug des Leiharbeitnehmers diesen durch einen zweiten – ebenfalls vorübergehend tätigen – Leiharbeitnehmer zu ersetzen.

(1) Verbot der Substitution von Stammarbeitnehmern als zentraler Zweck?

Die Gegenansicht stützt ihre Orientierung des Merkmals »vorübergehend« an der Bedarfssituation des Entleihers im Wesentlichen auf die pauschale Annahme, der deutsche Gesetzgeber habe mit dem AÜG als zentrales Ziel die Substitution von Stammarbeitnehmern durch Zeitarbeitnehmer verhindern wollen. Dies entspricht aber nicht der hier vertretenen Auffassung.

Auch das BAG billigt eine Substitution von Arbeitnehmern des Entleihers durch Leiharbeitnehmer eines konzernangehörigen Verleiherunternehmens. So entschied es – allerdings noch zur früheren Fassung des AÜG –,

---

und Soziales) S. 57; *T. Giesen/Müller*, KSzW 2012, 20 (22); *Hamann*, NZA 2011, 70 (72); *ders.*, RdA 2011, 321 (326); *Rosenau/Mosch*, NJW-Spezial 2011, 242 (242); *Schüren/Wank*, RdA 2011, 1 (3); *Schuster/Grüneberg*, AiB 2012, 81 (83); *Thiess/Denzel*, AiB 2012, 188 (189); *Ulber*, AiB 2011, 351 (352); *ders.*, AiB 2012, 7 (8); *Wank* in: Schmidt (Hrsg.), Jahrbuch des Arbeitsrechts (Bd. 49), 23 (28); *Zimmer*, AuR 2012, 89 (89). So auch LAG Berlin-Brandenburg 19.12.2012 – 4 TaBV 1163, via juris (B I 1 a); LAG Berlin-Brandenburg 9.1.2013 – 15 Sa 1635/12, NZA-RR 2013, 234.

172 *Rieble/Latzel*, Wirtschaftsförderung nach sozialen Kriterien, Rn. 182.; *Sandmann/Marschall*, AÜG Art. 1 § 1 Rn. 51.

173 Vgl. S. 191.

dass die beteiligten Konzernunternehmen nicht missbräuchlich handeln, wenn der Entleiher die sachgrundlose Befristung eines Arbeitsvertrages auslaufen lässt und der Arbeitnehmer daraufhin ein sachgrundlos befristetes Arbeitsverhältnis mit einem Verleiher eingeht, um an seiner früheren Position beim Entleiher als Leiharbeitnehmer zu arbeiten[174]. Der siebte Senat verneinte eine Identität zwischen Ver- und Entleiher als Arbeitgeber i.S.d. § 14 Abs. 2 TzBfG und ließ die Befristung daher zu. Das BAG hätte ohne Zweifel die Möglichkeit gehabt, die Befristung wegen eines Verstoßes gegen Treu und Glauben nicht zuzulassen, weil andernfalls eine »nicht mit dem AÜG vereinbare Substitution« ermöglicht wäre, hat dies aber nicht getan[175]. Man kann daraus folgern, dass die höchstrichterliche Rechtsprechung bisher ein Substitutionsverbot als allgemeinen Grundsatz des deutschen Arbeitnehmerüberlassungsrechts verneint.

Ein solches Substitutionsverbot ist darüber hinaus weder aus dem Wortlaut des AÜG noch aus dem Willen des Gesetzgebers herleitbar[176]. Die Autoren dieser Ansicht gehen von einem zentralen gesetzgeberischen Grundsatz aus, der etwa »Keine Leiharbeit auf Dauerarbeitsplätzen!«[177] lauten könnte. Tatsächlich lässt sich aber *keine* Formulierung aus dem Gesetz bzw. der Gesetzesbegründung entnehmen, aus der man einen solchen allgemein anerkannten Grundsatz entnehmen könnte. Im Gegenteil. In einem früheren Gesetzentwurf der Bundesregierung für die Reform des AÜG hieß es am 2.9.2010 noch:

> »Zugleich soll aber ausgeschlossen werden, dass Unternehmen mit Hilfe der Arbeitnehmerüberlassung ihren dauerhaften Bedarf an Arbeitskräften abdecken.«[178].

Diese Textpassage wurde jedoch später gestrichen; in dem vom Bundestag verabschiedeten Gesetzesentwurf der Bundesregierung vom 17.2.2011, der im Übrigen nahezu wörtlich dem früheren Entwurf entspricht, ist ausgerechnet dieser Teil der Gesetzesbegründung nicht mehr zu finden. Daraus lässt sich folgern, dass auch der Gesetzgeber im Zeitpunkt der AÜG-Reform keine *grundsätzlichen* Bedenken an einer Deckung des dauerhaften Personalbedarfs des Entleihers durch Leiharbeitnehmer hatte. Es würde aber wohl zu weit gehen, dem Gesetzgeber mit der Streichung der Passage zu un-

---

174 BAG 18.10.2006 - 7 AZR 749/05, via juris (Rn. 17 ff.).

175 So auch *Bitter/Kiel* in: Bader/Lipke/Rost u. a. (Hrsg.), Festschrift für Gerhard Etzel zum 75. Geburtstag, 57 (62).

176 Ähnlich *Thüsing/Stiebert*, DB 2012, 632 (633); sogar der Vorsitzende des DGB *Sommer* hält de lege lata den Einsatz von Leiharbeitnehmern auf Dauerarbeitsplätzen für möglich auch wenn er freilich ein Verbot dieser Vorgehensweise fordert, *Sommer*, AuR 2011, 421 (421).

177 *Bartl/Romanowski*, NZA-Online 3/2012, 1 (5).

178 Gesetzentwurf der Bundesregierung (Gesetz zur Verhinderung und Missbrauch der Arbeitnehmerüberlassung), Stand: 2.9.2010, S. 9.

terstellen, dass er sich positiv vollumfänglich von diesen Ausführungen distanziert hat und eine Substitution stets zulassen möchte[179].

Für ein Substitutionsverbot als zentrales Anliegen des deutschen Überlassungsrechts könnte dagegen – zumindest auf den ersten Blick – der Schutzzweck des § 1 Abs. 1 S. 2 AÜG sprechen. Dieser scheint sich nämlich nicht auf die an der Überlassung unmittelbar beteiligten Personen zu erstrecken[180], sondern nur die Stammbelegschaft des Entleihers zu schützen. Denn falls Leiharbeitnehmer nun wegen § 1 Abs. 1 S. 2 AÜG kaum Zeit mehr für die Einarbeitung in komplexere Tätigkeiten hätten, verblasste der Einsatz von Leiharbeitnehmern daher zunehmend für den Entleiher als Alternative zur Einstellung von eigenem, unbefristeten Stammpersonal. Sinn und Zweck der Vorschrift könnten somit auf ein Substitutionsverbot hindeuten. Allerdings werden die bislang auf Dauerarbeitsplätzen eingesetzten Stammarbeitnehmer bereits durch die neu geschaffene »Drehtürklausel« (§ 3 Abs. 1 Nr. 3 S. 4 bzw. § 9 Nr. 2 Hs. 4 AÜG) geschützt[181]. Zudem kann man aus dem Merkmal »vorübergehend« durchaus eine Schutzfunktion für die Leiharbeitnehmer und weniger für die Stammbelegschaft ableiten. Zwar bringt die Norm z.T. erhebliche Einschränkung für den Leiharbeitnehmer mit sich, da dieser im Zweifel den Einsatz für eine längere Zeitperiode bei einem Entleiher mehreren kurzzeitigen Einsätzen bei ständig wechselnden Entleihern vorzieht[182] und diese Möglichkeit durch eine Reglementierung der Überlassungsdauer einbüßt. Der – sich freilich nicht unmittelbar für Leiharbeitnehmer offenbarende – Vorteil für diese ist aber eine Chancenerhöhung für den sog. »Klebeeffekt«. Hat sich der Leiharbeitnehmer durch seine zuverlässige Tätigkeit beim Entleiher bewährt, dürfte letzterer nach Ablauf der Überlassung ein höheres Interesse an der Übernahme des Leiharbeitnehmers haben als wenn er dessen Dienste auch weiterhin als Leiharbeitnehmer in Anspruch nehmen könnte. Nach dem 11. Erfahrungsbericht der Bundesregierung lag der »Klebeeffekt« unter Geltung eines die dauerhafte Überlassung zulassenden Modells der Arbeitnehmerüberlassung bei nur etwa 7 %[183]. Es liegt nicht fern, dass sich diese Quote durch das nun herrschende Modell der vorübergehenden Überlassung verbessern wird. § 1 Abs. 1 S. 2 AÜG verfolgt somit nicht nur den Schutz der Stammbeschäftig-

---

179 In diese Richtung ebenfalls *Bartl/Romanowski*, NZA-Online 3/2012, 1 (3), die allerdings der Streichung der entspr. Passage im Entwurf vom 2.9.2010 überhaupt keine Bedeutung beimessen.

180 Zumindest scheiden Ver- und Entleiher als von § 1 Abs. 1 S. 2 AÜG geschützte Parteien aus, da die Norm für sie ausschließlich eine Beschränkung ihrer Privatautonomie darstellt.

181 Ähnlich ArbG Offenbach 1.8.2012 – 10 BV 1/ 12, AiB 2012, 685 (I 2 d cc [2]). Vgl. zur „Drehtürklausel" insb. S. 252 ff.

182 *Thüsing/Stiebert*, DB 2012, 632 (634).

183 BT-Drs. 17/464, S. 54.

ten des Entleiherbetriebs sondern maßgeblich den Schutz der Leiharbeitnehmer selbst. Insoweit ist die Frage des Schutzzwecks von § 1 Abs. 1 S. 2 AÜG ähnlich mit der der gleichen Frage bei § 14 Abs. 1 und Abs. 2 TzBfG. Die Beschränkung der Befristungsmöglichkeiten auf die dort aufgezählten Fälle schützt mittelbar auch die Stammbelegschaft vor einer langfristigen Ersetzung durch befristet Beschäftigte. Darüber hinaus erleiden die befristet Beschäftigten einen Nachteil dadurch, dass sie nach Ablauf der zulässigen Befristungsdauer ggf. nicht in ein unbefristetes Beschäftigungsverhältnis übernommen werden. Gleichwohl wird niemand ernsthaft bestreiten, dass § 14 Abs. 1 und Abs. 2 TzBfG insgesamt *primär* dem Schutz der befristet Beschäftigten (Erleichterung des Übergangs in eine unbefristete Beschäftigung[184]) und nicht der unbefristet beschäftigten Stammbelegschaft dient[185].

Hinsichtlich des »Klebeeffekts« hätte das Verbot des Einsatzes auf Dauerarbeitsplätzen sogar eine gegenteilige Wirkung: Eine Übernahme eines Leiharbeitnehmers als Stammarbeitnehmer beim Entleiher kommt nämlich nur für Aufgaben in Betracht, die dauerhaft bestehen und welche der Leiharbeitnehmer schon bisher überzeugend bewältigt hat[186]. Wird er aber nicht auf Stammarbeitsplätzen eingesetzt, kann er sich diesbezüglich auch nicht bewähren.

Ferner zeigt die in § 3 Abs. 3 Nr. 3 S. 4 AÜG n.F. niedergelegte sog. »Drehtürklausel«, dass der Einsatz von Leiharbeitnehmern auf Dauerarbeitsplätzen des Entleihers grundsätzlich zulässig sein muss. Scheidet ein Arbeitnehmer des Entleihers aus dem Unternehmen aus und wird er innerhalb von sechs Monaten dort erneut als Leiharbeitnehmer eingesetzt, so ist zwar eine Abweichung vom Gleichstellungsgrundsatz nicht erlaubt, der Einsatz des Leiharbeitnehmers selbst aber bei seinem früheren Arbeitgeber – und sofort auf dessen bisherigen (Dauer-)Arbeitsplatz – bleibt auch nach der Reform des AÜG zulässig[187]. Selbst wenn man der jüngsten Rechtsprechung der Arbeitsgerichte eine Tendenz zur Beschränkung von zu Lasten der Stammbelegschaft gehenden Leiharbeitnehmereinsätzen attestiert[188], trifft dies nur zu, soweit der *unmittelbaren* Ersetzung der Stammbeschäftigten durch Leiharbeitnehmer – etwa durch Kündigung des Beschäftigten, um dessen Arbeitsplatz mit Zeitarbeitern zu besetzen – Grenzen gesetzt

184 BT-Drs. 14/4374, S. 14.

185 *Annuß* in: Annuß/Thüsing, TzBfG Einf. Rn. 4; *Herms* in: Meinel/Heyn/Herms, TzBfG, Einl. Rn. 7 ff.

186 So im Ergebnis auch *Rieble/Latzel*, Wirtschaftsförderung nach sozialen Kriterien, Rn. 186.

187 So auch ausdrücklich die Gesetzesbegründung, BT-Drs. 17/4804 S. 9. Vgl. dazu auch S. 252.

188 Vgl. *Lembke* in: Maschmann (Hrsg.), Rigidität und Flexibilität im Arbeitsrecht, 119 (120).

werden, und zwar durch Unwirksamkeitserklärung der Kündigung selbst und nicht durch ein Verbot des konkreten Leiharbeitereinsatzes.

Es kann daher keine Rede davon sein, dass das AÜG als alles überlagerndes Ziel die Verhinderung der Ersetzung von Stammarbeitnehmern durch Leiharbeitnehmer verfolgt. Ein strenges Substitutionsverbot seitens des Gesetzgebers mag man vielleicht als rechtspolitisch wünschenswert erachten, es ist aber de lege lata zumindest kein primäres Ziel des AÜG; es ist allenfalls denkbar, dass ein solches Ersetzungsverbot ein Nebenzweck des deutschen Überlassungsrechts darstellt. Die zentralen Ziele des AÜG sind weiterhin die Etablierung von Leiharbeit als Instrument zur Flexibilisierung der Personalplanung sowie der Schutz der Leiharbeitnehmer. Das Argument der Gegenansicht, wegen eines zentralen Substitutionsverbots sei zwingend auf den Personalbedarf des Entleihers als Anknüpfungspunkt für das Merkmals »vorübergehend« zu schließen, trifft daher nicht zur.

(2) Vereinbarkeit der Anknüpfung an Entleiherbedarf mit Konzeption des AÜG

Nach hier vertretener Ansicht ist das deutsche Modell der Leiharbeit – anders als in den meisten übrigen Mitgliedstaaten der EU – nicht entleiher-, sondern verleiherbezogen. Grundsätzlich sind Fragen der Zulässigkeit einer konkreten Verleihtätigkeit nicht von den Gegebenheiten bei dem Entleiher abhängig. Dies zeigt auch § 3 Abs. 1 AÜG, der für die Versagungsgründe der Verleihererlaubnis ausschließlich an Umstände anknüpft, die in der Sphäre des Verleihers liegen. Konsequent kann daher die Bedarfssituation beim Entleiher nicht das entscheidende Kriterium der Vereinbarkeit einer konkreten Überlassung mit § 1 Abs. 1 S. 2 AÜG sein. In dem bereits zitierten Gesetzesentwurf vom 2.9.2010 heißt es noch:

> »In der Regel kann dann von einer vorübergehenden Überlassung ausgegangen werden, wenn der Einsatz in dem Entleihunternehmen nicht dauerhaft sein soll und beispielsweise im Rahmen einer Urlaubs- oder Krankenvertretung oder zur Durchführung eines besonderen Projekts oder Auftrags stattfindet.«[189].

Diese beispielhafte und an die Situation des Entleihers anknüpfende Darstellung in dem früheren Entwurfes ist ebenfalls in der endgültigen Fassung des Gesetzesentwurfs nicht mehr zu finden. Dies deutet darauf hin, dass das Anknüpfen des Merkmals »vorübergehend« an die konkrete Bedarfssituation des Entleihers zuletzt vom Gesetzgeber nicht vorgesehen war.

Ein weiteres Problem einer entleiherbedarfsorientierten Anknüpfung des Merkmals »vorübergehend« zeigt zudem eine Parallele zum Gleichstel-

---

[189] Gesetzentwurf der Bundesregierung (Gesetz zur Verhinderung und Missbrauch der Arbeitnehmerüberlassung), Stand: 2.9.2010, S. 9.

lungsgrundsatz. Aus § 9 Nr. 2 S. 1 AÜG folgt die (tarifdispositive) Pflicht des Verleihers, dem Leiharbeitnehmer mindestens die im Betrieb des Entleihers für einen vergleichbaren Arbeitnehmer des Entleihers geltenden wesentlichen Arbeitsbedingungen zu gewähren. Da aber der Verleiher diese Arbeitsbedingungen beim Entleiher nicht kennt, ist letzterer nach § 12 Abs. 1 S. 3 AÜG verpflichtet, im Überlassungsvertrag dem Verleiher die bei ihm geltenden wesentlichen Arbeitsbedingungen mitzuteilen, sodass dieser seiner Gleichstellungspflicht nachkommen kann. In den Fällen, in denen das AÜG somit an die Umstände beim Entleiher anknüpft, billigt es dem Verleiher ausdrücklich einen Informationsanspruch zu. Knüpfte man nun § 1 Abs. 1 S. 2 AÜG an den Entleiherbedarf an, könnte der Verleiher nicht erkennen, ob die von ihm überlassenen Arbeitnehmer vorübergehend, d.h. in zulässiger Weise an den jeweiligen Entleiher entsendet werden. Inwieweit tatsächlich ein vorübergehender Personalbedarf beim Entleiher besteht, kann der Verleiher nicht wissen. Da der Verleiher aber ein berechtigtes Interesse an dieser Information hat, da er sonst u.U. gegen § 1 Abs. 1 S. 2 AÜG verstieße, müsste es ähnlich wie bei dem Gleichstellungsgrundsatz eine Regelung geben, welche dem Entleiher eine entsprechende Informationspflicht zugunsten des Verleihers auferlegt. Allerdings ist eine solche Regelung aus dem AÜG nicht ersichtlich[190]. Zwar ließe sich einwenden, dass sich eine solche Informationspflicht möglicherweise durch eine analoge Anwendung des § 12 Abs. 1 S. 3 AÜG oder aber mittels eines allgemeinen Auskunftsanspruch nach § 242 BGB[191] herleiten ließ. Dagegen spräche auch noch nicht, dass die künftige Personalplanung eines Unternehmens als Betriebs- bzw. Geschäftsgeheimnis von dem Schutzbereich des Art. 12 Abs. 1 bzw. Art. 14 Abs. 1 GG erfasst ist[192] und aus der Kenntnis der Personalplanung der Verleiher Rückschlüsse auf Marktstrategie, Produktkalkulation und Produktpalette des Entleihers ziehen und so u.U. auf besonders sensible Betriebs- und Geschäftsgeheimnisse schließen könnte, durch welche die wirtschaftlichen Verhältnisse des Unternehmens maßgeblich bestimmt werden. Durch den Einsatz von Leiharbeitnehmern als Betriebsfremde nimmt der Entleiher nämlich eine solche Preisgabe von Geheimnissen bewusst in Kauf und ist insoweit nicht in vollem Umfang schutzwürdig. Allerdings spricht schon ein einfacher Umkehrschluss aus § 12 Abs. 1 S. 3 AÜG dafür, dass der Entleiher zwar zur Offenlegung der wesentlichen Ar-

---

190 Auch *Sansone* erkennt die erforderliche Mitwirkung des Entleihers im Falle einer arbeitsplatzbezogenen Betrachtung, vgl. *Sansone*, Gleichstellung von Leiharbeitnehmern nach deutschem und Unionsrecht, S. 571.

191 Vertiefend zum Auskunftsanspruch aus Treu und Glauben vgl. *Krüger* in: Heinrichs/Rebmann/Säcker, MüKo-BGB, § 260 BGB Rn. 12 ff.

192 Vgl. zuletzt BVerfG 14.03.2006 – 1 BvR 2087/03, 1 BvR 2111/03, BVerfGE 115, 205 (C I 2 b aa); *Papier* in: Maunz/Dürig/Herzog, GG, Art. 14 Rn. 99.

beitsbedingungen seiner Beschäftigten verpflichtet ist, ihn darüber hinaus aber keine Informationspflichten treffen. Dies zeigt, dass den Verleiher der Personalbedarf des Entleihers nach dem AÜG – anders als die wesentlichen Arbeitsbedingungen im Entleiherbetrieb – grundsätzlich nicht zu tangieren braucht. Treffen den Entleiher diese Informationspflichten aber nicht, kann der Verleiher auch nicht abschätzen, ob seine unternehmerische Tätigkeit im Einklang mit § 1 Abs. 1 S. 2 AÜG steht. Folgte man betreffend dem Anknüpfungspunkt des Merkmals »vorübergehend« also der Gegenansicht, entstünde hier ein Widerspruch.

Das Merkmal »vorübergehend« stellt also prinzipiell eine *temporäre* Einschränkung, keine *sachliche* Einschränkung dar und bezieht sich daher alleine auf die Dauer einer konkreten Überlassung und nicht auf die Bedarfssituation des Entleihers. Etwas anderes ergibt sich auch nicht aus einem alles überlagernden Grundsatz, den Einsatz von Leiharbeitnehmern auf Stamm- oder Dauerarbeitsplätzen von Entleihern zu verhindern; ein solches Substitutionsverbot stellt bestenfalls ein Nebenzweck des AÜG dar. Die Bedarfssituation im Entleiherunternehmen kann – sofern die Überlassungsdauer nicht ausdrücklich bestimmt oder sonst nicht aus dem Arbeitnehmerüberlassungsvertrag erkennbar ist – allenfalls ein *Indiz* dafür sein, ob die Überlassungs*dauer* noch vorübergehender Natur ist oder nicht.

cc) Auslegungsvorschläge für § 1 Abs. 1 S. 2 AÜG in der Literatur

Nachdem bereits übereinstimmend mit der überwiegenden Ansicht im Schrifttum festgestellt wurde, dass eine Überlassung ohne vorübergehenden Charakter sowohl nach der Richtlinie als auch nach dem AÜG nicht zulässig ist, stellt sich die Frage, unter welchen Voraussetzungen eine Überlassung nicht mehr mit § 1 Abs. 1 S. 2 AÜG vereinbar ist. Für die Personalführungsgesellschaften als konzerninterne Verleiher ist dies insoweit bedeutsam, als sie ihre unternehmerischen Konzepte entsprechend umstellen müssen.

Der Gesetzgeber hat in seiner Gesetzesbegründung das Merkmal »vorübergehend« nicht weiter definiert. *Düwell* hat diese fehlende Präzisierung des Gesetzgebers als Sachverständiger vor dem Bundestagsausschuss für Arbeit und Soziales bereits am 16.3.2011 vor der Verabschiedung des Ersten Gesetzes zur Änderung des AÜG kritisiert und insoweit um eine Konkretisierung gebeten[193], was aber offensichtlich vom Gesetzgeber nicht beachtet wurde. *Düwell* schildert das Geschehen im zuständigen Ausschuss so, dass die Regierungsbank auf dessen Forderungen »off records« mit dem Hinweis reagiert habe, man wolle »die inhaltliche Konturierung des Begriffs, vorü-

---

193 Stellungnahme des Sachverständigen *Düwell* in Ausschussdrucksache 17(11)431 (Arbeit und Soziales) S. 57.

bergehend' [...] bewusst der Rechtsprechung überlassen«[194]. Eine Auslegung durch das BAG liegt indessen bislang nicht vor – in seinem Beschluss vom 10.7.2013 hat es eine genaue Abgrenzung des Begriffs ausdrücklich offen gelassen[195].

Bei der also vom Rechtsanwender zu bestimmenden Definition des Merkmals muss von zwei Prämissen ausgegangen werden: Das Merkmal darf nicht so weit ausgelegt werden, dass es die in Art. 1 Abs. 1 der RL angelegten Mindeststandards unterschreitet. Dieser Standard wurde hier so bestimmt, dass der Einsatz nicht endgültig erfolgen darf und sowohl eine mögliche Rückkehr des Arbeitnehmers zu seinem Verleiher als Arbeitgeber als auch ein sonstiges Ende der Überlassung nicht denknotwendig ausscheidet[196]. Auf der anderen Seite darf das zu definierende Kriterium nicht so restriktiv ausgelegt werden, dass Leiharbeit als flexibles Instrument der unternehmerischen Personalplanung unangemessen zurückgedrängt wird (vgl. Art. 4 Abs. 1 der Leiharbeitsrichtlinie).

(1) Zeitliche Begrenzungen für Überlassungen

Das restriktivste Verständnis des Merkmals »vorübergehend« zeigen die Vertreter der Auffassung, welche eine feste zeitliche Obergrenze befürworten, ab deren Überschreitung eine Überlassung als nicht mehr vorübergehend gelten soll[197]. Nur durch solche feste Fristen könne die zeitliche Begrenzung von Arbeitnehmereinsätzen effektiv durchgesetzt werden um der »ausufernden Praxis einen entsprechenden Rahmen«[198] zu geben. Zwar diente die Leiharbeitsrichtlinie und das AÜG auch dem Zweck, den Flexibilitätsbedürfnissen der Unternehmen gerecht zu werden, indem diesen die Möglichkeit eingeräumt werde, nicht planbare Produktionsspitzen mittels des Einsatzes von Leiharbeitnehmern zu bewältigen, allerdings stellten sol-

---

194 *Düwell*, ZESAR 2011, 449 (451 f.).

195 BAG 10.7.2013 – 7 ABR 91/11, NZA 2013, 1296. Eine Entscheidungr, die eine abschließende Auslegung des Merkmals zum Inhalt hat, wird voraussichtlich auch kein Sachverhalt zugrunde liegen, bei dem entweder Ver-, Entleiher oder Leiharbeitnehmer gegen eine möglicherweise nicht mehr vorübergehende Überlassung eine Klage einreicht. Es wird es sich – wie auch bei der zitierten Entscheidung des BAG – eher um ein Rechtsbeschwerdeverfahren (§ 92 Abs. 1 ArbGG) handeln, in welchem der Betriebsrat sich weigert, einer Besetzung eines Arbeitsplatzes nach § 99 Abs. 1 BetrVG zuzustimmen, da er den Einsatz des Leiharbeitnehmers für nicht mehr *vorübergehend* hält und der Arbeitgeber die Ersetzung beantragt (§ 99 Abs. 4 BetrVG).

196 Vgl. S. 198.

197 *Grüneberg*, AiB 2012, 176 (177); *Mittag* in: Wedde, Arbeitsrecht, § 1 AÜG Rn. 25; *Schuster/Grüneberg*, AiB 2012, 81 (82); *Thiess/Denzel*, AiB 2012, 188 (190); wohl auch *Zimmer*, AuR 2012, 89 (89).

198 *Schuster/Grüneberg*, AiB 2012, 81 (82).

che Spitzen bei einer Dauer von mehreren Monaten kein unvorhersehbares Ereignis mehr dar, weshalb die Flexibilitätsinteressen der Unternehmen in einem solchen Fall hinter die Schutzinteressen der Leiharbeitnehmer zurücktreten müssten[199].

Vorgeschlagen werden Höchstüberlassungsfristen von drei bis sechs Monaten, wobei diese Zeitspannen aus § 7 S. 2 BetrVG, § 1 Abs. 1 KSchG oder § 622 Abs. 3 BGB entnommen werden. In diesen Normen liege die Wertung des Gesetzgebers, dass ab einem gewissen Zeitpunkt ein Beschäftigter so in den Betrieb integriert sei, dass ihm gewisse Rechte einzuräumen seien bzw. er nicht mehr ohne weiteres aus dem Betrieb entfernt werden könne[200].

Zwar sind konkrete Höchstüberlassungsfristen dem AÜG nicht fremd, da etwa in § 3 Abs. 6 AÜG a.F. solche Fristen ausdrücklich geregelt wurden[201]; sollte das AÜG aber in der aktuellen Fassung ebenfalls eine Höchstüberlassungsfrist vorsehen, hätte diese konsequent wieder in § 3 AÜG und nicht verklausuliert in § 1 Abs. 1 AÜG zur Erlaubnisfrist aufgenommen werden müssen.

Dieser Ansicht ist aber vor allem deswegen zu widersprechen, da sie weder mit dem System der RL 2008/104/EG über Leiharbeit noch mit dem Willen des deutschen Gesetzgebers vereinbar ist. Zwar mag man eine feste Höchstüberlassungsfrist aus Gründen der Rechtssicherheit für erstrebenswert halten[202], mit der derzeitigen Fassung des AÜG ist eine solche aber nicht in Einklang zu bringen. So sieht Art. 4 Abs. 1 der Leiharbeitsrichtlinie vor, dass Verbote oder Einschränkungen des Einsatzes von Leiharbeitnehmern nur aus Gründen des Allgemeininteresses – insbesondere zur Verhütung von Missbrauch – zulässig sind. Bereits an anderer Stelle wurde eine Pressemitteilung des Rates der Europäischen Union[203] zitiert, aus der deutlich wird, dass die Mitgliedstaaten wegen Art. 4 Abs. 1 der Richtlinie gehalten sind, staatliche Einschränkungen der Leiharbeit zu überprüfen, wozu insbesondere solche Regelungen zählten, welche eine *maximale Laufzeit* von Überlassungsverträgen anordnen. Man könnte daraus bereits folgern, dass die Festlegung von starren Überlassungshöchstgrenzen zwangsläufig mit der Richtlinie unvereinbar ist[204], jedenfalls aber dürfte für die Rechtfertigung einer solchen Regelung ein gewisser Begründungsaufwand erforderlich sein, den hier weder der deutsche Gesetzgeber noch die Vertreter der Gegenansicht leisten. Warum aber pauschal eine Überlassungsdauer von drei oder sechs Monaten als miss-

---

199 *Schuster/Grüneberg*, AiB 2012, 81 (82).

200 *Schuster/Grüneberg*, AiB 2012, 81 (82); *Zimmer*, AuR 2012, 89 (89).

201 Dazu bereits S. 32.

202 *Krause*, Tarifverträge zur Begrenzung der Leiharbeit und zur Durchsetzung von Equal Pay, S. 26; *Wank*, RdA 2010, 193 (203).

203 C/08/166 – 10414/08 (Presse 166).

204 In diese Richtung *Hamann*, EuZA 2009, 287 (312).

bräuchlich eingestuft werden soll, lässt sich nicht nachvollziehbar erklären; es muss hier immer auf die Umstände des Einzelfalls ankommen.

Vor allem ist aus der Gesetzesbegründung zum AÜG klar ersichtlich, dass der Gesetzgeber »insbesondere auf genau bestimmte Höchstüberlassungsfristen« verzichten wollte[205]. Warum konträr dazu mittels der Heranziehung von sonstigen arbeitsrechtlichen Normen, die eine für die jeweiligen Autoren genehme Zeitspanne enthalten – ohne freilich etwas mit Leiharbeit zu tun zu haben – das Merkmal »vorübergehend« konkretisiert werden soll, ist nicht nachvollziehbar und wird von den Autoren der Gegenansicht auch nicht weiter problematisiert. Schließlich sind die einzelnen Verweise auf die genannten heranzuziehenden arbeitsrechtlichen Vorschriften teilweise verfehlt: Es ist widersprüchlich, aus § 7 S. 2 BetrVG eine dreimonatige Überlassungshöchstdauer zu folgern, wenn eben diese Norm besagt, das *ab* einer Überlassung von drei Monaten Leiharbeitnehmer im Entleiherbetrieb bei der Betriebsratswahl wahlberechtigt sind.

In einigen Tarifverträgen wurde zuletzt versucht, die Dauer der einzelnen Überlassungen mittels Höchstüberlassungsfristen einzuschränken und so die sich aus § 1 Abs. 1 S. 2 AÜG ergebende Unsicherheit zu vermeiden. In den Verträgen sind Fristen zwischen drei und 24 Monaten vorgesehen[206]: Solche Fristen stellen zwar keine zwingende Konkretisierung des Merkmals »vorübergehend« dar, auch wenn diese – sofern sie für den Ver- oder Entleiher verbindlich sind – letztlich eine konkrete »griffige« Grenze darstellen und die Bedeutung des § 1 Abs. 1 S. 2 AÜG in den Hintergrund stellen. Aus dem Merkmal »vorübergehend« selbst hingegen lassen sich jedoch keine Höchstüberlassungsfristen mit erga-omnes-Wirkung herleiten.

(2) Gebot der Befristung eines Einsatzes zu Beginn der Überlassung

Nach einer anderen Ansicht[207] muss aus § 1 Abs. 1 S. 2 AÜG gefolgert werden, dass mit dessen Inkrafttreten die Einsätze von Leiharbeitnehmern bei Entleihern von vorneherein zu befristen sind; ausgeschlossen seien danach Überlassungen ohne bestimmbares Ende (»bis auf weiteres«). Erfolge danach die Entsendung ausdrücklich zeitlich unbefristet und sei auch anhand sach-

---

205 BT-Drs. 17/4804, S. 8; *Bartl/Romanowski*, NZA-Online 3/2012, 1 (3); *Düwell*, ZESAR 2011, 449 (452).

206 *Krause*, Tarifverträge zur Begrenzung der Leiharbeit und zur Durchsetzung von Equal Pay, S. 31.

207 LAG Niedersachsen 19.09.2012 – 17 TaBV 124/11, via juris (II 3 3.2); *Krause*, Tarifverträge zur Begrenzung der Leiharbeit und zur Durchsetzung von Equal Pay, S. 26; *Rosenau/Mosch*, NJW-Spezial 2011, 242 (242); *Sansone*, Gleichstellung von Leiharbeitnehmern nach deutschem und Unionsrecht, S. 467; *Schüren/Wank*, RdA 2011, 1 (3); *Ulber*, AuR 2010, 10 (11); *ders.*, AiB 2011, 351 (352); anders aber *ders.*, AiB 2012, 7 (8).

licher Kriterien eine Befristung nicht erkennbar, könne das Merkmal »vorübergehend« nicht mehr bejaht werden. Allein die Tatsache, dass bei einem eventuellen, derzeit nicht absehbaren, künftigen Wegfall des Beschäftigungsbedarfs beim Entleiher der Leiharbeitnehmer zum Verleiher zurückkehren dürfte, mache den Einsatz bei dem Entleiher nicht zu einem vorübergehenden. Selbst das unbefristete Normalarbeitsverhältnis stehe nämlich stets unter dem immanenten Vorbehalt, dass der Beschäftigungsbedarf nicht entfällt und es dann zu Kündigungen kommt. Allein die stets gegebene Ungewissheit künftiger wirtschaftlicher Entwicklung erfülle deshalb nicht das Tatbestandsmerkmal »vorübergehend« i.S.d. § 1 Abs. 1 S. 2 AÜG[208].

Sicherlich brächte auch ein Befristungsgebot hinsichtlich jeder einzelnen Überlassung mehr Rechtsklarheit[209], allerdings bleibt diese Ansicht die Antwort auf die Frage schuldig, ab welchem Zeitpunkt im Falle einer rein *zeitlichen* Befristung der vorübergehenden Charakter der Überlassung verneint werden müsste; insoweit vermag diese Ansicht nicht dem § 1 Abs. 1 S. 2 AÜG zur Transparenz zu verhelfen. Ließe man eine zeitliche Befristung zu, müsste man, wie *Bartl* zutreffend anmerkt, letztlich doch eine Grenze festlegen, denn ohne zeitliche Grenze wäre auch eine zeitlich befristete Überlassung von bspw. 30 Jahren noch als »vorübergehend« zu qualifizieren, was im Ergebnis die Vorschrift des § 1 Abs. 1 S. 2 AÜG ad absurdum führen würde. Eine feste zeitliche Höchstgrenze ist aber, wie eben ausgeführt wurde, weder mit dem AÜG noch ohne weiteres mit der Richtlinie vereinbar. Konsequenterweise müsste man daher eine Befristung der Entsendung allein anhand sachlicher Merkmale für zweckmäßig erachten. Freilich ist eine Herangehensweise, die eine vorherige *sachliche* Befristung jeder Überlassung fordert, in systematischer Hinsicht bedenklich, da sie an die Umstände im Entleiherbetrieb anknüpfte; dies ist aber – wie bereits ausgeführt wurde – nicht der maßgebliche Bezugspunkt des Merkmals »vorübergehend«[210].

Ein weiteres systematisches Argument gegen ein Befristungsgebot von einzelnen Überlassungen lässt sich aus § 10 Abs. 1 S. 2 AÜG ableiten. Danach gilt ein zum Entleiher fingiertes Arbeitsverhältnis (im Falle eines Verstoßes gegen § 9 Nr. 1 AÜG) als befristet, wenn die Tätigkeit des Leiharbeitnehmers bei dem Entleiher auch nur befristet vorgesehen war und zu-

---

208 LAG Niedersachsen 19.09.2012 – 17 TaBV 124/11, via juris (II 3 3.2).

209 So sieht etwa auch der „Tarifvertrag Leih-/Zeitarbeit" zwischen dem Verband der Metall- und Elektroindustrie Baden-Württemberg e.V. und der IG Metall (Bezirk Baden-Württemberg) vom 19.5.2012 (abrufbar unter *http://www.bw.igm.de/tarife/tarifvertrag.html?id=52608* [Stand 15.11.2012]) unter dem Punkt 2.2.1. vor, das – unter anderem – im Falle einer zeitlichen Befristung einer konkreten Überlassung diese als „vorübergehend" i.S.d. § 1 Abs. 1 S. 2 AÜG gelten soll; vgl. dazu auch *Bayreuther*, NZA-Beil. 4/2012, 115 (119).

210 Vgl. S. 207 ff.

dem ein sachlicher Grund für die Befristung des Arbeitsverhältnisses (i.S.d. § 14 Abs. 1 S. 2 TzBfG[211]) vorliegt. Daraus folgt im Umkehrschluss, dass eben nicht jede Tätigkeit eines Leiharbeitnehmers im Entleiherbetrieb von den am Überlassungsvertrag beteiligen Parteien befristet werden muss.

Ferner führte eine Verpflichtung von Ver- und Entleiher, vor jeder Überlassung eines Arbeitnehmers die Entsendung konkret zu befristen, zu dem Ergebnis, dass Leiharbeit letztlich nicht mehr als flexibles Personaleinsatzinstrument genutzt werden könnte[212]; eine exakt festgelegte Befristung einer Überlassung aus ex-ante-Sicht schließt sich mit einer flexiblen Personalplanung schon rein begrifflich aus. Eine so enge Auslegung liefe auch der Intention des AÜG und der Leiharbeitsrichtlinie (»*flexicurity*«) entgegen[213]. Die heutige Bundesregierung, welche das Reformgesetz des AÜG dem Bundestag zur Entscheidung vorgelegt hatte, hält eine Befristung der Überlassungen von Arbeitnehmern ebenfalls nicht für erforderlich. Als Antwort auf die schriftliche Frage einer Bundestagsabgeordneten, ob zur Erfüllung des Merkmals »vorübergehend« prinzipiell eine Befristung der Überlassung vereinbart werden müsse, stellte der parlamentarische Staatssekretär *Brauksiepe* als Vertreter der Bundesregierung klar, dass »auch weiterhin eine nicht von vornherein zeitliche befristete Überlassung von Zeitarbeitnehmern möglich«[214] sei.

(3) Heranziehung des § 14 Abs. 1 S. 2 TzBfG

In weiten Teilen der Literatur[215] sowie in der Instanzrechtsprechung[216] wird die Auffassung vertreten, dass eine Überlassung eines Leiharbeitnehmers nur dann vorübergehend sei, wenn bei »hypothetischer Betrachtung die befristete Einstellung eines Arbeitnehmers auf diesen Arbeitsplatz durch einen sachlichen Grund i.S.d. § 14 Abs. 1 S. 2 TzBfG gerechtfertigt wäre«[217]. An-

---

211 *Mengel* in: Thüsing, AÜG 3. Aufl., § 10 Rn. 39; *Schüren* in: Schüren/Hamann, AÜG 4. Aufl., § 10 Rn. 59; *Wank* in: Müller-Glöge/Preis/Schmidt, ErfK 14. Aufl., § 10 AÜG Rn. 16.

212 So auch LAG Düsseldorf 2.10.2012 – 17 TaBV 38/12, via juris (B II 2 c cc [3] [a]); *Hamann*, RdA 2011, 321 (326); *Sandmann/Marschall*, AÜG Art. 1 § 1 Rn. 51.

213 *Hamann*, RdA 2011, 321 (326).

214 BT-Drs. 17/8829 S. 24.

215 *Bartl/Romanowski*, NZA-Online 3/2012, 1 (5); Stellungnahme des Sachverständigen *Düwell* in Ausschussdrucksache 17(11)431 (Arbeit und Soziales) S. 57; *ders.*, ZESAR 2011, 449 (454); *Fitting/Auffarth/Engels*, Betriebsverfassungsgesetz, § 99 Rn. 192a; *Ulber*, AiB 2012, 7 (8); wohl auch *T. Giesen/Müller*, KSzW 2012, 20 (22).

216 ArbG Cottbus 25.4.2012 – 2 BV 8/12, AiB 2012, 612 (B 4 c); ArbG Cottbus 22.8.2012 – 4 BV 2/12, via juris (II 1 b bb [2] [b] [dd]).

217 *Bartl/Romanowski*, NZA-Online 3/2012, 1 (5); so auch *Ulber*, AiB 2011, 351 (352); *ders.*, AiB 2012, 7 (8). In eine ähnliche Richtung geht auch hier der „Tarifvertrag Leih-/Zeitarbeit“ zwischen dem Verband der Metall- und Elektroindustrie Baden-Württemberg e.V. und der IG Metall (Bezirk Baden-Württemberg) vom 19.5.2012

ders als die vorangegangene Ansicht wird folglich nicht eine konkrete Befristung des Überlassungsvertrags selbst gefordert, sondern lediglich verlangt, dass die Kriterien der Sachgrundbefristung vorliegen.

Der deutsche Gesetzgeber habe bei der Einfügung des § 1 Abs. 1 S. 2 AÜG bewusst auf eine eigenständige, von § 14 Abs. 1 TzBfG abweichende Definition des Merkmals verzichtet und müsse es letztlich hinnehmen, dass durch das von ihm durch die unkommentierte Übernahme der Merkmals aus der Richtlinie geschaffene Defizit an Transparenz mittels eines Rückgriffs auf § 14 Abs. 1 TzBfG ausgeglichen werde[218]. Bei dem Rückgriff auf das Befristungsrecht komme jedoch die Möglichkeit der sachgrundlosen Befristung nach § 14 Abs. 2 TzBfG, wonach eine Befristung bis zu zwei Jahren ohne Grund gestattet wird, nicht in Betracht, weil die Heranziehung dieser Norm letztlich wieder einer Höchstüberlassungsfrist gleichkomme, die der Gesetzgeber aber nicht bezweckte[219].

Zwar könnte mittels einer Befristungskontrolle des Überlassungsvertrags analog § 14 Abs. 1 TzBfG ein größeres Maß an Rechtsklarheit für die Beteiligten erreicht werden, denn die in § 14 Abs. 1 S. 2 Nr. 1 TzBfG vorkommende identische Verwendung des Merkmals »vorübergehend« könnte in der Tat auf ein einheitliches Verständnis des Gesetzgebers hindeuten – auch wenn sich in der Gesetzesbegründung zum AÜG kein Verweis des Gesetzgebers auf § 14 Abs. 1 S. 2 TzBfG findet[220]. Dagegen spricht auch nicht bereits, dass § 14 Abs. 1 S. 2 TzBfG nach wohl überwiegender Meinung schon zur Konkretisierung des alten und auch des neuen Konzernprivileg nach § 1 Abs. 3 Nr. 2 AÜG herangezogen wird[221], denn das Konzernprivileg ist insoweit noch restriktiver, als es dem Arbeitgeber des entsendeten Arbeitnehmers zusätzlich auferlegt, bei der Rückkehr des Arbeitnehmers diesem einen Arbeitsplatz im eigenen Betrieb zur Verfügung zu stellen.

Ähnlich wie bei der vorangegangenen Ansicht spricht jedoch gegen diese Auffassung, dass die analoge Anwendung des § 14 Abs. 1 S. 2 TzBfG letzt-

---

(abrufbar unter *http://www.bw.igm.de/tarife/tarifvertrag.html?id=52608* [Stand 15.11. 2012]). Dieser sieht als Regelbeispiele vor, das – unter anderem – der Einsatz von Leiharbeitnehmern in Vertretungsfällen (Punkt 2.2.2 TV L/ZA, vgl. auch § 14 Abs. 1 S. 2 Nr. 3 TzBfG) oder zur Abarbeitung von Auftragsspitzen (Punkt 2.2.3 TV L/ZA, vgl. auch § 14 Abs. 1 S. 2 Nr. 1 TzBfG) noch als „vorübergehend" i.S.d. § 1 Abs. 1 S. 2 AÜG zu qualifizieren ist. *Bayreuther* kritisiert diese Vereinbarungen, die einen weitreichenden Interpretationsspielraum ermöglichen daher auch als nicht geeignet, konkrete Verpflichtungen für die Parteien zu begründen und misst diesen Regelungen – nicht § 1 Abs. 1 S. 2 AÜG – Programmsatzcharakter bei, *Bayreuther*, NZA-Beil. 4/2012, 115 (119).

218 *Bartl/Romanowski*, NZA-Online 3/2012, 1 (5).

219 *Bartl/Romanowski*, NZA-Online 3/2012, 1 (5).

220 Aus diesen Gründen eine Heranziehung des TzBfG ablehnend LAG Düsseldorf 2.10.2012 – 17 TaBV 38/12, via juris (B II 2 c [3] [b])

221 Vgl. dazu S. 135 f.

lich wieder dazu führte, dass man hinsichtlich des Merkmals »vorübergehend« nicht auf die Überlassung des Leiharbeitnehmers *selbst*, sondern entscheidend auf den Arbeitskräfte*bedarf* beim Entleiher abstellt, was aber – wie bereits dargelegt – so nicht zutreffend ist[222]. Außerdem stellt sich vor allem bei dieser Ansicht das bereits aufgeworfene Problem, dass das AÜG dem Verleiher keinen Informationsanspruch gegenüber dem Entleiher über dessen Bedarfssituation zubilligt. Schließlich folgt aus dem bereits angesprochenen § 10 Abs. 1 S. 2 AÜG, dass das AÜG *nicht* zwingend bei einer Überlassung vorschreibt, dass bei hypothetischer Betrachtung die befristete Einstellung eines Arbeitnehmers auf diesen Arbeitsplatz durch einen sachlichen Grund i.S.d. § 14 Abs. 1 S. 2 TzBfG gerechtfertigt sein muss.

Würde man tatsächlich § 14 Abs. 1 S. 2 TzBfG als Zulässigkeitsvoraussetzung für die Überlassung von Leiharbeitnehmern klassifizieren, wäre Leiharbeit nur noch in wenigen Fällen denkbar, da etwa die Voraussetzungen des § 14 Abs. 1 S. 2 Nr. 1 TzBfG relativ hoch sind: Für einen vorübergehenden Bedarf des Entleihers müsste der Ent- oder Verleiher aufgrund greifbarer Tatsachen mit hinreichender Sicherheit aus einer ex-ante-Sicht annehmen können, dass der anfallende Bedarf in absehbarer Zeit wieder entfallen wird, wobei *bloße Unsicherheit* nicht ausreichend wäre[223]. Die Leiharbeit hat aber gerade den Zweck, dass Unternehmern, die *unsicher* ob ihres künftigen Personalbedarfs sind, die Möglichkeit eingeräumt wird, diesen Bedarf vorerst durch den Einsatz von Leiharbeitnehmern zu decken. Aus diesem Grund versuchen einige Vertreter dieser Ansicht, zwar weiterhin auf § 14 Abs. 1 S. 2 TzBfG abzustellen, die Anforderungen an die Prognose jedoch deutlich abzuschwächen[224], sodass ausnahmsweise die bloße Ungewissheit über den künftigen Personalbedarf bei dem Entleiher für die Bejahung des § 14 Abs. 1 S. 2 Nr. 1 TzBfG analog ausreichen soll. Diese Abschwächung muss sich aber die Kritik gefallen lassen, dass ein Abstellen auf die »bloße Ungewissheit« als hinreichende Voraussetzung kaum geeignet ist, eine ausreichende Rechtssicherheit und -klarheit zu schaffen.

In Deutschland zählt man vor allem Leiharbeit, Teilzeitarbeit und die Befristung von Arbeitsverhältnissen zu den atypischen Beschäftigungsformen[225], bei welchen den Arbeitnehmern ein besonderes soziales Schutzbe-

---

222 So im Ansatz auch LAG Düsseldorf 2.10.2012 – 17 TaBV 38/12, via juris (B II 2 c [3] [b]); *Teusch/Verstege*, NZA 2012, 1326 (1329).

223 *Maschmann* in: Annuß/Thüsing, TzBfG § 14 Rn. 23 m.w.N.; *Meinel* in: Meinel/Heyn/Herms, TzBfG, § 14 Rn. 47; *Müller-Glöge* in: Müller-Glöge/Preis/Schmidt, ErfK 14. Aufl., § 14 TzBfG Rn. 23.

224 *Fitting/Auffarth/Engels*, Betriebsverfassungsgesetz, § 99 Rn. 192a; *Düwell*, ZESAR 2011, 449 (454). Ähnlich auch ArbG Cottbus 25.4.2012 – 2 BV 8/12, AiB 2012, 612 (B 4 c); *Hamann*, NZA 2011, 70 (73).

225 *Wank* in: Schmidt (Hrsg.), Jahrbuch des Arbeitsrechts (Bd. 49), 23 (23).

dürfnis zuerkannt wird. Diesem besonderen sozialen Schutzbedürfnis wird der Gesetzgeber aber durch sich unterscheidende Maßnahmen gerecht. So ist beispielsweise der zentrale Schutzmechanismus bei Arbeitnehmern mit befristeten Arbeitsverträgen die Befristungskontrolle des § 14 TzBfG, wonach Befristungen nur für eine bestimmte zeitliche Dauer (Abs. 2) oder in bestimmten Bedarfssituationen (Abs. 1 S. 2) zulässig sind. Im System des deutschen Arbeitnehmerüberlassungsrechts wird das besondere Schutzbedürfnis maßgeblich durch den Gleichstellungsgrundsatz und nicht durch massive zeitliche oder entleiherbedarfsorientierte Einschränkung von Überlassungen erreicht. Diese Überlegung wird auch gestützt durch die Art und Weise, *wie* die Reform des AÜG zur Verhinderung von Missbrauch im Jahr 2011 in Kraft trat: während der Gleichstellungsgrundsatz, genauer das Verbot von dessen Dispositivität im Rahmen der Drehtürklausel bereits am Tag nach der Verkündung Wirkung entfaltete, galt die Einfügung des § 1 Abs. 1 S. 2 AÜG erst ab dem 1.12.2011. Der Gesetzgeber maß daher dem Erlass einer den Gleichstellungsgrundsatz ausweitenden Norm eine deutlich dringlichere Bedeutung bei als einer zeitlichen Begrenzung von Überlassungen in Form des Merkmals »vorübergehend«[226].

Eine Kombination der Schutzmechanismen aus § 14 Abs. 1 S. 2 TzBfG und dem Gleichstellungsgrundsatz bei der Arbeitnehmerüberlassung würde zudem dazu führen, dass die Leiharbeitsbranche wegen der nun nur sehr begrenzt möglichen Einsatzmöglichkeiten von Leiharbeitnehmern kaum als allgemein anerkannter Bereich der deutschen Wirtschaft bezeichnet werden könnte, wie es sich aber der Gesetzgeber ursprünglich vorgestellt hatte[227]: Im Zuge der Kombination beider Schutzmechanismen wäre die Attraktivität der Leiharbeit nahezu ausgeschlossen, da wegen der fehlenden Übertragbarkeit des § 14 Abs. 2 TzBfG die Befristung von Überlassungen in noch weniger Fällen zulässig wäre als die Befristung von Arbeitsverhältnissen selbst.

Tatsächlich lässt sich aus der Einfügung des § 1 Abs. 1 S. 2 AÜG somit nicht folgern, dass es für den Einsatz von Leiharbeitnehmern eines konkreten Sachgrundes zwingend bedarf.

(4) Heranziehung der Definition aus § 1 Abs. 3 Nr. 2 AÜG a.F.

Das Merkmal »vorübergehend« i.S.d. § 1 Abs. 1 S. 2 AÜG ist gleichlautend mit dem entscheidenden Kriterium für die Geltung des alten Konzernprivilegs nach § 1 Abs. 3 Nr. 2 AÜG a.F., welches zugunsten des § 1 Abs. 1 S. 2 AÜG neu gefasst werden musste.

---

226 Ähnlich auch *Teusch/Verstege*, NZA 2012, 1326 (1328).
227 Vgl. BT-Drs. 15/26, S. 19.

Es wird daher vereinzelt vertreten[228], dass die Definition von »vorübergehend« nach § 1 Abs. 3 Nr. 2 AÜG a.F. schlicht auf das entsprechende Merkmal des § 1 Abs. 1 S. 2 AÜG inhaltsgleich übertragen werden kann, denn Anhaltspunkte für eine Distanzierung des Gesetzgebers von der dem Merkmal zugrunde liegenden ursprünglichen Definition seien aus den Gesetzgebungsmaterialien nicht ersichtlich[229]. Man müsse demnach von einer bloßen Verschiebung des Begriffes samt der diesem zugrunde liegenden Definition ausgehen, da der Gesetzgeber in der Gesetzesbegründung selbst mit der Einfügung des § 1 Abs. 1 S. 2 AÜG das Merkmal »vorübergehend« i.S.d. alten Konzernprivilegs für verbraucht hielt[230] und daher genötigt war, die Konzernklausel des Abs. 3 Nr. 2 neu zu formulieren.

Die zutreffende überwiegende Ansicht[231] in der Literatur lehnt eine solche Übertragung der Definition des alten Konzernprivileg auf das entsprechende Tatbestandsmerkmal des § 1 Abs. 1 S. 2 AÜG ab, da das Merkmal »vorübergehend« i.S.d. § 1 Abs. 3 Nr. 2 AÜG a.F. im Rahmen der Umsetzung der Richtlinie ersatzlos gestrichen worden sei und insoweit auch keine Bedeutung mehr für die Auslegung des § 1 Abs. 1 S. 2 AÜG habe[232].

Zwar könnte man aus der Übernahme des Begriffs »vorübergehend« die Schlussfolgerung ziehen, dass das Merkmal samt zugrunde liegender Definition in den Abs. 1 des gleichen Paragraphs verschoben wurde. Allerdings spricht einiges dafür, dass lediglich die Begrifflichkeit selbst und *nicht* die inhaltliche Reichweite der beiden Merkmale identisch sind: Das frühere Konzernprivileg wurde lediglich neu formuliert, aber inhaltlich nicht geändert – dies wurde oben bereits festgestellt[233]. Es ist aber widersprüchlich, wenn der Grundtatbestand des § 1 Abs. 1 S. 2 AÜG die gleiche Reichweite hätte wie der Ausnahmetatbestand des § 1 Abs. 3 Nr. 2 AÜG.

Zum anderen bezog sich das Kriterium »vorübergehend« im Rahmen der Konzernklausel auf das Nichttätigwerden beim *Verleiher* als Arbeitgeber des Leiharbeitnehmers, während sich das Merkmal »vorübergehend« i.S.d. § 1

---

[228] Etwa *Thüsing/Stiebert*, DB 2012, 632 (633, 635); *Wank* in: Müller-Glöge/Preis/Schmidt, ErfK 13. Aufl., AÜG Einl. Rn. 12.

[229] *Thüsing/Stiebert*, DB 2012, 632 (635).

[230] Vgl. BT-Drs. 17/4804, S. 8.

[231] *Bartl/Romanowski*, NZA-Online 3/2012, 1 (3); *Forst*, ZESAR 2011, 316 (319); *Hamann*, Fremdpersonal im Unternehmen, S. 40; *ders.*, NZA 2011, 70 (72); *ders.*, RdA 2011, 321 (325); *Düwell*, ZESAR 2011, 449 (452), anders noch *ders.*, DB 2011, 1520 (1520 f.); *Huke/Neufeld/Luickhardt*, BB 2012, 961 (966); *Krannich/Simon*, BB 2012, 1414 (1416); *Sandmann/Marschall*, AÜG Art. 1 § 1 Rn. 51; *Sansone*, Gleichstellung von Leiharbeitnehmern nach deutschem und Unionsrecht, S. 469; *Thiess/Denzel*, AiB 2012, 188 (190); *Ulber* in: Ulber, AÜG 4. Aufl., § 1 Rn. 230c, anders noch in: *Ulber*, AuR 2010, 10 (11); *Wank* in: Schmidt (Hrsg.), Jahrbuch des Arbeitsrechts (Bd. 49), 23 (28); *Zimmermann*, ArbR 2011, 62 (63).

[232] *Ulber* in: Ulber, AÜG 4. Aufl., § 1 Rn. 230c.

[233] S. 164.

Abs. 1 S. 2 AÜG auf die Dauer des Tätigwerdens bei einem bestimmten *Entleiher* bezieht. Da sich die zeitliche Einschränkung auf zwei völlig verschiedene Objekte bezog, ist eine schlichte Übertragung der Definition nicht möglich[234]. Außerdem kann sich ein Verleiher nur dann auf das Konzernprivileg berufen, wenn er im eigenen Betrieb einen Arbeitsplatz im Falle der Rückkehr des Leiharbeitnehmers vorsieht[235]; es muss sich folglich um ein Mischunternehmen handeln. Das Vorhalten eines eigenen Arbeitsplatzes im Verleiherbetrieb wird freilich von einem »normalen« Verleiher nicht gefordert, der Gesetzgeber geht somit im Falle des Vorliegens des Konzernprivilegs von einer ganz anderen Ausgangsituation aus und differenziert bewusst zwischen einer konzernintern Arbeitnehmerüberlassung, bei der er ein niedrigeres Schutzniveau für gerechtfertigt hält, und der Leiharbeit außerhalb von Konzernstrukturen, für die er § 1 Abs. 1 S. 2 als allgemeinen Maßstab festlegt[236]. Diese Unterschiede würden aber im Falle einer inhaltlichen Kopie des Merkmals »vorübergehend« in den § 1 Abs. 1 S. 2 AÜG nivelliert werden.

(5) Heranziehung des Merkmals »vorübergehend« aus sonstigen Vorschriften

Neben dem ehemaligen Konzernprivileg kommen noch weitere nationale arbeits- und sozialrechtliche Vorschriften in Betracht, welche zur Konkretisierung des Merkmals »vorübergehend« herangezogen werden könnten.

So ist etwa nach § 622 Abs. 5 S. 1 Nr. 1 BGB die einzelvertragliche Verkürzung der Kündigungsfrist möglich, sofern ein Arbeitnehmer zur vorübergehenden Aushilfe eingestellt wird und das Arbeitsverhältnis nicht über die Zeit von drei Monaten hinaus fortgesetzt wird. Erforderlich ist danach, dass der Arbeitnehmer zur Abdeckung eines vorübergehenden Arbeitskräftebedarfs eingesetzt wird, der nicht durch den normalen Betriebsablauf, sondern durch den Ausfall von Stammkräften oder einen zeitlich begrenzten zusätzlichen Arbeitsanfall begründet ist[237]. Die Heranziehung der Auslegung von »vorübergehend« i.S.d. § 622 Abs. 5 S. 1 Nr. 1 BGB würde aber dazu führen, dass zum einen das Merkmal wiederum alleine an die Bedarfssituation des Entleihers anknüpfen würde und zum anderen der Einsatz auf Stammarbeitsplätzen des Entleihers nur in Ausnahmesituationen denkbar wäre. Eine solche Herangehensweise ist aber – wie bereits ausgeführt wur-

234 *Hamann*, RdA 2011, 321 (325); ähnlich *Lembke*, DB 2011, 414 (415).
235 BAG 18.7.2012 – 7 AZR 451/11, EzA-SD 2012, Nr. 22, 3 (A II 2 b bb [2] [a]).
236 *Bartl/Romanowski*, NZA-Online 3/2012, 1 (3); *Düwell*, ZESAR 2011, 449 (452); *Hamann*, NZA 2011, 70 (72); in die gleiche Richtung *Krannich/Simon*, BB 2012, 1414 (1416).
237 BAG 22.5.1986 – 2 AZR 392/85, NZA 1987, 60 (B I 1 a).

de[238] – abzulehnen. Ähnlich wie bei der Anlehnung an § 14 Abs. 1 S 2 TzBfG würde eine solche Auslegung daher zu einer massiven Einschränkung der Leiharbeit führen, die so vom Gesetzgeber nicht beabsichtigt war.

Ebenfalls wird der Begriff »vorübergehend« in § 14 Abs. 1 und Abs. 2 Nr. 1 ArbZG verwendet, in Ausnahmefällen darf danach von Arbeitszeitvorschriften abgewichen werden. Dabei werden »vorübergehende Arbeiten« i.S.d. Abs. 1 als Tätigkeiten beschrieben, die nicht viel Zeit in Anspruch nehmen[239]. Die Definition von »vorübergehend« i.S.d. § 14 Abs. 2 Nr. 1 ArbZG, wonach eine Beschäftigung nur vorübergehend ist, wenn sie auf einzelne Tage beschränkt ist[240], ist hier kaum konkreter. Ferner wäre eine Übertragung der Definition zu § 87 Abs. 1 Nr. 3 BetrVG denkbar, wonach vorübergehende Änderungen der betriebsüblichen Arbeitszeit der Mitbestimmung des Betriebsrats bedürfen. »Vorübergehend« ist eine solche Arbeitszeitänderung, wenn diese für einen überschaubaren Zeitraum, nicht auf Dauer, d.h. kurzfristig erfolgt[241]. Fälle einer solchen vorübergehenden Änderung i.S.d. § 87 Abs. 1 Nr. 3 BetrVG wären etwa Sonderschichten oder Arbeitsausfall an *einzelnen Tagen*[242]. Die Heranziehung dieser Definitionen für § 1 Abs. 1 S. 2 AÜG ist jedoch nicht zielführend, da sie weder geeignet sind, dieses Merkmal weiter zu konkretisieren, noch auf die Situation der Arbeitnehmerüberlassung übertragbar sind, da die hier verwendeten Definitionen im Wesentlichen nur auf bestimmte Ausnahme- bzw. Notsituationen (z.B. höhere Gewalt) zugeschnitten sind.

Schließlich könnte § 96 Abs. 1 Nr. 2 SGB III zur Konkretisierung des § 1 Abs. 1 S. 2 AÜG herangezogen werden. Danach liegt ein erheblicher Arbeitsausfall, der eine Voraussetzung für die Gewährung von Kurzarbeitergeld i.S.d. § 95 Nr. 1 SGB III darstellt, vor, wenn er vorübergehend ist. Ein Arbeitsausfall ist »vorübergehend« i.S.d. § 96 Abs. 1 Nr. 2 SGB III, wenn nach den Umständen des Einzelfalles mit einer gewissen Wahrscheinlichkeit voraussehbar ist, dass binnen absehbarer Zeit zur Vollarbeit zurückgekehrt wird; ein vorübergehender Arbeitsausfall scheidet aber grundsätzlich aus, wenn der Zeitraum des Arbeitsausfalls die Bezugsdauer des Kurzarbeitergeldes (§ 104 Abs. 1 SGB III: sechs Monate) überschreitet[243]. Eine Über-

---

238 Vgl. S. 207 ff.

239 *Wank* in: Müller-Glöge/Preis/Schmidt, ErfK 14. Aufl., § 14 ArbZG Rn. 4.

240 *Wank* in: Müller-Glöge/Preis/Schmidt, ErfK 14. Aufl., § 14 ArbZG Rn. 5.

241 *Wiese* in: Wiese/Kreutz/Oetker u.a., GK-BetrVG Bd. 2, § 87 Rn. 384.

242 *Fitting/Auffarth/Engels*, Betriebsverfassungsgesetz, § 87 Rn. 133; *Kania* in: Müller-Glöge/Preis/Schmidt, ErfK 14. Aufl., § 87 BetrVG Rn. 33.

243 *Kühl* in: Brand/Brandts, SGB III § 96 Rn. 4. Allerdings kann die Bezugsdauer des Kurzarbeitergeldes und damit auch die Dauer des Merkmals „vorübergehend" i.S.d. § 96 Abs. 1 Nr. 2 SGB III von dem BMAS nach § 109 Abs. 1 Nr. 2 AÜG auf bis zu 24 Monate ausgedehnt werden.

tragung dieser Definition auf § 1 Abs. 1 S. 2 AÜG kommt somit im Ergebnis ebenfalls nicht in Betracht, da dem hier verwendeten Begriff mit der Bezugsdauer des Kurzarbeitergeldes ein gesetzlich begrenzter zeitlicher Maßstab zugrunde liegt, der auf das AÜG nicht übertragbar ist[244].

Die Heranziehung von sonstigen arbeits- und sozialrechtlichen Vorschriften außerhalb des AÜG ist daher nicht geeignet, das Merkmal »vorübergehend« i.S.d. § 1 Abs. 1 S. 2 AÜG zu konkretisieren.

(6) § 1 Abs. 1 S. 2 AÜG als Missbrauchskontrolle

Hamann[245] setzt zur Konkretisierung des Merkmals an dem »Spannungsverhältnis« zwischen dem Interessen des Leiharbeitnehmers und den Interessen der am Arbeitnehmerüberlassungsvertrag beteiligten Unternehmen an. Während der Leiharbeitnehmer versuche, durch seine Tätigkeit mittelfristig in ein Arbeitsverhältnis zum Entleiher zu gelangen, was bei der Möglichkeit einer dauerhaften Arbeitnehmerüberlassung ausgeschlossen sei, versuchten Ver- und Entleiher, Leiharbeit als Personaleinsatzform möglichst frei von Restriktionen zu nutzen. *Hamann* ist der Auffassung, dass dieser Konflikt durch eine schlichte Missbrauchskontrolle aufzulösen sei[246].

Der Einsatz eines Leiharbeitnehmers sei daher nicht »vorübergehend«, wenn die unternehmerische Entscheidung hierüber offensichtlich unsachlich, unvernünftig oder willkürlich erfolgt, es für die Entscheidung zugunsten des Leiharbeitnehmereinsatzes somit keinen anerkennenswerten Grund gibt[247]. *Hamann*, der insoweit wohl auf die unternehmerische Entscheidung des Entleihers abstellen will, zieht dabei eine Parallele zu dem Kontrollmaßstab von unternehmerischen Entscheidungen, welche zu einem Wegfall des Arbeitsplatzes und damit zu Kündigungen von Arbeitsverhältnissen führen. Es stehe Unternehmen frei, ihr Unternehmensziel möglichst erfolgreich am Markt zu verfolgen; es gehe dem Gesetzgeber lediglich um die Verhinderung von missbräuchlichen Praktiken bei einer ansonsten anerkannten und aus arbeitsmarktpolitischen Gründen sinnvollen Personaleinsatzform[248].

Um einen solchen Missbrauch – insbesondere die Abwälzung des Beschäftigungsrisikos des Verleihers sowie die Substitution von Stammarbeitnehmern durch Leiharbeitnehmer – zu verhindern, schlägt *Hamann* zwei

---

244 *Krannich/Simon*, BB 2012, 1414 (1417).

245 *Hamann*, NZA 2011, 70 (73); *Hamann*, RdA 2011, 321 (326).

246 *Hamann*, NZA 2011, 70 (73); *ders.*, RdA 2011, 321 (326); in diese Richtung wohl auch ArbG Offenbach 1.8.2012 – 10 BV 1/ 12, AiB 2012, 685 (I 2 d cc [3]); *Krannich/Simon*, BB 2012, 1414 (1418) und *Thüsing/Stiebert*, DB 2012, 632 (635).

247 *Hamann*, RdA 2011, 321 (326).

248 BAG 13.3.2008 – 2 AZR 1037/06, NZA 2008, 878 (B I 1); BAG 23.4.2008 – 2 AZR 1110/06, NZA 2008, 939 (B I 1 a); vgl. *Hamann*, RdA 2011, 321 (326).

Kriterien vor, bei deren Vorliegen das Merkmal »vorübergehend« zu bejahen sei: Erstens müsse die Dauer des Leiharbeitsverhältnisses die Dauer des konkreten Einsatzes bei dem Entleiher übersteigen *und* zweitens dürfe der Einsatz des Leiharbeitnehmers nicht eine Substitution der Stammbelegschaft durch die eingesetzten Leiharbeitnehmer bewirken[249].

Diese auf den ersten Blick recht griffige Definition des Merkmals »vorübergehend« hält indessen einer näheren Betrachtung nicht stand. Schon *Hamanns* erstes Kriterium ist relativ nichtssagend: Es sind keine Fälle in der Leiharbeit denkbar, in denen die Dauer der Überlassung die Dauer des Arbeitsverhältnisses zwischen Leiharbeitnehmer und Verleiher übersteigt. Es ist allenfalls denkbar, dass die konkrete Einsatzdauer der Dauer des Arbeitsvertrages entspricht. Hielte man es für die Einhaltung des § 1 Abs. 1 S. 2 AÜG für erforderlich, dass das Arbeitsverhältnis stets länger dauert als die konkrete Einsatzzeit, bedeutete dies entweder, dass sämtliche Überlassungen mit diesem Kriterium vereinbar wären[250], oder es führte dazu, dass man über die Hintertür wieder zu der Geltung des Synchronisationsverbot gelangte. Das Synchronisationsverbot, das früher in § 3 Abs. 1 Nr. 5 AÜG a.F. geregelt war, verbot eine Beschränkung der Dauer des Arbeitsvertrags auf die Zeit der erstmaligen Überlassung an einen Entleiher[251]. Diese Regelung wurde aber vom Gesetzgeber bewusst aufgehoben und auch nicht durch die jüngste Reform des AÜG wiederhergestellt. Etwas anderes ergibt sich auch nicht aus der Gesetzesbegründung, wonach nach dem deutschen Überlassungsmodell die Überlassung an den jeweiligen Entleiher im Verhältnis zum Arbeitsverhältnis stets vorübergehend sei[252]. Wie bereits ausgeführt wurde, ist die Kündigung eines Leiharbeitnehmers unter Berücksichtigung der allgemeinen Kündigungsvoraussetzungen auch zum Ende einer Überlassung denkbar, wenn der Arbeitgeber darlegen kann, dass nach der Überlassung ein Beschäftigungsbedarf für den Leiharbeitnehmer entfällt[253]. Alleine aufgrund der betreffenden Passage in der Gesetzesbegründung kann man kaum einen kompletten Systemwechsel des AÜG und insbesondere die Einführung des Synchronisationsverbot sehen; hätte der Gesetzgeber ein solches beabsichtigt, hätte er die Vorschrift des § 3 Abs. 1 Nr. 5 AÜG a.F. wiederhergestellt. Bereits dieses Kriterium in *Hamanns* Konkretisierungsvorschlag des § 1 Abs. 1 S. 2 AÜG ist daher abzulehnen.

Auch das zweite Kriterium (Vermeidung von Substitution der Stammbeschäftigten durch Leiharbeitnehmer) ist in dieser Ausprägung nicht zielfüh-

---

249 *Hamann*, RdA 2011, 321 (326); ähnlich *Blanke*, DB 2010, 1528 (1530).
250 Wobei eine solche Auslegung dem Kriterium wiederum jede Relevanz nähme.
251 Vgl. BT-Drs. VI/2303 – Anlage 1, S. 2.
252 BT-Drs. 17/4804, S. 8.
253 Vgl. dazu S. 59 ff.

rend. Dieses ist nach *Hamann* dann erfüllt, wenn Unsicherheit über die Fortdauer eines aktuell bestehenden zusätzlichen Beschäftigungsbedarfs bestehe oder falls qualifiziertes Personal benötigt werde, welches auf dem freien Arbeitsmarkt nicht verfügbar sei. Der Einsatz eines Leiharbeitnehmers auf einem Dauerarbeitsplatz sei daher als Indiz für eine rechtsmissbräuchliche Nutzung der Leiharbeit anzusehen[254]. Diese Ansicht führt aber wieder dazu, dass die Zulässigkeit einer Überlassung von Arbeitnehmern allein von der Bedarfssituation beim Entleiher abhängig gemacht wird, welche aber nicht der maßgebliche Anknüpfungspunkt des Merkmals »vorübergehend« darstellt. Auch kann man dem AÜG nicht als zentrales Anliegen die Funktion einräumen, den Einsatz von Leiharbeitnehmern auf Dauerarbeitsplätzen zu verhindern, denn das AÜG verfolgt ein Substitutionsverbot allenfalls als Nebenzweck, nicht aber als Primärziel[255]. Der Einwand des Rechtsmissbrauchs ist zwar nicht ausgeschlossen, da § 242 BGB einen das gesamte Rechtsleben beherrschenden Grundsatz beschreibt, dass Vertragsparteien nicht wider Treu und Glauben handeln dürfen[256]. Allerdings kann man nicht ohne Vorliegen weiterer Umstände allein wegen des Einsatzes eines Leiharbeitnehmers auf einem Dauerarbeitsplatz eine Praxis der Beteiligten bejahen, die als rechtsmissbräuchlich zu missbilligen ist.

Letztlich führt auch diese Ansicht zu einer erheblichen Einschränkung der möglichen Einsatzfelder von Leiharbeit, obwohl selbst *Hamann* an gleicher Stelle jede Auslegung ablehnt, die der Intention des Gesetzes zuwiderläuft, die Leiharbeit als flexibles arbeitsmarktpolitisches Instrument zu stärken und zu erhalten[257]. Immerhin stellt der von *Hamann* eingeführte Gedanke einer Missbrauchskontrolle einen tauglichen *Ansatzpunkt* für die Konkretisierung des § 1 Abs. 1 S. 2 AÜG dar.

(7) Gleichsetzung mit dem Merkmal »vorübergehend« i.S.d. RL 2008/104/EG

Denkbar wäre es, § 1 Abs. 1 S. 2 AÜG mit dem Merkmal »vorübergehend« i.S.d. Art. 1 Abs. 1 der Leiharbeitsrichtlinie gleichzusetzen[258]. Danach wäre der vorübergehende Charakter einer Überlassung nur dann zu verneinen, wenn eine Rückkehr des Leiharbeitnehmers denknotwendig ausscheidet[259].

Dafür könnte sprechen, dass so ein angemessener Ausgleich zwischen der Richtlinienvorgabe als Mindestvorschrift und dem Willen des Gesetz-

---

254 *Hamann*, RdA 2011, 321 (326).
255 Siehe dazu S. 207 ff.
256 *Grüneberg* in: Palandt/Bassenge, BGB, § 242 Rn. 1.
257 *Hamann*, RdA 2011, 321 (326).
258 In diese Richtung *Beck* in: Dornbusch/Fischermeier/Löwisch, FA-Kommentar ArbR § 1 AÜG Rn. 37.
259 Vgl. S. 190 f.

gebers bei der Reform des AÜG erreicht würde. Immerhin misst der deutsche Gesetzgeber der Einfügung des § 1 Abs. 1 S. 2 AÜG irrtümlich lediglich eine klarstellende Funktion bei, wonach das »deutsche Modell der Arbeitnehmerüberlassung dieser europäischen Vorgabe [bereits bisher] entspricht«[260]. Daraus könnte man den Willen des Gesetzgebers ableiten, dem Merkmal eine möglichst untergeordnete Bedeutung zuzuschreiben und zwar nur insoweit, dass die in der Richtlinie vorzufindenden Mindestschutzvorschriften gewährt werden und nur dann eine Überlassung nicht mehr nach deutschem Recht »vorübergehend« wäre, wenn gleichzeitig nach der Richtlinie der vorübergehende Charakter nicht vorläge. In der Tat könnte man in der wörtlichen Übernahme des Merkmals aus der Richtlinie den Schluss ziehen, dass auch die inhaltliche Bedeutung des Richtlinienbegriffs der Bedeutung der Umsetzungsvorschrift entsprechen sollte[261].

Folgte man der sog. »subjektiven Theorie« oder »Willenstheorie«, welche bei der Auslegung von Normen maßgeblich auf den historisch-psychologischen Willen des Gesetzgebers abstellt[262], drängte sich die hier dargestellte Auslegung des Merkmals »vorübergehend« als nahezu zwingend auf. Es ist aber heute weitgehend anerkannt, dass maßgebend für die Auslegung einer Gesetzesbestimmung der in dieser zum Ausdruck kommende objektivierte Wille des Gesetzgebers ist, so wie er sich aus dem Wortlaut der Gesetzesbestimmung und dem Sinnzusammenhang ergibt[263]. Anders als in der Leiharbeitsrichtlinie stellt das Merkmal »vorübergehend« im deutschen Recht aber eben *keine* Mindestvorschrift dar. Vergleicht man die beiden Merkmale in der Richtlinie und im AÜG, so wirkt die Anordnung der vorübergehenden Überlassung im AÜG deutlich verbindlicher als in der Leiharbeitsrichtlinie. So deutet sowohl der Wortlaut als auch die Stellung des Merkmals »vorübergehend« im ersten Artikel des AÜG, welcher richtungsweisende Vorgaben für die weitere Anwendbarkeit des Gesetzes gibt, darauf hin, dass dieser Norm ein Regelungsbereich zuzubilligen ist, der über bloße Ausnahmesituationen – wie dies bei dem Merkmal i.S.d. Richtlinie der Fall ist – hinausgeht. Andernfalls würden andere Zielsetzungen des AÜG, wie etwa die Erleichterung des Übergangs von Leiharbeitnehmern in ein ordentliches Beschäftigungsverhältnis zum Entleiher, weitgehend missachtet, obwohl gerade dieser Zweck mit der Einfügung des § 13a AÜG nochmals durch den Gesetzgeber bestätigt wurde.

260 BT-Drs. 17/4804, S. 8.

261 *Kerwer*, Das europäische Gemeinschaftsrecht und die Rechtsprechung der deutschen Arbeitsgerichte, S. 339.

262 *Larenz/Canaris*, Methodenlehre der Rechtswissenschaft, S. 137.

263 Ständige Rspr. des BVerfG seit BVerfG 21.5.1952 – 2 BvH 2/52, BVerfGE 1, 299; vgl. auch *Röhl*, Allgemeine Rechtslehre, S. 628 ff.

Nach einer anderen Auslegung ist eine Überlassung erst dann nicht mehr als »vorübergehend« zu qualifizieren, wenn es an der Rückholbarkeit des Leiharbeitnehmers durch den Verleiher fehlt[264]. Umgekehrt ist danach jeder Überlassungsvorgang mit § 1 Abs. 1 S. 2 AÜG vereinbar, bei welchem dem Verleiher das Recht zusteht, den Leiharbeitnehmer von dem Entleihunternehmen abzuziehen.

Diese Ansicht kommt einer Synchronisation des Merkmals »vorübergehend« i.S.d. AÜG mit dem entsprechenden Begriff der Leiharbeitsrichtlinie sehr nahe, geht aber nach hier vertretener Ansicht noch über die Mindestvorschriften der Richtlinie hinaus und ist daher abzulehnen. Zwar stellt die Auffassung hinsichtlich des Merkmals »vorübergehend« nicht wie die meisten übrigen Ansichten auf die Bedarfssituation des Entleihers, sondern ausschließlich auf die Überlassung selbst ab, was insoweit zutreffend ist. Stellte man aber auf die Rückholbarkeit des Leiharbeitnehmers ab, würde dadurch eine Voraussetzung geschaffen, die ohnehin nach dem deutschen Modell der Arbeitnehmerüberlassung regelmäßig erfüllt ist: Der Verleiher schuldet aus dem Überlassungsvertrag meist nur »Auswahl und Zurverfügungstellung eines arbeitsbereiten und für die vorgesehene Tätigkeit ausreichend qualifizierten Arbeitnehmers«[265] – nicht aber die Überlassung eines ganz bestimmten Leiharbeitnehmers. Doch selbst wenn der Überlassungsvertrag auf eine ganz bestimmte zu überlassende Person gerichtet ist[266], kann der Verleiher den Leiharbeitnehmer jederzeit – selbst wenn der Verleiher dabei gleichzeitig gegen den Überlassungsvertrag verstößt – von seiner Tätigkeit beim Entleiher abziehen, da das Weisungsrecht des Verleihers als Arbeitgeber dem Weisungsrecht des Entleihers gegenüber dem Leiharbeitnehmer vorgeht[267]. Es wären somit nach dem deutschen Überlassungsrecht keine Fälle denkbar, in denen nach dieser Auslegung ein Verstoß gegen das Merkmal »vorübergehend« zu bejahen wäre; die hier dargestellte Auslegung des § 1 Abs. 1 S. 2 AÜG misst daher der Einfügung des § 1 Abs. 1 S. 2 AÜG praktisch keine Bedeutung zu und ignoriert letztlich dessen Existenz.

Vor allem kann es aber nicht darauf ankommen, ob der Leiharbeitnehmer im Falle einer entsprechenden Anweisung des Verleihers seinen Einsatz

---

264 *Sandmann/Marschall*, AÜG Art. 1 § 1 Rn. 51.

265 BAG 18.01.1989 – 7 ABR 21/88, NZA 1989, 724 (B II 3 c cc); *Boemke*, Schuldvertrag und Arbeitsverhältnis, S. 560; so auch *Hamann* in: Schüren/Hamann, AÜG 4. Aufl., § 1 Rn. 76; *Jüttner*, Kollektivrechtliche Auswirkungen der gewerbsmäßigen Arbeitnehmerüberlassung im Betriebsverfassungsrecht, S. 27; *Schneider* in: Sandmann/Marschall, AÜG Kap. 8 Rn. 425; *Tucci*, Arbeitnehmermobilität im Konzern, S. 165.

266 *Thüsing* in: Thüsing, AÜG 3. Aufl., Einf. Rn. 42.

267 *Schüren* in: Schüren/Hamann, AÜG 4. Aufl., Einl. Rn. 320, 328; *Ulber* in: Ulber, AÜG 4. Aufl., § 1 Rn. 50 ff.

und damit die Überlassung an den Entleiher beenden *könnte* – es hängt davon ab, ob der Leiharbeitnehmer *tatsächlich* vorübergehend überlassen wird. Überspitzt könnte man sagen, die hier diskutiere Auffassung nimmt eine vorübergehende Überlassung auch an, wenn diese tatsächlich dauerhaft erfolgt, der Verleiher aber immerhin *theoretisch* die Möglichkeit hätte, den Leiharbeitnehmer auch bei anderen Entleihern einzusetzen. Eine solche Auslegung hat freilich mit § 1 Abs. 1 S. 2 AÜG nichts mehr gemein.

dd) Eigener Auslegungsvorschlag des Merkmals »vorübergehend«

Der deutsche Gesetzgeber hat mit der Einfügung des § 1 Abs. 1 S. 2 AÜG eine Norm in Kraft gesetzt, deren Bedeutung und Reichweite er aber weitgehend herunterzuspielen versucht. Er hat augenscheinlich als politische Entscheidung die »inhaltliche Konturierung des Begriffs ‚vorübergehend' […] bewusst der Rechtsprechung überlassen«[268].

(1) Folgerungen aus der bisherigen Diskussion zu § 1 Abs. 1 S. 2 AÜG

Da aber eine enge oder weite Auslegung des Merkmals für die Zulässigkeit von Leiharbeit im Allgemeinen und für (konzernangehörige) Personalführungsgesellschaften im Besonderen eine entscheidende Weichenstellung darstellt, muss – auch mit Blick auf den Grundsatz der Gewaltenteilung – jene inhaltliche Konkretisierung des Begriffs einer Reihe von Prämissen gerecht werden, die sich aus Wortlaut, Systematik, Telos und aus der Gesetzgebungshistorie ergeben und größtenteils bei der Diskussion der vorangegangenen Ansichten bereits erörtert oder zumindest thematisiert wurden.

So ist erstens aus der Gesetzesbegründung erkennbar, dass auf »genau bestimmte Höchstüberlassungsfristen« verzichtet wird. Dies ist auch aus der fehlenden Wiederherstellung des § 3 Abs. 1 Nr. 6 AÜG a.F. ersichtlich, welcher in früheren Fassungen des Gesetzes solche Fristen ausdrücklich vorsah; die Abhängigmachung des Merkmals »vorübergehend« allein von dem Ablauf einer festgelegten Zeitspanne verbietet sich daher.

Zweitens ist eine vorherige ausdrückliche Befristung der Überlassung nicht erforderlich, was sich aus einem Umkehrschluss zu § 10 Abs. 1 S. 2 AÜG und aus der Unvereinbarkeit fester Zeitspannen mit einer flexiblen Personalplanung ergibt.

Drittens bezieht sich »vorübergehend« i.S.d. § 1 Abs. 1 S. 2 AÜG nicht auf den Bedarf des Entleihers an Arbeitskräften, sondern auf die Überlassung selbst; die Bedarfssituation kann allenfalls als Indiz für die Bestimmung des vorübergehenden Charakters einer Überlassung von Bedeutung sein.

---

268 *Düwell*, ZESAR 2011, 449 (451 f.).

Viertens lässt sich daraus auch ableiten, dass das Merkmal »vorübergehend« nicht einem Einsatz eines Leiharbeitnehmers, der für einen bestimmten Zeitraum auf einem Dauerarbeitsplatz eingesetzt wird, entgegensteht. Richtigerweise muss man unterscheiden zwischen (unzulässigen) dauerhaften Überlassungen von Leiharbeitnehmern und (zulässigen) vorübergehenden Entsendungen auf Dauerarbeitsplätze[269].

Fünftens eignet sich die Heranziehung von Definitionen, welche in anderen deutschen Gesetzen zu der dort verwendeten Begrifflichkeit »vorübergehend« anerkannt sind, nicht, da diese regelmäßig in einem anderen, nicht mit der Situation der Arbeitnehmerüberlassung vergleichbaren Kontext stehen. Es ist an dieser Stelle eine eigenständige Definition des Merkmals »vorübergehend« i.S.d. § 1 Abs. 1 S. 2 AÜG zu finden, welche sich in das System des deutschen Arbeitnehmerüberlassungsrecht einfügt.

Sechstens darf die hier zu findende Definition nicht zu einer Unterbietung des Mindeststandards führen, den man aus dem Merkmal »vorübergehend« der Leiharbeitsrichtlinie ableitet, wobei – siebtens – andererseits Leiharbeit als Instrument zur flexiblen Personalplanung nicht zu stark eingeschränkt werden darf.

Achtens ist schließlich zu beachten, dass Leiharbeitnehmer als atypisch Beschäftigte eines bestimmten Schutzes bedürfen, um jegliche Formen der Ausbeutung zu unterbinden, wobei allerdings der zentrale Schutzmechanismus des europäischen und deutschen Arbeitnehmerüberlassungsrechts primär der Gleichstellungsgrundsatz ist[270] und nur sekundär ein Schutz durch die zeitliche Begrenzung von Überlassungen bewirkt werden soll.

(2) Konkretisierung des Merkmals »vorübergehend« i.S.d. § 1 Abs. 1 S. 2 AÜG

Nach der Überzeugung des Autors kann keine abstrakt generelle Definition des Merkmals »vorübergehend« gefunden werden; das AÜG selbst sieht in der derzeitigen Fassung – anders als in früheren Fassungen – keine festen zeitlichen oder sachbezogenen Fristen vor, anhand derer man eine präzise Konkretisierung des § 1 Abs. 1 S 2 AÜG ableiten könnte oder dürfte. Arbeitnehmerüberlassung stellt für Unternehmen eine Möglichkeit dar, sog. »atmende« Belegschaften aufzubauen, wobei eine solche Flexibilisierung im Falle einer Heranziehung statischer Fristen oder Ereignisse kaum noch attraktiv erscheint. Um Leiharbeit als Instrument einer flexiblen Personalplanung zu erhalten, muss daher der vorübergehende Charakter einer konkreten Überlassung anhand einer Abwägung aller Umstände des jeweiligen Einzelfalls bejaht oder verworfen werden.

---

269 ArbG Offenbach 1.8.2012 – 10 BV 1/ 12, AiB 2012, 685 (I 2 d cc [2]).

270 *Beck* in: Dornbusch/Fischermeier/Löwisch, FA-Kommentar ArbR § 1 AÜG Rn. 8.

Nach der hier vertretenen Ansicht ist dabei bei der Bestimmung des Merkmals »vorübergehend« i.S.d. § 1 Abs. 1 S. 2 AÜG *zweistufig* vorzugehen: Es ist zwischen zwei Zeiträumen zu differenzieren, nämlich zwischen dem Zeitraum einer bis zu zwei Jahre andauernden Überlassung und dem Zeitraum einer längeren Entsendung.

Bis zum Erreichen der Entsendungsdauer von zwei Jahren (»1. Stufe«) ist eine Überlassung grundsätzlich noch als »vorübergehend« zu qualifizieren, es sei denn, eine Rückkehr des Leiharbeitnehmers scheidet schon zu diesem Zeitpunkt denknotwendig aus.

Dieser Ansicht liegt die Überlegung zugrunde, dass der zentrale Schutzmechanismus sowohl des deutschen als auch des europäischen Arbeitnehmerüberlassungsrechts nicht eine (erhebliche) Begrenzung der zulässigen Dauer der Überlassungen von Leiharbeitnehmern ist. Vielmehr nimmt der Gleichstellungsgrundsatz – also das Gebot von *equal pay* bzw. *equal treatment* – diese Rolle ein. Die Begrenzung der Dauer ist vielmehr im Befristungsrecht das zentrale Instrument des Gesetzgebers (vgl. § 14 TzBfG), diese Form der atypischen Beschäftigung zu regulieren.

§ 14 TzBfG stellt im Befristungsrecht letztlich das Ergebnis einer Abwägung des Gesetzesgebers dar, der sowohl die Interessen der Unternehmen, Arbeitsverhältnisse flexibel zu gestalten und Kündigungen und die damit verbundenen rechtlichen Risiken zu vermeiden, als auch die Interessen der Arbeitnehmer an einer Vermeidung von Missbrauch und dem Erhalt des unbefristeten Beschäftigungsverhältnisses als übliche Form der Beschäftigungsform[271], berücksichtigt. Wenn nun das Gesetz in § 14 TzBfG im Falle des Vorliegens bestimmter Umstände die Wertung trifft, dass der Einsatz von befristet Beschäftigten erlaubt ist und daher nicht gegen den zentralen Schutzmechanismus des Befristungsrechts verstößt, so ist nicht nachvollziehbar, warum beim Vorliegen gleicher Umstände die Überlassung mit § 1 Abs. 1 S. 2 AÜG nicht vereinbar sein soll, wo doch letzterer Norm keinesfalls die Rolle eines zentralen Schutzmechanismus im AÜG zukommt. Wenn die Befristung eines Arbeitsvertrags ohne Vorliegen weiterer Voraussetzungen nach § 14 Abs. 2 TzBfG für zwei Jahre ausdrücklich von diesem zentralen Schutzmechanismus des Befristungsrechts gestattet wird, so muss bei Leiharbeit als der anderen Form der atypischen Beschäftigung ein zweijähriger Einsatz bei einem Entleiher erst recht zulässig und mit § 1 Abs. 1 S. 2 AÜG vereinbar sein, da dieser Norm allenfalls eine sekundäre Bedeutung beizumessen ist und der Leiharbeitnehmer bereits im Wesentlichen durch den (tarifdispositiven) Gleichstellungsgrundsatz geschützt wird.

271 Siehe auch Erwägungsgrund Nr. 6 der RL 1999/70/EG zu der EGB-UNICE-CEEP-Rahmenvereinbarung.

Daher kann nach hier vertretener Ansicht das Merkmal »vorübergehend« nicht zu einer stärkeren Beschränkung von Überlassungen führen, als § 14 TzBfG die Zulässigkeit von Befristungen von Arbeitsverträgen einschränkt – zumal das AÜG auf einen konkreten Katalog wie § 14 TzBfG, der die Dauer von Überlassungen begrenzt, verzichtet[272]. § 14 TzBfG darf daher nicht – wie es etwa eine oben zitierte Auffassung zu dem Merkmal »vorübergehend« vertritt – als *alleiniger* Konkretisierungsmaßstab des § 1 Abs. 1 S. 2 AÜG herangezogen werden und *keinesfalls* als Obergrenze dienen.

Konsequent muss dabei die dem § 14 Abs. 2 TzBfG zugrunde liegende Wertung des Gesetzes bei der Konkretisierung des § 1 Abs. 1 S. 2 AÜG berücksichtigt werden. Die eben zitierte Ansicht, die alleine auf § 14 Abs. 1 S. 2 TzBfG abstellt, lehnt zwar eine Heranziehung des Abs. 2 ab, da dann der Norm letztlich wieder die Funktion einer Höchstüberlassungsfrist beizumessen sei, die der Gesetzgeber nicht bezweckte[273]. Allerdings kann von einer Höchstüberlassungsfrist keine Rede sein, wenn der Zeitraum von zwei Jahren – folgt man der hier vertretenen Meinung – nur auf der »1. Stufe« berücksichtigt wird und keine absolute Grenze darstellt und den Beteiligten die Möglichkeit verbleibt, beim Vorliegen sachlicher Gründe auch längere Überlassungen zu tätigen.

Die genannte Ausnahme, bei deren Vorliegen einer Überlassung bereits vor Ablauf der zwei Jahre der vorübergehende Charakter abzusprechen ist, ist der RL 2008/104/EG über Leiharbeit geschuldet, welche im Falle eines Ausscheidens der Rückkehr des Leiharbeitnehmers eine vorübergehende Überlassung verneint[274]. Auch das BAG hat in seinem Beschluss vom 10.7.2013 in einem Fall, in dem die Auslegung des Merkmals im Übrigen offen gelassen wurde, eine nicht mehr vorübergehende Überlassung in einem Fall angenommen, in dem der Leiharbeitnehmer ohne jegliche zeitliche Begrenzung entsandt wurde[275].

Bei der Berechnung des »Zwei-Jahres-Zeitraums« ist Art. 5 Abs. 5 der Leiharbeitsrichtlinie zu beachten. Dieser verpflichtet die Mitgliedstaaten, »insbesondere aufeinander folgende Überlassungen, mit denen die Bestimmungen der Richtlinie umgangen werden sollen, zu verhindern«. Es soll damit vermieden werden, dass Leiharbeitnehmer bei einem Entleiher mehrfach hintereinander eingesetzt werden, sodass die einzelnen Einsätze für sich zwar noch als »vorübergehende Überlassungen« i.S.d. § 1 Abs. 1 S. 2 AÜG

---

272 So im Ansatz auch *Teusch/Verstege*, NZA 2012, 1326 (1329).

273 *Bartl/Romanowski*, NZA-Online 3/2012, 1 (5).

274 Vgl. dazu bereits S. 190 f.

275 BAG 10.7.2013 – 7 ABR 91/11, NZA 2013, 1296. Auch in dem Urteil vom 10.12.2013 – 9 AZR 51/13, NZA 2014, 196 (II 2) hat das BAG eine Definition des Merkmals offen lassen können.

gesehen werden können, insgesamt aber doch faktisch eine dauerhafte Überlassung vorliegt. Um dem gerecht zu werden, bietet es sich an, auf die Rechtsprechung des EuGH in der Rs. *Kücük* zur Kettenbefristung im Vertretungsfall zu verweisen, wonach insbesondere Zahl und Gesamtdauer der in der Vergangenheit mit demselben Arbeitgeber geschlossenen befristeten Arbeitsverträge oder Arbeitsverhältnisse für die Frage der Vereinbarkeit bestimmter Maßnahmen mit dem Gesetz zu berücksichtigen sind[276]. Wie Art. 5 Abs. 5 der Richtlinie zeigt, sind aufeinander folgende Überlassungen für sich noch nicht missbräuchlich, es ist aber zu verhindern, dass diese dazu eingesetzt werden, einen dauerhaften Verleih des Leiharbeitnehmers an einen Entleiher zu verschleiern. Dies kann letztlich nur dadurch erreicht werden, dass für die Bestimmung des »Zwei-Jahres-Zeitraums« frühere Einsätze des Leiharbeitnehmers bei dem gleichen Entleiher addiert werden. Dabei stellt sich freilich die Frage, ob eine Überlassung, die weit in der Vergangenheit liegt, noch in diese Berechnung einzubeziehen ist – zumal Art. 5 Abs. 5 ausdrücklich nur von (direkt) aufeinander folgenden Überlassungen spricht. Mit Blick auf die in § 195 BGB getroffene Wertung des Gesetzgebers und das Urteil des BAG vom 6.4.2011[277] zu § 14 Abs. 2 S. 2 TzBfG erscheint es naheliegend, hier eine Parallele zu ziehen und Überlassungen, die im Zeitpunkt des Überlassungsbeginns länger als drei Jahre zurückliegen, nicht mehr zu berücksichtigen.

Dauert die Überlassung länger als zwei Jahre an (»2. Stufe«), so ist diese mit § 1 Abs. 1 S. 2 AÜG vereinbar, wenn man objektiv aus einer ex-ante-Sicht nach diesen zwei Jahren im Rahmen einer Gesamtabwägung aller Umstände des Einzelfalles zu dem Ergebnis gelangt, dass ein Ende der Überlassung absehbar ist. Insgesamt ist bei der Abwägung zu berücksichtigen, dass mit zunehmendem Zeitlauf auch an die Abwägung *steigende Anforderungen* gestellt werden; je länger die Überlassung eines Arbeitnehmers die zweijährige 1. Stufe überdauert, desto wahrscheinlicher wird es, dass man eine unzulässige dauerhafte Überlassung annehmen muss.

Rein *zeitliche Umstände*, welche für die Absehbarkeit eines Endes der konkreten Überlassung sprechen, liegen etwa vor, wenn Ver- und Entleiher den Überlassungsvertrag zeitlich befristen oder wenn der Verleiher mit dem Leiharbeitnehmer eine verbindliche Absprache trifft, in welcher er diesem zu einem bestimmten Zeitpunkt die Rückkehr in einen eigenen Betrieb (sofern vorhanden) oder die Überlassung an einen anderen Entleiher zusi-

---

[276] EuGH 26.1.2012 – C-586/10 (*Kücük*), NZA 2012, 135; BAG 18. 7.2012 – 7 AZR 783/10, DB 2012, 2634 (III 2); vgl. dazu auch *Brose/Sagan*, NZA 2012, 308 (309 ff.); *Gooren*, ZESAR 2012, 225 (228 ff.); *Schmitt*, ZESAR 2012, 369 (373 ff.).

[277] BAG 6.4.2011 – 7 AZR 716/09, NZA 2011, 905. Kritisch *Höpfner*, NZA 2012, 893 (894 ff.).

chert. Rückschlüsse können im Einzelfall auch aus der Praxis zwischen den identischen Ver- und Entleiher hinsichtlich der Überlassung anderer Leiharbeitnehmer möglich sein. Ferner ist die Dauer des bisherigen Einsatzes des Leiharbeitnehmers beim Entleiherunternehmen zu berücksichtigen und in ein Verhältnis zu der Dauer des Arbeitsverhältnisses des Leiharbeitnehmers zum Verleiher zu setzen[278]. Für ein absehbares Ende kann auch sprechen, dass der Arbeitsvertrag des Leiharbeitnehmers mit dem Verleiher endet, etwa weil der Vertrag befristet war oder gekündigt wurde oder die Aufenthaltserlaubnis des Leiharbeitnehmers ausläuft. Schließlich kann für ein zeitliches Ende der Überlassung auch sprechen, dass der Entleiher dem Leiharbeitnehmer in Aussicht stellt, ab einem gewissen Zeitpunkt als Stammbeschäftigter in dessen Betrieb übernommen zu werden[279]. Freilich können weitere Umstände, welche ein zeitliches Ende der Überlassung absehbar machen, berücksichtigt werden; insoweit handelt es sich nicht um einen abschließenden Katalog.

Bei der Abwägung, ob ein Ende der Überlassung absehbar ist, müssen dabei aber nicht nur rein zeitliche Umstände wie etwa eine ausdrückliche Befristung des Überlassungsvertrages einbezogen werden, sondern es können auch arbeitsplatzbezogene Umstände eine Rolle spielen. Darin liegt aber kein Bruch mit der bisherigen Argumentation des Autors, das Merkmal »vorübergehend« beziehe sich nicht auf den konkreten Entleiherbedarf – daran wird festgehalten. Vielmehr bezieht sich das Merkmal weiterhin ausschließlich auf die konkrete Dauer der Überlassung selbst; es wurde aber bereits oben angemerkt, dass die Bedarfssituation im Entleiherunternehmen immerhin ein *Indiz* dafür sei, ob die Überlassungs*dauer* noch vorübergehender Natur ist oder nicht. Es wäre lebensfremd zu behaupten, dass man aus einem vorübergehenden Arbeitskräftebedarf (vgl. § 14 Abs. 1 S. 2 Nr. 1 TzBfG) des Entleihers nicht auf den vorübergehenden Charakter der Überlassung selbst (§ 1 Abs. 1 S. 2 AÜG) schließen könnte oder hier zumindest keinerlei Zusammenhang bestünde. Es ist nämlich ein Unterschied, ob man

---

278 In diese Richtung bereits BT-Drs. 17/4804, S. 8.

279 Eine Pflicht für eine solche Inaussichtstellung eines Arbeitsplatzes durch den Entleiher kann sich u.U. auch aus einem Tarifvertrag ergeben. So regelt bspw. der „Tarifvertrag Leih-/Zeitarbeit" zwischen dem Verband der Metall- und Elektroindustrie Baden-Württemberg e.V. und der IG Metall (Bezirk Baden-Württemberg) vom 19.5.2012 (abrufbar unter *http://www.bw.igm.de/tarife/tarifvertrag.html?id=52608* [Stand 15.11.2012]) unter dem Punkt 4.1., dass der Entleiher nach einer bestimmten Überlassungsdauer (im konkreten Fall: 24 Monate) regelmäßig dem überlassenen Leiharbeitnehmer einen unbefristeten Arbeitsvertrag anbieten muss. Hier ergibt sich freilich die Problematik, ob eine tarifvertragliche Pflicht des Entleihers zur Übernahme von Leiharbeitnehmern die Tarifmacht der Vertragsparteien überschreitet und deshalb unzulässig ist; Zulässigkeit mit der wohl h.M. bejahend *Krause*, NZA 2012, 830 (833, Fn. 27 m.w.N.), a.A. *Löwisch* TVG § 1 Rn. 332.

bei der Konkretisierung des § 1 Abs. 1 S. 2 AÜG maßgeblich auf den Entleiherbedarf abstellt oder diesen lediglich neben weiteren Kriterien in eine Gesamtabwägung einbezieht, um sich der Frage, ob die Dauer der Überlassung noch vorübergehend ist oder nicht, anzunähern.

Bei den ebenfalls zu beachtenden *arbeitsplatzorientierten* Umständen kann daher im Wesentlichen auf § 14 Abs. 1 S. 2 TzBfG zurückgegriffen werden. Wie bereits festgestellt wurde, ist im Wege eines Erst-Recht-Schlusses eine Überlassung *jedenfalls* dann zu bejahen, wenn hypothetisch der Leiharbeitnehmer auch als befristet Beschäftigter beim Entleiher eingestellt werden könnte. Natürlich dürfte unter Berücksichtigung der dem Arbeitnehmerüberlassungsrecht immanenten Dreieckskonstellation als Indiz für die Gesamtabwägung lediglich der vorübergehende betriebliche Bedarf an der Arbeitsleistung (§ 14 Abs. 1 S. 2 Nr. 1 TzBfG), der Einsatz zur Vertretung eines anderen Stammarbeitnehmers (Nr. 3) sowie § 14 Abs. 1 S. 2 Nr. 4 TzBfG in Betracht kommen, wonach die Eigenart der Arbeitsleistung eine Befristung rechtfertigen kann. Gründe, die in der Person des Arbeitnehmers liegen und die eine Befristung nach § 14 Abs. 1 S. 2 Nr. 6 TzBfG rechtfertigen könnten (etwa die auslaufende Aufenthaltserlaubnis[280]), stellen indessen keine arbeitsplatzorientierten Umstände dar, sondern einen sonstigen zeitlicher Umstand (s.o.).

Ähnlich wie bei der Problematik, unter welchen Voraussetzungen ein Betriebsübergang nach dem vom EuGH entwickelten »7-Punkte-Katalog« vorliegt, ist auch bei der hier vorzunehmenden Abwägung auf »2. Stufe« kein Kriterium für sich alleine entscheidend; erforderlich ist, dass eine *Gesamtbetrachtung* aller rein zeitlichen sowie der arbeitsplatzorientierten Umstände zu dem Ergebnis kommt, dass ein Ende der Überlassung konkret absehbar ist.

ee) Zwischenfazit

Die hier vertretene Auslegung des Merkmals »vorübergehend« i.S.d. § 1 Abs. 1 S. 2 AÜG dürfte dem Merkmal nicht die restriktive Bedeutung beimessen, die von den zahlreichen Kritikern der Arbeitnehmerüberlassung in Politik und Gesellschaft gefordert wird. Allerdings ist eine die Leiharbeit stärker einschränkende Auslegung des Merkmals, wie oben dargelegt wurde, kaum mit dem deutschen Arbeitnehmerüberlassungsrecht in seiner derzeitigen Fassung vereinbar.

Wie bereits erörtert, dauert die große Mehrheit aller Entsendungen von Leiharbeitnehmern nicht länger als zwei Jahre, sodass in den allermeisten Fälle der Rechtsanwender überhaupt nicht zur Abwägung auf der »2. Stufe«

280 *Müller-Glöge* in: Müller-Glöge/Preis/Schmidt, ErfK 14. Aufl., § 14 TzBfG Rn. 52.

gelangen dürfte und die Überlassungen daher in der Praxis meist der Vorschrift des § 1 Abs. 1 S. 2 AÜG entsprechen.

c) Rechtsfolgen einer dauerhaften Überlassung

Nachdem nun eine Auslegung des Merkmals »vorübergehend« entwickelt wurde, stellt sich die Frage, mit welchen rechtlichen Konsequenzen die drei Beteiligten im Falle eines Verstoßes gegen § 1 Abs. 1 S. 2 AÜG rechnen müssen. Folgerte man aus einem Verstoß gegen das Merkmal keinerlei Sanktion, bestünde nämlich insbesondere für Konzernunternehmen keine Veranlassung, von der bisherigen Beschäftigung von dauerhaft eingesetzten Leiharbeitnehmern durch Personalführungsgesellschaften Abstand zu nehmen.

Bejahte man mit Teilen der Literatur und Rechtsprechung die an anderer Stelle abgelehnte[281] These, es handele sich bei dem Merkmal »vorübergehend« um einen Programmsatz ohne Rechtsfolgen[282], entfiele freilich an dieser Stelle die Diskussion. Unter den Vertretern der vorzugswürdigen Ansicht, wonach § 1 Abs. 1 S. 2 AÜG dauerhafte Überlassungen verbietet, bestehen aber erhebliche Unterschiede, wie konkret die Rechtsfolgen eines dauerhaften Verleihs an einen Entleiher aussehen sollen.

Einigkeit besteht lediglich insoweit, dass der deutsche Gesetzgeber bei Einfügung des § 1 Abs. 1 S. 2 AÜG keine ausdrücklichen Sanktionen für einen Verstoß festgelegt und dass er auch in der Gesetzesbegründung keine Aussagen über die Folgen eines Verstoßes gegen die Norm getroffen hat. Ohne eine konkrete Rechtsfolge stellte die Norm aber faktisch eine Absichtserklärung oder einen reinen Programmsatz des Gesetzgebers dar, dessen Einhaltung letztlich in das Belieben von Ver- und Entleiher gestellt wäre.

Einen Ansatzpunkt für ein anderes Ergebnis könnte aber Art. 10 Abs. 2 der RL 2008/104/EG über Leiharbeit darstellen. Danach sind die Mitgliedstaaten verpflichtet, wirksame, angemessene und abschreckende Sanktionen für den Fall vorzusehen, dass gegen einzelstaatliche Vorschriften, welche die Leiharbeitsrichtlinie umsetzen, verstoßen wird. Daraus lässt sich zum

---

281 Vgl. dazu ausführlich S. 200 ff.

282 So ArbG Leipzig 15.2.2011 – 11 BV 79/11, AiB 2012, 402 (II B aa); ArbG Leipzig 23.3.2012 – 3 BV 84/11, via juris (B II 3 c bb); *Beck* in: Dornbusch/Fischermeier/Löwisch, FA-Kommentar ArbR § 1 AÜG Rn. 38; *Boemke*, jurisPR-ArbR 2012, Anm. 2; *Huke/Neufeld/Luickhardt*, BB 2012, 961 (964); *Lembke*, DB 2011, 414 (415); *ders.*, FA 2011, 290 (290); *ders.* in: Maschmann (Hrsg.), Rigidität und Flexibilität im Arbeitsrecht, 119 (146); *Lembke*, BB 2012, 2487 (2500 f.); *Oberthür*, ArbRB 2011, 146 (147); *Raif*, GWR 2011, 303-303 (303); *Rieble/Vielmeier*, EuZA 2011, 474 (489); *Thüsing*, RdA 2009, 118 (118); *Thüsing/Stiebert*, DB 2012, 632 (638 f.); *Tucci*, Arbeitnehmermobilität im Konzern, S. 230. Wohl auch *Schreiner/Rütz*, MedR 2012, 373 (376); *Stolz*, Zdirekt! 2010, 4 (4).

einen folgern, dass § 1 Abs. 1 S. 2 AÜG als richtlinienumsetzende Vorschrift eine konkrete Sanktion vorsehen muss bzw. eine solche - sofern erforderlich - im Rahmen einer richtlinienkonformen Auslegung zu ermitteln ist. Andererseits lässt der Richtliniengeber den Mitgliedstaaten regelmäßig einen bestimmten Freiraum bei der Wahl der Sanktionsmittel.

aa) Ordnungswidrigkeit i.S.d. § 16 Abs. 1 AÜG

Zunächst könnten Verleiher oder Entleiher, die Leiharbeitnehmer dauerhaft verleihen bzw. entleihen, eine Ordnungswidrigkeit nach § 16 Abs. 1 AÜG begehen.

Dies ist aber nicht unproblematisch: So hat der Gesetzgeber bewusst von einer Einfügung einer möglichen Nr. 1c in Abs. 1 abgesehen. Da aber der Verstoß gegen weitere neu eingefügte Vorschriften des AÜG im Zuge des identischen Reformgesetzes - etwa § 13a S. 1 oder § 13b S. 1 AÜG - ausdrücklich in § 16 Abs. 1 AÜG niedergelegt wurde (Nr. 9 und Nr. 10) und dies hinsichtlich des § 1 Abs. 1 S. 2 AÜG nicht der Fall war, muss man von einem bewussten Absehen des Gesetzgebers von einer Verhängung einer Ordnungswidrigkeit bei einem Verstoß gegen das Merkmal »vorübergehend« ausgehen. Einer analogen Anwendung des § 16 AÜG auf einen Verstoß gegen § 1 Abs. 1 S. 2 AÜG stehen schließlich auch erhebliche verfassungsrechtliche Bedenken entgegen[283].

Die Anwendung des § 16 Abs. 1 AÜG und damit die Verwirkung einer Geldbuße durch die Beteiligten scheidet daher im Falle einer dauerhaften Arbeitnehmerüberlassung aus[284]. Eine Aufnahme eines Verstoßes gegen § 1 Abs. 1 S. 2 AÜG in den Katalog des § 16 Abs. 1 AÜG dürfte aber *de lege ferenda* eine hinreichend wirksame, angemessene und abschreckende Sanktion i.S.d. Art. 10 Abs. 2 RL darstellen[285].

bb) Entfallen der Tarifdispositivität des Gleichstellungsgrundsatzes

Teilweise wird erwogen, bei nicht mehr nur vorübergehender Leiharbeit zwingend die Zahlung von *equal pay* bzw. die Einhaltung von *equal treatment*

---

283 So folgert man allgemein aus Art. 103 Abs. 2 GG (nulla poena sine lege) sowohl ein Rückwirkungs- als auch ein Analogieverbot, welches auch einfachgesetzlich etwa in § 3 OWiG niedergelegt ist. Zur Vertiefung vgl. *Schmid-Aßmann in:* Maunz/Dürig/Herzog, GG, Art. 103 Rn. 226 ff.

284 So im Ergebnis auch *Bartl/Romanowski*, NZA-Online 3/2012, 1 (5); *Blank*, AuR 2011, 415 (417); *R. Giesen*, FA 2012, 66 (69); *Hamann*, RdA 2011, 321 (321); *Kranich/Simon*, BB 2012, 1414 (1418).

285 *Sansone*, Gleichstellung von Leiharbeitnehmern nach deutschem und Unionsrecht, S. 571.

zu fordern[286]. Es spreche viel dafür, dass die »Arbeitsgerichte (als Rechtsfolge der unzulässigen Dauerleihe) die Anwendung der in § 9 Nr. 2 AÜG geregelten Abweichung durch Zeitarbeitstarifvertrag untersagen können«, da eine solches Ergebnis sich aus dem Erfordernis der »Achtung des Gesamtschutzes« aus Art. 5 Abs. 3 RL, dem Missbrauchsverbot (Art. 5 Abs. 5 RL) und Art. 10 Abs. 2 der Leiharbeitsrichtlinie ergebe[287].

Die Annahme einer solchen Sanktion für einen dauerhaften Verleih ist aber zurückzuweisen. Zwar hat der deutsche Gesetzgeber mit § 9 Nr. 2 Halbs. 2 AÜG sowie der sog. »Drehtürklausel« des § 9 Nr. 2 Halbs. 4 AÜG Regelungen geschaffen, die – sofern einschlägig– eine Abweichung vom Gleichstellungsgrundsatz durch Tarifvertrag verbieten, insoweit ist also das Entfallen der Tarifdispositivität von *equal pay* bzw. *equal treatment* dem AÜG nicht fremd. Allerdings könnte man Halbs. 2 und Halbs. 4 des § 9 Nr. 2 AÜG auch als abschließende Vorschriften mit diesem Inhalt begreifen. Insbesondere räumt die Richtlinie den Mitgliedstaaten einen relativ großen Spielraum an möglichen Sanktionen ein, so dass nicht einzusehen ist, warum aus Art. 10 Abs. 2 der Leiharbeitsrichtlinie ausgerechnet eine Reduktion des Anwendungsbereichs des § 9 Nr. 2 Halbs. 1 AÜG folgen soll[288].

Vor allem aber legalisierte ein solches Ergebnis faktisch dauerhafte Überlassungen von Arbeitnehmern. Letztlich könnten sich die beteiligten Ver- und Entleiher entscheiden, Leiharbeitnehmer dauerhaft zu entsenden »um den Preis« der zwingenden Einhaltung des Gleichstellungsgrundsatzes. Es ist aber fernliegend, aus der Leiharbeitsrichtlinie zu folgern, im Falle eines nicht mehr vorübergehenden Verleihs sei Art. 5 Abs. 1 der RL zwingend; tatsächlich erlaubt die Richtlinie überhaupt keine dauerhaften Überlassungen – auch dann nicht, wenn die Beteiligten dem Leiharbeitnehmer – ob freiwillig oder unfreiwillig – *equal pay* bzw. *equal treatment* gewähren.

cc) Entzug der Erlaubnis nach § 5 Abs. 1 AÜG

Als rein gewerberechtliche Sanktion für eine dauerhafte Arbeitnehmerüberlassung kommt ein Widerruf der Erlaubnis (für die Zukunft) nach § 5 Abs. 1 AÜG in Betracht[289]. Nach § 5 Abs. 1 Nr. 3 darf die Erlaubnisbehörde die Er-

---

286 *Thiess/Denzel*, AiB 2012, 188 (191); *Zimmer*, AuR 2012, 422 (425).

287 *Thiess/Denzel*, AiB 2012, 188 (191).

288 In diese Richtung auch *Düwell*, dbr 2011, 10 (12).

289 So auch *Bartl/Romanowski*, NZA-Online 3/2012, 1 (5); *Düwell*, ZESAR 2011, 449 (454); *Gaul/Koehler* in: Heinrich (Hrsg.), Nach der Krise gleich vor der Krise?, S. 17 (19); *R. Giesen*, FA 2012, 66 (69); *Hamann*, RdA 2011, 321 (327) anders wohl noch in: *ders.*, NZA 2011, 70 (74); *Krannich/Simon*, BB 2012, 1414 (1419 f.); *Sansone*, Gleichstellung von Leiharbeitnehmern nach deutschem und Unionsrecht, S. 570. Dagegen *Grüneberg*, AiB 2012, 176 (178) und *Blank*, AuR 2011, 415 (417), der aller-

laubnis widerrufen, wenn sie aufgrund nachträglich eingetretener Tatsachen berechtigt wäre, die Erlaubnis zu versagen. Nach § 3 Abs. 1 Nr. 1 AÜG darf die Erlaubnis versagt werden, wenn Tatsachen die Annahme rechtfertigen, dass der Antragssteller (d.h. der Verleiher) die für die Ausübung der Tätigkeit nach § 1 AÜG erforderliche Zuverlässigkeit nicht besitzt.

Zwar ist der dauerhafte Verleih in den beispielhaft aufgezählten Fällen des § 3 Abs. 1 Nr. 1 AÜG, in denen eine solche fehlende Zuverlässigkeit vorliegen soll (etwa Nichtabführung von Lohnsteuer oder Sozialversicherungsbeiträgen) nicht aufgeführt, allerdings handelt es sich hier nicht um eine abschließende Aufzählung[290], wie das Wort »insbesondere« verdeutlicht. Im Falle eines Verstoßes gegen das § 1 Abs. 1 S. 2 AÜG kann daher dem Verleiher die Erlaubnis entzogen werden.

Da der Entzug der Erlaubnis letztlich aber nur eine Sanktion für den Verleiher darstellt, wird die mit § 5 Abs. 1 Nr. 3 AÜG verbundene Rechtsfolge von einigen Autoren nicht als hinreichende Sanktion i.S.d. Art. 10 Abs. 2 der RL angesehen und eine vergleichbare nachteilige Konsequenz auch für den Entleiher gefordert[291]. Dabei ist allerdings zu berücksichtigen, dass Art. 10 Abs. 2 der RL 2008/104/EG sich nicht zwingend gegen alle an der Überlassung Beteiligten richtet und das in Deutschland vorgesehene Modell der Arbeitnehmerüberlassung eben verleiher- und nicht – wie in einigen anderen Mitgliedstaaten – entleiherbezogen ist.

dd) Fiktion eines Arbeitsverhältnisses des Leiharbeitnehmers zum Entleiher

Mehrere Autoren verlangen als »effektive Sanktion« gegen einen Verstoß gegen § 1 Abs. 1 S. 1 die (zwangsweise) Begründung eines Arbeitsverhältnisses zwischen Leiharbeitnehmer und Entleiher[292]. Erfolge die Überlassung dauerhaft, so gelte ein Arbeitsverhältnis zwischen Entleiher und Leiharbeitnehmer als zustande gekommen. Zu diesem Ergebnis gelangen die Befürworter dieser Ansicht mit z.T. sehr unterschiedlichen rechtlichen Folgerungen.

So wird teilweise angenommen, dass im Falle einer dauerhaften Entsendung letztlich kein Fall der Arbeitnehmerüberlassung, sondern ein Fall der

---

dings eine Begründung für seine abweichende Meinung schuldig bleibt. Jüngst ebenso BAG 10.12.2013 – 9 AZR 51/13, NZA 2014, 196 (II 2 b dd [2]).

290 *Krannich/Simon*, BB 2012, 1414 (1419).

291 *Düwell*, ZESAR 2011, 449 (454); *Hamann*, RdA 2011, 321 (327).

292 *Bartl/Romanowski*, NZA-Online 3/2012, 1 (5 f.); *Düwell*, ZESAR 2011, 449 (454); *ders.*, dbr 2011, 10 (12); *Krause*, Tarifverträge zur Begrenzung der Leiharbeit und zur Durchsetzung von Equal Pay, S. 27; *Mittag* in: Wedde, Arbeitsrecht, § 1 AÜG Rn. 24; *Thiess/Denzel*, AiB 2012, 188 (190 f.); *Ulber* in: Ulber, AÜG 4. Aufl., § 1 Rn. 231d; *Zimmer*, AuR 2012, 422 (425); *dies.*, AuR 2012, 89. So auch zuletzt ArbG Cottbus 24.04.2013 – 2 Ca 424/12, via juris (A I 1 c); LAG Rheinland-Pfalz 01.08.2013 – 11 Sa 112/13, via juris (B II 2 b aa ccc).

Arbeitsvermittlung vorliege[293]. Mittels der Anwendung des § 1 Abs. 2 AÜG[294] könne man so zu der Fiktion eines Arbeitsverhältnisses zum Entleiher gelangen. Eine andere Ansicht lehnt zwar eine Fiktion anhand des § 1 Abs. 2 AÜG ab, kommt aber »zumindest« über eine analoge Anwendung[295] des § 10 Abs. 1 S. 1 AÜG zum gleichen Ergebnis. Eine dritte Auffassung dagegen stellt die Überlegung an, dass die für die Erteilung der Erlaubnis zuständige Behörde eine Erlaubnis nur für den »vorübergehenden« Verleih von Leiharbeitnehmern erlässt. Erfolge dagegen eine Überlassung dauerhaft, sei diese nicht von der erteilten Erlaubnis gedeckt und es liege *insoweit* ein Fall der Arbeitnehmerüberlassung ohne Erlaubnis vor. Aufgrund dessen könne der § 10 Abs. 1 S. 1 AÜG sogar unmittelbar[296] – ohne die Brücke der Analogie – Anwendung finden. Das BAG eine Fiktion des Arbeitsverhältnisses jüngst ausdrücklich für den Fall der nicht mehr vorübergehenden Arbeitnehmerüberlassung verneint[297].

Nach hier vertretener Ansicht kann dagegen im Falle einer dauerhaften Arbeitnehmerüberlassung kein Arbeitsverhältnis des Leiharbeitnehmers zum Entleiher mittels einer Fiktion begründet werden[298].

Von einer Fiktion wird vor allem deshalb ausgegangen, weil sie von deren Befürworten als einzige effektive Sanktion, dauerhafte Überlassungen zu verhindern, behandelt wird und daher eine solche Konsequenz zwingend dem Art. 10 Abs. 2 der Leiharbeitsrichtlinie geschuldet sei[299]. Allerdings ist das eben nicht der Fall: Wie bereits ausgeführt, räumt die Leiharbeitsrichtlinie den Mitgliedstaaten einen relativ breiten Spielraum an Sanktionsmöglichkeiten ein, solange diese »wirksam, angemessen und abschreckend« sind. So kommen neben der Fiktion auch die hier bereits diskutierten anderen Sanktionen, insbesondere der Entzug der Erlaubnis in Betracht,

---

293 *Bartl/Romanowski* bezeichnen dies als überwiegende Ansicht in der Literatur, vgl. *Bartl/Romanowski*, NZA-Online 3/2012, 1 (5).

294 *Ulber* in: Ulber, AÜG 4. Aufl., § 1 Rn. 231d.

295 *Bartl/Romanowski*, NZA-Online 3/2012, 1 (5): „Letztlich wird man hier *zumindest* eine analoge Anwendung befürworten müssen".

296 *Düwell*, ZESAR 2011, 449 (454).

297 BAG 10.12.2013 – 9 AZR 51/13, NZA 2014, 196 (II 2 b). In der Entscheidung vom 10.7.2013- 7 ABR 91/11, NZA 2013, 1296 dagegen konnte das BAG diese Frage noch offen lassen.

298 So zuletzt auch LAG Düsseldorf 21.6.2013 – 10 Sa 1747/12, via juris (I 2 a); LAG Berlin-Brandenburg 08.08.2013 -18 Sa 845/13, viajuris (II 1 b); 03.09.2013 – 12 Sa 1028/13, via juris (II 1.2); LAG Saarland 18.12.2013 – 2 TaBV 2/13, viajuris (III 2 a cc); *R. Giesen*, FA 2012, 66 (68 f.); *Hamann*, RdA 2011, 321 (326 f.); *Krannich/Simon*, BB 2012, 1414 (1418); *Sansone*, Gleichstellung von Leiharbeitnehmern nach deutschem und Unionsrecht, S. 569 f.

299 *Bartl/Romanowski*, NZA-Online 3/2012, 1 (6): „Nur dieses Ergebnis entspricht einer richtlinienkonformen Auslegung". Ähnlich auch *Krause*, Tarifverträge zur Begrenzung der Leiharbeit und zur Durchsetzung von Equal Pay, S. 27; *Ulber* in: Ulber, AÜG 4. Aufl., § 1 Rn. 231d.

weshalb es nicht überzeugt, warum ausgerechnet eine Fiktion *zwingend* sein soll. Hervorzuheben sind in diesem Zusammenhang die Ausführungen von *Sansone*[300], der zur Verdeutlichung dieses Spielraums der Mitgliedstaaten eine Parallele zu zwei Entscheidungen des EuGH[301] zum Grundsatz der Gleichbehandlung von Männern und Frauen im Rahmen der RL 76/207/EWG zieht: Sowohl in der Rechtssache *von Colson und Kamann*, in der es um die Problematik einer diskriminierenden Nichteinstellung ging als auch in der Rechtssache *Marshall*, in der eine diskriminierende Kündigung Streitgegenstand war, ging der EuGH *nicht* von einer zwingenden Sanktion wie etwa der Begründung eines Arbeitsverhältnisses bzw. der Wiedereinstellung aus, sondern hielt es für ausreichend, wenn der Verstoß durch Schadensersatzansprüche oder auch durch Bußgeldregelungen hinreichend geahndet wird. »In beiden Fällen, in denen die Begründung eines Arbeitsverhältnisses als Sanktion des richtlinienwidrigen Verhaltens wesentlich näher liegt, als bei der bloßen Überschreitung der Grenzen einer Überlassung, betonte der EuGH [...] die Freiheit der Mitgliedstaaten bei der Wahl unter verschiedenen, zur Verwirklichung der Richtlinienziele geeigneten Sanktionsmöglichkeiten«[302]. Die Annahme eine solche Fiktion sei aufgrund des Art. 10 Abs. 2 der RL geboten, überzeugt daher nicht.

Eine Fiktion eines Arbeitsverhältnisses zum Entleiher ist aber auch aus anderen Gründen abzulehnen. So wurde bereits im Rahmen der »Strohmann«-Diskussion festgestellt, dass weder aus § 1 Abs. 2 AÜG noch aus der Lehre des »Rechtsform- bzw. Typenzwangs« eine solche Fiktion – zumindest nach der Streichung des § 13 AÜG a.F. – begründet werden kann[303]. Die Vermutung des § 1 Abs. 2 AÜG hat allenfalls eine gewerbe-, keinesfalls aber eine arbeitsrechtliche Bedeutung. In einem früheren Gesetzesentwurf der Bundesregierung vom 2.9.2010 war zwar noch vorgesehen, dass die nicht nur vorübergehende Überlassung von Arbeitnehmern in den Vermutungstatbestand nach § 1 Abs. 2 AÜG aufgenommen werden sollte; *Hamann* bemerkt insoweit zutreffend, dass in diesem Fall über eine Änderung der Rechtsprechung hinsichtlich einer Fiktionsfolge aus § 1 Abs. 2 AÜG hätte nachgedacht werden müssen[304]. Allerdings hat der Gesetzgeber letztlich von einer Einfügung des Kriteriums in Abs. 2 abgesehen und das Kriterium in § 1 Abs. 1 S. 2 AÜG verortet. Daraus kann man auch den Schluss

---

300 *Sansone*, Gleichstellung von Leiharbeitnehmern nach deutschem und Unionsrecht, (569).

301 EuGH 10.4.1984 – C-14/83 (*von Colson und Kamann*), Slg. 1984, 1891; EuGH 2.8.1993 – C-271/91 (*Marshall II*), Slg. 1993, I-4400.

302 *Sansone*, Gleichstellung von Leiharbeitnehmern nach deutschem und Unionsrecht, (569 f.).

303 Vgl. bereits S. 179 f.

304 *Hamann*, RdA 2011, 321 (326).

ziehen, dass der Gesetzgeber das Merkmal »vorübergehend« von der bis zuletzt andauernde Diskussion zu den arbeitsrechtlichen Folgen des § 1 Abs. 2 AÜG ausklammern wollte[305].

Die ebenfalls angedachte analoge Anwendung des § 10 Abs. 1 S. 1 AÜG wird damit begründet, dass aufgrund der sich aus der Richtlinie ergebenden zwingenden Erfordernis, die Fiktion als abschreckende Sanktion festzuschreiben, eine planwidrige Regelungslücke vorläge. Allerdings wurde eben festgestellt, dass die Richtlinie eben nicht die Fiktion eines Arbeitsverhältnisses als zwingende Sanktion fordert, sondern auch andere Sanktionsmittel in Betracht kommen. Auch spricht gegen eine Regelungslücke, dass das AÜG die Begründung eines Arbeitsverhältnisses zum Entleiher ausschließlich in dem in § 10 Abs. 1 S. 1 AÜG beschriebenen Fall annimmt und man insoweit von einer abschließenden Ausnahmeregelung ausgehen kann. Es wäre für den Gesetzgeber ein Leichtes gewesen, den Fall der Dauerhaftigkeit in § 10 Abs. 1 S. 1 AÜG aufzunehmen, er hat aber davon abgesehen[306].

Der von *Düwell*[307] vorgeschlagene Ansatz zur Begründung eines Arbeitsverhältnisses zum Entleiher scheint dagegen auf den ersten Blick eine saubere Lösung darzustellen. Unterstellte man, dass ein Fall der rechtswidrigen – weil dauerhaften – Überlassung mit dem Fall einer fehlenden Überlassung gleichzusetzen sei, so wäre der Rückgriff auf § 10 Abs. 1 S. 1 AÜG und damit die Fiktion nur konsequent. Allerdings ist eine solche Gleichsetzung dem AÜG bislang fremd: Besitzt ein Verleiher nicht die für § 1 AÜG erforderliche Zuverlässigkeit, insbesondere weil er Vorschriften über die Arbeitsvermittlung nicht einhält (vgl. etwa § 3 Abs. 1 Nr. 1 AÜG) oder verstößt er fortgesetzt gegen seine Pflichten aus dem Gleichstellungsgrundsatzes (vgl. § 3 Abs. 1 Nr. 2 AÜG), so war bisher allenfalls ein Entzug der Erlaubnis bzw. eine Versagung derselben denkbar, keinesfalls aber kam eine Gleichsetzung der rechtswidrigen Handlung mit einer fehlenden Erlaubnis und folglich eine Fiktion des Arbeitsverhältnis zum Entleiher in Betracht. Wenn aber schon der Verstoß gegen den Gleichstellungsgrundsatzes als »Kern« der Leiharbeitsrichtlinie und des AÜG nicht eine Fiktion zur Folge haben soll, erschließt sich dem Autor nicht, warum dies dann bei einem Verstoß gegen § 1 Abs. 1 S. 2 AÜG der Fall sein soll. Die Rechtsunsicherheit, die der deutsche Gesetzgeber mit der Einfügung des Merkmals »vorübergehend« ohne präzise Definition geschaffen hat, würde auf diese Weise auch auf den Ver- oder Entleiher verlagert: Da mangels hinreichend genauer Kriterien die Ent-

---

305 So auch *Krannich/Simon*, BB 2012, 1414 (1418).

306 *R. Giesen*, FA 2012, 66 (68); *Krannich/Simon*, BB 2012, 1414 (1418). Insoweit hat auch das BAG jüngst eine Regelungslücke abgelehnt, 10.12.2013 – 9 AZR 51/13, NZA 2014, 196 (II 2 b cc [2]).

307 *Düwell*, ZESAR 2011, 449 (454); so auch LAG Berlin-Brandenburg 9.1.2013 – 15 Sa 1635/12, NZA-RR 2013, 234.

scheidung, ob eine Überlassung vorübergehend ist, stets in gewissem Umfang von einer Abwägung des Gerichts abhängt, könnten die Parteien nicht auf den Bestand der erteilten Erlaubnis vertrauen und stünden, da man zu keinem Zeitpunkt sicher von dem vorübergehenden Charakter der Überlassung ausgehen könnte, stets unter dem »Damoklesschwert« einer Fiktion. Zudem kann man einer Erlaubnis durch die Bundesagentur für Arbeit nicht ohne Weiteres eine zusätzliche Nebenbestimmung unterstellen, dass sie im Falle einer Überlassung, welche die Grenze des § 1 Abs. 1 S. 2 AÜG überschreitet, nicht gilt bzw. unmittelbar entfallen soll. So haben etwa *Krannich/Simon* erkannt, dass bei der Erlaubniserteilung durch die Bundesagentur schon gar keine Prüfung der Behörde dahingehend erfolgt, ob die beabsichtigten Überlassungen vorübergehend erfolgen sollen oder nicht[308].

Auch ist den eine Fiktion befürwortenden Vertretern vorzuwerfen, dass diese zwar anerkennen, dass ein gesetzlich erzwungener Wechsel der Arbeitsvertragsparteien ein übermäßiger Eingriff in die durch Art. 12 Abs. 1 GG geschützte Berufsfreiheit darstellen kann. Allerdings erkennen sie ein entsprechendes Schutzbedürfnis insoweit nur dem Leiharbeitnehmer zu, dem daher – ähnlich wie bei § 613a Abs. 6 S. 1 BGB – ein Wahl- bzw. Widerspruchsrecht zustehen soll[309]. Dass im Falle einer Fiktion eine Verletzung des Art. 12 Abs. 1 GG auch zu Lasten des Ver- oder Entleihers droht und ein gesetzlicher Vertragsparteienwechsel deshalb möglicherweise einer ausdrücklichen gesetzlichen Regelung[310] bedarf – wie dies etwa bei § 10 Abs. 1 S. 1 AÜG der Fall ist –, wird dagegen kaum problematisiert oder pauschal als eine vom Ver- oder Entleiher hinzunehmende Konsequenz behandelt[311].

ee) Zustimmungsverweigerungsrecht des Betriebsrats i.S.d. § 99 Abs. 2 Nr. 1 Var. 1 BetrVG

Der Arbeitgeber ist nach § 99 Abs. 1 S. 1 BetrVG verpflichtet, in Unternehmen mit mehr als zwanzig wahlberechtigten Arbeitnehmern den Betriebsrat vor jeder Einstellung darüber zu unterrichten. Dieser personellen Maßnahme kann der Betriebsrat die Zustimmung nach § 99 Abs. 2 Nr. 1 Var. 1 BetrVG verweigern, wenn diese gegen ein Gesetz verstoßen würde.

---

308 Vgl. *Krannich/Simon*, BB 2012, 1414 (1419 m.w.N.); kritisch auch *Lambrich*, NZA 2013, Editorial zu Heft Nr. 2.

309 *Bartl/Romanowski*, NZA-Online 3/2012, 1 (6); *Düwell*, ZESAR 2011, 449 (455).

310 Eine solche verlangen etwa in diesem Fall *Krannich/Simon*, BB 2012, 1414 (1418).

311 Konsequent hat daher auch das BAG zuletzt verfassungsrechtliche Bedenken gegenüber einer analogen Anwendung des § 10 Abs. 1 S. 1 AÜG wegen der Auswechslung des Arbeitgebers geäußert, 10.12.2013 – 9 AZR 51/13, NZA 2014, 196 (II 2 b cc (3) [b]).

Insoweit ist unumstritten, dass vertragliche Beziehungen für das Bestehen eines Unterrichtungspflicht i.S.d. Abs. 1 und einem Zustimmungsverweigerungsrecht nicht erforderlich sind. Ausreichend ist, dass ein Arbeitnehmer in den Betrieb eingegliedert wird, um zusammen mit den dort bereits beschäftigten Arbeitnehmern den arbeitstechnischen Zweck des Betriebs unter Weisung des Arbeitgebers zu verwirklichen[312]. Somit ist auch die Eingliederung eines Leiharbeitnehmers in den Entleiherbetrieb mitbestimmungspflichtig[313].

Umstritten ist dagegen, inwieweit ein Zustimmungsverweigerungsrecht des Betriebsrats vorliegt, wenn sich ein Verstoß gegen § 1 Abs. 1 S. 2 AÜG abzeichnet. Das BAG hat das Vorliegen eines solchen Zustimmungsverweigerungsrechts bejaht[314]. Soweit man gegen die zutreffende h.M. das Merkmal »vorübergehend« als bloßen Programmsatz darstellt, wäre ein Zustimmungsverweigerungsrecht nicht anzuerkennen[315]. Der Beschluss der 11. Kammer des ArbG Leipzig vom 15.2.2012[316], welcher in der Literatur erhöhte Aufmerksamkeit erlangt hat, geht daher bereits von einer falschen Prämisse aus. Allerdings wird teilweise dem Betriebsrat ein Zustimmungsverweigerungsrecht gegen die Einstellung eines Leiharbeitnehmers i.S.d. § 99 Abs. 1 S. 1 Var. 1 BetrVG auch von solchen Vertretern abgesprochen, welche dem § 1 Abs. 1 S. 2 AÜG ein Verbot der dauerhafter Überlassungen entnehmen[317].

So wird das Zustimmungsverweigerungsrecht des Betriebsrats mit der Begründung verneint § 1 Abs. 1 S. 2 AÜG stelle kein Gesetz i.S.d. § 99 Abs. 2

---

312 *Fitting/Auffarth/Engels*, Betriebsverfassungsgesetz, § 99 Rn. 33; *Raab* in: Wiese/Kreutz/Oetker u.a., GK-BetrVG Bd. 2, § 99 Rn. 32 m.w.N.

313 BAG 23.1.2008 - 1 ABR 74/06, NZA 2008, 603; BAG 9.3.2011 - 7 ABR 137/09, NZA 2011, 871; *Fitting/Auffarth/Engels*, Betriebsverfassungsgesetz, § 99 Rn. 57; *Lembke*, BB 2012, 2487 (2504); *Raab* in: Wiese/Kreutz/Oetker u.a., GK-BetrVG Bd. 2 8.Aufl., § 99 Rn. 30 m.w.N.

314 BAG 10.7.2013- 7 ABR 91/11, NZA 2013, 1296 (B I 2 c bb [2] [c]); diesem folgend LAG Hamburg 29.08.2013- 1 TaBV 3/13, via juris (II 2 b aa); LAG Schleswig-Holstein 24.10.2013 - 4 TaBV 8/13, via juris (II 2 a).

315 Konsequent daher gegen ein Zustimmungsverweigerungsrecht: *Beck* in: Dornbusch/Fischermeier/Löwisch, FA-Kommentar ArbR § 1 AÜG Rn. 38; *Boemke*, jurisPR-ArbR 2012, Anm. 2; *Huke/Neufeld/Luickhardt*, BB 2012, 961 (964); *Lembke*, DB 2011, 414 (415); *ders.*, FA 2011, 290 (290); *ders.* in: Maschmann (Hrsg.), Rigidität und Flexibilität im Arbeitsrecht, 119 (146); *ders.*, BB 2012, 2487 (2500 f.); *Oberthür*, ArbRB 2011, 146 (147); *Raif*, GWR 2011, 303-303 (303); *Rieble/Vielmeier*, EuZA 2011, 474 (489); *Thüsing*, RdA 2009, 118 (118); *Thüsing/Stiebert*, DB 2012, 632 (638 f.); *Tucci*, Arbeitnehmermobilität im Konzern, S. 230. Wohl auch *Schreiner/Rütz*, MedR 2012, 373 (376); *Stolz*, Zdirekt! 2010, 4 (4); *Teusch/Verstege*, NZA 2012, 1326 (1328).

316 ArbG Leipzig 15.2.2012 - 11 BV 79/11, AiB 2012, 402.

317 So etwa ArbG Leipzig 23.3.2012 - 5 BV 85/11, via juris (II 1). Dabei verneint die 5. Kammer des Arbeitsgerichts Leipzig (anders als etwa dessen 3.oder 11. Kammer) das Zustimmungsverweigerungsrecht nicht schon wegen der Annahme, § 1 Abs. 1 S. 2 AÜG stelle einen Programmsatz ohne Rechtsfolgen dar. So auch LAG Düsseldorf 2.10.2012 - 17 TaBV 38/12, via juris (B II 2 c bb); *R. Giesen*, FA 2012, 66 (69).

Nr. 1 Var. 1 BetrVG dar. *R. Giesen*[318] gelangt dabei mittels eines Erst-Recht-Schlusses zu diesem Ergebnis, weil auch bei einer sich abzeichnenden Verletzung des Gleichstellungsgrundsatzes als maßgeblichen Schutzmechanismus des Arbeitnehmerüberlassungsrechts der Betriebsrat schon bisher kein Zustimmungsverweigerungsrecht zuerkannt wurde[319]. Das ArbG Leipzig[320] verneint das Beteiligungsrecht des Betriebsrat anhand eines Vergleich mit den ehemaligen Höchstüberlassungsfristen des § 3 Abs. 1 Nr. 6 AÜG a.F.: Während damals die gesetzgeberische Entscheidung, Einstellungen, welche länger als die Frist andauern sollten, klar verboten werden sollten, sei eine solche gesetzgeberische Entscheidung in der Schaffung des unbestimmten § 1 Abs. 1 S. 2 AÜG zumindest in dieser Verbindlichkeit nicht zu erkennen.

Zutreffend ist diese ablehnende Ansicht insoweit, als im Ausgangspunkt bejaht wird, dass ein Gesetzesverstoß nur dann einen Zustimmungsverweigerungsgrund des Betriebsrats auslöst, wenn die personelle Maßnahme als solche, nicht etwa einzelne Vertragsbestimmungen, gesetzeswidrig sind; dies ist dann der Fall, wenn nach dem Zweck der verletzten Norm die geplante Einstellung ganz unterbleiben soll[321]. Allerdings verkennt diese Ansicht, dass § 1 Abs. 1 S. 2 AÜG ein Gesetz mit dieser Zweckrichtung darstellt; es soll damit gerade verhindert werden, dass Leiharbeitnehmer dauerhaft bei einem Entleiher eingesetzt werden. Richtigerweise ist daher ein Zustimmungsverweigerungsrecht des Betriebsrats anzuerkennen, wenn bereits zum Zeitpunkt der Einstellung i.S.d. § 99 Abs. 1 BetrVG absehbar ist, dass die Entsendung nicht vorübergehend erfolgen wird[322].

In diesem Kontext ist die Begründung von *R. Giesen* nicht überzeugend: Der in §§ 3 Abs. 1 Nr. 3, 9 Nr. 2 AÜG angelegte Gleichstellungsgrundsatz soll nur das »wie« der Überlassung regeln, nicht das »ob«, denn der Grundsatz von *equal pay* und *equal treatment* soll nicht einer Entsendung von Leiharbeitnehmern entgegenstehen, sondern die Konditionen während dieses Zeitraums zwischen Verleiher und Leiharbeitnehmer regeln. Aus diesem

---

318 *R. Giesen*, FA 2012, 66 (69).

319 *Fitting/Auffarth/Engels*, Betriebsverfassungsgesetz, § 99 Rn. 191; *Raab* in: Wiese/Kreutz/Oetker u.a., GK-BetrVG Bd. 2, § 99 Rn. 167 m.w.N.

320 ArbG Leipzig 23.3.2012 – 5 BV 85/11, via juris (II 1).

321 *Fitting/Auffarth/Engels*, Betriebsverfassungsgesetz, § 99 Rn. 189; *Raab* in: Wiese/Kreutz/Oetker u.a., GK-BetrVG Bd. 2, § 99 Rn. 167. Konkret zu § 1 Abs. 1 S. 2 AÜG nun auch BAG 10.07.2013 – 7 ABR 91/11, NZA 2013,1296 (B I 2 c aa).

322 So auch ArbG Cottbus 25.4.2012 – 2 BV 8/12, AiB 2012, 612 (B 4 a); ArbG Offenbach 1.8.2012 – 10 BV 1/12, AiB 2012, 685 (I 2 d cc [4]); ArbG Cottbus 22.8.2012 – 4 BV 2/12, via juris (II 1 b bb [2] [b]); LAG Niedersachsen 19.9.2012 – 17 TaBV 124/11, via juris (II 3 3.1.); LAG Berlin-Brandenburg 19.12.2012 – 4 TaBV 1163/12 via juris (B I 1 a); *Bartl/Romanowski*, NZA-Online 3/2012, 1 (6); *Fitting/Auffarth/Engels*, Betriebsverfassungsgesetz, § 99 Rn. 192a; *Hamann*, NZA 2011, 70 (75); *ders.*, RdA 2011, 321 (327); *Mittag* in: Wedde, Arbeitsrecht, § 1 AÜG Rn. 29; *Thiess/Denzel*, AiB 2012, 188 (191 f.); *Zimmer*, AuR 2012, 422 (425 f.).

Grunde stellt ein Verstoß gegen den Gleichstellungsgrundsatz keinen gleichzeitigen Verstoß gegen ein Gesetz i.S.d. § 99 Abs. 2 Nr. 1 Var. 1 BetrVG dar. § 1 Abs. 1 S. 2 AÜG steht dagegen einer dauerhaften Einstellung eines Leiharbeitnehmers entgegen[323]. Der Bejahung eines Zustimmungsverweigerungsrecht des Betriebsrats kann man auch nicht mit dem Argument des ArbG Leipzig widersprechen, mangels hinreichender Bestimmtheit des § 1 Abs. 1 S. 2 AÜG könne man diese Norm nicht mit der ehemaligen Überlassungshöchstfrist vergleichen, welche als Gesetz i.S.d. § 99 Abs. 2 Nr. 1 Var. 1 BetrVG anerkannt war. Es macht keinen Unterschied, ob der Gesetzgeber die Überlassungen mittels einer ausdrücklich bestimmten Frist die Dauer der Überlassungen zeitlich begrenzt oder ob eine solche zeitliche Begrenzung anhand eines unbestimmten Tatbestandsmerkmals – wie hier bei »vorübergehend« geschehen – erfolgt. In beiden Fällen soll verhindert werden, dass die Überlassung die gesetzte Grenze überschreitet; ist daher schon bei der Einstellung absehbar, dass ein Verstoß gegen § 1 Abs. 1 S. 2 AÜG erfolgen wird, so muss der Betriebsrat in gleichem Umfang der personellen Maßnahme widersprechen können wie bei einem Verstoß gegen die frühere Höchstüberlassungsfrist des § 3 Abs. 1 Nr. 6 AÜG a.F.

ff) Rechte des Betriebsrats nach § 80 Abs. 1 Nr. 1 BetrVG

Neben einem Zustimmungsverweigerungsrecht nach § 99 Abs. 2 Nr. 1 Var. 1 BetrVG kommt zudem ein Überwachungsrecht bzw. eine Überwachungspflicht[324] des Betriebsrats nach § 80 Abs. 1 Nr. 1 BetrVG in Betracht. Danach hat der Betriebsrat darüber zu wachen, dass die zugunsten der Arbeitnehmer – dazu zählen auch die im Entleiherbetrieb eingesetzten Leiharbeitnehmer[325] – geltenden Gesetze durchgeführt werden.

Die Norm erfasst alle arbeitsrechtlichen Schutzgesetze, soweit sie zwingende Vorschriften zum Vorteil der Arbeitnehmer enthalten[326]. Solche Schutzgesetze – die Norm ist insoweit weit auszulegen – sind auch die Vor-

---

323 Auch berechtigt eine Arbeitnehmerüberlassung ohne Erlaubnis des Verleihers den Betriebsrat zur Verweigerung seiner Zustimmung zur Einstellung, da der in § 1 Abs. 1 S. 1 AÜG angelegte Erlaubnisvorbehalt gerade das „ob“ einer Überlassung ohne Gestattung verhindern soll, vgl. *Raab* in: Wiese/Kreutz/Oetker u.a., GK-BetrVG Bd. 2, § 99 Rn. 167 a.E.

324 *C. Weber* in: Wiese/Kreutz/Oetker u.a., GK-BetrVG Bd. 2, § 80 Rn. 24.

325 *Thüsing* in: Thüsing, AÜG 3. Aufl., § 14 Rn. 103. Ähnlich *Rieble* in: Dornbusch/Fischermeier/Löwisch, FA-Kommentar ArbR § 80 Rn. 4, der allerdings zusätzlich danach differenziert, ob eine „Arbeitgeber-Pflicht“ des Entleihers gegenüber dem Leiharbeitnehmer betroffen ist.

326 *Preis* in: Wlotzke/Preis/Kreft, BetrVG, § 80 Rn. 8; *Schrader* in: Henssler/Willemsen/Kalb, ArbR-Komm. 6. Aufl., § 80 BetrVG Rn. 3; *C. Weber* in: Wiese/Kreutz/Oetker u.a., GK-BetrVG Bd. 2, § 80 Rn. 12.

schriften des AÜG[327]. § 1 Abs. 1 S. 2 AÜG als Verbot dauerhafter Arbeitnehmerüberlassung schützt die im Betrieb eingesetzten Leiharbeitnehmer vor einem dauerhaften Einsatz und dem daraus verbundenen Missbrauchspotential sowie dem Entfallen jeglicher Übernahmechancen und ist daher als Schutzgesetz i.S.d. § 80 Abs. 1 Nr. 1 BetrVG einzuordnen. Billigte man dem Merkmal »vorübergehend« ferner zumindest als sekundäre Funktion auch den Schutz der Stammbeschäftigten vor einer langfristigen Substitution durch Leiharbeitnehmer zu, spräche auch dies für ein arbeitsrechtliches Schutzgesetz i.S.d. § 80 Abs. 1 Nr. 1 BetrVG. Dem steht nicht entgegen, dass nur allgemeine Regelungen einen Überwachungsgegenstand für den Betriebsrat darstellen können und die Einhaltung einzel(arbeits-)vertraglicher Regelungen nicht erfasst ist[328], denn der Betriebsrat würde im konkreten Fall nicht die Rechtmäßigkeit des zwischen Ver- und Entleiher abgeschlossenen Überlassungsvertrag prüfen, sondern lediglich, ob die durch diese Vereinbarung entsendeten Leiharbeitnehmer vorübergehend oder dauerhaft in den Betrieb des Entleihers eingegliedert werden.

Die Rechte des Betriebsrats im Rahmen des § 80 Abs. 1 Nr. 1 BetrVG sind allerdings stark begrenzt. So hat er lediglich Überwachungsbefugnisse und weder einen gerichtlich durchsetzbaren Anspruch auf Unterlassung einer gegen ein Gesetz verstoßenden für Arbeitnehmer nachteiligen Maßnahme noch einen durchsetzbaren Anspruch auf Einhaltung einer die Arbeitnehmer begünstigenden Norm[329]. Es bleibt vielmehr eine Angelegenheit des Arbeitnehmers, seine Rechte gerichtlich durchzusetzen.

Werden dem Betriebsrat Rechtsverstöße bekannt, so bleibt ihm lediglich die Möglichkeit, die zweifelhafte Handlung beim Arbeitgeber zu beanstanden und auf Abhilfe zu drängen[330]. Der Arbeitgeber ist in diesem Falle ver-

---

327 *Fitting/Auffarth/Engels*, Betriebsverfassungsgesetz, § 80 Rn. 6; *Kania* in: Müller-Glöge/Preis/Schmidt, ErfK 14. Aufl., § 80 BetrVG Rn. 3; *Schrader* in: Henssler/Willemsen/Kalb, ArbR-Komm. 6. Aufl., § 80 BetrVG Rn. 7.

328 *Fitting/Auffarth/Engels*, Betriebsverfassungsgesetz, § 80 Rn. 12; *Kania* in: Müller-Glöge/Preis/Schmidt, ErfK 14. Aufl., § 80 BetrVG Rn. 6; *Preis in:* Wlotzke/Preis/Kreft, BetrVG,§ 80 Rn. 10; *C. Weber* in: Wiese/Kreutz/Oetker u.a., GK-BetrVG Bd. 2, § 80 Rn. 19.

329 BAG 28.5.2002 - 1 ABR 32/01, NZA 2003, 166 (B I 6); BAG 28.5.2002 - 1 ABR 40/01, NZA 2003, 1352 (B III); BAG 17.5.2011 - 1 ABR 121/09, EzA § 23 BetrVG 2001 Nr. 5 (B V 2 [a.A. die Vorinstanz]); *Fitting/Auffarth/Engels*, Betriebsverfassungsgesetz, § 80 Rn. 14; *Schrader* in: Henssler/Willemsen/Kalb, ArbR-Komm. 6. Aufl., § 80 BetrVG Rn. 19; *C. Weber* in: Wiese/Kreutz/Oetker u.a., GK-BetrVG Bd. 2, § 80 Rn. 29. Andere Ansicht wohl *Buschmann* in: Däubler/Kittner/Klebe u.a., BetrVG § 80 Rn. 28 f.

330 BAG 28.5.2002 - 1 ABR 32/01, NZA 2003, 166 (B I 6); BAG 28.5.2002 - 1 ABR 40/01, NZA 2003, 1352 (B III); *Buschmann* in: Däubler/Kittner/Klebe u.a., BetrVG § 80 Rn. 32; *Fitting/Auffarth/Engels*, Betriebsverfassungsgesetz, § 80 Rn. 15; *Kania* in: Müller-Glöge/Preis/Schmidt, ErfK 14. Aufl., § 80 BetrVG Rn. 7; *Preis* in: Wlotzke/Preis/Kreft, BetrVG,§ 80 Rn. 6; *Schrader* in: Henssler/Willemsen/Kalb,

pflichtet, mit dem Betriebsrat über die Maßnahme zu verhandeln. Kommt der Arbeitgeber der Forderung des Betriebsrats nicht nach und sind auch andere betriebsinterne Lösungsmöglichkeiten gescheitert, wird dem Betriebsrat nach überwiegender Ansicht das Recht zugebilligt, die zuständigen Gewerbeaufsichtsbehörden zu informieren (»Flucht in die Öffentlichkeit«)[331].

gg) Zwischenergebnis zu den Rechtsfolgen einer dauerhaften Überlassung

Insgesamt kann daher eine dauerhafte Überlassung eines Leiharbeitnehmers mehrere nachteilige Rechtsfolgen für die beteiligten Ver- und Entleiher nach sich ziehen. So ist die Bundesagentur Fall der dauerhaften Überlassung berechtigt, dem Verleiher die Erlaubnis zu entziehen und den Missbrauch dadurch künftig zu unterbinden. Auch kann der Betriebsrat des Entleihers einer dauerhaften Eingliederung eines Zeitarbeiters die Zustimmung versagen und die stattfindenden Leiharbeitnehmereinsätze im Betrieb überwachen.

Bei näherer Betrachtung – insbesondere mit Blick auf das hier vertretene Verständnis des Merkmals »vorübergehend« – stellt aber das Recht des Betriebsrats, der Einstellung eines Leiharbeitnehmers zu widersprechen, für die Beteiligten kaum eine wirksame, angemessene und abschreckende Sanktion i.S.d. Art. 10 Abs. 2 der Leiharbeitsrichtlinie dar. Wie bereits ausgeführt, ist eine Überlassung von einem Zeitraum bis zu zwei Jahren wegen der Wertung des § 14 Abs. 2 TzBfG nach hier vertretener Auffassung regelmäßig als noch »vorübergehend« zu qualifizieren. Folglich wäre in den seltensten Fällen bereits *zu Beginn* einer Überlassung absehbar, dass diese dauerhaft erfolgen soll, und konsequent ein Zustimmungsverweigerungsrecht des Betriebsrats i.S.d. § 99 Abs. 2 Nr. 1 Var. 1 BetrVG im konkreten Fall abzulehnen[332]. Als »Sanktion« kommt daher ein Zustimmungsverweigerungsrecht des Betriebsrats nur dann in Betracht, wenn eben eine Rückkehr des Leiharbeitnehmers schon zu diesem Zeitpunkt denknotwendig ausscheidet – eine Voraussetzung, die in den seltensten Fällen vorliegen dürfte.

Stellt sich im Laufe der Überlassung heraus, dass diese auf Dauer angelegt ist, fällt die Zubilligung eines bloßen Überwachungsrechts des Betriebsrats nach § 80 Abs. 1 Nr. 1 BetrVG für Befürworter größtmöglicher Sanktionen

---

ArbR-Komm. 6. Aufl., § 80 BetrVG Rn. 19; *C. Weber* in: Wiese/Kreutz/Oetker u.a., GK-BetrVG Bd. 2, § 80 Rn. 28.

331 *Buschmann* in: Däubler/Kittner/Klebe u.a., BetrVG § 80 Rn. 32; *Fitting/Auffarth/Engels*, Betriebsverfassungsgesetz, § 80 Rn. 16; *Preis* in: Wlotzke/Preis/Kreft, BetrVG,§ 80 Rn. 6; *Schrader* in: Henssler/Willemsen/Kalb, ArbR-Komm. 6. Aufl., § 80 BetrVG Rn. 19; *C. Weber* in: Wiese/Kreutz/Oetker u.a., GK-BetrVG Bd. 2, § 80 Rn. 18. Andere Ansicht wohl *Rieble* in: Dornbusch/Fischermeier/Löwisch, FA-Kommentar ArbR § 80 Rn. 3.

332 Das BAG indessen hat in seinem Beschluss vom 10.7.2013 eben einen solchen Fall angenommen, vgl. BAG 10.7.2013- 7 ABR 91/11, NZA 2013, 1296.

im Falle einesVerstoßes gegen das Merkmal »vorübergehend« sicher enttäuschend aus, da der Betriebsrat – außer einer Einwirkung auf den Arbeitgeber im Rahmen von sonstigen Verhandlungen – keine Möglichkeit hat, die Beseitigung dieses regelwidrigen Zustandes zu bewirken; ein Unterlassungsanspruch des Betriebsrats wäre zweifellos effektiver. Nicht zu unterschätzen ist aber die Möglichkeit der »Flucht in die Öffentlichkeit«, wobei in diesem Kontext allenfalls sekundär die Anzeige des Vorfalls durch den Betriebsrat an die Presse gemeint ist[333], sondern primär die Meldung an die Gewerbeaufsichtsbehörden, insbesondere die Bundesagentur für Arbeit gemeint ist. Diese ist nämlich befugt, dem Verleiher die Erlaubnis zu entziehen.

Der Entzug der Erlaubnis nach § 5 Abs. 1 Nr. 3 i.V.m. §§ 3 Abs. 1 Nr. 1, 1 Abs. 1 S. 2 AÜG stellt nämlich die einzige hinreichend wirksame, angemessene und abschreckende Sanktion i.S.d. § 10 Abs. 2 der Leiharbeitsrichtlinie dar[334]. Mit dem Wirksamwerden des Widerrufs entfällt die Erlaubnis (§ 5 Abs. 2 S. 1 AÜG) und der Verleiher somit an der weiteren Durchführung seiner unternehmerischen Tätigkeit gehindert – eine erhebliche Folge, in diesem Fall steht doch die Existenz des Verleihunternehmen als Ganzes auf dem Spiel. Ob wegen dieser erheblichen Konsequenzen der Entzug der Erlaubnis zu Lasten des Verleihers nur in gravierenden Fällen, insbesondere Wiederholungsfällen, in Betracht kommt, ist letztlich eine Frage der Verhältnismäßigkeit im Rahmen der Ermessensentscheidung der Bundesagentur für Arbeit (§ 17 S. 1 AÜG)[335].

Setzt der Verleiher auch nach Entzug der Erlaubnis die Überlassung von Leiharbeitnehmern fort, so greift die bereits an anderer Stelle erläuterte Fiktion nach § 10 Abs. 1 S. 1 AÜG und der Leiharbeitnehmer wird Arbeitnehmer des Entleihers. Unter bestimmten Umständen ist daher auch im Falle eines dauerhaften Verleihs eine Fiktion eines Arbeitsverhältnisses denkbar.

Letztlich stellt somit die Möglichkeit des Entzugs der Erlaubnis des Verleihers im Falle eines Verstoßes gegen § 1 Abs. 1 S. 2 AÜG eine hinreichende Sanktion i.S.d. Art. 10 Abs. 2 RL 2008/104/EG dar. *Insoweit* ist daher die Kritik einiger Autoren[336], die deutsche Umsetzung der Leiharbeitsrichtlinie sei unzureichend, nicht berechtigt.

---

333 Ohnehin ist eine abschließende Entscheidung, inwieweit eine solche Veröffentlichung mit bestehenden Loyalitätspflichten vereinbar ist, dem Umfang nach im Rahmen dieser Arbeit kaum zu bewerkstelligen.

334 *Sansone*, Gleichstellung von Leiharbeitnehmern nach deutschem und Unionsrecht, S. 570.

335 *Bartl/Romanowski*, NZA-Online 3/2012, 1 (5); *R. Giesen*, FA 2012, 66 (69); *Hamann*, RdA 2011, 321 (327).

336 *Bartl/Romanowski*, NZA-Online 3/2012, 1 (5 f.); *Düwell*, ZESAR 2011, 449 (454); *ders.*, dbr 2011, 10 (12); *Krause*, Tarifverträge zur Begrenzung der Leiharbeit und zur Durchsetzung von Equal Pay, S. 27; *Thiess/Denzel*, AiB 2012, 188 (190 f.); *Ulber* in: Ulber, AÜG 4. Aufl., § 1 Rn. 231d; *Zimmer*, AuR 2012, 422 (425); *dies.*, AuR 2012, 89.

d) Zwischenergebnis zu den Auswirkungen des § 1 Abs. 1 S. 2 AÜG

Mit der Einfügung des § 1 Abs. 1 S. 2 AÜG setzt der deutsche Gesetzgeber die entsprechende Vorgabe der Richtlinie um. Wie die RL 2008/104/EG über Leiharbeit ist nun auch nach dem deutschen AÜG die dauerhafte Überlassung eines Leiharbeitnehmers an einen Entleiher – unabhängig davon, ob dieser mit dem Verleiher konzernverbunden ist oder nicht – unzulässig.

Das Modell einer konzernangehörigen Personalführungsgesellschaft, die Arbeitskräfte für den ganzen Konzern zentral einstellt, um diese dann dauerhaft an die Konzernschwestern zu überlassen, ist daher nach neuer Rechtslage nicht mehr möglich. Folgte man dagegen der Ansicht, die in § 1 Abs. 1 S. 2 AÜG einen reinen Programmsatz ohne Rechtsfolgen sieht, wäre dieses Modell nach wie vor zulässig.

Wann eine Überlassung eines Leiharbeitnehmers an einen Verleiher noch als vorübergehend zu qualifizieren ist, ist in der Literatur hochumstritten; höchstrichterliche Rechtsprechung gibt es diesbezüglich noch nicht. Nach hier vertretener Auffassung ist das Merkmal zweistufig zu prüfen: Wegen der in § 14 Abs. 2 TzBfG enthaltenen Wertung ist eine bis zu zwei Jahren andauernde Überlassung grundsätzlich noch als mit § 1 Abs. 1 S. 2 AÜG vereinbar zu betrachten (1. Stufe). Überdauert die Überlassung diesen Zeitraum, ist anhand einer Gesamtabwägung, bei der alle Umstände des Einzelfalles zu berücksichtigen sind, zu entscheiden, inwieweit die Überlassung noch zulässig ist. Regelmäßig ist dabei zwingend zu berücksichtigen, inwieweit die Überlassung die zwei Jahre übersteigt und ein Ende der Entsendung absehbar ist.

Trotzdem führt das Merkmal »vorübergehend« nicht zur Unzulässigkeit jeglicher konzerninterner Arbeitnehmerüberlassung: § 1 Abs. 1 S. 2 AÜG steht einer Vorgehensweise, bei der zentral im Konzern ein Verleiher seine Arbeitskräfte an die konzernverbundenen Entleiher überlässt, nicht entgegen. Je geringer die Ansprüche sind, die an die Arbeitskräfte gestellt werden, desto eher ist konzerninterne Arbeitnehmerüberlassung denkbar. Auch ein dauerhafter Personalbedarf kann nach hier vertretener Auffassung weiterhin mittels konzerninterner Leiharbeit abgedeckt werden, unter der Voraussetzung, dass die einzelnen Überlassungen vorübergehend erfolgen; regelmäßig wird dies bedeuten, dass Leiharbeitnehmer – um auf der rechtlich sicheren Seite zu sein – spätestens nach zwei Jahren ausgetauscht werde um die auf der 2. Stufe stattfindende Gesamtabwägung mit der einer Abwägung immanenten Unsicherheiten zu vermeiden. Die von *Schüren* begründete Ansicht, wonach die Tätigkeit von Personalführungsgesellschaften an sich schon als rechtsmissbräuchlich und damit als unzulässig einzustufen sei, weil die Personalführungsgesellschaft nur »Strohmann« des Entleihers sei, wurde auch durch die jüngste Reform des AÜG nicht bestätigt.

Nach neuer Rechtslage ist der Einsatz von Leiharbeitnehmern keine Alternative mehr zu dem Einsatz von eigenen Mitarbeitern, die mehrere Jahrzehnte für ihren Arbeitgeber arbeiten; eine exakte Kenntnis aller Betriebsabläufe, wie sie nur langjährige Mitarbeiter eines Unternehmens erwerben, wird nach dem neuen Modell der Arbeitnehmerüberlassung von einem nur »vorübergehend« entsandten Leiharbeitnehmer nicht mehr erwartet werden können. Es bleibt letztlich eine unternehmerische Entscheidung des Entleihers, ob seine Belegschaft aus sehr gut eingearbeiteten eigenen Arbeitnehmern bestehen oder ob das Personal im Wege der im Zweifel günstigeren Arbeitnehmerüberlassung rekrutiert werden soll, zu dem Preis freilich, dass diese nur vorübergehend einsetzbaren und damit ständig fluktuierenden Arbeitskräfte in regelmäßigen Zeitabständen immer wieder neu eingearbeitet werden müssen.

2. Vereinbarkeit mit § 9 Nr. 2 Halbs. 4 AÜG n.F.

Dass Leiharbeit als eigenständige Branche etabliert werden sollte, war spätestens seit dem Gesetz für moderne Dienstleistungen am Arbeitsmarkt ein erklärtes Ziel des Gesetzgebers. Vor allem die bereits beschriebene Tarifdispositivität des Gleichstellungsgrundsatzes machte den Einsatz nicht nur aus Gründen der erhöhten Flexibilität, sondern auch als Mittel zur Personalkostensenkung attraktiv.

Die negative Abweichung vom Grundsatz von *equal pay* und *equal treatment* durch Tarifvertrag ist zwar vom Gesetzgeber ausdrücklich gestattet, weshalb ein Einsatz von Leiharbeitnehmern als Kostensenkungsinstrument und Alternative zur Beschäftigung von eigenen Arbeitnehmern für sich genommen noch nicht als verwerflich zu bezeichnen ist. In der Praxis wurde aber branchenübergreifend mit zunehmender Häufigkeit die Möglichkeit genutzt, Stammarbeitnehmer freizusetzen und diese anschließend wieder als Leiharbeitnehmer seitens eines konzernangehörigen Verleihers am gleichen Arbeitsplatz – natürlich zu schlechteren Bedingungen – einzusetzen[337]. In einer solchen Konstellation, bei der Stammarbeitnehmer ihren Arbeitgeber verlassen und sofort quasi durch die Drehtür als Leiharbeitnehmer auf dem alten Arbeitsplatz eingesetzt werden (sog. »Drehtüreffekt«), erscheint es aber naheliegend, das Vorgehen von Ver- und Entleiher als missbräuchlich zu Lasten des Arbeitnehmers einzustufen.

Die Drehtürmethode ist letztlich ein Instrument für den Arbeitgeber, sein bisheriges Beschäftigungskonzept auf (konzerninterne) Arbeitnehmerüberlassung zu ändern. Sollte sich dieses Instrument mit Einführung der in § 9 Nr. 2 HS 4 AÜG angelegten »Drehtürklausel« als nicht mehr zulässig

---

337 *Reineke* in: Dornbusch/Fischermeier/Löwisch, FA-Kommentar ArbR § 3 AÜG Rn. 36.

erweisen, dürfte konzerninterne Arbeitnehmerüberlassung als unternehmerische Entscheidung kaum noch realisierbar sein. Es ist daher an dieser Stelle vor allem zu klären, welche inhaltliche Bedeutung der Neuregelung beizumessen ist, inwieweit die Beteiligten das Vorliegen des Tatbestands der Klausel vermeiden können und welche Konsequenzen die Norm auf die konzerninterne Arbeitnehmerüberlassung in der Zukunft haben wird.

Hervorzuheben ist an dieser Stelle, dass eine hier mit »Drehtüreffekt« umschriebene Vorgehensweise von Ver- und Entleiher kein rein spezifisches Phänomen im Rahmen von konzerninterner Arbeitnehmerüberlassung ist; es ist auch denkbar, dass der Verleiher nicht mit dem Entleiher als früherem Arbeitgeber der Leiharbeitnehmer konzernverbunden ist. Allerdings setzt die Drehtürmethode als Instrument der Personalplanung ein gewisses »vertrauensvolles Zusammenwirken« von Ver- und Entleiher voraus, welches meist – wenn nicht sogar ausschließlich – innerhalb von Konzernstrukturen vorliegen dürfte, zumal sich gerade im Falle einer Konzernbindung des Verleiherunternehmens die Kosteneinsparungs- und Flexibilisierungseffekte optimieren dürften[338].

a) Drehtürklausel als »Lex Schlecker«

Dieser »Drehtüreffekt« nach der Devise *sale and lease back* wurde landesweit in den Medien vor allem als »System Schlecker« bekannt und heftig kritisiert[339]:

Die mittlerweile insolvente Drogeriemarktkette Schlecker schloss aus Gründen der Personalkostenreduzierung kleinere Filialen und kündigte die Arbeitsverhältnisse der dort beschäftigten Arbeitnehmer aus betriebsbedingten Gründen. Gleichzeitig bot Schlecker den gekündigten Stammarbeitnehmern an, (Leih-)Arbeitnehmer bei dem Zeitarbeitsunternehmen Meniar zu werden. Ob Meniar tatsächlich auch zur Schlecker-Gruppe gehörte, war zwischen ver.di und Schlecker bis zuletzt streitig. Bei Meniar unterlagen die Arbeitnehmer aber nun den Tarifverträgen der CGZP, welche im Vergleich zu den ehemaligen Arbeitsbedingungen ein deutlich niedrigeres Lohnniveau, weniger Urlaubstage und weder Urlaubs- noch Weihnachtsgeld regelten[340]. Der Schleckerkonzern eröffnete dann – teilweise in unmittelbarer Nachbarschaft der alten Filialen oder an selber Stelle, aber mit erhöhter

338 So auch *Hamann*, NZA 2011, 70 (75); *ders.*, RdA 2011, 321 (328).

339 *Böhm*, DB 2010, 1350 (1350 f.); *Böhm*, DB 2010, 672 (672); *Düwell/Dahl*, DB 2010, 1759 (1759); *Hamann*, NZA 2011, 70 (75); *Heuchemer/Schielke*, BB 2011, 758 (760); *Lembke*, DB 2011, 414 (418); *Raif*, GWR 2011, 303-303 (303); *Reineke* in: Dornbusch/Fischermeier/Löwisch, FA-Kommentar ArbR § 3 AÜG Rn. 36; *Tucci*, Arbeitnehmermobilität im Konzern, S. 215.

340 *Hasler-Hagedorn*, Die "Austauschkündigung" und die "Freikündigung" im Rahmen der betriebsbedingten Kündigung, S. 142.

Quadratmeterzahl[341] – neue und größere Schleckermärkte (»Schlecker XL«), an welche die übernommenen Leiharbeiter von Meniar überlassen wurden, wobei nach der Aussage von Schlecker mit diesem Vorgehen keine personalpolitischen, sondern lediglich strukturelle Ziele verfolgt wurden, um sich künftig auf die rentableren Schlecker XL-Märkte zu konzentrieren[342].

Im Gesetzentwurf der Bundesregierung vom 17.2.2011 nimmt diese zwar nicht ausdrücklich Bezug auf den Fall Schlecker[343], allerdings gilt es in der Literatur unstreitig[344], dass die Praxis von Schlecker, vor allem die mediale Aufmerksamkeit und die in breiten Teilen der Bevölkerung herrschende Empörung den Gesetzgeber zu der Einführung der Drehtürklausel veranlasst haben.

b) Versuche der Vorwegnahme der Drehtürklausel durch die Tarifparteien

Bevor der Gesetzgeber die Drehtürklausel nach § 9 Nr. 2 HS 4 AÜG erließ, versuchten die Tarifpartner aufgrund des »wachsenden Drucks der öffentlichen Aufmerksamkeit«[345], das negative Erscheinungsbild der Leiharbeitsbranche zu verbessern und in den Tarifverträgen Regelungen (sog. »Anti-Schlecker-Klauseln«)[346] zu schaffen, um in den »Drehtürfällen« eine negative Abweichung vom Gleichstellungsgrundsatz zu verhindern.

So sah etwa der Tarifvertrag des CGB, der 2010 mit dem AMP vereinbart wurde[347], vor, dass dessen Anwendbarkeit bei Leiharbeit zwischen konzernverbundenen Unternehmen grundsätzlich und ohne weitere Voraussetzungen entfallen sollte. Diese Klausel wurde jedoch nicht der Tatsache gerecht, dass eine »Drehtür« uneingeschränkt möglich bleibt, wenn das Verleihunternehmen in keinerlei Konzernverbindung zum Entleiher steht, wie dies gerade in der Causa Schlecker bei Meniar streitig war.

---

341 ArbG Marburg – 2 Ga 1/10, EzA-SD 2010, Nr. 9 *Hasler-Hagedorn*, Die "Austauschkündigung" und die "Freikündigung" im Rahmen der betriebsbedingten Kündigung, S. 141.

342 Vgl. dazu insgesamt *Böhm*, DB 2010, 672 (672); *Heuchemer/Schielke*, BB 2011, 758 (760).

343 BT-Drs. 17/4804, S. 9.

344 *Böhm*, DB 2010, 1350 (1350 f.); *Böhm*, DB 2010, 672 (672); *Düwell/Dahl*, DB 2010, 1759 (1759); *Hamann*, NZA 2011, 70 (75); *Heuchemer/Schielke*, BB 2011, 758 (760); *Lembke*, DB 2011, 414 (418); *Mengel* in: Rieble/Junker/R. Giesen (Hrsg.), Arbeitsrecht im Konzern, 45 (69); *Raif*, GWR 2011, 303-303 (303); *Reineke* in: Dornbusch/Fischermeier/Löwisch, FA-Kommentar ArbR § 3 AÜG Rn. 36.

345 *Oberthür*, ArbRB 2010, 213 (213).

346 Stellungnahme des AMP in Ausschussdrucksache 17(11)207 (Arbeit und Soziales) S. 24; Stellungnahme des Unternehmensverband Deutsches Handwerk in Auschussdrucksache 17(11)431 (Arbeit und Soziales) S. 74;

347 Vgl. *Oberthür*, ArbRB 2010, 213 (214); *Mengel* in: Rieble/Junker/R. Giesen (Hrsg.), Arbeitsrecht im Konzern, 45 (68).

Die Tarifverträge zwischen BZA/iGZ und dem DGB[348] enthielten dagegen die Regelung, dass der eine negative Abweichung vom Gleichstellungsgrundsatz enthaltende Tarifvertrag nicht für Überlassungen zwischen konzernverbundene Unternehmen gelten solle, wenn der Verleiher in einem ins Gewicht fallenden Maße zuvor beim Entleiher beschäftigte Arbeitnehmer übernimmt, die betroffenen Arbeitnehmer auf ihren ursprünglichen oder vergleichbaren Arbeitsplätzen eingesetzt werden *und* dadurch bestehende, im Kundenunternehmen wirksame Entgelttarifverträge zuungunsten der betroffenen Arbeitnehmer umgangen werden sollten. Kritisiert wurde diese Regelung vor allem wegen ihrer fehlenden Bestimmtheit: So war unklar, wann ein Übernahme von Arbeitnehmern in einem »ins Gewicht fallenden Maße« vorliegen sollte oder wann im Einzelfall eine Umgehung von Entgelttarifverträgen zum Nachteil der Arbeitnehmer anzunehmen war[349]. Auch bei dieser Regelung stellte sich die Frage, warum der Drehtüreffekt im Falle einer Einschaltung eines konzernfremden Verleihers nicht verhindert werden sollte.

Der zwischen BVD und CGB abgeschlossene Tarifvertrag[350] sah schließlich vor, dass er keine Anwendung auf Leiharbeitnehmer findet, die vor Ablauf von sechs Monaten nach Beendigung eines Arbeitsverhältnisses auf den bisherigen oder einen vergleichbaren Arbeitsplatz bei ihrem Arbeitgeber oder einem Entleiher, der mit dem früheren Arbeitgeber konzernrechtlich verbunden ist, zu ungünstigeren Bedingungen überlassen wird. Diese Regelung selbst wurde wiederum als tarifdispositiv erklärt. Diese Vereinbarung entspricht weitgehend der heutigen Fassung des § 9 Nr. 2 HS 4 AÜG, wobei die zwischen BVD und CGB vereinbarte Öffnungsklausel – wie etwa *Mengel* zutreffend anmerkt[351] – an der glaubhaften Bekämpfung des Drehtüreffektes durch die beteiligten Tarifparteien durchaus zweifeln lässt.

Insgesamt wurden die Tarifverträge nicht nur zur Verbesserung des Rufs der Leiharbeitsbranche mit diesen Ausnahmeregelungen ausgestattet, sondern auch als tarifautonome Lösung vorgebracht um ein Tätigwerden des Gesetzgebers in Form einer »Bevormundung«[352] zu verhindern[353]. Funktio-

---

348 § 1.2 des Manteltarifvertrag Zeitarbeit zwischen BZA/IGZ und DGB, zuletzt geändert am 9.3.2010, abrufbar unter http://www.avitea.de/res/download/Tarifvertrag_08_2010.pdf (Stand 5.12.2012); vgl. auch *Böhm*, DB 2010, 1350 (1351); *Oberthür*, ArbRB 2010, 213 (214).

349 Zutreffend *Mengel* in: Rieble/Junker/R. Giesen (Hrsg.), Arbeitsrecht im Konzern, 45 (69).

350 Stellungnahme des BVD in Ausschussdrucksache 17(11)207 (Arbeit und Soziales) S. 5 f.; vgl. auch *Mengel* in: Rieble/Junker/R. Giesen (Hrsg.), Arbeitsrecht im Konzern, 45 (68).

351 *Mengel* in: Rieble/Junker/R. Giesen (Hrsg.), Arbeitsrecht im Konzern, 45 (68).

352 *Böhm*, DB 2010, 1350 (1351).

353 So auch *Mengel* in: Rieble/Junker/R. Giesen (Hrsg.), Arbeitsrecht im Konzern, 45 (67); *Tucci*, Arbeitnehmermobilität im Konzern, S. 234.

niert hat dies nicht; der Gesetzgeber erkannte die von den Tarifvertragsparteien getroffenen Ausnahmeregelungen augenscheinlich nicht als ausreichend an und hielt es offenbar für erforderlich, diese Missbrauchsfälle mit der gesetzlichen Regelung der Drehtürklausel auszuschließen[354].

c) Inhalt des § 9 Nr. 2 Halbs. 4 AÜG

Die vom Gesetzgeber getroffene Regelung erklärt eine für einen Leiharbeitnehmer ungünstige Abweichung vom Gleichstellungsgrundsatz für unwirksam, wenn dieser in den letzten sechs Monaten vor der Überlassung an den Entleiher aus einem Arbeitsverhältnis bei diesem oder einem Arbeitgeber, der mit dem Entleiher einen Konzern i.S.d. § 18 AktG bildet, ausgeschieden ist. Es wird dabei offensichtlich nicht danach differenziert, ob der Leiharbeitnehmer auf seinem ursprünglichen oder einem vergleichbaren Arbeitsplatz eingesetzt wird, sondern allein darauf, ob ein Arbeitsverhältnis – gleich welchen Inhalts – bestanden hat[355]. Insoweit ist die Regelung deutlich weiter gefasst als dies in den meisten Tarifvertragswerken, die eine solche Klausel vorsahen, der Fall war.

Bereits auf den ersten Blick ist erkennbar, dass mit der Drehtürklausel *nicht* die Drehtür im Allgemeinen und die konzerninterne Arbeitnehmerüberlassung im Besonderen durch § 9 Nr. 2 Halbs. 4 AÜG verboten werden sollte[356]; dies stellt auch der Gesetzesentwurf der Bundesregierung klar[357]. Andernfalls hätte der Gesetzgeber ein solches Verbot ausdrücklich in einem neu zu schaffenden § 9 Nr. 6 AÜG vorgesehen. Vielmehr beschränkt sich der Gesetzgeber darauf, im Falle eines solchen Vorgehens durch die beteiligten Parteien des Arbeitnehmerüberlassungsvertrages diesen die Berufung auf einen vom Gleichstellungsgrundsatz abweichenden Tarifvertrag zu versagen und so diese Maßnahme weniger lukrativ zu machen[358].

---

[354] So auch *Huke/Neufeld/Luickhardt*, BB 2012, 961 (962); *Lembke*, DB 2011, 414 (419).

[355] Kritisch dazu die Stellungnahme des Unternehmensverband Deutsches Handwerk in Auschussdrucksache 17(11)431 (Arbeit und Soziales) S. 74.

[356] *Hamann*, RdA 2011, 321 (328); *Heuchemer/Schielke*, BB 2011, 758 (760); *Huke/Neufeld/Luickhardt*, BB 2012, 961 (963); *Lembke*, DB 2011, 414 (419); *ders.*, BB 2012, 2487 (2502); *Mengel* in: Rieble/Junker/R. Giesen (Hrsg.), Arbeitsrecht im Konzern, 45 (69); *Mengel* in: Thüsing, AÜG 3. Aufl., § 9 Rn. 48; *Reineke* in: Dornbusch/Fischermeier/Löwisch, FA-Kommentar ArbR § 3 AÜG Rn. 36; *Sandmann/Marschall*, AÜG § 3 Rn. 27; *Tucci*, Arbeitnehmermobilität im Konzern, S. 231; *Ulber*, AuR 2010, 412 (414); *ders.*, AiB 2011, 351 (354); wohl auch *ders.* in: Ulber, AÜG 4. Aufl., § 9 Rn. 278 und *Wank* in: Müller-Glöge/Preis/Schmidt, ErfK 14. Aufl., § 9 AÜG Rn. 7a. Missverständlich *Leuchten*, NZA 2011, 608 (611).

[357] BT-Drs. 17/4804, S. 9.

[358] *Hamann*, NZA 2011, 70 (76); *Heuchemer/Schielke*, BB 2011, 758 (760); *Lembke*, BB 2012, 2487 (2502); *Linck*, FA 2011, 289 (289); *Mengel* in: Rieble/Junker/R. Giesen (Hrsg.), Arbeitsrecht im Konzern, 45 (69); *Reineke* in: Dornbusch/Fischermeier/

Der Gesetzgeber hat sich daher nicht für die Übernahme des sog. »Schwedischen Modells« entschieden, wonach es verboten ist, einen Leiharbeitnehmer vor Ablauf von sechs Monaten seit dem Ausscheiden bei dem früheren Arbeitgeber an diesen zu überlassen[359], obwohl dies von einzelnen Vertretern der Literatur ausdrücklich empfohlen wurde[360]. Vielmehr hat sich der Gesetzgeber lediglich in den vom schwedischen Modell beschriebenen Konstellationen – erweitert um den Konzernbezug – für eine Aufhebung der Tarifdispositivität des Gleichstellungsgrundsatzes, quasi als Rückausnahme[361] zu den § 9 Nr. 2 Halbs. 2, Halbs. 3 AÜG entschieden.

Wird ein Leiharbeitnehmer innerhalb von sechs Monaten bei seinem früheren Arbeitgeber oder bei einem Entleiher, der mit ersterem konzernverbunden ist, eingesetzt, so gilt ausnahmslos, dauerhaft und zwingend der Gleichstellungsgrundsatz[362]. Nicht überzeugend sind dagegen die Ansätze von *Reineke* und *Tucci*[363], wonach die Frist von sechs Monaten als Schutzfrist einzuordnen sei, mit deren Ablauf der Verleiher wieder vom Gleichstellungsgrundsatz abweichen dürfe: Der Gesetzgeber hat die Drehtürklausel nicht so formuliert, dass nur bis zum Ablauf von sechs Monaten seit dem Ausscheiden eine Pflicht zur Gewährung von *equal pay* und *equal treatment* besteht, sondern er machte ein Abweichen vom Gleichstellungsgrundsatz ausschließlich davon abhängig, dass die *Überlassung* nach Ablauf dieser Frist erfolgt. Wenn das Gesetz aber auf den Beginn der Überlassung selbst abstellt, lässt sich daraus nicht der Schluss ziehen, dass nur für eine bestimmte Zeitspanne am Anfang der Entsendung, sondern für die gesamte Dauer der Überlassung selbst den Beteiligten eine Abweichung vom Gleichstellungsgrundsatz verwehrt wird.

In diesem Zusammenhang wird auch diskutiert, ob die Beendigung eines Ausbildungsverhältnisses ein Ausscheiden aus einem Arbeitsverhältnis i.S.d. § 9 Nr. 2 Halbs. 4 AÜG darstellt. Teilweise wird dies mit der Begründung

---

Löwisch, FA-Kommentar ArbR § 3 AÜG Rn. 36; *Zimmermann*, ArbR 2011, 62 (63). Anders wohl *Rosenau/Mosch*, NJW-Spezial 2011, 242 (242) und *Mittag* in: Wedde, Arbeitsrecht, § 9 AÜG Rn. 13, die offenbar der Regelung den Zweck beimisst, den Drehtüreffekt *insgesamt* zu beseitigen.

359 Vgl. *Rönnmar*, ELLJ 2010, 422 (425); *Sandmann/Marschall*, AÜG Einl. Rn. 49.

360 *Böhm*, DB 2010, 672 (674); *Schüren/Wank*, RdA 2011, 1 (11 f.).

361 *Huke/Neufeld/Luickhardt*, BB 2012, 961 (963); *Lembke*, DB 2011, 414 (419).

362 *Hamann*, RdA 2011, 321 (328); *Heuchemer/Schielke*, BB 2011, 758 (760); *Huke/Neufeld/Luickhardt*, BB 2012, 961 (963); *Lembke*, DB 2011, 414 (419); *ders.*, BB 2012, 2487 (2502); *Mengel* in: Thüsing, AÜG 3. Aufl., § 9 Rn. 48; *Sandmann/Marschall*, AÜG § 3 Rn. 28; *Ulber* in: Ulber, AÜG 4. Aufl., § 9 Rn. 285 (anders noch in: *ders.*, AuR 2010, 412 [414] und *Ulber*, AiB 2011, 351 [353]).

363 *Reineke* in: Dornbusch/Fischermeier/Löwisch, FA-Kommentar ArbR § 3 AÜG Rn. 36; *Tucci*, Arbeitnehmermobilität im Konzern, S. 232. Dies wurde auch im Gesetzgebungsverfahren von Verbänden gefordert, vgl. Stellungnahme des Unternehmensverband Deutsches Handwerk in Auschussdrucksache 17(11)431 (Arbeit und Soziales) S. 74.

bejaht, der Zweck der Vorschrift, ein missbräuchliches Vorgehen von Ver- und Entleiher zu verhindern, gebiete es, Auszubildende in den Schutz der Drehtürklausel einzubeziehen[364]. Die wohl überwiegende Ansicht verneint dies[365]. Dafür spricht, dass die h.M. § 10 Abs. 2 BBiG entnimmt, dass ein Berufsausbildungsverhältnis nicht als Arbeitsverhältnis zu qualifizieren ist, sondern nur – soweit sich nichts anderes ergibt – mit diesem gleichgestellt wird[366]. Eine Erfassung von Ausbildungsverhältnissen benachteilige die Auszubildenden letztlich eher, da in diesen Fällen die Drehtür vermittlungsorientiert zur Erlangung überhaupt eines Arbeitsplatzes für den Auszubildenden eingesetzt werde, »weil die ‚Ausgangstür' des § 21 BBiG in die Arbeitslosigkeit führen würde«[367]. Vielmehr würden die Chancen der Auszubildenden, nach Abschluss des Ausbildungsverhältnisses eine Beschäftigung zu finden, durch eine Drehtürklausel verschlechtert[368]. Gegen eine Erfassung von Ausbildungsverhältnissen von § 9 Nr. 2 Halbs. 4 AÜG würde zudem sprechen, dass etwa im Diskussionsentwurf des BMAS vom 4.6.2010[369] für ein Reformgesetz des AÜG die Ausbildungsverhältnisse von der Drehtürklausel noch ausdrücklich erfasst waren, diese aber nachträglich aus dem schließlich vom Bundestag verabschiedeten Gesetzesvorschlag der Bundesregierung entfernt wurden. Dass auch das für das Gesetz zur Änderung des AÜG federführende BMAS zuletzt von einem Ausschluss der Ausbildungsverhältnisse ausging, zeigt die Antwort des Staatssekretärs *Hoofe* auf die Schriftliche Frage des Abgeordneten *Ernst* (Die Linke). Darin stellte *Hoofe* klar, dass Leiharbeitnehmer, die in den letzten sechs Monaten ihre betriebliche Ausbildung beendet haben, von der Regelung nicht erfasst seien, da sich die Chancen junger Menschen auf eine Beschäftigung im Anschluss an eine Ausbildung verschlechtere, falls man ihnen eine Beschäftigung im Ausbildungsbetrieb oder einem mit diesen konzernverbundenen Unternehmen – sei es auch unter Zwischenschaltung eines Verleihunternehmens – verwehrte[370]. Im Rahmen der Zulässigkeit von konzerninterner Arbeitnehmerüber-

364 *Ulber* in: Ulber, AÜG 4. Aufl., § 9 Rn. 277.

365 *Huke/Neufeld/Luickhardt*, BB 2012, 961 (963); *Kalb* in: Henssler/Willemsen/Kalb, ArbR-Komm. 6. Aufl., § 3 AÜG Rn. 39; *Lembke*, DB 2011, 414 (419); *Reineke* in: Dornbusch/Fischermeier/Löwisch, FA-Kommentar ArbR § 3 AÜG Rn. 36; *Spieler/Pollert*, AuA 2011, 270 (271). Wohl im Grundsatz auch *Böhm*, DB 2010, 1350 (1351).

366 *Schlachter* in: Müller-Glöge/Preis/Schmidt, ErfK 14. Aufl., § 10 BBiG Rn. 3 m.w.N.

367 *Böhm*, DB 2010, 1350 (1351).

368 *Huke/Neufeld/Luickhardt*, BB 2012, 961 (963); *Lembke*, DB 2011, 414 (419); *Reineke* in: Dornbusch/Fischermeier/Löwisch, FA-Kommentar ArbR § 3 AÜG Rn. 36.

369 BMAS, Diskussionsentwurf eines Gesetzes zur Änderung des Arbeitnehmerüberlassungsgesetzes (AÜG) und des Arbeitnehmer-Entsendegesetzes (AEntG), Stand: 4.6.2010, S. 5, 7, 12.

370 BT-Drs. 17/3807 S. 34.

lassung ist dieser Streit aber im Ergebnis von sekundärer Bedeutung, weshalb an dieser Stelle auf eine abschließende Diskussion der Problematik und eine damit verbundene Stellungnahme des Autoren verzichtet wird.

d) Umgang mit denkbaren Vermeidungsstrategien zur Drehtürklausel

Schon im Gesetzgebungsverfahren wurde die Drehtürklausel von Vertretern der Literatur bemängelt. Ging sie etwa *Ulber* nicht weit genug[371], weil den Parteien lediglich die Berufung auf die Tarifdispositivität versagt und die von ihm kritisierte Vorgehensweise an sich nicht verboten wurde, monierten andere, dass die Regelung die Neueinstellung zuvor arbeitsloser Menschen, die im relevanten Zeitraum in einem Arbeitsverhältnis zu dem Entleiherunternehmen bzw. dessen Konzernschwestern stand, erschwere[372]. Auch führe diese Regelung zu einer Spaltung der an den Entleiher entsendeten Belegschaft des Verleihers, weil Teile derselben wegen § 9 Nr. 2 Halbs. 4 AÜG vom nicht abdingbaren Gleichstellungsgrundsatz profitierten, während andere Mitarbeiter aufgrund der Anwendbarkeit der meist ungünstigen Tarifverträge in der Leiharbeitsbranche deutliche Einbußen hinnehmen müssten[373]. Gleichzeitig mit der geübten Kritik wurden auch erste Vorschläge für Strategien unterbreitet, wie die Unternehmen in der Praxis die zwingende Anordnung des Gleichstellungsgrundsatzes vermeiden könnten.

aa) Unterbrechung der Tätigkeit des Leiharbeitnehmers

So drängt sich für Ver- und Entleiher natürlich die vom Gesetzgeber ausdrücklich eingeräumte Möglichkeit auf, den Arbeitseinsatz des Arbeitnehmers im Konzern schlicht für den Zeitraum von sechs Monaten zu unterbrechen und ihn etwa durch das Leiharbeitsunternehmen an konzernfremde Entleiher zu entsenden oder in der Arbeitslosigkeit zu »parken« und erst nach Ablauf der Frist einzusetzen[374]. *Lembke*[375] beschreibt dies treffend mit

---

371 Vgl. *Ulber*, AuR 2010, 412 (414); *ders.*, AiB 2011, 351 (353), der die Regelung für unzureichend hält und als „Mogelpackung" bezeichnet.

372 *Mengel* in: Rieble/Junker/R. Giesen (Hrsg.), Arbeitsrecht im Konzern, 45 (70).

373 *Heuchemer/Schielke*, BB 2011, 758 (760 f.). In diesem Zusammenhang stellt sich dann die Frage, inwieweit eine solche unterschiedliche Behandlung der mit der identischen Tätigkeit beim gleichen Entleiher betrauten Belegschaft mit dem im Arbeitsrecht geltenden Gleichbehandlungsgrundsatz vereinbar ist (vgl. dazu insgesamt *Preis* in: Müller-Glöge/Preis/Schmidt, ErfK 14. Aufl. § 611 BGB Rn. 572 ff.).

374 *Hamann*, NZA 2011, 70 (76, „Kunstpause"); *Heuchemer/Schielke*, BB 2011, 758 (760); *Lembke*, DB 2011, 414 (420); *ders.*, BB 2012, 2487 (2502); *Ulber*, AiB 2011, 351 (353). Kritisch *Reineke* in: Dornbusch/Fischermeier/Löwisch, FA-Kommentar ArbR § 3 AÜG Rn. 36.

der Metapher, dass der Gesetzgeber zwar die Drehtür nicht abgeschafft, aber immerhin deren Geschwindigkeit um ein halbes Jahr verzögert habe. Unternehmens- und konzerninterne Rotationslösungen, wonach der Leiharbeitnehmer zunächst mit einer anderen als seiner ursprünglichen Tätigkeit betraut wird und stattdessen ein Stammbeschäftigter des Entleihers diese Tätigkeit übernimmt, sind aber nicht geeignet[376], da § 9 Nr. 2 Halbs. 4 AÜG die Beschäftigung des Leiharbeitnehmers auf seinem ursprünglichen oder damit vergleichbaren Arbeitsplatz nicht verlangt, sondern es ausreichen lässt, dass der Leiharbeitnehmer *überhaupt* bei dem Entleiher oder einem mit diesem konzernverbundenen Unternehmen beschäftigt war.

In der Praxis dürfte aber eine sechsmonatige Unterbrechung der Tätigkeit durch den Leiharbeitnehmer für den Entleiher meist kein gangbarer Weg sein: soll der Leiharbeitnehmer an seine ursprüngliche Tätigkeit beim Entleiher anknüpfen, so müsste letzterer für sechs Monate auf den u.U. hochspezialisierten und eingearbeiteten Arbeitnehmer verzichten, obwohl regelmäßig der Beschäftigungsbedarf nicht entfallen ist[377]. Auch die Einweisung einer Aushilfskraft kann – je nach Tätigkeitsanforderung – so viel Zeit in Anspruch nehmen, dass an eine effektive Bearbeitung der Aufgaben nicht zu denken ist. Kehrt der ausgeschiedene Arbeitnehmer schließlich nach sechs Monaten als Leiharbeitnehmer auf seine ursprüngliche Arbeitsstelle zurück, kann zudem nicht ausgeschlossen werden, dass dessen Fähigkeiten mangels Praxis abgenommen haben.

bb) Geltung des Konzernprivilegs

Als Ausweg vor der zwingenden Anordnung des Gleichstellungsgrundsatzes – ohne dass der (Leih-)Arbeitnehmer seine Tätigkeit tatsächlich unterbrechen muss – liegt für die Beteiligten die Berufung auf das Konzernprivileg des § 1 Abs. 3 Nr. 2 AÜG nahe. Dieses schließt die Anwendung von nachteiligen Restriktionen des AÜG für Ver- und Entleiher aus, was konsequent auch zu der Nichtanwendbarkeit des § 9 Nr. 2 Halbs. 4 AÜG führt[378].

Scheidet daher ein Arbeitnehmer aus einem Arbeitsverhältnis aus und wird dieser nicht ausschließlich zum Zweck der Überlassung in einem mit dem ehemaligen Arbeitgeber konzernverbundenen Verleihunternehmen

---

375 *Lembke*, BB 2012, 2487 (2502). Anders wohl *Bitter/Kiel* in: Bader/Lipke/Rost u. a. (Hrsg.), Festschrift für Gerhard Etzel zum 75. Geburtstag, 57 (64), die die Metapher anders herum darstellen: In der Drehtürklausel sei danach ein Verbot von konzernbezogenen Ausgründungskonzepten zu sehen, „um die Drehtür in Richtung Leiharbeit zu blockieren".

376 Ähnlich *Hamann*, RdA 2011, 321 (328).

377 *Hamann*, NZA 2011, 70 (77).

378 *Lembke*, DB 2011, 414 (419); *Sandmann/Marschall*, AÜG § 3 Rn. 33.

eingestellt und beschäftigt[379], so kann der Leiharbeitnehmer – ohne Beachtung der Drehtürklausel – theoretisch ohne zeitliche Unterbrechung auf seinem früheren Arbeitsplatz wieder eingesetzt werden.

Aufgrund der bereits festgestellten Europarechtswidrigkeit des § 1 Abs. 3 Nr. 2 AÜG und der deswegen nach Überzeugung des Autors unausweichlich absehbaren Streichung des Konzernprivilegs dürfte diese Option als Strategie der Vermeidung der Drehtürklausel mittelfristig ersatzlos entfallen.

cc) Ausgliederung des Entleiherunternehmens aus dem Konzern

Eine weitere Lösung zur Vermeidung der Drehtürklausel könnte die Ausgliederung des Entleiherunternehmens aus dem Konzernverbund vor Beginn der Überlassung darstellen[380]. Zutreffend ist, dass der Gesetzgeber in der Drehtürklausel das Präsens verwendet[381], sodass es nur darauf ankommen kann, dass zum Zeitpunkt der Überlassung eine Konzernverflechtung (noch) besteht und frühere Konzernbindungen daher keine Rolle spielen. Die rechtzeitige Ausgliederung des Entleiherunternehmens ist daher grundsätzlich als Vermeidungsstrategie geeignet.

Zweifellos dürfte aber die Ausgliederung eines Unternehmens aus einem Konzernverbund nur zu dem Zweck, den zwingend angeordneten Gleichstellungsgrundsatz zu vermeiden, für die beteiligten Unternehmen in vielfacher Hinsicht zu aufwendig sein, um als ernsthafte Variante in Erwägung gezogen zu werden.

dd) Ruhendstellung des Arbeitsverhältnisses zum Entleiher

Orientiert man sich ausschließlich an dem Wortlaut der Drehtürklausel, so ist diese nur dann anwendbar, wenn der Leiharbeitnehmer aus einem Arbeitsverhältnis mit dem künftigen Entleiher oder mit einem Unternehmen, welches mit diesem konzernverbunden ist, ausgeschieden sein. Insoweit ist es also unerheblich, aus welchen Gründen der Leiharbeitnehmer ausgeschieden ist – in Betracht kommen die üblichen Beendigungstatbestände wie Kündigung durch Arbeitgeber oder Arbeitnehmer, Aufhebungsvertrag, Auslauf einer Befristung, Anfechtung des Arbeitsvertrags usw.

---

379 Dies ist nach hier vertretener Auffassung zum Konzernprivileg nur denkbar, wenn es sich bei dem verleihenden Unternehmen um ein Mischunternehmen handelt. Vgl. zum Konzernprivileg bereits S. 167.

380 Dazu *Reineke* in: Dornbusch/Fischermeier/Löwisch, FA-Kommentar ArbR § 3 AÜG Rn. 36.

381 § 9 Nr. 2 Halbs. 4 AÜG: „Arbeitgeber, der mit dem Entleiher einen Konzern […] *bildet*".

Es bleibt aber nach dem Wortlaut erforderlich, dass der Leiharbeitnehmer tatsächlich ausgeschieden ist, das Arbeitsverhältnis also beendet ist. Aus diesem Umstand folgern mehrere Autoren in der Literatur, dass ein solches Ausscheiden aus dem Arbeitsverhältnis dann fehlt, wenn dieses tatsächlich gar nicht beendet wurde, sondern fortbesteht[382], was in der Praxis einfach dadurch erreicht werden könne, dass das ursprüngliche Arbeitsverhältnis zwischen einem (Leih-)Arbeitnehmer und dem späteren Entleiher bzw. dessen Konzernschwester ruhend gestellt werde und anschließend ein Arbeitsvertrag zwischen (Leih-)Arbeitnehmer und dem Verleihunternehmen begründet wird.

Es ist kaum anzunehmen, dass eine solches Verständnis der Drehtürklausel im Sinne des Gesetzgebers ist, der ja den Drehtüreffekt als Mittel der Personalkostensenkung gerade verhindern wollte[383]. Außerdem führte diese Ansicht zu der recht skurrilen Situation, dass ein Arbeitnehmer mit einem ruhenden Arbeitsverhältnis zum Entleiher schlechter dasteht als ganz ohne Arbeitsverhältnis zu diesem. Es ist nicht einzusehen, warum ein Leiharbeitnehmer, dessen ursprüngliches Arbeitsverhältnis zum Entleiher dauerhaft ruht, weil der Entleiher keine Absicht hat, dieses wieder in Gang zu setzen, weniger schutzwürdig sein soll als ein Leiharbeitnehmer, dessen Arbeitsverhältnis zum Entleiher beendet wurde. Faktisch liegt in beiden Fällen eine typische Drehtürsituation vor und die Wirkung der vom Gesetzgeber ausdrücklich als arbeitnehmerschützende Vorschrift deklarierten Drehtürklausel könnte durch einen primitiven Trick des Entleihers umgangen werden, ließe man die Ruhendstellung eines Arbeitsvertrags nicht als »Ausscheiden« i.S.d. § 9 Nr. 2 Halbs. 4 AÜG gelten.

Zutreffenderweise sollte man daher bereits dann ein »Ausscheiden« aus dem Arbeitsverhältnis annehmen, wenn die Hauptleistungspflichten – insbesondere die tatsächliche Pflicht zur Arbeitsleistung durch den Arbeitnehmer – beendet werden[384], unabhängig davon, ob dies durch eine Beendigung eines Arbeitsverhältnisses oder »nur« durch eine Ruhendstellung erfolgt.

ee) Neubegründung einer Überlassung nach sechs Monaten

Der Wortlaut des § 9 Nr. 2 Halbs. 4 AÜG lässt aber nicht nur hinsichtlich des Merkmals »ausscheiden« Fragen offen: Wird ein Arbeitnehmer innerhalb von sechs Monaten nach seinem Ausscheiden bei seinem Arbeitgeber im

---

382 *Huke/Neufeld/Luickhardt*, BB 2012, 961 (963); *Lembke*, DB 2011, 414 (419); *Mengel* in: Thüsing, AÜG 3. Aufl., § 9 Rn. 48; *Raif*, GWR 2011, 303-303 (303).

383 So wird die für das Ressort Arbeit zuständige Ministerin *von der Leyen* auf dem 19. DGB-Bundeskongress vom 19.5.2010 zitiert: „Diesen Drehtüreffekt wollen wir nicht länger hinnehmen"; vgl. *Tucci*, Arbeitnehmermobilität im Konzern, S. 227.

384 Genauso *Hamann*, RdA 2011, 321 (328); *Ulber* in: Ulber, AÜG 4. Aufl., § 9 Rn. 282.

Wege der Arbeitnehmerüberlassung wieder eingesetzt, gilt zwar der Gleichstellungsgrundsatz zwingend, eine äußerst streng auf den Wortlaut ausgerichtete Interpretation der Norm könnte aber den Schluss zulassen, das die Tarifdispositivität des Gleichstellungsgebots wieder hergestellt werden kann, wenn der Leiharbeitnehmer kurz vor Ablauf der sechs Monate abgezogen und nach Ablauf der Frist wieder überlassen, die Überlassung also in zwei voneinander unabhängige Überlassungsvorgänge aufgeteilt wird[385].

Ähnlich wie bei der Ruhendstellung des Arbeitsvertrags liegt auch bei einer künstlichen Aufspaltung einer an sich zusammenhängenden Überlassung in eine Entsendung vor und bei einer Entsendung nach Ablauf von sechs Monaten eine unzulässige Umgehung der Drehtürklausel nahe. Kurzfristige Unterbrechungen der Entsendungen in der Absicht, die Anwendbarkeit des Gleichstellungsgebotes für eine spätere Überlassung zu verhindern, sind daher nicht geeignet, die Rechtswirkungen der Drehtürklausel zu vermeiden[386]. Da der Abzug eines Leiharbeitnehmers von seinem Einsatz durch Ver- und Entleiher ohne weitere rechtliche oder praktische Hürden möglich ist, würde andernfalls die Zulassung einer solchen Vorgehensweise weitgehend zur Bedeutungslosigkeit des § 9 Nr. 2 Halbs. 4 AÜG führen. Eine dann so geringfügige praktische Relevanz der Drehtürklausel stünde aber in keinem Verhältnis zu der Bedeutung, die dem Gesetzgeber der »Lex Schlecker« beigemessen hat.

Eine Differenzierung zwischen einer Überlassung vor und nach Ablauf der sechs Monate mit der Folge der Unanwendbarkeit der Drehtürklausel ist allenfalls dann denkbar, wenn zwischen der ersten und der zweiten Überlassung überhaupt kein sachlicher Zusammenhang besteht[387]. Ein solcher wäre etwa dann zu verneinen, wenn der zwischen Ver- und Entleiher bestehende Arbeitnehmerüberlassungsvertrag beendet wurde und auch keine Übereinkunft existiert, den Vertrag zu einem späteren Zeitpunkt, d.h. nach Ablauf der sechs Monate, wieder in Kraft zu setzen mit dem Inhalt, dass der konkrete Leiharbeitnehmer erneut an den Entleiher überlassen wird. Anhaltspunkte für das Fehlen eines sachlichen Zusammenhangs kann auch die zwischenzeitliche Überlassung des Leiharbeitnehmers an einen Dritten oder ein hinreichend großer Zeitraum zwischen den einzelnen Überlassungen sein[388].

Da der Einsatz eines Leiharbeitnehmers vor und nach Ablauf der sechs Monate einen Versuch der Umgehung des § 9 Nr. 2 Halbs. 4 AÜG nahe-

---

385 *Sandmann/Marschall*, AÜG Art. 1 § 3 Rn. 29; *Ulber* in: Ulber, AÜG 4. Aufl., § 9 Rn. 287.

386 So *Sandmann/Marschall*, AÜG Art. 1 § 3 Rn. 29.

387 *Ulber* in: Ulber, AÜG 4. Aufl., § 9 Rn. 287.

388 *Sandmann/Marschall*, AÜG Art. 1 § 3 Rn. 30.

legt, ist der Literaturansicht[389] zuzustimmen, welche zu der Annahme eines *Fehlens* eines sachlichen Zusammenhangs zwischen den verschiedenen Entsendungen die Darlegungs- und Beweislast dem Verleiher auferlegt. Richtigerweise liegt darin auch keine unverhältnismäßige Benachteiligung des Verleihers, da dieser »durch Vorlage von eigenen Einsatzplänen und Personal- bzw. Bedarfsplanungen des Entleihers regelmäßig in der Lage sein müsste, bestehende Zweifel an der endgültigen Beendigung einer im sechsmonatigen Zeitraum begonnen Überlassung zu beseitigen«[390]. Der Leiharbeitnehmer, der vom Verleiher aufgrund einer fehlenden Tarifdispositivität des Gleichstellungsgrundsatzes die Einhaltung der wesentlichen Arbeitsbedingungen beim Entleiher einfordert, wird dagegen regelmäßig aufgrund seines Informationsdefizits nicht in der Lage sein, das Vorliegen bzw. das Fehlen eines sachlichen Zusammenhangs seiner Überlassungen an denselben Entleiher darzulegen und ggf. zu beweisen.

e) Zwischenergebnis zu den Auswirkungen des § 9 Nr. 2 Halbs. 4 AÜG

Die »Methode Schlecker«, also die Freisetzung von Stammarbeitskräften und des »Rückentleih« derselben im Wege der Arbeitnehmerüberlassung, wurde durch die Einführung der Drehtürklausel nicht verboten. Dem § 9 Nr. 2 Halbs. 4 AÜG kann daher keinesfalls ein Verbot des »ob« einer solchen Praxis entnommen werden. Lediglich hinsichtlich des »wie«, also der Frage, unter welchen Arbeitsbedingungen der Leiharbeitnehmer arbeitet, sieht die Norm die zwingende Anwendung des Gleichstellungsgrundsatzes vor. Dabei darf nicht vergessen werden, dass auf arbeitsvertraglicher Ebene eine solche Drehtür *gegen* den Willen des Arbeitnehmers nur mit Einschränkungen mit Blick auf das KSchG möglich ist[391]. Daraus kann aber nicht gefolgert werden, dass konzerninterne Arbeitnehmerüberlassung als unternehmerisches Konzept mit der Vorschrift nicht zu vereinbaren ist.

Unterlässt der Verleiher im Falle der Einschlägigkeit der Drehtürklausel die Gewährung von *equal pay* und *equal treatment*, so muss er mit der Verhängung eines Bußgeldes nach § 16 Abs. 1 Nr. 7a AÜG[392] sowie mit dem

---

389 *Sandmann/Marschall*, AÜG Art. 1 § 3 Rn. 31.

390 *Sandmann/Marschall*, AÜG Art. 1 § 3 Rn. 31.

391 Ausf. dazu *Lembke* in: Maschmann (Hrsg.), Rigidität und Flexibilität im Arbeitsrecht, 119 (120 ff.); *Maywald*, Der Einsatz von Arbeitnehmern in Matrixstrukturen multinationaler Konzerne, S. 55 ff.; *Mengel* in: Rieble/Junker/R. Giesen (Hrsg.), Arbeitsrecht im Konzern, 45 (62 ff.); *Thüsing* in: Rieble/Junker/R. Giesen (Hrsg.), Zukunft der Zeitarbeit, 147 (147 ff.); *Tucci*, Arbeitnehmermobilität im Konzern, S. 82 ff.

392 Die Geldbuße kann bis zu 25.000 Euro betragen, vgl. § 16 Abs. 2 AÜG. So auch *Heuchemer/Schielke*, BB 2011, 758 (761); *Lembke*, DB 2011, 414 (419); *Zimmermann*, ArbR 2011, 62 (63).

Entzug der Verleiherlaubnis nach § 5 Abs. 1 Nr. 3 i.V.m. § 3 Abs. 1 Nr. 3 AÜG[393] und damit mit dem Ende seiner unternehmerischen Tätigkeit als Verleiher rechnen. Dagegen wird der Betriebsrat keine Möglichkeit haben, einer Einstellung eines Leiharbeitnehmers, der im Rahmen einer Drehtürmethode eingesetzt werden soll, die Zustimmung nach § 99 Abs. 2 Nr. 1 Var. 1 BetrVG die Zustimmung zu verweigern, selbst wenn dem Leiharbeitnehmer entgegen § 9 Nr. 2 Halbs. 4 AÜG keine Gleichbehandlung gewährt würde[394]: Wie bereits ausgeführt soll die Drehtürklausel nämlich nicht den Einsatz des Leiharbeitnehmers als solchen verbieten, sondern vielmehr die Umstände der Überlassung für den Leiharbeitnehmer verbessern. Die gesetzwidrige Nichtgewährung von *equal pay und equal treatment* berechtigte auch nach bisheriger Rechtslage den Betriebsrat nicht, einer Einstellung des benachteiligten Leiharbeitnehmers zu widersprechen[395].

Neben diesen rechtlichen Konsequenzen liegt m.E. auf der Hand, wie die Verleihunternehmen auf diese für sie kostenverursachende Regelung reagieren werden. Zunächst werden Verleiher vor der Einstellung eines Leiharbeitnehmers genau prüfen, in welchen Unternehmen dieser in den letzten sechs Monaten beschäftigt war[396], um ggf. mit der Einstellung abzuwarten, bis die Frist verstrichen ist. Dabei wird der Verleiher regelmäßig vor dem Problem stehen, dass bestehende Konzernstrukturen sich nicht immer auf den ersten Blick aufdrängen[397], weshalb von Arbeitgeberverbänden insoweit ein erheblicher bürokratischer und beschäftigungshemmender Mehraufwand befürchtet wird[398]. Aus diesem Grund liegt *Lembke* mit der Prognose wohl richtig, dass künftig Klauseln in Überlassungsverträgen vereinbart werden, wonach der Entleiher vor der Beschäftigung eines konkreten Leiharbeitnehmers prüfen muss, inwieweit dessen Arbeitgeber in den letzten sechs Monaten mit ihm identisch oder konzernverbunden ist[399].

Dennoch werden Überlassungen, bei denen der Verleiher ohne Kenntnis der Tatsache, dass der Entleiher mit dem früheren Arbeitgeber des Leiharbeitnehmers konzernverbunden ist, entsendet und die somit unter die Geltung des § 9 Nr. 2 Halbs. 4 AÜG fallen, in der Praxis künftig kaum vermeidbar sein. In solchen Situationen wird die Überlassung des Leiharbeit-

---

393 *Lembke*, DB 2011, 414 (419).

394 *Düwell*, DB 2011, 1520 (1520).

395 BAG 25.1.2005 – 1 ABR 61/03, NZA 2005, 1199 (B II 4 b bb [3]); BAG 21.7.2009 – 1 ABR 35/08, NZA 2009, 1156 (B III 2 a cc [3]).

396 *Lembke*, DB 2011, 414 (420); *Linck*, FA 2011, 289 (289); *Lützeler/Bissels*, AuA 2012, 510 (511).

397 Stellungnahme des BDA in Auschussdrucksache 17(11)439 (Arbeit und Soziales) S. 16; *Linck*, FA 2011, 289 (289).

398 Stellungnahme des Unternehmensverband Deutsches Handwerk in Auschussdrucksache 17(11)431 (Arbeit und Soziales) S. 74.

399 *Lembke*, BB 2012, 2487 (2503 f.).

nehmers dem Verleiher regelmäßig zu kostenintensiv sein, weshalb der Verleiher den Leiharbeitnehmer meist schnellstmöglich wieder von der konkreten Entsendung abziehen und versuchen wird, diesen zumindest bis zum Ablauf der sechs Monate bei einem anderen Entleiher einzusetzen, bei welchem der Leiharbeitnehmer nicht vom Gleichstellungsgrundsatz profitieren wird. *Hamann*[400] sieht darin zu Recht keinen Verstoß gegen das Maßregelungsverbot nach § 612a BGB, wenn der Verleiher den Leiharbeitnehmer, der auf die Gewährung von Gleichbehandlung pocht, von einem konkreten Einsatz abzieht, denn aus § 9 Nr. 2 Halbs. 4 AÜG kann kein Anspruch des Leiharbeitnehmers auf Fortsetzung des für ihn vergleichsweise profitablen Einsatzes abgeleitet werden.

3. *Zusammenfassung des Kapitels E*

Das »Erste Gesetz zur Änderung des Arbeitnehmerüberlassungsgesetzes – Verhinderung von Missbrauch der Arbeitnehmerüberlassung« verstärkt ohne Zweifel die Regulierung des nationalen Rechts der Leiharbeit. Von der Reform ist insbesondere die konzerninterne Arbeitnehmerüberlassung betroffen. Zwar wird konzerninterne Leiharbeit als solche weder durch die Einfügung des Merkmals »vorübergehend« im Rahmen des § 1 Abs. 1 S. 2 AÜG noch durch den Erlass der in § 9 Nr. 2 Halbs. 4 AÜG niedergelegten »Drehtürklausel« verboten, allerdings wird die konzerninterne Arbeitnehmerüberlassung als Instrument zur Flexibilisierung der Personalstruktur des Entleihers anstatt der Einstellung eigener Stammarbeitskräfte zunehmend in Frage gestellt.

Dass konzernintern agierende Personalführungsgesellschaften, die auf Dauer bzw. auf unabsehbare Zeit Leiharbeitnehmer an einen Entleiher überlassen, mit dem Merkmal »vorübergehend« in Konflikt geraten könnten, wurde schon früh deutlich. Da aber der Gesetzgeber die Ausdifferenzierung dieses Merkmals nicht selbst vornahm und es einige Zeit dauert, bis entsprechende Rechtsfragen durch das BAG beantwortet werden,wurde binnen kürzester Zeit von Rechtswissenschaftlern versucht, ihrer Rechtsansicht mittels einer großen Anzahl von Veröffentlichungen zur herrschenden Literaturansicht zu verhelfen[401]. Dabei versuchten die gewerkschaftsnahen Vertreter, dem neuen § 1 Abs. 1 S. 2 AÜG eine möglichst stark einschränkende Relevanz zuzubilligen, während arbeitgebernahe Juristen soweit gingen, dem

---

400 *Hamann*, RdA 2011, 321 (328).

401 So vor allem von *Lembke* (*ders.*, DB 2011, 414; *ders.*, FA 2011, 290; *ders.*, BB 2012, 2487; *ders.* in: Maschmann (Hrsg.), Rigidität und Flexibilität im Arbeitsrecht, 119); *Hamann* (*ders.*, EuZA 2009, 287; *ders.*, NZA 2011, 70; *ders.*, RdA 2011, 321; *ders.*, ZESAR 2012, 103) und *Ulber* (*ders.*, AuR 2010, 10; *ders.*, AuR 2010, 412; *ders.*, AuR 2011, 231; *ders.*, AiB 2011, 351; *ders.*, AiB 2012, 7).

Merkmal »vorübergehend« jegliche Bedeutung abzusprechen; auch die Tarifvertragsparteien versuchten in ihren Tarifverträgen dieses unbestimmte Merkmal zu konkretisieren. In dieser Arbeit wird dagegen eine Auslegung des § 1 Abs. 1 S. 2 AÜG vertreten, die als vermittelnde Auffassung zwischen diesen beiden Extremansichten verstanden werden soll, welche – anders als die zum Teil vertretenen Ansichten – mit dem Wortlaut, der Historie, dem System und dem Sinn und Zweck der Norm in Einklang steht.

Wie in diesem Kapitel festgestellt wurde, sind Personalführungsgesellschaften nach neuer Rechtslage nicht mehr mit dem AÜG vereinbar, sofern diese ihre Praxis, jeweils *einen* Leiharbeitnehmer dauerhaft auf eine bestimmte Stelle zu entsenden, nicht beenden. Setzt der Verleiher aber *mehrere* Leiharbeitnehmer zur Befriedigung eines konkreten Entleiherbedarfs ein und tauscht er diese in bestimmten Zeiträumen aus, ist diese Vorgehensweise nach hier vertretener Auffassung grundsätzlich mit § 1 Abs. 1 S. 2 AÜG weiterhin vereinbar. Die Errichtung von durch konzerninterne Verleihgesellschaften verwalteten Mitarbeiterpools bleibt weiterhin möglich[402], durch das Gebot eines vorübergehenden Einsatzes wird lediglich die Fluktuation der mit einer bestimmten Tätigkeit betrauten Leiharbeitnehmer erhöht. Es ist nochmals hervorzuheben, dass nach der neuen Rechtslage die *dauerhafte Überlassung* eines Leiharbeitnehmers zu dem Entleiher unzulässig ist, nicht aber die vorübergehende Überlassung eines Leiharbeitnehmers zur Befriedigung eines *dauerhaften Arbeitsbedarfs* des Entleihers.

Während somit das Merkmal »vorübergehend« nicht den Zweck verfolgt, die Substitution der Stammarbeitnehmer direkt zu verhindern, stellt auch die Drehtürklausel keine unmittelbare Verbotsnorm für eine solche Praxis dar. Auch die Drehtürklausel verbietet (konzerninterne) Überlassungen nicht, sondern mindert nur deren Lukrativität. Stellt der konzernangehörige Verleiher Leiharbeitnehmer ein, die vorher in keinem Arbeitsverhältnis zum Entleiher oder dessen Konzernschwestern stand, so liegt schon gar keine Drehtürsituation vor und der Verleiher kann – sofern ein Tarifvertrag besteht und die Lohnuntergrenze des § 3a AÜG eingehalten wird – weiterhin kostengünstige Arbeitskräfte an die Entleiher überlassen. Die Drehtürklausel erschwert den Aufbau konzerninterner Verleihgesellschaften folglich nur dann, wenn bestehende Stammbeschäftigte herausgelöst und als Leiharbeitnehmer zurückverliehen werden sollen. Der Aufbau von konzerninterner Leiharbeit durch die übliche Altersfluktuation, d.h. dem altersbedingten Ausscheiden der Stammarbeitskräfte beim Entleiher und die Neubesetzung mittels des Bezugs von Leiharbeitnehmern steht § 9 Nr. 2 Halbs. 4 AÜG nicht entgegen.

---

402 So auch *Lembke*, DB 2011, 414 (419).

Die Problematik lässt sich somit so zusammenfassen, dass die aktuelle Reform des AÜG das Konzept einer konzerninternen Arbeitnehmerüberlassung nicht verboten, sondern allenfalls erschwert hat. Lediglich hinsichtlich des Modells der Personalführungsgesellschaften ist nach hier vertretener Auffassung Handlungsbedarf gegeben, allerdings nur insoweit, als Leiharbeitnehmer in regelmäßigen Zeitabständen von einem Einsatz wieder abzuziehen und an anderer Stelle einzusetzen sind, um dem Merkmal »vorübergehend« gerecht zu werden. Von einem großangelegten »Aussterben« konzernangehöriger Verleihunternehmen, wie es vielleicht von einigen Autoren politisch gewünscht wird, kann nach Überzeugung des Autors künftig keine Rede sein.

F. Zusammenfassung der Ergebnisse und Ausblick

Konzerninterne Arbeitnehmerüberlassung stellt nur eine Möglichkeit des drittbezogenen Personaleinsatzes im Konzern dar. Es gibt – wie in Teil C dieser Arbeit dargelegt wurde – verschiedene Möglichkeiten für ein Unternehmen, einen konkreten Arbeitsbedarf durch Personen decken zu lassen, die in keinem Arbeitsverhältnis zum Unternehmen stehen. Dabei stellt allerdings die Arbeitnehmerüberlassung ein besonders praktisches Instrument dar, da sie im Gegensatz beispielsweise zu Werk- oder Dienstverträgen dem Begünstigten ein so starkes Weisungsrecht gewährt, wie es sonst nur dem Arbeitgeber im Rahmen eines Arbeitsvertrages eingeräumt wird.

Durch das »Erste Gesetz zur Änderung des AÜG – Verhinderung von Missbrauch in der Arbeitnehmerüberlassung« vom 28.4.2011, das zu weiten Teilen eine Umsetzung der RL 2008/104/EG über Leiharbeit darstellt, erfolgte die umfangreichste Reform des deutschen Überlassungsrechts seit der sog. Hartz-Reform[1]. Dabei wurden im Rahmen dieser Arbeit schwerpunktmäßig vier Neuregelungen diskutiert, die – unterstellt, man schließt sich der Argumentation des Autors an – auf die Praxis der konzerninternen Arbeitnehmerüberlassung z.T. erhebliche Auswirkungen haben. Es wurde hinsichtlich der Umsetzung der Leiharbeitsrichtlinie zudem festgestellt, dass der deutsche Gesetzgeber – zumindest soweit die Änderungen des AÜG für Konzernverleihgesellschaften eine Rolle spielen – die Schwerpunkte, welche die Richtlinie setzen wollte, deutlich verfehlt hat: So geht das deutsche AÜG etwa hinsichtlich des Merkmals »vorübergehend« über die Vorgaben der Richtlinie hinaus, während das AÜG hinsichtlich des Konzernprivilegs weit hinter den Vorgaben der Richtlinie zurückbleibt.

Die Privilegierung von Konzernen ist augenscheinlich einer zunehmend wirtschaftswissenschaftlichen Sicht des Gesetzgebers in den letzten Jahrzehnten geschuldet, wonach es sich bei einem Konzern – anders bei der Betrachtungsweise in der Rechtswissenschaft[2] – nicht um mehrere zusammengefasste, rechtlich selbstständige Unternehmen, sondern letztlich um eine wirtschaftliche Einheit handelt, in der die unternehmerische Planung für den gesamten Konzern und eben nicht für einzelne Konzerngesellschaften erfolgt[3]. Die Leiharbeitsrichtlinie dagegen problematisiert Konzernstrukturen weder in dem Richtlinienwortlaut noch werden diese durch den europäi-

---

1 So auch *Huke/Neufeld/Luickhardt*, BB 2012, 961 (961).

2 *Windbichler*, Arbeitsrecht im Konzern, S. 55.

3 Vgl. *Emmerich* in: Emmerich/Habersack, Konzernrecht, § 18 Rn. 5 f.

schen Gesetzgeber in den Gesetzesmaterialien erörtert. Dies lässt den Schluss zu, dass der Europäische Gesetzgeber nicht zwischen rechtlich selbständigen Unternehmen mit und ohne Konzernverbundenheit differenziert. Nach der Überzeugung des Autors greift ein zu stark wirtschaftswissenschaftlich orientiertes Verständnis von Konzernen aber zu kurz: auch innerhalb von Konzernstrukturen versuchen die Unternehmen, ihre Personalkosten möglichst zu senken, insbesondere durch Ausnutzung verschiedener Tarifniveaus, wie sie bei einem Konzernverleiher und einem Konzernentleiher meist bestehen. An der Schutzbedürftigkeit der Leiharbeitnehmer und der Gefahr der Ausbeutung oder sonstigen Missbrauchs ändert die Konzernverbundenheit der beteiligten Unternehmen daher grundsätzlich nichts. Zutreffend ist in diesem Zusammenhang die Aussage von *Böhm*: »So falsch es ist, konzerninterne Arbeitnehmerüberlassung unter Generalverdacht zu stellen, so sachfremd ist es andererseits, sie zu privilegieren«[4].

Nichtsdestotrotz sieht das AÜG für Konzernverleiher auch nach der Reform des AÜG Vergünstigungen vor, indem es diese unter bestimmten Voraussetzungen von dessen Restriktionen, insbesondere dem Gleichstellungsgrundsatz, befreit (Arbeitnehmerüberlassung *außerhalb* des AÜG), obwohl die Leiharbeitsrichtlinie dies eigentlich nicht vorsieht. Bezüglich der Änderung des Anwendungsbereichs des AÜG von »gewerbsmäßig« auf »im Rahmen ihrer wirtschaftlichen Tätigkeit« resultiert aber weder ein Konfliktpotential mit der Richtlinie, noch ergeben sich nach hier vertretener Auffassung Auswirkungen auf die konzerninterne Arbeitnehmerüberlassung, da auch bisher insbesondere die reinen Personalführungsgesellschaften vom AÜG – sofern ein Gewinnabführungsvertrag bestand – gewerbsmäßig handelten, unabhängig davon, ob die Überlassung zum Selbstkostenpreis erfolgte oder nicht. Auch das deutsche Konzernprivileg unterliegt *inhaltlich* keiner Änderung im Vergleich zur früheren Rechtslage, auch wenn sich der Wortlaut von der ursprünglichen Fassung deutlich unterscheidet. Allerdings wurde festgestellt, dass die Überlegung des Gesetzgebers, innerhalb von Konzernstrukturen agierende Verleiher von den Restriktionen des AÜG zu befreien, keinesfalls mit der Leiharbeitsrichtlinie im Einklang steht. Nach der Überzeugung des Autors ist es aber trotz der Neufassung des § 1 Abs. 3 Nr. 2 AÜG nur eine Frage der Zeit, bis dieses Konzernprivileg aufgrund der Unvereinbarkeit mit europäischem Sekundärrecht gestrichen wird und ab diesem Zeitpunkt konzerninterne Arbeitnehmerüberlassung außerhalb des AÜG nicht mehr möglich ist. Bis dahin allerdings gilt die Konzernklausel aufgrund der eindeutigen gesetzgeberischen Entscheidung, die keiner richtlinienkonformen Interpretation zugänglich ist, ohne Einschränkungen.

4 *Böhm*, DB 2011, 473 (474).

Kann oder will ein Verleihunternehmen nicht die Voraussetzungen des § 1 Abs. 3 Nr. 2 AÜG erfüllen, so unterliegt es den Vorschriften des AÜG (Arbeitnehmerüberlassung *innerhalb* des AÜG). Für diese Fälle wurde in dieser Arbeit diskutiert, inwieweit das Merkmal »vorübergehend« im Rahmen der Einfügung des § 1 Abs. 1 S. 2 AÜG und die Drehtürklausel des § 9 Nr. 2 Halbs. 4 AÜG etwas an der Zulässigkeit einer solchen Personaleinsatzform ändern. Während festgestellt wurde, dass § 9 Nr. 2 Halbs. 4 AÜG nichts an der grundsätzlichen Zulässigkeit konzerninterner Verleihvorgänge ändert, sondern lediglich zu einem Entfallen der Tarifdispositivität des Gleichstellungsgrundsatzes unter bestimmten Voraussetzungen führt, entfaltet das Merkmals »vorübergehend« deutliche Beschränkungen der Leiharbeit. Zwar ist § 1 Abs. 1 S. 2 AÜG nicht speziell auf konzerninterne Fälle zugeschnitten, allerdings sind davon in der Leiharbeitsbranche gerade die bisher regelmäßig konzernverbundenen Personalführungsgesellschaften betroffen, die Arbeitnehmer zentral einstellten um diese dann für längere Zeiträume an Konzernschwestern zu entsenden. Diese Praxis ist künftig – zumindest in dieser Form – nicht mehr mit dem AÜG vereinbar. Unter welchen Voraussetzungen eine Überlassung noch »vorübergehend« erfolgt, ist in Rechtsprechung und Literatur sehr umstritten. In dieser Arbeit wurde eine Konkretisierung vorgeschlagen, wonach Überlassungen bis zu zwei Jahren grundsätzlich mit § 1 Abs. 1 S. 2 AÜG vereinbar sind und längere Entsendungen nur zulässig sind, wenn der Rechtsanwender mittels einer Gesamtabwägung, in die *alle* Umstände des Einzelfalls einzubeziehen sind, zu dem Ergebnis gelangt, dass ein konkretes Ende der Überlassung absehbar ist.

Auch wenn aufgrund der Leiharbeitsrichtlinie das Konzernprivileg mittelfristig entfallen wird, halten sich die Auswirkungen auf die Praxis dennoch im Rahmen: Spielte das in § 1 Abs. 3 Nr. 2 AÜG niedergelegte Konzernprivileg vor der Hartz-Reform noch eine erhebliche Rolle in der Praxis[5], war nach Wegfall der Überlassungshöchstfristen deren Bedeutung stark rückläufig[6]. Dies beruhte schlicht darauf, dass die bisherige zeitliche Überlassungsbegrenzung nicht mehr mittels der Einhaltung des Konzernprivilegs vermieden werden musste und der Gleichstellungsgrundsatz einfach durch den Verweis auf einen Tarifvertrag ausgehebelt werden konnte, der extrem niedrige Vergütungen für Leiharbeitnehmer vorsah. Da nach neuer Rechtslage aber Überlassungen nicht mehr unbegrenzt möglich sind und entweder in den Fällen des § 9 Nr. 2 Halbs. 4 AÜG der Gleichstellungsgrundsatz nicht mehr tarifdispositiv ist oder wenigstens die Lohnuntergren-

---

5 *Feuerborn*, WiVerw 2001, 190 (192).

6 BT-Drs. 17/464, S. 35; *Hamann* Anm. zu BAG v. 20.4.2005, EzA § 14 AÜG Nr. 5, Bl. 20; *Tucci*, Arbeitnehmermobilität im Konzern, S. 175, 184; *Wank* in: Müller-Glöge/Preis/Schmidt, ErfK 11. Aufl., § 1 AÜG Rn. 62

ze des § 3a AÜG gilt, ist es gut möglich, dass Unternehmen, die in ihrem Betrieb bei Wahrung des vollen Weisungsrechts Personal einsetzen möchten, ohne mit diesen arbeitsvertraglich verbunden zu sein, wieder dazu übergehen werden, von dem Konzernprivileg Gebrauch zu machen – zumindest solange dieses noch existiert.

Literaturverzeichnis

Annuß, Georg/Thüsing, Gregor, Kommentar zum Teilzeit- und Befristungsgesetz, 4. Aufl., Frankfurt am Main 2012 (zitiert: *Bearbeiter* in: Annuß/Thüsing, TzBfG).

Ascheid, Reiner/Preis, Ulrich/Schmidt, Ingrid, Kündigungsrecht, Großkommentar zum gesamten Recht der Beendigung von Arbeitsverhältnissen, 4. Aufl., München 2012 (zitiert: *Bearbeiter* in: Ascheid/Preis/Schmidt, Kündigungsrecht).

Auer, Marietta, Neues zu Umfang und Grenzen der richtlinienkonformen Auslegung, NJW 2007, S. 1106-1109.

Backmeister, Thomas/Mayer, Udo/Trittin, Wolfgang, Kündigungsschutzgesetz mit Nebengesetzen, Kommentar zum Kündigungsschutzgesetz und weiteren wichtigen Vorschriften des Kündigungsrechts, 4. Aufl., München 2009 (zitiert: *Bearbeiter* in: Backmeister/Mayer/Trittin, KSchG).

Balkenhol, Christof, Trendmonitor Leiharbeit, AiB 2009, S. 198-201.

Bartl, Ewald/Romanowski, Roman, Keine Leiharbeit auf Dauerarbeitsplätzen!, NZA-Online 3/2012, S. 1-7.

Bauer, Martin, Die sachgrundlose Befristung im Rahmen einer konzernverbundenen symbiotischen Arbeitnehmerüberlassung, in: Mittag, Reinold (Hrsg.), Aspekte der Beendigung von Arbeitsverhältnissen, Jahrbuch des Rechtsschutzes 2010, Baden-Baden 2010, S. 25-48.

Bayreuther, Frank, Tarifpolitik im Spiegel der verfassungsgerichtlichen Rechtsprechung, NZA 2005, S. 341-343.

ders., Betriebsbedingte Kündigung eines Leiharbeitnehmers nach Wegfall eines Auftrags, Besprechung des Urteils BAG v. 18.5.2006 – 2 AZR 412/05, RdA 2007, S. 176-180.

ders., Arbeitsrecht im Richtlinienvorschlag zur konzerninternen Versendung von Drittstaatsangehörigen (ICT-Richtlinie), ZESAR 2012, S. 405-410.

ders., Die Stellung von Leiharbeitnehmern im Einsatzbetrieb nach den jüngsten Tarifabschlüssen in der Zeitarbeitsbranche und der M- und E-Industrie, NZA-Beil. 4/2012, S. 115-123.

Becker, Friedrich, Kommentar zum Arbeitnehmerüberlassungsgesetz, 2. Aufl., Neuwied, Darmstadt 1981.

ders., Abgrenzung der Arbeitnehmerüberlassung gegenüber Werk- und Dienstverträgen, DB 1988, S. 2561-2567.

Becker, Friedrich/Etzel, Gerhard/Bader, Peter, Gemeinschaftskommentar zum Kündigungsschutzgesetz und zu sonstigen kündigungsrechtlichen Vorschriften (KR), 9. Aufl., Köln 2009 (zitiert: *Bearbeiter* in: Becker/Etzel/Bader, KR).

Becker, Friedrich/Wulfgramm, Jörg, Kommentar zum Arbeitnehmerüberlassungsgesetz, 3. Aufl., Neuwied 1985.

Behrend, Britta, Neues zum Scheinwerkvertrag: Die vermutete Arbeitsvermittlung im AÜG, BB 2001, S. 2641-2646.

dies., Scheinwerkverträge bei bestehender Arbeitnehmerüberlassungserlaubnis 2001.

Beseler, Lothar, Leiharbeit, Ein Leitfaden für Personalverantwortliche und Betriebsräte, 2. Aufl., Münster 2011.

Birk, Rolf, Betriebsaufspaltung und Änderung der Konzernorganisation im Arbeitsrecht, ZGR 1984, S. 23-70.

Bitter, Walter/Kiel, Heinrich, Gestaltungsgrenzen der Leiharbeit in Unternehmen und kirchlichen Einrichtungen, in: Bader, Peter/Lipke, Gert-Albert/Rost, Friedhelm u.a. (Hrsg.), Festschrift für Gerhard Etzel zum 75. Geburtstag, Köln 2011, S. 57-75.

Blank, Michael, Dilemma Leiharbeit, AuR 2011, S. 415-417.

Blanke, Thomas, Der Gleichbehandlungsgrundsatz in der Arbeitnehmerüberlassung, DB 2010, S. 1528-1533.

ders., Welche Änderungen des deutschen Gesetzes erfordert die Umsetzung der EU-Richtlinie Leiharbeit – mit dem Schwerpunkt Gleichbehandlungsgrundsatz und Abweichungen gem. Art. 5 der EU-Rl?, Oldenburg i.O. 2010.

Boemke, Burkhard, Schuldvertrag und Arbeitsverhältnis, München 1999.

ders., Scheinselbstständigkeit im Arbeitsrecht, DStR 2000, S. 1694-1702.

ders., Die EG-Leiharbeitsrichtlinie und ihre Einflüsse auf das deutsche Recht, RIW 2009, S. 177-190.

Boemke, Burkhard, Wann ist eine Arbeitnehmerüberlassung vorübergehend?, Anmerkung zu ArbG Leipzig 23.3.2012 – 3 BV 84/11, jurisPR-ArbR 2012, S. Anm. 2.

Boemke, Burkhard/Lembke, Mark, Arbeitnehmerüberlassungsgesetz, Kommentar, 2. Aufl., Frankfurt am Main 2005.

Böhm, Wolfgang, "Zweite Belegschaften": Mehr Flexibilität und geringere Personalkosten durch onsite management, NZA 2005, S. 554-563.

ders., Befristung von Leiharbeitsverhältnissen nach der AÜG-Reform, "Vorübergehender betrieblicher Bedarf" bei Dienstleistungs- und Subunternehmen, RdA 2005, S. 360-367.

ders., Der "Fall Schlecker": Risiken und Fernwirkungen einer erfolgreichen Gewerkschaftskampagne, DB 2010, S. 1350-1351.

ders., Lohndumping durch konzerninterne Arbeitnehmerüberlassung?!, DB 2010, S. 672-675.

ders., Umsetzung der EU-Leiharbeitsrichtlinie – mit Fragezeichen?!, DB 2011, S. 473-476.

ders., Änderung für konzerninterne Personalgestellung durch § 1 AÜG n.F., DB 2012, S. 918-921.

Böhm, Wolfgang/Hennig, Jörg/Popp, Cornelius, Zeitarbeit, Leitfaden für die Praxis, 2. Aufl., Köln 2011 (zitiert: *Bearbeiter* in: Böhm/Hennig/Popp, Zeitarbeit).

Brand, Jürgen/Brandts, Ricarda, Sozialgesetzbuch Arbeitsförderung, SGB III ; Kommentar, 6. Aufl., München 2012 (zitiert: *Bearbeiter* in: Brand/Brandts, SGB III)

Brors, Christiane/Schüren, Peter, Konzerninterne Arbeitnehmerüberlassung zur Kostensenkung, BB 2004, S. 2745-2752.

Brors, Christiane/Schüren, Peter, Kostensenkung durch konzerninterne Arbeitnehmerüberlassung, BB 2005, S. 494-495.

Brose, Wiebke, Sachgrundlose Befristung und betriebsbedingte Kündigung von Leiharbeitnehmern – Ein unausgewogenes Rechtsprechungskonzept, DB 2008, S. 1378-1383.

Brose, Wiebke/Sagan, Adam, Kettenbefristung wegen Vertretungsbedarfs im Zwielicht des Unionsrechts, NZA 2012, S. 308-310.

Calliess, Christian/Ruffert, Matthias, EUV, AEUV, Das Verfassungsrecht der Europäischen Union mit Europäischer Grundrechtecharta; Kommentar, 4. Aufl., München 2011 (zitiert: *Bearbeiter* in: Calliess/Ruffert, EUV, AEUV).

Canaris, Claus-Wilhelm, Die richtlinienkonforme Auslegung und Rechtsfortbildung im System der juristischen Methodenlehre, in: Koizol, Helmut/Rummel, Peter (Hrsg.), Im Dienste der Gerechtigkeit, Festschrift für Franz Bydlinski, Wien 2002, S. 47-103.

Coen, Martin, Der Kündigungsschutz im Konzern, RdA 1983, S. 348-353.

Dahl, Holger, Betriebsbedingte Kündigung eines Leiharbeitsverhältnisses wegen Auftragsrückgangs, DB 2003, S. 1626-1629.

ders., Das Beschäftigungsrisiko in der Zeitarbeit, DB 2006, S. 2519-2521.

ders., Befristung – Arbeitnehmerüberlassung – Rechtsmissbrauch, Besprechung des Urteils BAG v. 18. 10. 2006 – 7 AZR 145/06, RdA 2008, S. 175-178.

Däubler, Wolfgang, Die konzerneigene Verleihfirma, Ein Etikettenschwindel?, AiB 2008, S. 524-528.

ders., Totale Verdrängung von Equal Pay durch Leiharbeitstarife?, DB 2008, S. 1914-1917.

ders., Das partielle Arbeitsverhältnis, in: Bauer, Jobst-Hubertus (Hrsg.), Festschrift für Herbert Buchner zum 70. Geburtstag, München 2009, S. 163-176.

Däubler, Wolfgang/Kittner, Michael/Klebe, Thomas/Wedde, Peter, Betriebsverfassungsgesetz, BetrVG ; mit Wahlordnung und EBR-Gesetz, 14. Aufl.,

Frankfurt am Main 2014 (zitiert: *Bearbeiter* in: Däubler/Kittner/Klebe u.a., BetrVG).

Dauner-Lieb, Barbara, Arbeitnehmerüberlassung: Dienst- oder Werkvertrag, zugl. Anmerkung zu BAG 30.1.1991 – 7 AZR 498/89, SAE 1992, S. 217-226.

Davies, Anne, The implementation of the Directive on temporary agency work in the UK: a missed opportunity, ELLJ 2010, S. 307-331.

Dohse, Thore, Mitarbeiter zu verleihen ist besser als sie zu kündigen, Unternehmen gründen Zeitarbeitsfirmen, um in schwierigen Zeiten Erfahrungswissen zu halten, Handelsblatt 2004 24.9.2004, S. k06.

Dornbusch, Gregor/Fischermeier, Ernst/Löwisch, Manfred, Fachanwaltskommentar Arbeitsrecht, 5. Aufl., Köln 2012 (zitiert: *Bearbeiter* in: Dornbusch/Fischermeier/Löwisch, FA-Kommentar ArbR).

Dumke, Marcel, Rationalisierung durch konzernangehörige Personalführungsgesellschaften, New York 2011.

Düwell, Franz Josef, Die vorübergehende Überlassung im Ersten AÜG-Änderungsgesetz, ZESAR 2011, S. 449-455.

ders., Überlassung zur Arbeitsleistung – Neues aus Rechtsprechung und Gesetzgebung, DB 2011, S. 1520-1522.

ders., Wird Missbrauch so verhindert?, Erstes Gesetz zur Änderung des Arbeitnehmerüberlassungsgesetzes, dbr 2011, S. 10-13.

Düwell, Franz Josef/Dahl, Holger, Arbeitnehmerüberlassung und Befristung, NZA 2007, S. 889-893.

Düwell, Franz Josef/Dahl, Holger, Leiharbeitnehmer: First in, first out, DB 2007, S. 1699-1701.

Düwell, Franz Josef/Dahl, Holger, Aktuelle Gesetzes- und Tariflage in der Arbeitnehmerüberlassung, DB 2009, S. 1070-1074.

Düwell, Franz Josef/Dahl, Holger, Verhinderung des missbräuchlichen Einsatzes von Arbeitnehmerüberlassung und Umsetzung der Leiharbeitsrichtlinie, DB 2010, S. 1759-1762.

Ebenroth, Carsten Thomas/Boujong, Karlheinz/Joost, Detlev/Strohn, Lutz, Handelsgesetzbuch, 2. Aufl., München 2008 (zitiert: *Bearbeiter* in: Ebenroth/Boujong/Joost u.a., HGB).

Emmerich, Volker/Habersack, Mathias, Aktien- und GmbH-Konzernrecht, [Kommentar], 7. Aufl., München 2013 (zitiert: *Bearbeiter* in: Emmerich/Habersack, Konzernrecht).

Eriksdotter, Holger, IT-ZEITARBEIT: Kompetente Job-Hopper, http://www.cio.de/karriere/806168/ (Stand: 18.09.2013).

Fabritius, Sonja, Konzerninterne Arbeitnehmerüberlassung im Krankenhaus, Troisdorf 2008.

Ferme, Marco, Die Lehren aus der Tarifunfähigkeit der CGZP, Zur notwendigen Anpassung von Leiharbeitsverträgen, zu Haftungsfragen und Abwehrmöglichkeiten, NZA 2011, S. 619-622.

Feuerborn, Andreas, Checkliste zur Abgrenzung von Arbeitnehmerüberlassung und Entsendung von Arbeitnehmern im Rahmen von Werkverträgen, WiB 1996, S. 229-231.

ders., Arbeitnehmerüberlassung im Konzern, WiVerw 2001, S. 190-203.

Feuerborn, Andreas/Hamann, Wolfgang/Schüren, Peter, Arbeitnehmerüberlassungsgesetz, Kommentar, 2. Aufl., München 2003 (zitiert: *Bearbeiter* in: Feuerborn/Hamann/Schüren, AÜG 2. Aufl.).

Fitting, Karl/Auffarth, Fritz/Engels, Gerd, Betriebsverfassungsgesetz, 27. Aufl., München 2014.

Flämig, Sandra, Zeitarbeit – gesetzliche Chance vertan, AuA 2002, S. 304-310.

Fleischer, Holger/Goette, Wulf, Münchener Kommentar zum Gesetz betreffend die Gesellschaften mit beschränkter Haftung-GmbHG, München 2010 (zitiert: *Bearbeiter* in: Fleischer/Goette, MüKo-GmbHG).

Forst, Gerrit, AÜG-Konzernprivileg: Kein Fall für Luxemburg, NZA 2011, Editorial zu Heft Nr. 11.

ders., Entspricht das Konzernprivileg des neuen AÜG der Leiharbeitsrichtlinie?, ZESAR 2011, S. 316-321.

Franßen, Everhardt/Haesen, Wilfried, Arbeitnehmerüberlassungsgesetz, (AÜG); Kommentar, Karlsruhe 1974.

Franzen, Martin, Privatrechtsangleichung durch die Europäische Gemeinschaft, Berlin 1999.

ders., Drittbezogene Betriebsratsrechte im Einsatzbetrieb, in: Rieble, Volker/Junker, Abbo/Giesen, Richard (Hrsg.), Freie Industriedienstleistung als Alternative zur regulierten Zeitarbeit, München 2012, S. 85-105.

Freckmann, Anke, Häufig verkannt – Doppeltes Arbeitsverhältnis im Konzern, BB 2011, Die erste Seite, Nr. 34.

Freckmann, Anke/Müller, Katharina/Wahl, Sabine, Welche Auswirkungen hat der Beschluss des BAG zur Tarifunfähigkeit der CGZP in der Sozialversicherung?, ZIP 2012, S. 1327-1334.

Frenz, Walter, Handbuch Europarecht, 2. Aufl., Berlin 2012.

Frenz, Walter/Götzkes, Vera, Die gemeinschaftsrechtliche Staatshaftung, JA 2009, S. 759-769.

Fuchs, Maximilian, Das Gleichbehandlungsgebot in der Leiharbeit nach der neuen Leiharbeitsrichtlinie, NZA 2009, S. 57-63.

Fuhlrott, Michael/Hoppe Christian, Besonderheiten der Sozialauswahl bzw. Weiterbeschäftigungspflicht in Gemeinschaftsbetrieb und Konzern, BB 2012, S. 253-258.

Gaul, Björn, Arbeitnehmerüberlassung im Konzern, Anmerkung zum Urteil des ArbG Köln vom 9.2.1996, BB 1996, S. 1224-1225.

Gaul, Björn/Koehler, Lisa-Marie, Moderne Arbeitswelt: Ausleihen, befristen, kündigen…, in: Heinrich, Christian (Hrsg.), Nach der Krise gleich vor der Krise?, Arbeits- und Insolvenzrechtspraxis im Fokus, Baden-Baden 2012, S. 17-38.

Gaul, Björn/Otto, Björn, Aktuelle Aspekte einer Zusammenarbeit mit Beschäftigungsgesellschaften, NZA 2004, S. 1301-1308.

Geiger, Rudolf, EUV, AEUV, Vertrag über die Europäische Union. Vertrag über die Arbeitsweise der Europäischen Gemeinschaft, 5. Aufl., München 2010 (zitiert: *Bearbeiter* in: Geiger, EUV, AEUV).

Giesen, Richard, Tarifvertragliche Erweiterung von Betriebsratsrechten beim Leiharbeitseinsatz, ZfA 2012, S. 143-171.

ders., Vorübergehend unklar, FA 2012, S. 66-69.

Giesen, Tom/Müller, Marcel, Neue Spielregeln für die Leiharbeit – Wesentliche Neuerungen des AÜG und deren Auswirkungen auf die Praxis, KSzW 2012, S. 20-27.

Goette, Wulf/Bayer, Walter/Kalss, Susanne, Münchener Kommentar zum Aktiengesetz, 3. Aufl., München 2008 (zitiert: *Bearbeiter* in: Goette/Bayer/Kalss, MüKo-AktG)

Gooren, Paul, Vertretungsbedingte Kettenbefristungen nach dem Kücük-Urteil des EuGH, ZESAR 2012, S. 225-230.

Grabitz, Eberhard/Nettesheim, Martin/Bandilla, Rüdiger/Hilf, Meinhard, Das Recht der Europäischen Union, [Kommentar], 52. EL., München 2014 (zitiert: *Bearbeiter* in: Grabitz/Nettesheim/Bandilla u. a.).

Grapperhaus, Ferdinand B.J, A Twist of the equality logic: the Directive on working conditions for temporary agency workers and dutch law, ELLJ 2010, S. 406-413.

Greiner, Stefan, Auslegung von Absenkungsverboten in Richtlinien und Reichweite der richtlinienkonformen Auslegung, EuZA 2011, S. 74-84.

Grimm, Detlef/Brock, Martin, Praxis der Arbeitnehmerüberlassung, Bonn 2004

Groeger, Axel, Arbeitsrechtliche Aspekte des neuen Arbeitnehmerüberlassungsgesetz, DB 1998, S. 470-473.

Grosche, Nils/Höft, Jan, Richtlinienkonforme Rechtsfortbildung ohne Grenzen?, Zugleich Besprechung von BGH, NJW 2009, 427 – Quelle, NJOZ 2009, S. 2294-2309.

Growe, Sonja-Verena, Nachvertragliche Wettbewerbsbeschränkungen von Arbeitnehmern in multinationalen Konzernen, Eine rechtsvergleichende Untersuchung des deutschen und englischen Rechts, Hamburg 2010.

Grundmann, Stefan, Richtlinienkonforme Auslegung im Bereich des Privatrechts – insbesondere: der Kanon der nationalen Auslegungsmethoden als Ganze?, ZEuP 1996, S. 399-424.

Grüneberg, Jan, Regelungen für Leiharbeitnehmer, AiB 2012, S. 176-179.

Grunewald, Barbara/Mülbert, Peter O./Schmidt, Karsten, Münchener Kommentar zum Handelsgesetzbuch, 3. Aufl., München 2012 (zitiert: *Bearbeiter* in: Grunewald/Mülbert/Schmidt, MüKo-HGB).

Guamán, Adoración, Temporary Agency Work Directive and its transposition in Spain, ELLJ 2010, S. 414-421.

Guenoub, Marcel, Equal pay und equal treatment im Leiharbeitsverhältnis, Aachen 2008.

Hager, Michael, Das ruhende Arbeitsverhältnis, Hamburg 2007.

Hahn, Nadine K. C., Die Überlassung von Leiharbeitnehmern innerhalb Deutschlands sowie in den Wirtschaftssektor der Europäischen Union und in einen europäischen Drittstaat am Beispiel der Schweiz, Bedürfen deutsche Arbeits- und Arbeitnehmerüberlassungsverträge Modifikationen beim Einsatz eines Leiharbeitnehmers im Wirtschaftssektor der Europäischen Union und in einem europäischen Drittstaat?, Aachen 2006.

Hamann, Wolfgang, Abgrenzung werkvertraglicher Fremdvergabe von verdeckter Arbeitnehmerüberlassung, Anmerkung zu LAG Mainz, 3.2.2011 – 11 Sa 314/10, jurisPR-ArbR 2011, Anm. 1.

ders., Betriebsbedingte Kündigung eines Leiharbeitnehmers nach Auftragsverlust des Verleihers, zugleich Anmerkung zu BAG 18.05.2006 – 2 AZR 412/05, jurisPR-ArbR 2006, Anm. 4.

ders., Die Reform des AÜG im Jahr 2011, RdA 2011, S. 321-341.

ders., Die Richtlinie Leiharbeit und ihre Auswirkungen auf das nationale Recht der Arbeitnehmerüberlassung, EuZA 2009, S. 287-331.

ders., Die Vereinbarkeit der privilegierten Arbeitnehmerüberlassung nach dem AÜG mit der Richtlinie Leiharbeit, ZESAR 2012, S. 103-111.

ders., Fremdpersonal im Unternehmen, Alternativen zum Arbeitsvertrag, 3. Aufl., Stuttgart, München, Hannover, Berlin, Weimar, Dresden 2008.

ders., Fremdpersonal im Unternehmen, 4. Aufl., Stuttgart, München, Hannover , Berlin , Weimar , Dresden 2011.

ders., Kurswechsel bei der Arbeitnehmerüberlassung?, NZA 2011, S. 70-77.

Hanau, Peter, Einzelfragen und -antworten zu den beiden ersten Gesetzen für moderne Dienstleistungen am Arbeitsmarkt, ZIP 2003, S. 1573-1583.

Hasler-Hagedorn, Katrin, Die "Austauschkündigung" und die "Freikündigung" im Rahmen der betriebsbedingten Kündigung, Baden-Baden 2012.

Heimann, Marlies, Leiharbeitnehmer mit Formulararbeitsvertrag – Verweisung auf die mehrgliedrigen christlichen (CGZP)-Tarifverträge 2010 – eine intransparente Überraschung!?, AuR 2012, S. 50-55.

Heinrichs, Helmut/Rebmann, Kurt/Säcker, Franz Jürgen, Münchener Kommentar zum Bürgerlichen Gesetzbuch, 6. Aufl., München 2012 (zitiert: *Bearbeiter* in: Heinrichs/Rebmann/Säcker, MüKo-BGB).

Heinze, Meinhard, Rechtsprobleme des sog. echten Leiharbeitsverhältnisses, ZfA 1976, S. 183-214.

Helle, Michael, Konzernbedingte Kündigungsschranken bei Abhängigkeit und Beherrschung durch Kapitalgesellschaften, Berlin 1989.

Hempel, Frank, Das Spannungsverhältnis zwischen dem sozialen Schutz der Arbeitnehmer und den wirtschaftlichen Interessen der Verleiher und der Entleiher bei der Arbeitnehmerüberlassung, Berlin 1975.

Henssler, Martin, Der Arbeitsvertrag im Konzern, Berlin 1983.

Henssler, Martin/Willemsen, Heinz Josef/Kalb, Heinz-Jürgen, Arbeitsrecht-Kommentar, 4. Aufl., Köln 2010 (zitiert: Henssler/Willemsen/Kalb, ArbR-Komm. 4. Aufl.).

Henssler, Martin/Willemsen, Heinz Josef/Kalb, Heinz-Jürgen, Arbeitsrecht Kommentar, 6. Aufl., Köln 2014 (zitiert: Henssler/Willemsen/Kalb, ArbR-Komm. 6. Aufl.).

Herrmann, Christoph, Richtlinienumsetzung durch die Rechtsprechung, Berlin 2003.

ders., Die negative unmittelbare Wirkung von Richtlinien im horizontalen Rechtsverhältnissen, Erwiderung auf T. Gas, Gastkommentar Heft 24/2005, S. 737, EuZW 2006, S. 69-70.

Herrmann, Tanja, Schaffung von Arbeitsplätzen durch Leiharbeit?, Die Änderungen im Arbeitnehmerüberlassungsgesetz durch "Hartz I" und ihre Auswirkungen, Hamburg 2009.

Heuchemer, Frank-Karl/Schielke, Christian, Herausforderungen für die Zeitarbeitsbranche, BB 2011, S. 758-763.

Hiekel, Hans-Jürgen, Besonderheiten bei Befristung und betriebsbedingter Kündigung von Leiharbeitsverhältnissen, in: Bauer, Jobst-Hubertus (Hrsg.), Arbeitsgemeinschaft Arbeitsrecht im Deutschen Anwaltverein, Festschrift zum 25-jährigen Bestehen, Bonn 2006, S. 333-344.

Hirdina, Ralph, Die Arbeitnehmerüberlassung – Eine verfassungswidrige Überregulierung?, NZA 2011, S. 325-330.

Höpfner, Clemens, Die Reform der sachgrundlosen Befristung durch das BAG – Arbeitsmarktpolitische Vernunft contra Gesetzestreue, NZA 2012, S. 893-899.

Höpfner, Clemens/Rüthers, Bernd, Grundlagen einer europäischen Methodenlehre, AcP 2009, S. 1-36.

Hüffer, Uwe, Aktiengesetz, 10. Aufl., München 2012.

Huke, Rainer, BAG: Tariffähigkeit einer Spitzenorganisation – Tarifgemeinschaft Christlicher Gewerkschaften für Zeitarbeit und Personalserviceagenturen (CGZP), BAG erkennt CGZP als Spitzenorganisation die Tariffähigkeit ab, BB 2011, S. 827-831.

Huke, Rainer/Neufeld, Tobias/Luickhardt, Vera, Das neue AÜG: Erste Praxiserfahrungen und Hinweise zum Umfang mit den neuen Regelungen, BB 2012, S. 961-969.

Hurst, Adrian, Tarifabschlüsse in der Zeitarbeit, AuA 2010, S. 602-606.

Jacob, Zohar, Die Gewerbliche Leiharbeit im Zeitalter der Globalisierung, Ein Rechtsvergleich Deutschland - Israel, Frankfurt am Main 2011.

Jarass, Hans D., Charta der Grundrechte der Europäischen Union, Unter Einbeziehung der vom EuGH entwickelten Grundrechte und der Grundrechtsregelungen der Verträge, München 2010.

Joost, Detlev, Zur Erlaubnispflicht und Strafbarkeit bei betriebsbedingten Arbeitnehmerüberlassungen, DB 1980, S. 161-163.

Junker, Michael, Der Gleichordnungskonzern, in: Manseen, Gerrit (Hrsg.), Rechtswissenschaft im Aufbruch, Greifswalder Antrittsvorlesungen, Köln 1996, S. 169-184.

Jüttner, Andreas, Kollektivrechtliche Auswirkungen der gewerbsmäßigen Arbeitnehmerüberlassung im Betriebsverfassungsrecht, Berlin 2006.

Kania, Thomas, Überlassung von Maschinen mit Bedienungspersonal, NZA 1994, S. 871-876.

Kerwer, Christof, Das europäische Gemeinschaftsrecht und die Rechtsprechung der deutschen Arbeitsgerichte, Köln 2003.

Kessler, Wolfgang, Konzernsteuerrecht, München 2008 (zitiert: *Bearbeiter* in: Kessler, Konzernsteuerrecht).

Kim, Ki Sun, Die konzerninterne Arbeitnehmerüberlassung durch die Personalführungsgesellschaft und das Betriebsverfassungsrecht, Hamburg 2011.

Kiss, György/Banko, Zoltan, Die Arbeitnehmerüberlassung im ungarischen Arbeitsrecht und die Richtlinie über Leiharbeit, - Eine atypische und eine alternative Form der Beschäftigung?, EuZA 2010, S. 208-225.

Kittner, Michael, Arbeitsrecht, Handbuch für die Praxis, 5. Aufl., Frankfurt, 2009.

Kittner, Michael/Däubler, Wolfgang/Zwanziger, Bertram, Kündigungsschutzrecht, Kündigungen und andere Formen der Beendigung des Arbeitsverhältnisses, 8. Aufl., Frankfurt 2011 (zitiert: *Bearbeiter* in: Kittner/Däubler/Zwanziger, KSchR 8. Aufl.).

Kittner, Michael/Däubler, Wolfgang/Zwanziger, Bertram, Kündigungsschutzrecht, Kündigungen und andere Formen der Beendigung des Arbeitsverhältnisses, 9. Aufl., Frankfurt 2014 (zitiert: *Bearbeiter* in: Kittner/Däubler/Zwanziger, KSchR 9. Aufl.).

Klumpp, Steffen, Die neue Leiharbeitsrichtlinie, GPR 2009, S. 89-93.

Koenig, Christian/Haratsch, Andreas/Pechstein, Matthias, Europarecht, 9. Aufl., Tübingen 2014.

Kokemoor, Axel, Neuregelung der Arbeitnehmerüberlassung durch die Hartz-Umsetzungsgesetze – Überblick über das seit dem 1. 1. 2003 geltende Recht der Arbeitnehmerüberlassung, NZA 2003, S. 238-244.

Koller, Ingo/Morck, Winfried/Roth, Wulf-Henning, Handelsgesetzbuch, Rechtsstand: voraussichtlich Juni 2010, 7. Aufl., München 2011 (zitiert: Koller/Morck/Roth, HGB).

Konzen, Horst, Arbeitnehmerschutz im Konzern, RdA 1984, S. 65-88.

ders., Arbeitsrechtliche Drittbeziehungen, ZfA 1982, S. 259-310.

ders., Die Wirkung von Richtlinien in der neueren arbeitsrechtlichen Judikatur des EuGH, in: Konzen, Horst/Krebber, Sebastian/Raab, Thomas u. a. (Hrsg.), Festschrift für Rolf Birk zum siebzigsten Geburtstag, Tübingen 2008, S. 439-458.

Kramer, Ralph, Die Scheinselbständigkeit und ihre individualarbeitsrechtlichen Folgen, Aachen 1998.

Krannich, Daniel/Simon, Regina, Das neue Arbeitnehmerüberlassungsgesetz – zur Auslegung des Begriffs "vorübergehend" in § 1 Abs. 1 AÜG n.F., BB 2012, S. 1414-1420.

Krause, Carolin/Maurer, Friedrich, Reform des Arbeitnehmerüberlassungsgesetzes, Personalgestellung durch gemeinnützige Unternehmen auf dem Prüfstand, npoR 2012, S. 14-16.

Krause, Rüdiger, Neue tarifvertragliche Regeln für die Leiharbeit in der Metallindustrie, NZA 2012, S. 830-836.

ders., Tarifverträge zur Begrenzung der Leiharbeit und zur Durchsetzung von Equal Pay, 2. Aufl., Saarbrücken 2012.

Krause, Rüdiger, Tarifverträge zur Wiederherstellung von Equal Pay, AuR 2012, S. 55-61.

Kühn, Thomas, Der Betriebsübergang bei Leiharbeit, NJW 2011, S. 1408-1411.

Küttner, Wolfdieter/Röller, Jürgen/Eisemann, Hans, Personalbuch 2014, Arbeitsrecht, Lohnsteuerrecht, Sozialversicherungsrecht, 21. Aufl., München 2014 (zitiert: *Bearbeiter* in: Küttner/Röller/Eisemann, Personalbuch).

Lambrich, Thomas,, Konzerninterne Leiharbeit – vorübergehend Verwirrung., NZA 2013, Editorial zu Heft Nr. 2.

Landmann, Robert von/Rohmer, Gustav/Bender, Kuno, Gewerbeordnung und ergänzende Vorschriften, Kommentar, München 2013 (zitiert: *Bearbeiter* in: Landmann/Rohmer/Bender, GewO).

Lange, Raimund, Mehrfacharbeitsverhältnisse – Nicht nur Fabelwesen, NZA 2012, S. 1121-1126.

Larenz, Karl/Canaris, Claus-Wilhelm, Methodenlehre der Rechtswissenschaft, 3. Aufl., Dritte, neu bearbeitete Aufl., Berlin , New York 1995.

Leinemann, Wolfgang, Kasseler Handbuch zum Arbeitsrecht, 2. Aufl., Neuwied [u.a.] 2000 (zitiert: *Bearbeiter* in: Leinemann, KassHdB).

Lembke, Mark, Aktuelle Brennpunkte in der Zeitarbeit, BB 2010, S. 1533-1541.

ders., Arbeitnehmerüberlassung im Konzern, BB 2012, S. 2487-2505.

ders., Die geplanten Änderungen im Recht der Arbeitnehmerüberlassung, DB 2011, S. 414-420.

ders., Die 'Hartz-Reform' des Arbeitnehmerüberlassungsgesetzes, BB 2003, S. 98-104.

ders., Die jüngsten Änderungen des AÜG im Überblick, FA 2011, S. 290-292.

ders., Die Tariffähigkeit und Tarifzuständigkeit der Tarifgemeinschaft Christlicher Gewerkschaften für Zeitarbeit und Personalserviceagenturen, NZA 2007, S. 1333-1337.

ders., Zeitarbeit: Königsweg aus arbeitsrechtlicher Rigidität?, in: Maschmann, Frank (Hrsg.), Rigidität und Flexibilität im Arbeitsrecht, Mannheimer Arbeitsrechtstag 2011, Baden-Baden 2012, S. 119-152.

Lembke, Mark/Distler, Eva-Marie, Die Bezugnahme auf Tarifverträge der Zeitarbeitsbranche durch Unternehmen mit Mischbetrieben, NZA 2006, S. 952-959.

Leuchten, Alexius, Zur Zustimmung des Betriebsrats bei der Einstellung von Leiharbeitnehmern - insbesondere bei Konzernverhältnissen –, in: Bauer, Jobst-Hubertus (Hrsg.), Arbeitsgemeinschaft Arbeitsrecht im Deutschen Anwaltverein, Festschrift zum 25-jährigen Bestehen, Bonn 2006, S. 927-929.

Leuchten, Alexius, Das neue Recht der Leiharbeit, Die wesentlichen Neuerungen im AÜG, NZA 2011, S. 608-612.

Linck, Rüdiger, Missbrauchsbekämpfung bei der Arbeitnehmerüberlassung, FA 2011, S. 289.

Löwisch, Manfred, Tarifvertragsgesetz, Rechtsstand: voraussichtlich 1. Oktober 2009, 3. Aufl., München 2010.

Löwisch, Manfred/Domisch, Jörg, Zur Anwendbarkeit des Arbeitnehmerüberlassungsgesetzes auf Personalgestellungen durch juristische Personen des öffentlichen Rechts, BB 2012, S. 1408-1410.

Ludwig, Pascal, 7. Tübinger Arbeitsrechtstag am 30.3.1012: Leiharbeit nach neuen Regeln - Wie lässt sich "flexicurity" in Zukunft gestalten?, Veranstaltungsbericht, NZA 2012, S. XII–XIII.

Lutter, Marcus/Jesse, Lenhard, Holding-Handbuch, Recht, Management, Steuern, 4. Aufl., Köln 2004 (zitiert: *Bearbeiter* in: Lutter/Jesse, Holding-Handbuch).

Lützeler, Martin/Bissels, Alexander, Zeitarbeit im Fokus, Entwicklungen, Trends, Entscheidungen, AuA 2012, S. 510-513.

Malferrari, Luigi, Zurückweisung von Vorabentscheidungsersuchen durch den EuGH, Systematisierung der Zulässigkeitsvoraussetzungen und Reformvorschläge zu Art. 234 EG-Vertrag, Baden-Baden 2003.

Mankowski, Peter, Rumpfarbeitsverhältnis und lokales Arbeitsverhältnis (komplexe Arbeitsverhältnisse) im Internationalen Privat- und Prozessrecht, RIW 2004, S. 133-141.

Martens, Klaus-Peter, Das Arbeitsverhältnis im Konzern, in: Gamillscheg, Franz/Hueck, Götz/Wiedemann, Herbert (Hrsg.), 25 Jahre Bundesarbeitsgericht, München 1979, S. 367-391.

Martens, Klaus-Peter, Die Arbeitnehmerüberlassung im Konzern, DB 1985, S. 2144-2150.

Maschmann, Frank, Abordnung und Versetzung im Konzern, RdA 1996, S. 24-40.

Mastmann, Gabriele/Stark, Josefine, Vertragsgestaltung bei Personalentsendungen ins Ausland, BB 2005, S. 1849-1856.

Maunz, Theodor/Dürig, Günter/Herzog, Roman, Grundgesetz, Kommentar, München 1958 (zitiert: *Bearbeiter* in: Maunz/Dürig/Herzog, GG).

Mayer-Maly, Theo, Das Leiharbeitsverhältnis, ZfA 1972, S. 1-34.

Maywald, Ian M., Der Einsatz von Arbeitnehmern in Matrixstrukturen multinationaler Konzerne, Baden-Baden 2010.

Meinel, Gernod/Heyn, Judith/Herms, Sascha, Teilzeit- und Befristungsgesetz, Kommentar, 4. Aufl., München 2012 (zitiert: Meinel/Heyn/Herms, TzBfG).

Melms, Christopher/Lipinski, Wolfgang, Absenkung des Tarifniveaus durch die Gründung von AÜG-Gesellschaften als alternative oder flankierende Maßnahme zum Personalabbau, BB 2004, S. 2409-2417.

Mengel, Anja, Konzerneigene Arbeitnehmerüberlassung, in: Rieble, Volker/ Junker, Abbo/Giesen, Richard (Hrsg.), Arbeitsrecht im Konzern, München 2010, S. 45-72.

Mengel, Anja/Ullrich, Thilo, Erste praktische Erfahrungen mit dem neuen Recht der Beschäftigungs- und Qualifizierungsgesellschaften, BB 2005, S. 1109-1116.

Müller-Glöge, Rudi/Preis, Ulrich/Schmidt, Ingrid, Erfurter Kommentar zum Arbeitsrecht, 11., neu bearb, München 2011 (zitiert: *Bearbeiter* in: Müller-Glöge/Preis/Schmidt, ErfK 11. Aufl.).

Müller-Glöge, Rudi/Preis, Ulrich/Schmidt, Ingrid, Erfurter Kommentar zum Arbeitsrecht, 14. Aufl., München 2014 (zitiert: *Bearbeiter* in Müller-Glöge/Preis/Schmidt, ErfK 14. Aufl.).

Musielak, Hans-Joachim, Examenskurs BGB, 2. Aufl., München 2010.

Nebeling, Martin/Gründel, Sarah, Vermeidung des Gleichstellungsgrundsatzes in Mischbetrieben mit Zeitarbeit, BB 2009, S. 2366-2372.

Neef, Klaus, Reichweite des CGZP-Beschlusses, Offene Fragen und prozessuale Hürden, NZA 2011, S. 615-619.

Neufeld, Tobias/Michels, Johannes, Arbeitsrechtliche Fragen des Einsatzes von Arbeitnehmern in Matrixstrukturen, KSzW 2012, S. 49-57.

Neumann, Michael, Das Erste und das Zweite Gesetz für moderne Dienstleistungen am Arbeitsmarkt im Überblick, NZS 2003, S. 113-119.

Niebler, Michael/Biebl, Josef/Roß, Corinna, Arbeitnehmerüberlassungsgesetz, Ein Leitfaden für die betriebliche Praxis, 2. Aufl., Berlin 2003.

Oberthür, Nathalie, Leiharbeit im Konzern auf dem Prüfstand, ArbRB 2010, S. 213-216.

dies., Die Neuregelung des AÜG, Umsetzung der EU-Richtlinie und Einführung einer Lohnuntergrenze in der Leiharbeit, ArbRB 2011, S. 146-149.

dies., Industriedienstleistung und Zeitarbeit – Abgrenzung und Umstellung, in: Rieble, Volker/Junker, Abbo/Giesen, Richard (Hrsg.), Freie Industriedienstleistung als Alternative zur regulierten Zeitarbeit, München 2012, S. 43-59.

Oetker, Hartmut, Kommentar zum Handelsgesetzbuch (HGB), . Aufl., München 2013 (zitiert: *Bearbeiter* in: Oetker, HGB).

Palandt, Otto/Bassenge, Peter, Bürgerliches Gesetzbuch, mit Nebengesetzen, 73. Aufl., München 2014 (zitiert: *Bearbeiter* in: Palandt/Bassenge, BGB).

Pieroth, Bodo, Arbeitnehmerüberlassung unter dem Grundgesetz, Ein Rechtsgutachten zur berufs- und arbeitsrechtlichen Gestaltungsfreiheit des Gesetzgebers, zum Übermaßverbot und zu den Bindungswirkungen der Entscheidungen des Bundesverfassungsgerichts, Berlin 1982.

Platzhoff, Elke, Arbeitnehmerüberlassung und Legitimität, Chemnitz, Lössnitz 2009.

Preis, Ulrich/Lindemann, Viola/Rolfs, Christian/Stoffels, Markus/Wagner, Klaus, Der Arbeitsvertrag, Handbuch der Vertragsgestaltung, 4. Aufl., Köln 2011.

Preis, Ulrich/Temming, Felipe, Der EuGH, das BVerfG und der Gesetzgeber – Lehren aus Mangold II, NZA 2010, S. 185-198.

Raif, Alexander, Reform der Leiharbeit – Was ändert sich für Unternehmen?, GWR 2011, S. 303-303.

Ramm, Thilo, Die Aufspaltung der Arbeitgeberfunktion, ZfA 1973, S. 263-295.

Reich, Norbert/Röhrig, Ursula, EuGH: Realkreditvertrag als Haustürgeschäft widerrufbar, EuZW 2002, S. 87-89.

Reichel, Christian/Spieler, Sven, Vertragsgestaltung bei internationalem Arbeitseinsatz, BB 2011, S. 2741-2748.

Reifelsberger, Christina/Bilger-Jung, Ute, Schöne neue Arbeitswelt?, Fremdvergabe (Outsourcing) durch Werkverträge, AuA 2012, S. 410-413.

Reinsch, Julia, Das Rechtsverhältnis zwischen Entleiher und Leiharbeitnehmer, Baden-Baden 2009.

Richardi, Reinhard, Arbeitsvertrag und Tarifgeltung, ZfA 2003, S. 655-689.

Richardi, Reinhard/Wlotzke, Otfried, Münchener Handbuch zum Arbeitsrecht, München 2009 (zitiert: *Bearbeiter* in: Richardi/Wlotzke, MüHdbArbR).

Rid, Claudia, Das Arbeitsverhältnis im Konzern und seine Auswirkungen auf den Kündigungsschutz, NZA 2011, S. 1121-1128.

Rieble, Volker, Betriebsführungsvertrag als Gestaltungsinstrument, NZA 2010, S. 1145-1150.

ders., Neue Wettbewerbsbedingungen für die Zeitarbeit, in: Rieble, Volker/Junker, Abbo/Giesen, Richard (Hrsg.), Freie Industriedienstleistung als Alternative zur regulierten Zeitarbeit, 3. ZAAR-Tagung, Düsseldorf, 9. September 2011, München 2012, S. 15-31.

Rieble, Volker/Gistel, Cornelia, Konzernpersonaldienstleister und Gemeinschaftsbetrieb, NZA 2005, S. 242-247.

Rieble, Volker/Junker, Abbo/Giesen, Richard (Hrsg.), Freie Industriedienstleistung als Alternative zur regulierten Zeitarbeit, München 2012.

Rieble, Volker/Klebeck, Ulf, Lohngleichheit für Leiharbeit, NZA 2003, S. 23-29.

Rieble, Volker/Latzel, Clemens, Wirtschaftsförderung nach sozialen Kriterien, Am Beispiel der Leiharbeit, München 2012.

Rieble, Volker/Vielmeier, Stephan, Umsetzungsdefizite der Leiharbeitsrichtlinie, EuZA 2011, S. 474-504.

Riesenhuber, Karl (Hrsg.), Europäische Methodenlehre, Handbuch für Ausbildung und Praxis, 2. Aufl., Berlin, New York 2010.

Ritzberger-Moser, Anna, Neues aus der Gesetzgebung 2011, ZAS 2012, S. 107-114.

Robin-Olivier, Sophie, A french reading of Directive 2008/104 on Temporary Agency Work, ELLJ 2010, S. 398-405.

Röhl, Klaus Friedrich, Allgemeine Rechtslehre, Ein Lehrbuch, 3. Aufl., Köln 2008.

Rolf, Christian/Riechwald, Jochen, Transfergesellschaften nach neuem Recht, BB 2011, S. 2805-2808.

Rönnmar, Mia, The Regulation of temporary agency work in Sweden and the impact of the (2008/104/EC) Directive, ELLJ 2010, S. 422-429.

Rosenau, Marc Tobias/Mosch, Ulrich, Neue Regelungen für die Leiharbeit, NJW-Spezial 2011, S. 242-243.

Rüthers, Bernd/Bakker, Rainer, Arbeitnehmerentsendung und Betriebsinhaberwechsel im Konzern, ZfA 1990, S. 245-335.

Säcker, Franz Jürgen, Arbeitnehmerüberlassung im Konzern und Betriebsratsorganisation, in: Westermann, Harm Peter/Rosener, Wolfgang (Hrsg.),

Festschrift für Karlheinz Quack zum 65. Geburtstag am 3. Januar, Berlin 1991, S. 421-437.
Säcker, Franz Jürgen/Kühnast, Simone, Die vermutete Arbeitsvermittlung (§ 1 Abs. 2 AÜG) als gesetzgebungspolitische Fehlleistung, ZfA 2001, S. 117-155.
Salamon, Erwin, Auswirkungen der Änderungen des AÜG auf die konzerninterne Personalgestellung im Baugewerbe, NZA-RR 2012, S. 61-64.
Sandmann, Georg/Marschall, Dieter, Arbeitnehmerüberlassungsgesetz, AÜG ; Kommentar, Neuwied [u.a] 1995.
Sansone, Piero, Gleichstellung von Leiharbeitnehmern nach deutschem und Unionsrecht, Baden-Baden 2011.
Sauerzapf, Michael, Ruhendes Arbeitsverhältnis und grenzüberschreitende Arbeitnehmerentsendung im Konzern, Hamburg 2004.
Schaub, Achim, Arbeitnehmerüberlassung, Göttingen 2001.
Scheytt, Stefan, Der Kostenvorteil muss weg, Mitbestimmung 2011, S. 32-33.
Schmidt, Karsten, Konzernunternehmen, Unternehmensgruppe und Konzern-Rechts-Verhältnis – Gedanken zum Recht der verbundenen Unternehmen nach §§ 15ff, 291ff AktG, in: Schneider, Uwe H. (Hrsg.), Festschrift für Marcus Lutter zum 70. Geburtstag, Deutsches und europäisches Gesellschafts-, Konzern- und Kapitalmarktrecht, Köln 2000, S. 1167-1192.
Schmitt, Laura, Kettenbefristung im Vertretungsfall – ein neuer Maßstab für die Missbrauchskontrolle?, ZESAR 2012, S. 369-379.
Schneider, Wolfgang, Aktives und passives Wahlrecht, Auswirkungen des drittbezogenen Personaleinsatzes, AiB 2005, S. 710-713.
Schnorr, Gerhard, Die gewerbsmäßige Arbeitnehmerüberlassung, Verbot oder Regelung?, Wien 1979.
Schönhöft, Andreas/Lermen, Anke, Der Gemeinschaftsbetrieb im Vergleich zur Arbeitnehmerüberlassung – eine Alternative zur Personalkostensenkung?, BB 2008, S. 2515-2520.
Schreiner, Paul/Rütz, Eva-Maria, Arbeitnehmerüberlassung bei Kooperationsvereinbarungen im Gesundheitswesen, MedR 2012, S. 373-377.
Schubel, Hans-Dietrich, Beschäftigungsförderungsgesetz und Arbeitnehmerüberlassung, BB 1985, S. 1606-1608.
Schüren, Peter, Der Scheinwerkvertrag – Rechtsfolgen und Identifikation verdeckter, illegaler Arbeitnehmerüberlassung, WiVerw 2001, S. 173-189.
ders., Die Leiharbeit im aktuellen Henssler/Preis-Entwurf für ein Arbeitsgesetzbuch – kritische Anmerkungen, AuR 2008, S. 293-296.
ders., Die Verfassungsmäßigkeit der Reform des Arbeitnehmerüberlassungsgesetzes – ein Rückblick mit Ausblicken, RdA 2006, S. 303-307.
ders., Kostensenkung durch konzerneigene Verleihunternehmen, zugleich Anmerkung zu LAG Niedersachsen 28.2.2006 – 13 TaBV 56/05, BB 2007, S. 2346-2350.

ders., Leiharbeit in Deutschland, RdA 2007, S. 231-235.
ders., Tarifunfähigkeit der CGZP wegen Missbrauchs der tariflichen Normsetzungsbefugnis in der Leiharbeit, AuR 2008, S. 239-244.
ders., Tarifunfähigkeit der Tarifgemeinschaft Christlicher Gewerkschaften für die Leiharbeitsbranche, NZA 2008, S. 453-456.
Schüren, Peter/Behrend, Britta, Arbeitnehmerüberlassung nach der Reform – Risiken der Neuen Freiheit, NZA 2003, S. 521-526.
Schüren, Peter/Hamann, Wolfgang, Arbeitnehmerüberlassungsgesetz, Kommentar, 4. Aufl., München 2010 (zitiert: *Bearbeiter* in: Schüren/Hamann, AÜG 4. Aufl.)
Schüren, Peter/Wank, Rolf, Die neue Leiharbeitsrichtlinie und ihre Umsetzung in deutsches Recht, RdA 2011, S. 1-12.
Schüren, Peter/Wilde, Anna, Selbstständige und akzessorische Beitragsansprüche bei nichtigen "Billigtarifverträgen" in der Leiharbeit, NZS 2009, S. 303-307.
Schuster, Norbert, Die Prekarisierung geht weiter, AiB 2012, S. 151-154.
Schuster, Norbert/Grüneberg, Jan, Neu geregeltes AÜG, AiB 2012, S. 81-85.
Schwab, Norbert/Weth, Stephan, Arbeitsgerichtsgesetz, Kommentar, 3. Aufl., Köln 2011 (zitiert: *Bearbeiter* in: Schwab/Weth, ArbGG).
Sellin, Jessica, Arbeitnehmermobilität und Entsenderecht, Tarif- und kollisionsrechtliche Autonomiebegrenzungen als Wettbewerbsschranken, Berlin 2006.
Sommer, Michael, Europarechtswidrige Leiharbeitsregelungen, AuR 2011, S. 421.
Spieler, Sven/Pollert, Dirk, Arbeitnehmerüberlassungsverträge, AuA 2011, S. 270-274.
Staub, Herrmann/Canaris, Claus-Wilhelm/Habersack, Mathias/Schäfer, Carsten, Handelsgesetzbuch, 5. Aufl., Berlin 2008 (zitiert: *Bearbeiter* in: Staub/Canaris/Habersack u.a., HGB).
Staudinger, Julius von, J. von Staudingers Kommentar zum Bürgerlichen Gesetzbuch mit Einführungsgesetz und Nebengesetzen, Neubearb., Berlin 2014 (zitiert: *Bearbeiter* in: v. Staudinger, BGB).
Steinheimer, Jörg/Haeder, Stefan, Erdbeben in der Zeitarbeitsbranche, NZA-Online 4/2012, S. 1-10.
Steuer, Markus, Die Arbeitnehmerüberlassung als Mittel zur Förderung des Arbeitsmarktes in Deutschland, Besteht weiterer Reformbedarf zur Stärkung ihrer beschäftigungspolitischen Bedeutung?, Baden-Baden 2009.
Stoffels, Markus/Bieder, Markus, AGB-rechtliche Probleme der arbeitsvertraglichen Bezugnahme auf mehrgliedrige Zeitarbeitstarifverträge, RdA 2011, S. 27-40.

Stolz, Werner, Neuer AÜG-Gesetzentwurf gegen "Drehtüreffekt", Zdirekt! 2010, S. 4.

Straub, Dieter, Brücke zur Festanstellung, AuA 2007, S. 641.

Suhr, Jan, Richtlinienkonforme Auslegung im Privatrecht und nationale Auslegungsmethodik, Baden-Baden 2011.

Tettinger, Peter/Stern, Klaus, Kölner Gemeinschaftskommentar zur Europäischen Grundrechte-Charta, Köln 2006 (zitiert: *Bearbeiter* in: Tettinger/Stern, Gundrechtecharta).

Tettinger, Peter J./Wank, Rolf/Ennuschat, Jörg/Sieg, Harald/Leifermann, Werner, Gewerbeordnung, Kommentar, 8. Aufl., München 2011 (zitiert: *Bearbeiter* in: Tettinger/Wank/Ennuschat u.a., GewO).

Teusch, Jan L./Verstege, Sebastian, Vorübergehend unklar - Zustimmungsverweigerungsrecht des Betriebsrats bei Einstellung von Leiharbeitnehmern?, NZA 2012, S. 1326-1330.

Thierhoff, Michael, Unternehmenssanierung, Heidelberg 2010.

Thiess, Holger/Denzel, Gerd, Personalservicegesellschaften auf dem Prüfstand, AiB 2012, S. 188-193.

Thüsing, Gregor, Arbeitnehmerüberlassungsgesetz, 2. Aufl., München 2008 (zitiert: *Bearbeiter* in: Thüsing, AÜG 2. Aufl.).

ders., Arbeitnehmerüberlassungsgesetz, 3. Aufl., München 2012 (zitiert: Thüsing, AÜG 3. Aufl.).

ders., Blick in das europäische und ausländische Arbeitsrecht, RdA 2009, S. 118-122.

ders., Rechtsfragen grenzüberschreitender Arbeitsverhältnisse - Grundlagen und Neuigkeiten im Internationalen Arbeitsrecht, NZA 2003, S. 1303-1312.

ders., Sozialrechtliche Konsequenzen einer Arbeitnehmerüberlassung im internationalen Konzern, in: Konzen, Horst/Krebber, Sebastian/Raab, Thomas u. a. (Hrsg.), Festschrift für Rolf Birk zum siebzigsten Geburtstag, Tübingen 2008, S. 659-875.

ders., Zeitarbeit und betriebsbedingte Kündigung, in: Rieble, Volker/Junker, Abbo/Giesen, Richard (Hrsg.), Zukunft der Zeitarbeit, München 2009, S. 147-155.

Thüsing, Gregor/Stiebert, Tom, Vorlagen an den EuGH - Befristetes Arbeitsverhältnis / Leiharbeitnehmer, ZESAR 2012, S. 380-383.

Thüsing, Gregor/Stiebert, Tom, Zum Begriff "vorübergehend" in § 1 Abs. 1 Satz 2 AÜG, DB 2012, S. 632-635.

Thüsing, Gregor/Thieken, Jan, Der Begriff der "wirtschaftlichen Tätigkeit" im neuen AÜG, DB 2012, S. 347-350.

Tillmann, Michael, Personalrecht in Europa, Planegg/München u.a 2004

Timmermann, Oliver, Die Beweisnot des Arbeitnehmers bei illegaler Arbeitnehmerüberlassung, BB 2012, S. 1729-1733.

Tschöpe, Ulrich (Hrsg.), Anwalts-Handbuch Arbeitsrecht, 7. Aufl., Köln 2011.

Tucci, Marco, Arbeitnehmermobilität im Konzern, Unter besonderer Berücksichtigung der Möglichkeiten und Grenzen konzerninterner Arbeitnehmerüberlassung, Baden-Baden 2012.

Tuengerthal, Hansjürgen/Rothenhöfer, Michael, Eine Lanze für den Werkvertrag, BB 2013, S. 53-57.

Turkenburg, Marjolein, Möglichkeiten und Grenzen konzerneigener Verleihunternehmen und Personalführungsgesellschaften, Baden-Baden 2008.

Ulber, Jürgen, Personal-Service-Agenturen und Neuregelung der Arbeitnehmerüberlassung, AuR 2003, S. 7-15.

ders., Arbeitnehmerüberlassungsgesetz, Basiskommentar zum AÜG, Frankfurt, M 2008.

ders., AÜG, Arbeitnehmerüberlassungsgesetz, 3. Aufl., Frankfurt am Main 2006 (zitiert: Ulber, AÜG 3. Aufl.).

ders., AÜG, Arbeitnehmerüberlassungsgesetz, 4. Aufl., Frankfurt am Main 2011 (zitiert: *Bearbeiter* in: Ulber, AÜG 4. Aufl.).

ders., Das neue Arbeitnehmerüberlassungsgesetz, Betriebsrat vor neuen Aufgaben, AiB 2011, S. 351-356.

ders., Die Richtlinie zur Leiharbeit, AuR 2010, S. 10-15.

ders., Regierungsentwurf zur Verhinderung von Missbrauch der Arbeitnehmerüberlassung, AuR 2010, S. 412-416.

ders., Richtlinienwidrige Leiharbeit als Standortsicherung, AuR 2011, S. 231.

ders., Weniger Leiharbeit, mehr Gleichbehandlung, AiB 2012, S. 7-11.

Urban-Crell, Sandra/Germakowski, Gudrun, AÜG, Kommentar zum Arbeitnehmerüberlassungsgesetz, Köln 2010 (zitiert: *Bearbeiter* in: Urban-Crell/Germakowski, AÜG).

Urban-Crell, Sandra/Schulz, Christian, Arbeitnehmerüberlassung und Arbeitsvermittlung, München 2003.

Vossen, Reinhard/Stahlhacke, Eugen/Preis, Ulrich, Kündigung und Kündigungsschutz im Arbeitsverhältnis, [Handbuch], 10. Aufl., München 2010 (zitiert: *Bearbeiter* in: Vossen/Stahlhacke/Preis, Kündigung und Kündigungsschutz).

Waas, Bernd, Das sogenannte "mittelbare Arbeitsverhältnis", Ein Beitrag zum Problem der arbeitsrechtlichen Drittbeziehung, RdA 1993, S. 153-162.

ders., Die Richtlinie des Europäischen Parlaments und des Rates über Leiharbeit, ZESAR 2009, S. 207-213.

Wagner, Kerstin/Wahba, Isabell, Personalpolitik in schwierigen Zeiten, Neue Wege mit dem Siemens-beE-Modell, Frankfurt/M 2005

Walter, Torsten, Expertenworkshop zur Leiharbeit: Umsetzung der EU-Richtlinie geglückt?, AuR 2011, S. 446-448.

Waltermann, Raimund, Fehlentwicklung in der Leiharbeit, NZA 2010, S. 482-487.

Wandel, Matthias, Zeitarbeit in Deutschland und Frankreich, Wirtschaftliche Bedeutung, Image und gesellschaftliche Akzeptanz einer boomenden Beschäftigungsform im Vergleich, Saarbrücken 2007.

Wank, Rolf, Neuere Entwicklungen im Arbeitnehmerüberlassungsrecht, RdA 2003, S. 1-11.

ders., Bereitschaftsdienst als Arbeitszeit, Besprechung des Beschlusses BAG v. 18.2.2003 - 1 ABR 2/02, RdA 2004, S. 246-252.

ders., Abschied vom Normalarbeitsverhältnis?, Welche arbeits- und sozialrechtlichen Regelungen empfehlen sich im Hinblick auf die Zunahme neuer Beschäftigungsformen und die wachsende Diskontinuität von Erwerbsbiographien?, RdA 2010, S. 193-207.

ders., Die Neufassung des AÜG, in: Schmidt, Ingrid (Hrsg.), Jahrbuch des Arbeitsrechts (Bd. 49), Nachschlagewerk für Wissenschaft und Praxis, Berlin 2012, S. 23-40.

Warneck, Wiebke, Temporary agency work, Guide for transposition at national level, Brussels 2011.

Weber, Albrecht, Rechtsfragen der Durchführung des Gemeinschaftsrechts in der Bundesrepublik, Köln 1987.

Weber, Christoph, Das aufgespaltene Arbeitsverhältnis, Berlin 1992.

Weber, Christoph/Gräf, Stephan, Flugpersonal ohne Betriebsverfassung?, ZESAR 2011, S. 355-361.

Weber, Martin, Grenzen EU-rechtskonformer Auslegung und Rechtsfortbildung, Baden-Baden 2010.

Wedde, Peter, Arbeitsrecht, Kompaktkommentar zum Individualarbeitsrecht mit kollektivrechtlichen Bezügen, 3. Aufl., Frankfurt am Main 2013 (zitiert: *Bearbeiter* in: Wedde, Arbeitsrecht).

Wendeling-Schröder, Ulrike, Drittpersonaleinsatz – aktuelle Entwicklungen, AuR 2011, S. 424-429.

Wiese, Günther/Kreutz, Peter/Oetker, Hartmut/Raab, Thomas/Weber, Christoph/Franzen, Martin, Betriebsverfassungsgesetz, 10. Aufl., Köln 2014 (zitiert: *Bearbeiter* in: Wiese/Kreutz/Oetker u.a., GK-BetrVG).

Willemsen, Heinz Josef, Arbeitsrechtliche Strategien für eine Änderung der Tarifstruktur am Beispiel der Arbeitszeitverlängerung ohne Lohnausgleich, in: Bauer, Jobst-Hubertus (Hrsg.), Arbeitsgemeinschaft Arbeitsrecht im Deutschen Anwaltverein, Festschrift zum 25-jährigen Bestehen, Bonn 2006, S. 1013-1035.

Willemsen, Heinz Josef/Annuß, Georg, Kostensenkung durch konzerninterne Arbeitnehmerüberlassung, BB 2005, S. 437-440.

Willemsen, Heinz Josef/Sagan, Adam, Die Auswirkungen der europäischen Grundrechtecharta auf das deutsche Arbeitsrecht, NZA 2011, S. 258-262.

Wimmer, Markus, Unternehmenssanierung mittels Transfergesellschaften, Frankfurt am Main 2011.

Windbichler, Christine, Arbeitnehmermobilität im Konzern, RdA 1988, S. 95-99.

dies., Arbeitsrecht im Konzern, München 1989.

dies., Arbeitsrechtliche Vertragsgestaltung im Konzern, Köln 1990.

dies., Arbeitsrecht und Konzernrecht, RdA 1999, S. 146-152.

Wisskirchen, Gerlind/Bissels, Alexander, Arbeitsrechtliche Probleme bei "Matrix-Strukturen", DB 2007, S. 340-346.

Witten, Tina, Vertragsgestaltung und Gesetzesbindung im Recht der Zeitarbeit, Frankfurt am Main , New York 2002.

Wlotzke, Otfried/Preis, Ulrich/Kreft, Burghard, Betriebsverfassungsgesetz, Kommentar, 4. Aufl., München 2009 (zitiert: *Bearbeiter* in: Wlotzke/Preis/Kreft, BetrVG).

Worpenberg, Stephan, Die konzerninterne Arbeitnehmerüberlassung, Frankfurt am Main , New York 1993.

Zimmer, Reingard, Leiharbeit - aber nur vorübergehend!, AuR 2012, S. 89.

dies., "Vorübergehender" Einsatz von LeiharbeitnehmerInnen, § 1 Abs. 1 S. 1 AÜG unter Berücksichtigung der Vorgaben der Leiharbeitsrichtlinie 2008/104/EG, AuR 2012, S. 422-426.

Zimmermann, Andre, Der Entwurf eines Gesetzes zur Änderung des AÜG – Verhinderung von Missbrauch der Arbeitnehmerüberlassung, ArbR 2011, S. 62-64.

Zöllner, Wolfgang/Loritz, Karl-Georg/Hergenröder, Curt W., Arbeitsrecht, Ein Studienbuch, 6. Aufl., München 2008.

Zürn, Andreas, Arbeitnehmerüberlassung im Konzern, AuA 2009, S. 590-592.

WÜRZBURGER RECHTSWISSENSCHAFTLICHE SCHRIFTEN

Herausgegeben von
der Juristischen Fakultät der
Universität Würzburg

Informationen zu Band 1-50 finden Sie unter http://www.ergon-verlag.de

Band 51
Hinrichs, Fabian
Das Recht der spanischen Vollzugspolizei
2004. 374 S. Kt.
€ 45,00 978-3-89913-364-6

Band 52
Schork, Christoph
Die Entschädigung immaterieller Schäden im Urheberrecht
Unter besonderer Berücksichtigung aktueller Entwicklungen des Rechtsschutzes der Persönlichkeit
2004. 303 S. Kt.
€ 39,00 978-3-89913-367-7

Band 53
Hilgendorf, Eric
Die Renaissance der Rechtstheorie zwischen 1965 und 1985
(vergriffen) 978-3-89913-416-2

Band 54
Kiewitt, Anja
Rückforderung staatlicher Beihilfen nach dem Europäischen Gemeinschaftsrecht bei Insolvenz oder Veräußerung des Empfängerunternehmens
2004. 254 S. Kt.
€ 35,00 978-3-89913-417-9

Band 55
Degenhardt, Julia
Das UNCITRAL-Modellgesetz über die internationale Handelsschiedsgerichtsbarkeit und nationales Recht – eine Untersuchung aus der Sicht des schottischen Rechts
2005. 399 S. Kt.
€ 52,00 978-3-89913-432-2

Band 56
Winkler, Miriam
Der Ehename bei Eheaufhebung
2005. 204 S. Kt.
€ 28,00 978-3-89913-433-9

Band 57
Freiin von Preuschen – von Lewinski, Anna Elisabeth D.
Baumaßnahmen des Mieters auf fremdem Grund und Boden
Eine systematische Untersuchung
2005. XLVIII/290 S. Kt.
€ 44,00 978-3-89913-448-3

Band 58
Weiss, Markus K.
Rechtsfähigkeit, Parteifähigkeit und Haftungsordnung der BGB-Gesellschaft nach dem Grundlagenurteil des Bundesgerichtshofs vom 29.01.2001
2005. 274 S. Kt.
€ 34,00 978-3-89913-456-8

Band 59
Pferr, Ulrich
Die Verfassungskrise im Memelgebiet 1931/32
Insbesondere unter Würdigung der Memelkonvention und deren Auslegung im Urteil des Ständigen Internationalen Gerichtshofs in Den Haag vom 11. August 1932
2005. XXXVIII/258 S. Kt.
€ 38,00 978-3-89913-459-9

Band 60
Fleige, Markus
Die Zuständigkeit für Sorgerechtsentscheidungen und die Rückführung von Kindern nach Entführungen nach europäischem IZVR
2006. 346 S. Kt.
€ 44,00 978-3-89913-475-9

ERGON VERLAG · WÜRZBURG

WÜRZBURGER RECHTSWISSENSCHAFTLICHE SCHRIFTEN

Herausgegeben von
der Juristischen Fakultät der
Universität Würzburg

2012. 857 S. Ln.
€ 89,00 978-3-89913-889-4

Band 85
Dönges, Flemming Vasco
Die §§ 21 ff. WpHG als Schutzgesetze im Sinne des § 823 Abs. 2 BGB
2012. 149 S. Kt.
€ 25,00 978-3-89913-934-1

Band 86
Bauer, Christoph
Diskriminierungen und Belästigungen von Arbeitnehmern durch Kollegen und Dritte
Eine Untersuchung der Haftung des Arbeitgebers nach BGB und AGG
2013. 311 S. Kt.
€ 42,00 978-3-89913-969-3

Band 87
Jatho, Stefanie Herta
Die Stellung der Tendenzunternehmen und der Religionsgemeinschaften im deutschen und europäischen Recht der Arbeitnehmerbeteiligung
2013. XXXVI/267 S. Kt.
€ 38,00 978-3-89913-972-3

Band 88
Konzal, Carolin
Die Vorbenutzung im deutschen, europäischen und internationalen Kennzeichenrecht
2014. 333 S. Fb.
€ 42,00 978-3-95650-027-5

Band 89
Zapf, Benjamin Wilhelm
Verbraucherschutz beim Abschluss von Hypothekarkreditverträgen
Unter besonderer Berücksichtigung des Richtlinienvorschlags der Europäischen Kommission für Wohnimmobilienkreditverträge vom 31.03.2011
2014. 431 S. Kt.
€ 54,00 978-3-95650-049-7

Band 90
Knoch, Susanne
Rechnungslegung einer Limited mit Verwaltungssitz in Deutschland
Rechtsvergleichende Gegenüberstellung der britischen, deutschen und internationalen Rechnungslegungsvorschriften im Kontext des auf eine Limited mit Verwaltungssitz in Deutschland anwendbaren Rechts
2014. 423 S. Kt.
€ 54,00 978-3-95650-059-6

Band 91
Geis, Sebastian
Die Auswirkungen der Reform des AÜG im Jahr 2011 auf die konzerninterne Arbeitnehmerüberlassung
2014. 292 S. Kt.
€ 38,00 978-3-95650-061-9

ERGON VERLAG · WÜRZBURG

FSC
www.fsc.org
MIX
Papier | Fördert gute Waldnutzung
FSC® C083411

Kolibri 360 GmbH
Ferdinand-Jühlke-Straße 7
99095 Erfurt, Deutschland
produktsicherheit@kolibri360.de